传播力大讲堂

Between One and Many: The Art and Science of Public Speaking

演讲学

（第7版）

（7 EDITION）

[美] 史蒂芬 · R.布莱顿　迈克尔 · D.斯科特　著

嵇美云　陈一鸣　周冬敏　译

清华大学出版社

北 京

Steven Brydon & Michael Scott
Between One and Many : The Art and Science of Public Speaking, 7 edition
ISBN: 9780073406831

北京市版权局著作权合同登记号 图字：01-2016-8813

图书在版编目（CIP）数据

演讲学：第7版/（美）史蒂芬·R. 布莱顿，（美）迈克尔·D. 斯科特著；嵇美云，陈一鸣，周冬敏译. —北京：清华大学出版社，2019（2022.3 重印）
（传播力大讲堂）
书名原文：Between One and Many : The Art and Science of Public Speaking（7 edition）
ISBN 978-7-302-45908-8

Ⅰ. ①演… Ⅱ. ①史… ②迈… ③嵇… ④陈… ⑤周… Ⅲ. ①演讲学 Ⅳ. ① H019

中国版本图书馆 CIP 数据核字（2017）第 040017 号

责任编辑：纪海虹　李　莹
封面设计：崔浩原
责任校对：王荣静
责任印制：丛怀宇

出版发行：清华大学出版社
网　　址：http://www.tup.com.cn，http://www.wqbook.com
地　　址：北京清华大学学研大厦 A 座　　**邮　　编：**100084
社 总 机：010-83470000　　**邮　　购：**010-62786544
投稿与读者服务：010-62776969，c-service@tup.tsinghua.edu.cn
质量反馈：010-62772015，zhiliang@tup.tsinghua.edu.cn
印 装 者：三河市龙大印装有限公司
经　　销：全国新华书店
开　　本：188mm × 260mm　　**印　张：**31.25　　**字　　数：**696 千字
版　　次：2019 年 5 月第 1 版　　**印　　次：**2022 年 3 月第2次印刷
定　　价：89.00 元

产品编号：061972-01

献给多年来一直支持我们的家人：
帕梅拉、罗伯特、朱莉、兰迪和科林

PREFACE 序

公共演讲是一种“一人与多人之间”动态的相互影响的过程——“一人”指的是正在演讲的人，而“多人”指正在听演讲的人。信息的意义来自演讲者和听众之间的关系。不了解听众的演讲者不可能取得成功，只是被动地接收信息的听众，也不会从演讲中获益良多。演讲者和听众，以及两者之间的相互影响，是这个过程中相当重要的部分。身为教师兼作者，我们重点探讨成功的公共演讲的交流本质。

公共演讲既是一门艺术、一门学问，也是一种技能——人们可以学习、改善和精炼的技能。我们鼓励学生把公共演讲看作一种学习体验，这时候他们的目标是稳步地改善而不是达到完美。我们还鼓励学生把演讲看作优雅的、更有结构的日常对话，我们也会为他们提供一些工具，让学生成为他们希望成为的演讲者。从古典修辞理论到实证的传播研究，演讲者可以汲取大量的信息。本书既包括了传统的主题，比如理性、精神气质和动人的词句，又涵括了前沿话题，比如在公共演讲中研究文化多元性，发表演讲时非言语传播的作用，适当地利用技术手段等。

如今学习公共演讲的学生，在其生活中会面临很多不同的演讲场合，而且他们将面临文化越来越多元、人口和个体多样性更为复杂的听众。在本书中，为了获得被听到并被理解的最佳机会，我们重点探讨了适应听众的方式。我们强调成为优秀公共演讲者涉及的责任和伦理问题。综观本书，我们强调集体（civic）参与，特别是公民个体（civil）参与的重要性；最后，我们讨论了如何成为一位好的听众：知道如何倾听、举止合乎道德以及批判性地评价那些展示的信息。概言之，我们一方面努力提供素材，以便学生能广泛地理解公共演讲的性质；另一方面还为他们提供了无论是作为在校大学生，还是在其一生的生活中，成功的、有效的公共演讲者都需要具备的各种技能。

本书特点

相互协调的教学方法　本书将一部分内容以特殊板块，将注意力集中到具有具体兴趣的主题上。共出现四种不同类型的板块。“他们的演讲”板块，是学生和公众人物在演讲案例中所说的话语，包括数个学生演讲的配有注释的大纲。“自我评估”板块让学生评估自己的技能和属性（如演讲焦虑和广泛的沟通恐惧）。“反思多样性”板块表明如何将此章探讨的主题内容应用到现今多元文化、多种族、多民族和观众中来。此外，还增加了好几种板块，这些板块不仅增加了本书讨论内容的多样性，而且挑战了学生对于多样性的思考，因为这些板块尤其适用于特定章节的主题。“值得一提”这个板块包含了当前的、专题性信息，这些信息与教材讨论的内容紧密相关。

纵观全书，演讲技巧突出显示在以特殊标记列出的“技巧和策略”中。这是颇受学生欢迎的一个特色板块，“技巧和策略”使可操作性的建议很容易地应用到演讲中。最后，页边的网络图标，会将读者的注意力吸引到相应的视频片段和其他在线功能上。

帮助驾驭演讲焦虑 我们认识到，来上公共演讲课的许多学生都有一些忐忑不安。正如我们在每一个版本教材中所做的那样，本书也比较早地以整整一章内容，致力于探讨演讲焦虑问题。无论焦虑的水平如何，本书提供了许多学生可以运用的、高效地掌控和疏导其焦虑的特定的、具体的技巧。在网站中可以看到这些技巧。为了与最新的演讲焦虑和沟通恐惧的研究相一致，我们区分了普遍性的沟通焦虑和公共演讲中特定的担心，这样我们给学生提供的技巧，就更具有针对性了。

强调适应受众多元化 我们重点关注了受众的多样性，强调了受众不止具有一种文化起源这个事实。我们利用基尔特·霍夫斯泰德（Geert Hofstede）对文化之间差异的理解，将霍夫斯泰德的集体主义和个人主义、权力差距、不确定性规避、男性和女性的维度，长期与短期取向，作为分析和适应演讲者和听众之间文化的差异与相似性的起点。此外，我们还提供了明确的技巧和策略，学生可以运用这些技巧和策略去确认、分析和适应其观众展示出来的人口和个体的多样性。

以完整的章节阐述伦理问题 我们用完整的一章阐述伦理规范。从道德行为的古典和当代的观念开始，我们提供、强化了对于公共演讲者和听众成员双方具有指导性的道德观点。我们强调了谈话之间合乎道德与有礼貌的联系。对日益严重的从互联网上抄袭的问题，我们也给予了特别的注意，并为学生提供了具体的建议：如何能够合乎伦理地利用和引用网上的资源。

强调批判性思维 批判性地评估证据、在演讲中呈现合理的推理、察觉他人在演讲中推理的谬误的能力，是有效的且合乎伦理的沟通的核心。第7版的《演讲学》，一如既往地提供了强有力的批判性思维的构成部分。在倾听类型的讨论中，我们增加了批判性倾听。

在演讲中运用技术 在过去的几年里，两项重要的技术创新对演讲产生了很大的影响。演示软件，尤其是微软的PowerPoint，在展示公司、军事简报、课堂陈述和专业会议中，运用得很常见。我们很想说这是演讲历史的一种完全积极的发展，事实证明，我们不能这么讲。我们看到更多的是对观众的折磨，因为每一次运用幻灯片的演讲，幻灯片中有太多的信息、不必要的图形，以及过分的反应（overkill）。所以，我们在教材和在线学习中心网站上，对创建幻灯片的常规方法介绍得不是很多（虽然有一部分内容指导学生熟悉演讲过程中的幻灯片），恰恰对过度依赖技术的种种危害性的阐述，超过了适当运用技术获得的潜在好处。

利用电子资源研究演讲时，其他主要技术也存在着黑暗的一面。我们不是简单地告诉学生如何发现网站上的信息，而是强调如何正确地评判所发现的信息。在评估证据可信度的时候，我们强调流通性、相关性、权威性、准确性以及意图的重要性。

第7版的新颖之处

基于多位教师的反馈，在这一增强版的教材中，我们将诸多变化整合进来。

聚焦集体参与和公民个体参与　从第1章开始，在伦理、倾听和批判性思维的讨论中，我们不断地涉及、强调公共演讲已经成为公民参与的一种重要工具。我们尤其强调集体参与首先应该是公民个体的参与。我们认为言为心声很重要，但是同样重要的是，要尊重各方陈词的权利。

全新一章探讨演讲的开场、过渡和结论　我们将之前版本中探讨组织这一章，拓展为两个部分——新增一章聚焦开场、过渡和结论。很多时候，开场似乎仅仅是一种临时想法，在演讲者开始进入演讲主体部分之前，就已经让观众失去兴趣了。糟糕的过渡使得即便是一篇组织很好的演讲，听众也很难跟得上。甚至一流的演讲也可能被软弱无力的结论搞砸了。此外，将组织这个主题分为两章，也让我们将更多的注意力投入到演讲主体部分和提纲的重要性上。

扩展了适当使用PPT的讨论　这个版本更新了对PowerPoint的讨论，用新的一节讨论了在演讲期间，如何有效地展示幻灯片，避免常见的误区，诸如连接到计算机、站在屏幕前，或者被幻灯片喧宾夺主，淹没了口头言说的信息。

新材料论述说服性演讲　鉴于叙事方式与说服性演讲的相关性及其催生的研究，我们在讨论说服性演讲的时候，增加了传输理论（transportation theory）。我们也说明了虽然说服在理论上是一个理性的过程，但是在实践中似乎刚好相反。为了在这方面有所助益，我们还将观众的个性特征纳入到讨论当中，比如自我效能感和冒险精神，给演讲者适应其所面临的修辞情境，提供了另一种工具。

新材料论述特殊场合的演讲 第16章“课堂之外的演讲”，做了重要的修订，包括小群体沟通，特别强调了避免“群体思维”的危险。全新一节讨论了越来越普遍的电梯游说（elevator pitch），这是一种简短的演讲，旨在介绍一个概念、一种产品或一种实践，往往针对的是潜在的投资者。最后，在新增的公共演讲作为一种职业的讨论部分，我们证明了市场对娴熟的演讲者回报很高。

新的演讲示例 这个版本里，7位学生演讲示例中，有5位是新的。我们保留了两个演讲，但是增加了新的故事讲述的样例、组织、说服演讲以及对于批判性思维分析的种种言论。结合之前的版本，全部的演讲视频可以在www.mhhe.com/ brydon7e网站的演讲教练视频库中看到。

本书的结构

在第7版中，我们在章节结构上做了两项改变。除了把第6版的章节安排分成两章外（这个版本是第8章和第9章），我们将第6版中开头2章合并压缩成为序。最后，与前几版相似，将章节设计成只要教师认为合适，可以以任意顺序来安排教学。

第一部分，探讨的是公共演讲的艺术与科学的基础。第1章，聚焦于成为一位有效的公共演讲者的个性化的、专业化的原因，以及公共演讲让公民更文明地参与到公民事务中可以发挥的作用。我们提供了可以确认的、人们在日常生活中运用公共演讲的具体的例子。我们也介绍了公共演讲的典范，还为首次演讲的人提供了“快速启动”指南性的操作步骤。第2章，我们探讨了驾驭演讲焦虑所需要的工具，演讲焦虑几乎是所有人都会有的一种普遍现象。第3章，涉及演讲和倾听的伦理道德规范，特别强调应该避免剽窃行为。

第二部分的思想很明确，即专注于演讲者和听众之间的相互影响，是公共演讲成功的关键。第4章，提出充分地对待倾听，聚焦于倾听公共演讲中提供的建设性的反馈意见，为了提供建设性的反馈意见，还将指导方针融合进来。本章包括批判性倾听的内容。第5章，提供了分析受众成员文化、人口和个体多样性所需的工具。此外，分析听众的工作完成后，我们立即就为演讲适应听众提供了可操作性的建议。

第三部分将理论付诸实践。第 6 章介绍的是研究演讲。大多数学生使用互联网开展研究，但是往往没有将批判性标准运用于其发现的信息。认识到这个事实后，我们将关注中心放在甄别互联上不可靠资源的可靠性的技能上。第 7 章致力于讨论从高品质的来源中收集可靠的证据，支持演讲中表达的观点。我们将此前版本中讨论图尔敏推理模式（the Toulmin's model of reasoning）的章节部分，推迟在第 15 章中处理。第 8 章是本版新增的一章，提供的是可以让演讲的开场和结论很有效的工具。第 9 章探讨从观众为中心的角度组织演讲。在三个评估指标下，我们讨论了多种传统的组织模式：修辞模式，如门罗的激励序列（Monroe's motivated-sequence）模式，核心议题和问题—解决模式；常规模式，如类别、时间、空间模式；有机模式，如星型、波型和螺旋型。第 10 章，探讨语言运用问题，特别要注意适应不同的听众。我们建议选择语言的方式是：包容而不是排斥性的，非性别歧视的而不是性别歧视的，经仔细推敲的而非刻板印象的。我们也提供了改善和有效使用语言的技巧。第 11 章涉及发表演讲的技能，再一次地强调要适应听众。本章以非言语交流的研究为基础，给演讲者提供了强大的理论和扎实的、实用的建议。第 12 章对视频、音频和视听媒介做了综合性的讨论，视听媒介可以适应听众和场合，从而提高绝大多数公共演讲的效果。演讲教练网上有 PowerPoint 的教程，以互动的方式让学习者在学习中获得最佳的实践。

第四部分阐述了很可能在课堂内外要面临的公共演讲最常见的情境。第 13 章告知性演讲，强调受众的适应性，尤其是要依据不同的学习风格。我们将学习理论切实地应用于解释、指导、示范和描述等关系中。第 14 章说服性演讲，做了显著的修订，目的是确立说服的基本理论，然后向学习者展示，如何将这些理论运用到实践中。第 15 章详细探讨了批判性思维，特别侧重于认识及对推理谬误做出反应。图尔敏模型用于在内容组织中出现的谬误，不过所做解释的依据是，相比于此前的版本，我们相信读者会发现，这个版本更容易理解。比较而言，两场演讲主题更接近学生的内心：大学教育所花费的成本是否物有所值，要求学生运用批判性思维技能评估这些演讲。最后，第 16 章讨论的是课堂之外的演讲。内容包括介绍、招呼、赞同、庆典和娱乐性演讲的指南。新的章节探讨了“电梯游说”，回答听众的提问，引导和参与小群体讨论，以及将公共演讲作为一种职业。

致谢

我们非常感谢来自麦格劳 - 希尔出版社诸多人士的支持和帮助，本书的出版，他们付出了辛劳，他们是总编辑梅根·坎贝尔；开发编辑克雷格·伦纳德；媒体项目经理诗丽黛玮·帕拉尼；项目经理简·莫尔；设计协调人玛格丽特·雷诺兹和图片研究员布莱恩·派克，我们还要感谢十分注重细节的稿件编辑温迪·尼尔森。

我们要特别感谢加州州立大学奇科分校的名誉教授乔治·罗杰斯博士，他为本书提供了许多相关的照片并制作了演讲教练视频库中的视频部分。我们也要感谢加州州立大学奇科分校图书馆员亚伦·博文，感谢他在第 6 章和其他部分更新时的建议。特别感谢在演讲示例中分享了才华的演讲者：已故的乔纳森·史蒂倍克、克里斯汀·威廉、谢尔比·安德森、特雷弗·摩根、凯瑟琳（凯特）·莫特尼、格雷格·谢弗、阿琼·布辛。我们还要感谢恩里克·“里克”·瑞格斯比和拉斯·伍迪，感谢他们慷慨地为我们做出的所有贡献。他们是朋友、同事、以前的学生和理想的榜样；他们丰富了我们的教材和我们的生活。我们也感谢宾夕法尼亚州立大学伯克斯 - 利哈伊谷校区的尼古拉·谷特歌德博士，因为她分享了对希拉里·克林顿修辞风格的研究，还有中佛罗里达大学的克里斯汀·汉龙教授，她同意我们在特定板块中引用相关资料。

我们感激教室里的同学，谢谢你们对我们的手稿、在不同的发展阶段就视频准备而提出的得体而细心的评论和建议：

吉姆·雅培，北达科他格兰特福克斯大学
琳达·安森，瓦伦西亚社区学院
克里斯廷·克拉普，乔治·华盛顿大学
J. 道格拉·勒普特，崔瓦卡纳塞廉大学
查尔斯·福尔肯，阿拉莫社区学院
唐纳德·戈斯，瓦伦西亚社区学院
尼古拉·谷特歌德，宾夕法尼亚州立大学伯克斯 - 利哈伊谷校区
亚当·詹金斯，米勒斯维尔大学
约书亚·莱曼，奎斯塔学院
道恩·穆罕默德，圣约瑟夫卡柳梅特学院
凯利·佩特库斯，奥斯丁社区学院
克利福德·罗斯，加利福尼亚州立大学富勒顿校区
玛拉·辛格，红石社区学院
MJ 瓦格纳，中佛罗里达大学

在这本书的成形过程中，感谢所有帮助过我们的人，当然，本书内容方面的任何责任都由我们承担。任何错误或遗漏都是我们造成的。最后，但肯定不是最不重要的，我们要感谢我们的妻子，帕梅拉和兰迪，在我们协力为本教材共同奋战的时候，她们不仅表现出了极大的耐心，而且帮助我们的方式，要比我们能列举出来的多得多。

关于作者

史蒂夫 · R. 布莱顿，加州州立大学奇科分校

史蒂夫 · R. 布莱顿在南加州大学获得博士学位。他在加州州立大学奇科分校担任教授 30 多年，讲授的课程包括“公共演讲”“辩论”“高级演示性演讲”（advanced presentational speaking）和“政治传播”。他执教演讲和辩论 12 年，并在两个独立的系分别担任系主任 10 年。他与人合著三本著作，在政治传播、论证和辩论领域发表了多项成果。

迈克尔 · D. 斯科特，加州州立大学奇科分校

迈克尔 · D. 斯科特是加州州立大学奇科分校的名誉教授，在南加州大学获得博士学位。他与人合著的著作虽然数量不算很多，但是被广泛地刊登在健康与传播类的学术期刊上。他目前担任“公共演讲”“人际沟通”和“传播研究”等课程的讲授。过去十年，他是美国国家癌症研究所资助的团队的成员，美国国家癌症研究所旨在将传播理论和研究成果应用于说服运动，目的是降低人们患皮肤癌的风险。皮肤癌是美国大学阶段成人中最普通也是最容易预防的癌症类型。

CONTENTS

目录

第一部分 基础

第1章 练习演讲

为什么学习公共演讲……6
个人原因……6
专业原因……6
公共原因：促进公民参与……7
公共演讲的交互性……9
语境……11
演讲者和听众……12
信息：内容和关系的构成……12
建构和解读符号……12
渠道……13
理解力……13
首次演讲快速入门指南……14
分析情境和听众……14
选定一个总体目标……15
选择一个主题……16
构造具体的目的……17
形成你的主题陈述……18
他们的演讲 “我是谁”的介绍性演讲……18
准备演讲……20
组织演讲……21
发表演讲……24
小结……27
学习成果检验：练习和实践……27
注释……29

第2章 驾驭演讲焦虑

生理唤醒和演讲焦虑……32

唤醒的心理状态和表现……33

自我评估　你对公共演讲有多焦虑？……34

为什么有些人比其他人更焦虑……36
第一阶段：在演讲前驾驭焦虑……37
不确定性……37
准备和练习不充分……37
负面的经验或经验不足……38

值得一提　赞成，反对……39

看法……39
不切实际的目标……40
消极的自我对话……41
紧盯成绩……42

自我评估　你的演讲焦虑的来源是什么？……43

视觉意象……45
有效利用放松技巧……46

值得一提　迈克尔·菲尔普斯会做什么？……47

综合运用技巧……48
第二阶段：驾驭演讲期间的焦虑……48
听众……48
外表……49
自我对话……51
第三阶段：演讲之后……52
小结……54
学习成果检验：练习和实践……54
注释……56

第3章　演讲和倾听的伦理

基本的道德问题……60
为什么要在乎伦理？……61
一切都是相对的？……62

反思多样性　文化与信贷……63

有适用于所有情境的规则吗？……64
多数人的利益比少数人的利益更重要？……66
具体情境如何影响伦理原则？……66
目的正当能够证明手段正当吗？……67
公共演讲者应遵循的伦理规范……68

值得一提　公共演讲的行为准则……69

诚实……70

自我评估　对演讲者来说……是可以接受的吗？……71

尊重言词的力量……72
实行参与式民主……72
展示文化多样性的正念……73
把人当作目的而不是手段……73
提供充分的理由……74
演讲者的特殊问题……74
剽窃和来源归属……75

值得一提　版权……78

建立善意和可信度……80
暴露或者隐瞒真实意图……81
讨论一个争议性问题的两面……82
诱发恐惧……82
听众应遵循的伦理规范……84
友好参与……84
为你的选择负责……85
获得充分信息……85
有正当理由就说出来……85
警惕偏见……86
小结……86
学习成果检验：练习和实践……88
注释……89

第二部分 听众和演讲者之间

第4章 倾听

日常倾听的重要性 …… 94
倾听的过程 …… 96
　听见 …… 96
　理解 …… 96
　记得 …… 96
　解释 …… 97
　评价 …… 97
　回应 …… 97
倾听障碍 …… 97
　误解 …… 98
　实际环境 …… 99
　文化差异 …… 100
　私人问题 …… 101

　反思多样性　在高语境和低语境文化中的倾听 …… 101

　偏见 …… 102
　内涵意义 …… 102
　焦虑 …… 103
　不良的倾听习惯 …… 103

　自我评估　你倾听的习惯如何？ …… 104

模范倾听者 …… 104
倾听的种种目标 …… 105
　听明白 …… 105
　欣赏和享受性地倾听 …… 107
　同理心倾听 …… 108
　批判性倾听 …… 108
　提供反馈的倾听 …… 110

　值得一提　倾听来自听众的反馈 …… 112

规则：改善具体的倾听技巧 …… 112
小结 …… 114
学习成果检验：练习和实践 …… 115

注释 116

第5章　适应听众

修辞情境 121
目标和具体目的 122
听众 123
　听众选择 124
　听众多样性 125
　发现文化多样性 126
　自我评估　你是集体主义的还是个人主义的？ 129
　值得一提　国务卿希拉里·克林顿运用了全方位的修辞技巧 132
　适应文化多样性 135
　人口多样性 135
　值得一提　千禧一代 135
　个体差异 141
了解听众 148
　观察听众 148
　向熟悉听众的人打听 149
　调查听众 149
　值得一提　调查听众 150
　访问社交网站 150
直面约束 151
　与情境有关的事实 151
　法律约束 151
　道德约束 152
　场合的性质 152
　传统 152
　时间 153
　资源 153
小结 154

学习成果检验：练习和实践 155
注释 156

第三部分 理论联系实际

第6章 研究信息

为什么要做研究？ 162
制订一份研究计划 162
目标：可靠又可信的证据 163
　流行性 164
　相关性 164
　权威性 165
　准确性 165
　目的 166
去哪里寻找支持材料 166
　互联网 166
　值得一提　谷歌失手时 170
　图书馆 176
　访谈 182
运用你的研究 183
　准备参考书目、引用文献或参考文献 183
　记录信息，并避免抄袭 184
　值得一提　口头援引 186
小结 187
学习成果检验：练习和实践 188
注释 189

第7章 支持你的信息

主张 194
证据 194
　例子 195
　事实 196
　数值数据 197

值得一提　数值数据 ········ 200

意见 ········ 200
解释 ········ 201
描述 ········ 202
叙事 ········ 202

他们的演讲　故事讲述性演讲 ········ 204

小结 ········ 206
学习成果检验：练习和实践 ········ 207
注释 ········ 207

第8章　引入、过渡和结论

修辞情境 ········ 211
引介演讲 ········ 211
开始要有冲击力 ········ 211

值得一提　写出幽默？ ········ 214

他们的演讲　奥普拉·温弗瑞在杜克大学的演讲 ········ 217

反思多样性　跨文化格言 ········ 219

聚焦于主题句 ········ 220
与听众相联系 ········ 221
预览你的演讲 ········ 222
过渡 ········ 223
内部总结 ········ 223
连接 ········ 224
演讲进展 ········ 224
总结演讲 ········ 225
时间 ········ 226
概述演讲 ········ 226
有冲击力地结束 ········ 227
小结 ········ 229
学习成果检验：练习和实践 ········ 230

注释……230

第9章 组织信息：帮助听众理解

再聚焦：听众、场合和具体的演讲目标……234
确定演讲的具体目的……236
组织模式：形式与功能……236
修辞的组织模式……236
传统组织模式……240
值得一提 修辞组织模式的比较……241
值得一提 传统组织模式的比较……245
有机的组织模式……246
值得一提 演讲的组织模式……249
演讲主体内容的组织……249
要点……250
次要点……253
支持点……253
制定正式大纲……254
他们的演讲 演讲大纲样本……257
小结……260
学习成果检验：练习和实践……261
注释……263

第10章 语言：理解信息的语言意义

语言的力量……266
语言与听众分析……268
自我评估 留心运用的语言……268
值得一提 语言相对性……269
语言与文化差异……269
语言和人口差异……271

反思多样性　语言、文化和航班安全 …… 272

语言和个体差异 …… 273
有效运用语言 …… 274
使用适合修辞情境的语言 …… 274
使用包容性语言 …… 274

他们的演讲　“我们，人民”
——芭芭拉·乔丹（Barbara Jordan） …… 277

使用提高可信度的语言 …… 278
充分发挥语言的潜力 …… 282
有效地驾驭语言 …… 287
界定术语 …… 288
小心使用口语化的词汇和习语 …… 288
使用具体的语言 …… 288
使用口头语言 …… 289
精简语言 …… 289
使用过渡性词句 …… 290
保持连贯性 …… 290
避免俚语和污言秽语 …… 290
小结 …… 291
学习成果检验：练习和实践 …… 291
注释 …… 292

第11章　演讲方式：促进听众参与

演讲方式与修辞情境 …… 296
选择恰当的演讲方式 …… 296
情境和听众 …… 301
非言语传播：让演讲方式发挥最大功效 …… 302
“说什么”和“怎么说”的差别 …… 302
非言语行为是连续的 …… 303
多渠道的同步使用 …… 303
非言语行为的自发性 …… 304
演讲方式和非言语传播系统规则 …… 304
环境 …… 304

值得一提　座位安排 …… 307

外表和仪态……307
声音……310
眼神和表情……315
手势和动作……317
触摸……318
时间……319
非言语准则在演讲中的功能角色……320
调节交流的相互影响……320
替代言语符号……321
强化信息……322
增强直观性……323
采取积极的方法……323
发掘个人风格……324

自我评估　评估你的个人风格……325

小结……326
学习成果检验：练习与实践……326
注释……328

第12章　演示媒体的运用

视觉如何有助于传播……332
传播内容的组织……332
图解口头言说的词汇……333
简化口头表达……334
充实口头表达的信息……334
选择合适的内容……335
图解和图示……335
图表和图形……335
地图……337
大纲和分项要点……338
实物……338
照片……340
模型……341
选择合适的媒介……341
黑板和白板……341

硬纸板 341
活动挂图 342
投影片 343
音频 343
视频 344
幻灯片（PowerPoint，PPT） 344

值得一提 PPT滥用成灾 345

良好的模板 346
高对比度色彩 346
无衬线字体（Sans Serif） 347
明智地选择图片 348
适当使用“自定义”效果（动画） 349
视觉平衡 349
幻灯片的演示 351
指导原则 352
夯实媒介准备工作 352
尽量简单明了 353
使其明显可见 353
合理布局 354
使用色彩 354
有疑虑时，果断弃用 354
提前计划 354

值得一提 重新审视墨菲定律 355

小结 356
学习成果检验：练习与实践 357
注释 357

第四部分 公共演讲的语境

第13章 告知性演讲

告知性演讲和说服性演讲 362
告知性演讲与听众分析 363
贯穿一生的告知性演讲 365

课堂上的告知性演讲 365
工作场所的告知性演讲 365
社区场合的告知性演讲 365
有效告知性演讲的关键因素 366
听众参与 367
听众适宜性 367
值得一提 寓学于乐 368
听众可理解性 369
丰富生活 370
将理论运用于实践 371
演讲：解释某个流程 371
演讲：解释某个概念 372
他们的演讲 告知性演讲大纲示例 372
演讲：指导 375
值得一提 推销员 375
演讲：演示如何做某事 376
演讲：描述 377
一个残酷的事实 378
最后的忠告 378
小结 378
学习成果检验：练习和实践 379
注释 379

第14章 说服性演讲

说服实践 382
详尽可能性 383
恰尔蒂尼的六大影响原则 384
传输理论 387
修辞情境 388
文化、人口以及个体差异性 388
约束条件 388
确定说服的目的 389

值得一提　禁毒教育真的有效吗？……390

受众看法……391
精神气质和信息来源可信度……392
相似度……392

自我评估　感知来源可信度……393

管理受众感知……393
构建说服信息……395
组织架构……396
信息面向……397
证据与说服……398

反思多元化　文化与说服……399

情感诉求和说服……400
通过恐惧而激励……401
语言……401
听众成员的个性……402
自我效能……402
冒险精神……403
一个可行的实例……403

他们的演讲　说服性演讲实例……404

策略……407
修辞情境分析……407
说服的目的……407
听众感知管理……408
说服性信息……408
小结……409
学习成果检验：练习和实践……410
注释……410

第15章　批判性地思考和演讲

批判性思考与演讲交流……414
言语攻击VS推理论证……414
一种论证模型……415

构建可靠论证 ······415

他们的演讲　针锋相对——上大学还是不上大学？ ······415

运用图尔敏的论证模型 ······420
与证据相关的谬误 ······420
无根据的断言 ······421
扭曲性证据 ······421
误导性统计数据 ······422
与论点相关的谬误 ······422
障眼法 ······423
循环论证 ······423
与证明相关的谬误 ······423
权威性证明 ······424
归纳性证明 ······425
应用归纳的证明 ······426
类比性证明 ······428
因果关系证明 ······429
征兆性证明 ······431
与限定词相关的种种谬误 ······432
鼓动性语言 ······432
夸张 ······433
与反驳相关的种种谬误 ······433
“稻草人”谬误 ······434
不当推论：不合逻辑的推论 ······434

值得一提　伪推理：谬论 ······435

小结 ······436
学习成果检验：练习和实践 ······437
注释 ······438

第16章　课堂之外的演讲

值得一提　婚礼祝酒词 ······443

仪式和特殊场合的演讲 ······443
介绍性演讲 ······444

颁奖致辞 445
获奖致辞 445
纪念性演讲 446
娱乐性演讲 447
将技能运用于其他场景 450
电梯游说 451
应对问答环节 452
小组讨论 453
领导以任务为导向的小组 454
设定议程 454
让小组专注于任务 454
试探性的提问 455
总结过渡到其他阶段 455
为下次会议设置议程 455
避免群体迷思 456
专题讨论会 457
将公共演讲作为一项事业 458

他们的演讲 志在产生影响的演讲 458

赠言 459
小结 460
学习成果检验：练习和实践 460
注释 461

附录 对演讲进行分析

译后记

第一部分

基础

PART ONE

CHAPTER 1

第1章 练习演讲

这门课程将助你提升公共演讲技能，跨越一人与多人之间的鸿沟。

目标

在线学习资源：www.mhhe.com/brydon7e

阅读本章并复习 www.mhhe.com/brydon7e 在线学习资源后，你应该能够：

- 解释学习公共演讲个人的、专业的、公共的原因。
- 说明对公共演讲过程的交流性和符号性本质的理解。
- 指出与公众演讲相关的一般目的。
- 为首次演讲选择一个合适的主题。
- 为首次演讲建构一个具体的目的。
- 为首次演讲形成论点清晰的陈述。
- 利用适当的信息来源准备首次演讲。
- 组织演讲要达到：（1）开头有冲击力，（2）集中陈述你的论点，（3）与观众相联系，（4）预览要点，（5）组织要点，（6）概述要点，（7）结尾有力。
- 以会话式的、即兴的方式发表演讲。

关键概念

每一章我们都会介绍一些需要知道的关键术语。我们将这些概念放在每一章的开头部分，为的是让你们留心随后会遇到的重要术语。在本章中寻找以下术语：

渠道	信息
（信息）内容	理解
可信性	预览
解码	相关的
编码	（信息的）构成
即兴表达	标志
反馈	具体目的
一般目的	符号
相互依赖	系统
创作	主题陈述句
要点	事务

如果要拿走我所有的天赋和能力……而允许我保持一种能力的话，那么我会毫不犹豫地要求允许我保持演讲的能力，因为通过演讲，我将很快恢复其他能力。

——丹尼尔·韦伯斯特（Daniel Webster）

每个新学期开始，我们都会向学生坦言："我们很清楚，你们当中许多人愿意准时出席坐在这里，只是因为课程方案规定，你们要获得学位，必须如此。"接下来我们会问学生："你们有多少人觉得，比起花时间学习公共演讲的艺术与科学，把时间花在对其他专业课程的学习对于日后的成功会更有裨益？"不出所料，许多学生举手同意这种说法。

我们承认这一点，因为我们知道，如果可以选择，许多学生会找借口不来上这种课。我们之所以问这个问题，是因为通过几十年的教学，我们很清楚这是学生们经常问自己的一个问题。

那么，为什么在美国，大多数大学和学院都**规定**学生需要修读公共演讲课程？让学生修读专业中的其他课程，或者修读与他们将来的成功具有明显联系的课程，岂不是意义更大？

我们告诉学生，那可不一定。在我们的课堂上，甚至只要他们愿意让自己的时间和精力保持适度的投入，他们就会发现在公众场合有效地演讲，可以（1）让其他课程取得更好的成绩；（2）使他们的简历更出色；（3）在其职业选择中，能提高他们终身获得成功的机会；（4）帮助他们更有效地参与到我们民主体制的公民话语之中。

人们钦佩那些才思敏捷以及说话强有力的人。这方面的知识和技能是如此宝贵，事实上，雇主一直把这些品质列为新进员工和经验丰富的员工最可取的特点之一。[1]公共演讲的知识和技能是**如此地**重要，无论是在科学、医学、法律，还是在公共服务、教育乃至社会科学，甚至美术中，都确实如此。仔细思量照片中展示的这三个人的事例。

桑迪·杨（Sandi Young）的职业生涯从小学教师开始。但不久之后，她就获得了硕士学位，取得了特殊教育文凭，获得了一份新的工作，以特殊专业人才为头衔，服务于有特殊需要的儿童。不久之后，桑迪就应邀领导一个培训其他教师、学校管理者及学生家长的工作坊。桑迪说："我在从事着自己作为一位大学生时最害怕的职业"，"听众数量不一，有时候只有几位老师，有时候则是1200多人的学生家长、老师和管理员，我在这些人面前做公共演讲。"[2]

杰夫·约翰逊（Jeff Johnson）是嘉世公司的全职品牌经理和营养学家，同时也是一位兼职冲浪者。杰夫找到一种方法，把自己冲浪的爱好与工作结合起来。嘉世选择杰夫担任一则全国性的电视广告的代言人。杰夫还作为嘉世公司的形象代言人，出现在有线电视美食频道（Food Network）中。杰夫补充道："我现在亲身体会到了我在注册演讲课程时不懂的东西。”“公共演讲会带你触及公司的一些领域，这些领域原本是封闭的。公共演讲不能替代学位，但它是一种补充。它会让你与观众分享经验，而这些观众就是你的产品希望到达的观众。”[3]

埃德娜·莫拉莱斯（Edna Morales）。莫拉莱斯太太的儿子阿尔文感染了丙型肝炎，需要接受肝脏移植。这意味着要从波多黎各前往美国辛辛那提儿童医院。虽然挽救她儿子的移植手术成功了，但莫拉莱斯夫人发现，对于许多讲西班牙语的家庭而言，他们的需求并没能得到满足。因此，她在搬到辛辛那提之后意识到：“我需要待在这里，因为西班牙裔家庭需要很大的帮助，这正是我打算实现的目标。”[4] 莫拉莱斯夫人努力提高自己的英语水平。现在，她担任讲西班牙语的病人和医护人员之间的联络员，是辛辛那提儿童医院家庭顾问委员会（the Family Advisory Board of the Cincinnati Children's Hospital）的成员。她常常向不同的观众讲述自己的经验，尽己所能，告诉人们在面对类似的医疗危机时该怎么做。

无论是校长、品牌经理还是病人的支持者，这些人具有的共同点是，公共演讲不仅是他们生活和实现自身目标的核心，也是他们身边的人实现目标的核心。公共演讲是当今世界至关重要的沟通途径。你们中的许多人在一对一及小组交流接触中已经练就了一些技能，公共演讲只是对这些技能的扩展和改进。

本书开篇第 1 章有三个层面的目标。首先，我们试图从个人、专业和社会这三个方面的原因，来说服大家学习公共演讲。其次，我们将公共演讲描述为一种系统的交流，为交流过程提炼出一个基本模型。最后，我们提供了公共演讲“快速入门”指南，目的是简要介绍在课堂上第一次做演讲所需的技能。

校长桑迪·杨

嘉世公司营养学家和品牌经理杰夫·约翰逊

医疗翻译和病人支持者埃德娜·莫拉莱斯

为什么学习公共演讲

个人原因

www.mhhe.com/brydon7e
点击网上学习网站1.1部分的演讲教学链接，观看关于公共演讲在人们生活中的作用的视频。

成为更高效的公共演讲者，首要而又最显著的原因是个人层面的。在每个学期末，我们要求学生写一篇简短的论文，反映他们在课堂上的经历。学生都会描述曾经是那么害怕公共演讲，而现在喜欢演讲了。那些最不愿意上公共演讲课的学生，反而往往是最承认演讲价值的。就如大多数学生学习一样，接收到来自观众的积极反应后，个人会有满足感，也会有机会强化自身与他人的能力。

成为娴熟的演讲者是强化自身能力最可靠的路径之一。近来，在一年一度的“还我安宁夜”（Take Back the Night）的活动中，我们社区中的妇女发出的声音被人们倾听。在专题讨论会和开放的公共论坛上，演讲涉及了曾经被当作禁忌的主题，诸如乱伦和强奸等，这些演讲在校内外社区中进行了共享。

就在活动的高潮前夕，游行活动中这些女性，沿着我们所在城市的主要街道挽手前行。在“幸存者心声”（Survivor Speak Out）[5]活动期间，40多名妇女拿起麦克风，向人头攒动的听众说出了各自的故事。一如她们的行动，这些女性中有许多人评论说，听到其他女性在公共场合的演讲，给了她们挺身说出自己昔日遭遇的勇气，而这往往是她们人生中第一次公开发声。

专业原因

除了提升自我能力，提高公共演讲技能还有很多专业方面的原因。有能力发表高效的演讲，是技术型公司招聘时最渴望新员工拥有的技能之一。询问任何一位商界或专业领域的成功人士，这些人都会告诉你，娴熟的演讲者在组织阶梯中获得晋升的概率更高，上升的速度也更快。公共演讲很出色的人能够更好地（1）提升其专业形象（professional self）；（2）将自己的观点呈现给决策者；（3）在工作场所产生积极的变化；（4）在会议上贡献出有价值的观点。

在公共场合说话，往往是我们提升自己专业信誉的一个理想的机会。前段时间本书作者聆听了邦尼·约翰逊（Bonnie Johnson）博士的一场演讲。她讲述了自己为全球最大的芯片制造商英特尔所做的工作。就像在组织沟通中训练有素的人一样，英特尔允许约翰逊博士研究全体员工适应工作场所科技变革情况如何，如适应电子终端的情况。在结束这项研究后，英特尔公司为她提供了一个职位。

演讲后，约翰逊博士很乐意地回答了听众们的提问。有位听众问，她认为英特尔为什么会雇用她。“你想听实话吗？”约翰逊博士回答，“原因是，最初我面向英特尔公司高层公开地介绍我的研究结果时给他们留下了深刻的印象，甚至超过研究本身。他们雇用我，因为我不仅知道我的研究，而且能有效地阐述这项研究及其对英特尔的影响。”对顶级公司人事经理的调查，不断地表明这些经理们所渴求的大学毕业生，不仅要有人际的、书面的交流能力，还要能够发表有影响力的演讲能力。

你的成功不仅取决于你的想法，还取决于你如何将这些想法传达给那些会作出决策、影响到你职业生涯的人。仔细想想看，每一种职业和专业都会涉及把想法推销给其他人。大多数企业都需要经理提交报告，或让经理简要地描述他们的成就以及未来的计划和目标。举个例子，一位亚马逊网站的软件工程师告诉我们，虽然他的工作小组由几个人构成，但是他的演讲技能让他有机会面对集团高层管理人员。他在这方面的技能让他的团队赢得了嘉奖，最终帮助他获得晋升。

主管或经理最重要的任务之一是，有能力说服同事，提出令人愉快的变革。为了保持竞争力，企业必须实施新技术和规程。然而，许多员工抵制变革。通常引入变革的最好方法是把新思想**推销**给员工，而不是简单地**告诉**他们。50 多年的实证研究表明，意见领袖推销组织变革思想最有效果。在引领意见的时候，你不必是首席执行官——你只需要表现出人们可以在意见领袖身上确认的几种素质就行。有效沟通的能力和公共演讲的能力是其中最主要的品质。

虽然小群体沟通不是本书的主要重点，但我们讨论的许多技巧，从主动倾听到批判性思维到即兴演讲，在群体会议中都可以直接应用。就如传播学教授罗纳德·阿德勒（Ronald Adler）所报告的，一般来说业务主管在每个小时的沟通中，大约有 45 分钟花在了会议上。[6] 此外，调查显示，业务主管每年在会议中花掉的时间可能多达 700 个小时。[7] 在会议中高效的讲述能力，将是你在职场中取得成功的必不可少的素质。

公共原因：促进公民参与

近年来人们一再强调要做好准备，让我们得体地参与到社区及整个世界事务中。娴熟的公共演讲者不仅是工作场所之内，也是工作场所之外的变革推动者。要不是那些公开发表演讲的人，法定投票年龄可能还是21岁，可能只有白人男性且拥有财产的人具有投票资格。过去一个世纪的所有进步，都源于人们有了新的想法，有时这些想法富有争议，人们就公开地讲出来，并说服其他人采纳他们的意见。因此，学习公共演讲的公共原因是：（1）成为批判性思维者；（2）做一个知情的公民；（3）扩大言论自由；（4）促进公民对话。

正如我们在第15章将讨论的，批判性的思考自己和他人的信息，是从当下的议题中得出合理结论的一种至关重要的能力。公民不能对其所言说的议题做出批判性地思考，产生的危害可能大于收益。一方面，演讲者应该努力地以良好的推理过程，巩固说服的成果；另一方面，听众也负有发现推理谬误的责任。一些看起来有效的论据，事实上却具有无法忽视的缺陷。成为一位具有批判性思维者，会让你少受虚假论据的欺骗，不太容易让自己成为虚假论据的鼓吹者。

我们的民主确立的前提是：倘若国家要兴盛，必须有一个思想自由交流的公共论坛。所以，宪法第一修正案保障言论自由，以及新闻、宗教、和平集会的自由，绝不是偶然。即使你对公共政策的问题并没有公开言说的迫切需要，你依然可能成为各种演讲的消费者——从大气变暖到大学宿舍持有毒品的零容忍政策，等等。无论是作为演讲者，还是作为听众而质疑演讲者，向他人强有力地公开展示自己思想的能力都要比一种满足需要的技能重要得多。这也是你对他人和自己应负有的责任。

即使在民主国家，有些人认为对付不受欢迎的观点的方法是调用快速修正功能：审查。本书的目标之一是，为你解读言论自由和表达自由在民主社会中的重要性。越来越多的公民有权公开地表达自己的想法，而这些想法也会被激烈地讨论。那些对自己看法的真实性有信心的人，应该欢迎辩论的机会，而不是压制反对意见。

令人遗憾的是，近年来大部分的公共讨论在回应争议性问题时，已经演变成了骂人和情绪性诉求。24小时有线电视和广播谈话节目欣赏言语的攻击性；主持人们大声喊叫以压倒与其意见不同的嘉宾，对他们不喜欢、不支持的政客的观点做出离谱的行为，还鼓励听众和观众做相同的事情。

对与自己意见不合的人，是否有可能不诉诸谩骂和贴标签？我们认为是可能的。事实上我们认为，从堕胎到宗教狂热，几乎任何主题都可以进行辩论，辩论者无须当面攻击彼此的血统。尽管身处政治斗争之中，但当有人在市政厅集会上说，对在奥巴马担任总统时培养孩子而感到害怕时，参议员约翰·麦凯恩还是为他的对手进行了辩护。即使麦凯恩自己的支持者嘘他，麦凯恩还是称奥巴马是“正派的人，不必害怕他成为美国总统”[8]。学习公共演讲的技能，关注辩论的实质而不是对手的个性，是提升公共讨论水平的一个重要步骤。随着越来越多的美国人学习如何使自己的观点理性地为他人所知，学习必要的批判性思维技能来评估公共讨论，有可能改善当代社会问题整体的讨论水平。

公共演讲的交互性

我们曾在前文提到，公共演讲是人们每天使用的沟通技巧的延伸和细化。这意味着虽然公共演讲与谈话和小组讨论相似，但是又有所不同。最为显著的不同在以下几个方面：(1) 计划；(2) 组织；(3) 演讲方式。

为了让演讲出彩，我们需要预先计划好实际的交流。我们需要思考、分析和适应演讲的目标受众。我们知道有关受众成员的情况吗？我们需要了解他们的什么情况呢？我们需要对发表演讲的物理场所做出规划。如果是一个房间，会对移动或眼神交流造成拘束吗？我们可以传达自己的信息吗？关键是要对我们可能面临的所有突发事件做出计划。公共演讲在信息的组织和连贯上，比任何谈话或小组讨论的要求更严谨。在交谈和讨论中，传播者可以打断对方，提出问题，给予明显的非语言反馈，并在必要时请求澄清。在公共演讲的情况下，这不是那么容易就能做到的。因此，我们需要对信息加以组织，这样意思会很清楚，听众也容易跟得上其逻辑。

最后，公共演讲的演讲方式比交谈和讨论更加正式。请不要误会我们的意思，演讲不应该被理解成不自然的或乏味的。很多优秀的演讲语调都是对话性的。但在现实中，公共演讲和交谈还是有一些区别的。我们演讲的时候是站着的，也许在讲台后面，而听众是坐着的。为了增强演讲效果，我们可以使用提示和视觉辅助材料。在演讲期间，我们也可以在房间内走来走去。

考虑到这一点，我们现在可以转而讨论能够增强公共演讲及其对应物之间相似性的某些原则。无论是聚焦于情人之间的亲密谈话，

交流：
两人或多人之间的言语和非言语信息的交换。

系统：
由一些相互依赖的部分组成的集合，以至于一个部分产生变化，其他部分就会相应地出现变化。

相互依赖：
一种关系，其中的事物彼此相互影响。

上课之前的告知性演讲，还是在政治集会上的演讲，最好将交流的过程视为一个交流性的系统。

交流涉及两个或两个以上的人之间言语和非言语信息的交流。**系统**是由一些相互依赖部分组成的系统，以至于一个部分产生变化，其他部分就会相应地产生变化。汽车就是一个机械系统。其各部分显示出不同程度的相互依赖关系。**相互依赖**存在于事物彼此相互影响的时候。改变一些汽车的零部件会产生其他微妙的变化。举例来说，即使是轮胎胎面轻微的磨损都会影响汽车的操控性。这种变化是如此微妙，大多数司机没有注意到。相比之下，汽车其他部分的变化，就会产生司机肯定会注意到的变化。例如引擎故障，汽车整个液压系统会产生明显的变化，包括汽车动力转向器和刹车失灵。

这也许就是为什么公共演讲交流似乎与我们更为熟悉的传播情境有明显的分野。从人际传播到小群体交流，传播系统发生的变化较微妙，然而转变为一对多的交流所产生的变化则是毋庸置疑的。先考虑最简单的人数变化。人数增加，传播线路也增加了。这也许是为什么人们爱说“人多反误事”（Too many cooks spoil the broth）。就如图表 1.1 所示，由于传播者数量的增加，传播线路以几何级数增加。虽然在你从 2 个传播者转向 3 个或 4 个的时候，这种变化并不十分引人注目，但是当你转向甚至只是 7 个人的一个群体的时候，变化就是惊人的了。

图表 1.1 传播线路
传播线路随着人数增加而增加。这或许就是很多人喜欢说“人多反误事”这句话的原因之一。

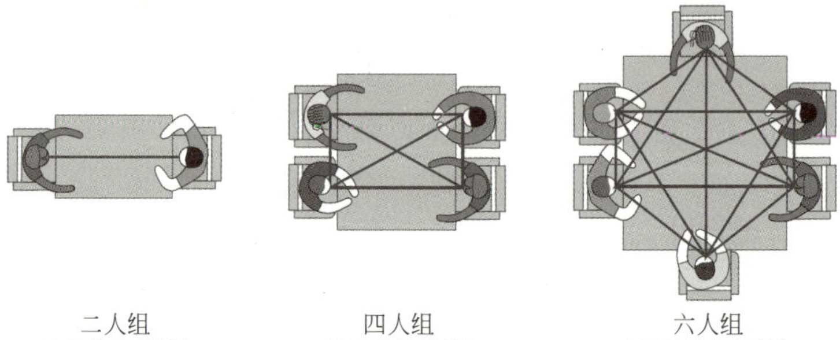

图表 1.2 模拟了公共演讲系统的各个相互依赖的部分。思考：（1）公共演讲影响发生的情境；（2）演讲者和听众；（3）他们所交换的信息；（4）建构和解释他们用于传达其信息的符号的过程；（5）传送信息的渠道；（6）这个过程中理解力所起的作用。

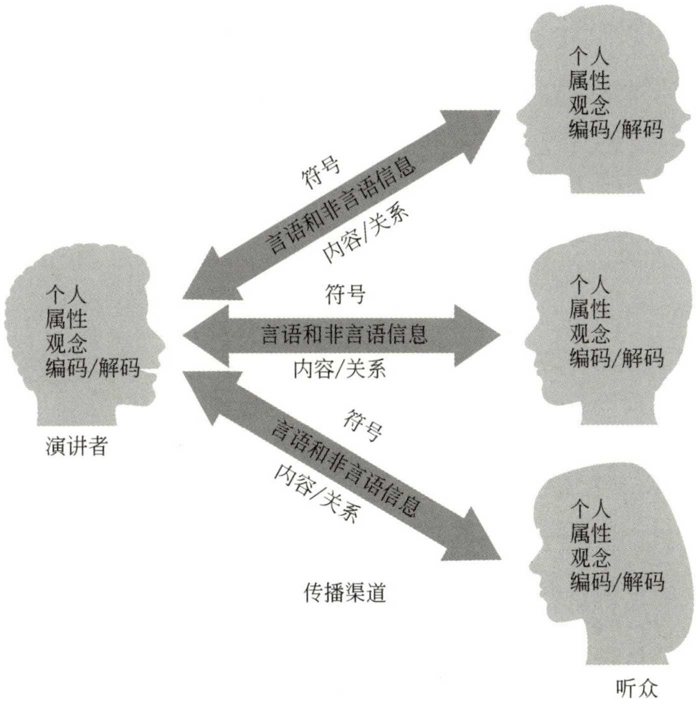

图表 1.2　作为交流的公共演讲

在这个演讲交流的模型中，演讲者和听众之间的消息传送是同步的，双方同时作为消息源和接收者。传播是受情境约束的，在解释内容和信息构成部分的关系的时候，每个人的理解力都很重要。

语境

每次演讲都发生在一个具体的语境中。我们将在第 5 章中讨论更多细节并介绍劳埃德·比策（Lloyd Bitzer）教授的**“修辞情景”**概念。[9] 不管怎么说，我们现在可以充分认识到，每一次演讲都发生并受限于特定事件、人物、关系和目标的情境当中。

首先考虑演讲者所面临的物理场所。在教室里演讲是一回事，在户外毕业典礼上演讲又是另一回事。在教室内演讲，一般我们都可以依赖自己自然的嗓音；在户外，我们很可能需要麦克风才能让人听得清。也可能需要我们在手势、动作以及对诸如视觉辅助材料的采用方面有所改变。

其次要考虑演讲者寻求实现的目标。是什么样的情形让我们开展演讲？就像教师每天都在做的那样，我们向听众传授的是重要的信息吗？我们的演讲是为了将同胞组织起来，以便和意识到的错误做斗争吗？我们齐聚一堂，是为了颂扬心爱的家人或是朋友吗？我们以有趣的故事或笑话进行的演讲，目的是娱乐听众吗？

演讲者和听众

反馈：
观众反映给演讲者的言语和非言语信息。

与早期模型中“暗示演讲者首先讲话然后观众做出反应”的观念相反，交流模型告诉我们，演讲者和听众同时交换言语和非言语信息。言语信息是实际讲出的话语，非言语信息则是未明说的。例如，即使演讲者正在与观众分享其信息，也会有个别观众成员立即将分享信息发送回来。一般来说，**反馈**是非言语性的，包括诸如眼神接触、面部表情和掌声。在某些情况下，受众发出的这些信息可能是口头上的，就像2009年夏季，医疗改革的反对者在全国各地不同的市政厅会议前，经常在休会时间大声地反对国会议员。

听众人员数量的多寡也会影响演讲的整体效果。在宿舍休息室向其他25位住校生演讲是一回事，在礼堂向着数百人演讲是另一回事。因此，相比于你需要重视的听众的反馈、交流发生的环境、已经拟定的演讲目的，你更不能忽视的是听众的规模。

信息：内容和关系的构成

信息：由传播者产生的意义。
（信息的）内容：演讲者想要传达的重要意义。
（信息的）关系构成：传达信息时言语和非言语的成分产生的综合影响。

信息的意义由演讲者和观众成员产生。在我们模拟的交流系统中，信息及其传输的媒介被刻意地模糊了。因为这二者是相互依存而非各自独立的。我们想说给听众的内容，显著地受我们的诉说方式影响；我们传达信息的方式也受我们所说内容的影响。这种互动的过程，对听众如何理解我们的信息有着巨大的影响。

所有信息都由两部分组成。第一部分是演讲者想要传达的**内容**的基本含义、要点或主旨。例如，你可能希望用“我爱你”三个字向另一人传达你的情感。第二部分称为**关系构成**，包括传达信息时言语和非言语部分的共同影响。想想如何运用你的声音、面部表情、眼睛，改变“我爱你”这句话的效果。你可以让这三个字表达出真诚的爱意、请求，甚至是渴鹿奔泉一样的欲望。

意义来自信息的内容以及信息的关系构成两个方面。而且，任何一个部分都不会比另一个部分对意义的贡献更重要。你说什么和怎么说对于意义的贡献大致相等。

建构和解读符号

与其他形式的传播相似，公共演讲也是由符号组成的。[10] 话语是我们用来形容人物、地点和事物的语言符号。手势也可以成为非语言符号，就如我们挥手表示再见，或向某人挥动拳头表达我们的愤怒。

当我们试图把自己的思想传达给其他人的时候，我们是无法直接交流想法的，必须将思想转换成可以被这些信息的接收者所理解的词汇和手势，这些言语和手势都是真正的**符号**，即根据某种关系或联系，代表或表明另一件事物的东西。将我们的思想和理念转化为有意义的符号，这个过程称为**编码**。受众接收到这些符号然后进行解释，这一过程称为**解码**。这说起来容易做起来难。受众解码的信息是否与演讲者编码一致，取决于许多因素，包括但不限于语言、文化、年龄和性别。

符号：
根据某种关系或联系代表或表明另一件事物的东西。

编码：
将观念编译成某种接收人能够理解的代码。

解码：
符码被转译成观念的过程。

虽然我们在第 10 章和第 11 章会详细地讨论公共演讲的符号性质，但是我们在这儿提出来，因为你需要知道，你用于表达思想而赋予言语和非言语符号的意思，可能与其他人赋予这些符号的意思并不相对应。更重要的是，就算在共用相同语言的情形里都会出现这种情况——以汽油为例，美国人称为“gasoline”，英国人称为“petrol”。

当你准备演讲的时候，想想你与听众在何种程度上可以共享你通常使用的符号的意义。这意味着你至少需要了解你和观众拥有多少共同的语言，文化上有何相似之处，社会经济背景是否相近。

渠道

渠道是传播发生的物理媒介。光与声波的传输必须通过渠道，才可以发出信号，而我们也必须通过渠道接收信号，才可以在电视中看到画面。图像和音频被编码成电子脉冲，解码必须经过电视接收器。在人际交往中，我们主要使用自己的感官作为发送和接收信息的渠道。例如，我们运用自己的声音、眼睛、身体来进行演讲、对话和小组讨论。有时，我们还可以使用自己的嗅觉、触觉甚至是我们的味觉作为传播的渠道。

渠道：
传播的物理媒介。

在公共演讲的情况下，我们还可以使用额外的传播渠道来增强五官感觉。我们可以通过电子放大我们的声音，这样就可以更好地被听到，还可以使用视觉辅助材料，如海报板、投影片和 PowerPoint 幻灯片。

理解力

我们已经描述的交流系统，要求我们既能懂得又能欣赏理解力在公共演讲中的作用。**理解力**是我们赋予我们的体验以意义的一个过程。这个过程开始于我们决定对感官察觉到的一些刺激加以注意的时候。举个例子，我们从一个课室走到下一个课室的时候，我们

理解力：
我们赋予体验以某种意义的过程。

的眼睛偶然注意到一张笑脸。当我们听到“你还好吗”这句话也是来自这张微笑的脸庞的时候，以下是通常会出现的情况。首先，我们把面部表情和听到的声音组织成一个整体。其次，我们赋予这个整体以意义。最后，我们对回应加以组织，微笑着说：“没什么事。”这样的交流不仅发生在微秒之间，而且几乎无需多少有意识的思考。

一方面，我们对留意到的信息，理解并即时做出反应的方式，对我们的生存至关重要。另一方面，这也可能让我们过于自信，对我们感知的、我们如何看待我们所感知的，以及对所感知的信息如何做出回应，也很容易犯错误。从公共演讲的角度来看，理解熟悉信息的这种倾向，既有利也有弊。好的一面是，它使我们能够迅速地为演讲行为建立起一个参照系，而且可以解释其他人的行为。不好的一面是，它会使我们忽视其他数据，这些数据可能对如何表现并解释他人的信息更为重要。

作为一位公共演讲者，你永远不能假设你对语境、听众或听众反馈给你的信息的理解是准确无误的。某人、某地或某种情况让你似曾相识，不代表就能一概而论。

首次演讲快速入门指南

要成为一个优秀的公共演说家，你需要尽早动身并且经常向你的同学演讲。这就是为什么我们会在学期的第一、第二个星期内，就布置一次简短的演讲。这些演讲通常基于个人的经验，比如故事性的演讲或者自我介绍演讲。这不仅让学生尽早开始演讲，还有助于同学了解彼此，这也可以让他们今后的演讲主题与听众相适应。一些导师还会让学生制作视频版的自我介绍演讲，并发布到YouTube上供全班观看。

你的导师有可能在你来得及浏览整本书之前，就布置一次演讲，所以以下部分会概览一下你第一次演讲需要遵循的步骤。这部分不能代替后面的章节，仅是一次简短的预览。任何一次演讲你都需要遵循如下步骤：（1）分析情境和听众；（2）选定一个总的目的；（3）选择一个主题；（4）构造一个具体的目的；（5）形成演讲主旨的明确陈述；（6）准备演讲内容；（7）组织好你的演讲；（8）发表演讲。

分析情境和听众

在为第一次演讲做准备之时，你要明白即将面临的情况及听众对此次演讲的期望。对于初学者来说，你需要知道谁是你的听众。通常情况下，你会向你的同学演讲。在最初几天的课堂中，你可能已经了解其中的一些人；不过即使你没有，你也可以根据这些出现在大学或学院中的人，对其做出某些合理的假设。你上的是一个小型的、乡下的文理学院还是一所大型的、市区的大学？你所在学院的重点专业是什么？除了知道这些一般的事实，你也可以观察你的同学，努力发现有关他们的一些情况。同年龄的人往往有着许多相同的经历与文化元素。为了了解同学的兴趣和背景，有时去访问他们的脸谱网（Facebook）页面，会对你很有帮助。

了解你与听众共同的经验，可以让你预测什么主题有可能引起良好的、令人满意的反应。年龄、性别以及演讲对象的社会地位这类因素，也可以帮助你预测观众的反应。任何演讲场合的听众都会有多种多样的期望，这取决于听众是谁以及他们共有的经验。例如，你的同学可能希望你演讲时平等地对待他们。如果你违背了这种期望，比如说摆出高人一等的神情，那么，你可能不会得到你期望的反应。只有在你充分地了解演讲语境、听众及其期望后，你才能开始考虑你的演讲目的。

如今的公共演讲者需要适应多元文化的、多民族的、各个年代的听众。

选定一个总体目标

演讲者面临的首要决定是，为演讲选定一个总体目标，即演讲的主要功能。演讲最常见的类型有：试图告知别人他们还不知道的总体目标：演讲的基本功能。有三个公认的总体目标是：告知、说服和娱乐。

事情，或者说服别人相信某事或按照某些特定方式行事。说服性的演讲不仅寻求改变，还寻求加强社会价值观，就像人们在美国独立纪念日（Fourth of July）演讲或布道那样。还有一些演讲分享令人愉快的经历，意在娱乐。显然，这些总体目标并非相互排斥。说服性演讲也会告知听众，告知性演讲需要足够有趣而使听众有信心听下去。尽管如此，总体目标无论是他人布置给你的，还是你自己决定的，最终选择的主题都应该告诉人们一些东西。例如，有争议的主题适用于说服性演讲，不太适合于告知性演讲。介绍性演讲很可能主要是告知性的——告诉同学一些关于你是什么样的人的信息。换句话说，故事叙述性演讲往往是你以有趣的故事娱乐听众的机会。

选择一个主题

一旦你分析了听众、你所面临的情境，并选择了一个总体目标，选择一个主题就成了许多演讲新手最难解决的事情之一。有时老师会给你一个主题，但这也只是一个可能的情况而已。而且，即使你只是介绍自己或讲故事，你依然需要选择讲关于自己的什么内容或者你要分享什么样的经验。很多用来指导研究主题选择的原则也适用于演讲初期的主题选择。与所有演讲主题一样，它们也应该有趣、恰当和有价值。

你的主题显然应该从自己的兴趣、经历和见闻开始。记得从你每天的生活中寻找主题。例如，你感兴趣的主题，可能与你看到的电视节目、阅读的一篇博客，或者在YouTube上看到的一段视频有关。杂志或报纸也可以让你想到一个主题。其他来源，比如校园宣传、导师以及同学。寻找主题的难易程度，事实上取决于你观察周围环境的程度。

除了知道到**哪里**寻找一个主题，更重要的是要知道该寻找什么主题。第一，主题应该是你感兴趣的。如果连你都不关心的主题，又怎么能指望听众关心呢？第二，选择一个听众感兴趣的主题，或者至少你可以让听众听得感兴趣。这就是为什么要尽可能多地了解听众的关键所在。第三，你的主题应该适合于语境。如果老师要求说一说你不能忍受的事，她/他考虑的主题可能像食堂的饭菜、室友或某位往人脸上喷烟的人，而不是热带雨林的毁灭。第四，确保你的主题适合于演讲的时间。所有演讲者都面临时间的限制，而不仅仅是那些在公共演讲课上时间的限制。知道老师所期待的并坚持下去。提前练习演讲很重要，确保演讲适合于所分配的时间也是练习的原因之一。第五，确保你的主题是可控的。不要选择一个你力所不能及或找不到资源的主题。你自己的**可信度**是你演讲的最大资产之一，这是听众相信你、信任你的程度所在。没有什么比谈论自己不熟悉的主题，更能快速地败坏你的可信度了。你了解得要比听众多。否则为什么你还要和他们谈论？最后，至关重要的是，你的主题得要有真正的价值。我们的社会把时间作为一种商品对待。我们储存时间，花费时间，还购买时间。如果有人浪费你的时间，你会生气，所以不要浪费听/受众的时间。如果你选择了一个老生常谈的主题，那么你必须赋予它一种不同的“视角”（spin）或焦点。

可信度：
听众对于演讲者的信任程度。

技巧和策略

演讲主题恰当的六个标准

好的演讲主题应该是：

1. 引起你的兴趣
2. 引起你的听众的兴趣——至少你可以使之有兴趣。
3. 适合于情境。
4. 适合于可用的时间。
5. 可控的。
6. 有价值的。

构造具体的目的

有时候可能会给你最初的演讲布置一个总体目标。不过不会给你布置一个具体的目的。**具体目的**是针对特定的听众，在演讲时希望达到的目标或目的。例如，假设你被要求向班上的其他同学介绍自己。你希望你的同学认为你是什么样的人？你的同学对你的态度是什么样的呢？就像第18页“他们的演讲”中的内容所显示的，我们曾经的一位学生乔纳森·史蒂倍克，用自我介绍演讲的机会，向他的听众讲述了他的残疾。但更重要的是，他试图教导并让同学明白，其实残疾人士与其他人一样。即便是早期的演讲任务，你也应该尝试清楚地阐明演讲的具体目的。

OLC www.mhhe.com/brydon7e
要查看简介乔纳森·史蒂倍克（Jonathan Studebaker）的演讲视频，点击我们的在线学习中心网站上的演讲教练链接，并前往1.2部分。

演讲的具体目的通常以一个不定式短语开头。例如，乔纳森演讲的具体目的可以表述为：“告知听众，我的残疾并没有改变的事实是：我像其他人一样。”演讲者可能将具体的娱乐目的表述为：“用我最糟糕的相亲故事娱乐听众。”通常学生会将故事演讲作为一个娱乐的机会，例如，有位学生描述她和某个人第一次约会时，那个人穿着小鸡服装，还带她去肯德基吃饭。

具体目的：
演讲者在对特定的听众演讲时希望达到的目标或目的。

因此，不管你选择的演讲主题是什么，你需要在头脑中有一个清晰的、打算通过演讲实现的具体目的，并把这个目的清楚地告诉你的老师。确保具体的目的对于听众而言是现实的、是有价值的，并有助于实现你作为一个演讲者的目标。这将使随后的工作更加容易。

形成你的主题陈述

主题陈述：
使得听众注意力集中于演讲中心点的一个陈述句。

每一次演讲都应该有一个主题陈述句或中心观点。**主题陈述**应该有助于观众理解你要寻求的反应。例如，你可能会反对进一步限制可以在宿舍所做的事。假设你正在向一群同学演讲，你可能希望你的演讲重点放在：针对宿舍的限制政策，他们能做什么样的努力。因此，你的主题陈述句可能是："我们需要游说大学董事会，应像对待大人一样对待宿舍中的我们。"注意这里的主题陈述句直接关系到演讲的具体目的。在这个例子中，具体目的是"说服其他学生向理事会游说，终止提议的限制"。如果听众接受并采取行动，这个主题陈述句就会实现你的具体目的。具体目的是期望观众对于演讲的反应，观点陈述的首要信息旨在实现这个目的。具体目的通常不会明确告诉听众，但主题陈述句应该与具体目的充分相关，让观众知道你想要实现的任务。

他们的演讲

『我是谁』的介绍性演讲

在短短35年的生命中，乔纳森·史蒂倍克的成就清单令人印象深刻：东西部圣殿赛荣誉橄榄球教练（图中间那位），奇科州立野猫橄榄球队的踢法教练（kicking coach）；大学毕业生；电视体育评论员；奇科市规划委员会成员；作家，激励人心的演说家；"畅所欲言项目"（Project Speak Out）创始人。乔纳森的演讲极富激情。本书第1版我们采访他的时候，他这样说："演讲不是乏味的西兰花；演讲很有乐趣！"在下文转录的演讲中，乔纳森介绍了自己并解释说，他远不止是一个残疾人。

我是谁？

乔纳森·史蒂倍克

早上好！

我是谁？我为什么在这里？之前我好像听过这话。就我而言，我一直被人问到这些问题，还有其他一些问题。今天我想回答其中的两个问题。

我一直被人问道："你是一个侏儒吗？""你有什么问题？""你有什么残疾？""你为什么个子矮？"但我真的很喜欢人们问我："你喜欢做什么？""你最喜欢的颜色是什么？"所以今天我会尝试着回答这两个问题。我是一个好人。别担心，我不会咬人。除了滑水，我喜欢做的事情很多。我上学了。我读了小学、高中，我从加州州立大学奇科分校毕业。很多人问，"你为什么在这里？"好吧，我来这里是因为我想教育别人。我在加州州立大学奇科分校执教足球，担任足球教练3年。在这3年之内，我让两位球员与一流的球队签订了协议。那么，你担任足球教练如何？你只需告诉人们该做什么。那么，你怎么做到呢？你做很多的事情，甚至与我们所做的都极为相似：通过学习、阅读、听别人说话来做到。而这正是我一生所做的事情，也正是这些，成就了今天的我。

就像我所说的，我是个不错的人。我很开朗，我精力充沛。当然，我有残疾。我出生就患有成骨不全症，这种疾病让我的骨头很脆弱。你是否曾经不小心把玻璃杯掉在地板上了？发生什么了？杯子打碎了。嗯，我的骨头就如那打碎的玻璃，这就是为什么我会告诉人们，当你背着我的时候，请把我当成你最好的水晶玻璃。我很高兴我是这样的人。我不会改变自己的任何部分。在我的生命中，我做了很多事情。就像我说的，我担任过足球教练，从大学毕业。我做了一般人们认为以我的条件不会做的事情。

所以，我是谁？嗯，我是乔纳森·史蒂倍克，乔纳森·彼得·查尔斯·史蒂倍克。为什么起这么长的名字？嗯，我的中间名是查尔斯，稍晚才有了这个名字。而查尔斯是很多事情的象征。我年轻的时候，我爸爸经常叫我胆小鬼。后来变成了胆小鬼·查尔斯，现在就叫查尔斯。现在，你们中的有些人被人家称为胆小鬼，会觉得被冒犯了。但是，你们知道吗，我觉得这没关系。我喜欢我自己。我来到这里是教育别人，而不是被他人所教，我就是我。

谢谢！

摘录自《二十一世纪的销售》，版权为罗莉塔·玛兰多所有（Twenty-first Century Selling.© Dr.Loretta Malandro），在其任教项目"有影响力的演讲"，由玛兰多传播有限公司提供，斯科茨代尔，美国亚利桑那州。

我们以前的学生，乔纳森·史蒂倍克，此图中他任东西部圣殿赛名誉教练。

准备演讲

发明：
组织演讲内容的创造性过程。

古希腊人说，演讲内容产生的创造性过程是发明创造的过程。首先，把演讲当成一项**发明**，这看上去可能很奇怪。然而，就像苹果公司的设计师仅有 iPad 的想法是不够的，你对演讲只有一种想法也是不够的。你需要在创造打算演讲的内容上花费时间和精力。到哪里去找你要演讲的内容？下面是一些一般性的建议，更详细的内容会在第 6 章中探讨。

个人经历

用自己的经历作为演讲的开始是比较好的方式，在第一次演讲中更是如此。我们每个人都有自己独特的经历。在早期的告知性演讲中，你可以借助自己的爱好或过去的工作经历；例如，我们的一个学生曾经当过养蜂人，他做了有关蜜蜂的一次引人入胜的演讲。

外部资源

即使你个人的经历和见闻是很好的开始演讲的来源，但不要就此停步。无论你的体验是多么强烈，你的知识是多么广泛，总是有更多的东西需要学习。我们的学生养蜂人在其演讲中，就从一本名叫《养蜂圣经》的书中引用了补充材料。

当我们研究给定的一个主题时，我们大多数人会立刻奔向计算机并访问免费的搜索引擎，如谷歌或微软必应（Bing）。不幸的是，大多数搜索显示数百万的链接，并没有简单的方法可以用于区别可靠而有效的网站与那些只是流行但可靠性不高的网站。

身为大学生的巨大好处之一是，你可以接触到用于研究的资源，资源范围远超过提供给一般人的。例如，你不仅可以访问存放了上千甚至数百万的书籍、期刊和文件的有形图书馆，你也可以访问无数的计算机专属资源。例如，许多学生有权访问数据库，比如学术搜索，其索引超过四千份期刊，涵盖了从科学和人文学科到流行文化等诸多领域。

最后，你也可以从专家访谈中获取信息。在大学校园里，教师专家比比皆是，他们研究的领域从人类学到动物学，涉及的范围很广泛。在你就读的大学网站上寻找与你的主题相关的老师。从一次精心策划的访谈中获得那么多的信息，会让你感到惊喜。在第 6 章和第 7 章我们会更详细地介绍演讲的准备过程。

不管你的信息是在哪里找到的，无论是来源于书面、互联网，还是采访，都要记得仔细记录你发现的事实和引证。不仅要记录说了些什么，而且要注意是谁、在什么时候、在哪里说的。向听众口头表明你引用的证据，将会建立起你的可信度，而这有可能会提高你在发表演讲时的效率。

组织演讲

有人曾经说过，每一次演讲都要讲三个层面的内容。首先你要告诉听众你打算向他们讲述什么；其次你向他们讲述了；最后，你告诉听众你已经给他们讲述了什么。这虽然有点简单，却抓住了每一次演讲三个部分的基本思想：开场、主体和结论。

虽然组织演讲的方法有很多，我们发现，最有帮助的模式是系统适应模式，这是由罗莉塔・玛兰多（Loretta Malandro）博士在担任企业高管教练的时候开发的。[11] 根据玛兰多博士的说法，演讲传统的开场、主体和结论应该包括几个重要的步骤：步骤 1 到步骤 4 是演讲的开场，步骤 5 是演讲的主体，步骤 6 和步骤 7 是结论。

技巧和策略

组织演讲的 7 个步骤

1. 有力的开头。在这一步中你要抓住听众的注意力。

2. 集中于你的中心思想句。在此步骤中，要把听众的注意力吸引到你演讲的主题陈述上。

3. 与听众沟通。在这个步骤中，你要让听众知道你“为他们讲了什么”。

4. 预览演讲的主体。此时你要告诉听众，你打算在演讲的主体中告诉他们什么。

5. 展示你的要点。在这个步骤中，展示演讲的主体，这个步骤构成了你演讲的绝大部分。

6. 总结你的主要观点。在这个步骤中，告诉听众你已经向他们讲述的内容。

7. 结尾有力。在这个步骤中，要给听众留下持久的印象。

开场

有效的开场应该遵循四个步骤。

富有冲击力的开头　介绍演讲的时候，要有戏剧性或幽默感。没有比演讲开始时，以“嗯，嗯，嗯，我想我今天要给大家讨论一下宿舍的食物”更让人注意力分散的了。开始演讲要抓住听众的注意力，比如开个适当的玩笑、说出一个惊人的统计数字，讲一则轶事，或者提及一段时事消息。

紧扣你的中心主旨 正如我们前面提到的，用主题陈述抓住演讲的中心点。例如，如果你反对校园学费上涨计划，你应该清楚地陈述：“不应该迫使这个学校的学生多支付学费。”

与听众沟通 回答这两个问题“我的演讲会给予听众什么信息？”“他们在个人或专业的兴趣方面，为什么要听我的演讲？”举个例子，学费上涨的提议，会迫使你的部分听众无法完成他们的学位吗？在演讲的开场白部分，就要明确地与特定的听众建立起联系。作为演讲者，这也是你建立可信度的良好时机。让听众知道你理解他们的担忧，并且把他们的最佳利益放在心上。如果你擅长这个主题，那么要让听众知道这一点，这样他们就会重视这场演讲。

预览 一般来说，人们进入一个领域时喜欢带着地图。预览就是向听众提供你要带他们到什么地方去的一份地图。预览预告了演讲的要点。尽管通常来说，预览要点是一个不错的主意，不过也可能有例外。在故事讲述性演讲中，预览可能会破坏结尾出人意料的冲击力。因此第一次演讲可能不需要预览，这取决于你的演讲的任务性质。

预览：
预告演讲的要点。

图表 1.3 组织你的演讲
这个七步组织模式和传统的开场白—主体—结论模式密切相关。

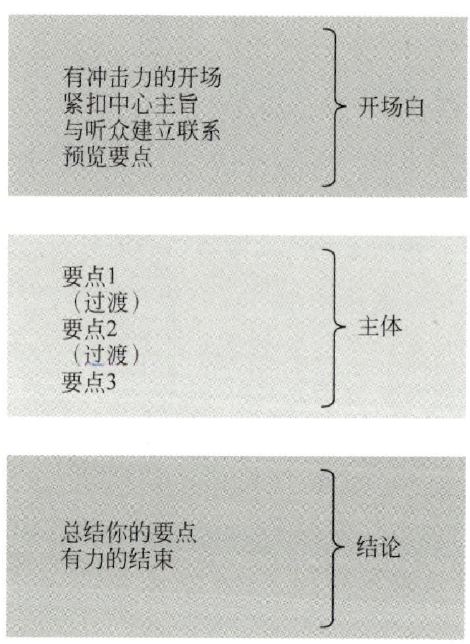

主体

演讲的大部分内容应该增强你试图传达的论点。通常情况下，演讲的主体分为三到五个要点，这些要点共同形成演讲的主题。

要点：
支持演讲主题陈述的关键思想。

组织你的要点 偏离了主题或不遵守逻辑发展模式的演讲可能

会失去听众，过于复杂的演讲也是如此。以下是组织演讲**要点**的一些基本模式：

- 时间模式。大多数故事都是按时间顺序排列的。使用叙事或时间模式是结构演讲的最基本的形式之一，也是故事讲述性演讲的常见的基本形式。
- 空间模式。有些主题最好以空间模式来组织。关于太阳系的演讲，可能从太阳和计算出的最遥远的行星之间的距离作为开始。
- 分类模式。很多主题明显可以采用分类模式。例如，老师在公民课程中解释联邦政府，很可能会讨论立法、司法和行政部门。有时称这种方式为专题组织模式。如果这个主题适合于自然地分类，这就是你安排演讲的绝佳方式。

如图表 1.4 所示，组织演讲的方式有三种。演讲的其他组织方式会在第 9 章中详细地讨论。现在，这将给你一个开始。在这方面要记住的关键一点是，选择一个简单的模式并在整个演讲中坚持下去。

图表 1.4　组织演讲要点的常见模式

时间模式
具体目的：告知听众如何更换轮胎
Ⅰ. 取出千斤顶并从汽车尾箱中拿出备用轮胎
Ⅱ. 松开车轮螺母
Ⅲ. 用千斤顶把车轮升高
Ⅳ. 取下漏气的轮胎
Ⅴ. 把备胎更换上去
Ⅵ. 把车放低

分类（专题）模式
具体目的：告知听众有关他们在大学里可能要修读的课程类型
Ⅰ. 通识教育课程
Ⅱ. 专业课程
Ⅲ. 选修课程

空间模式
具体目的：让听众了解美国地区
Ⅰ. 东海岸
Ⅱ. 中部
Ⅲ. 落基山脉
Ⅳ. 美国太平洋沿岸各州

提供过渡　我们也想强调使用过渡语句的重要性，有时候称为**提示性线索**，可以把你的要点连接起来。例如，你可能以说一些简单的话，诸如“我的第二点是……”或“现在你们理解了这个问题，让我们看看一些可能的解决方案。”使用过渡的目的是让听众获得收听演讲的路径引导，让他们知道你已经到了哪里，你正在哪里以及后面你还要去哪里。

提示性线索：衔接主要论点的过渡性语句。

结论

演讲者常常在演讲的开场和主体部分投入太多的精力，以至于耗尽了他们的体力。演讲结论有力的重要性一如演讲开场有力的重要性。结论的关键部分是总结和结束。

总结 告诉听众你已经告诉过他们的内容。这是结论的首要的、也是最重要的功能，提醒听众已经听到的信息。

有力的结尾 正如销售人员不喜欢客户走出店铺的门却没买东西一样，你也不希望听众离开时对你要求他们做的事情没有任何思考。因此，寻找一种能够强化演讲具体目的的方法，是你留下令人满意印象的最后机会。一个糟糕的结论，比如"嗯，我想这就是要讲的内容了"，会让听众闭上耳朵。结束要和开场一样强有力且足够响亮。所以，通过概述演讲的要点给出演讲的结论，有力地结束演讲。

发表演讲

有一个故事，说的是古希腊伟大的演说家德摩斯梯尼，他认为在辩论（rhetoric）中最重要的是：第一，演讲方式（delivery）；第二，演讲方式；第三，还是陈述演讲方式。[12] 不管你的演讲多么深思熟虑，或者你在图书馆中耗费了多少个小时，或者演讲大纲多么优雅精致，除非演讲方式很有效，否则你的信息就不会达到预期的影响。在第11章我们会详细地讨论发表演讲的性质，包括非语言沟通对于演讲者的重要作用。与此同时，下面的指南将有助于你开始演讲。

记住，作为一个演讲者，你有三种工具可用：你的声音、你的表情和眼睛以及你的身体。如果你有效地支配这些部位，就可以将信息传达给听众。

有效运用声音

你如何使用声音是能否进行有效沟通的关键。下面是能够让你最有效地开展演讲的一些基本准则。

会话式地演讲 把公共演讲看作高水平的会话。不要试图模仿政治演说家：他们的技巧让大多数听众敬而远之。演讲要像谈话一样，只不过得充分放大你的声音，让房间里所有的人都能听到。避免大喊大叫。这么做不仅会损害你的声音，而且会让你的听众疏远你。倘若有任何疑问，可以适当地，甚至是明智地问问那些坐在房间后面的听众，询问他们是否可以听到你的声音。

调节语调和音量 没有比声音单调的演讲更令人厌烦的了。演讲的时候，速度应该有所变化，演讲时的音调（高或低）、音量（响度）应该有所不同。目标是让你发表的演讲热情、真诚、积极。让听众知道你在意演讲的主题和他们。

有效地运用你的表情和眼睛

表情是解剖学中最复杂也是最传神的部分，能够传输数千种信息。运用你的面部表情来加强你的语言信息。特别是眼睛，可以传达大量的信息。试想如果一个人不断地盯着你，这会让你很不舒服。不过在北美文化中，拒绝与人目光交流这种行为传达的信息是负面的。因此，与北美听众交流的演讲者，要保持眼神的交流。这并不意味着只盯着房间的部分区域，或随机转移你的视线。相反，看看一位听众，然后把视线转移到另一位听众，如此等等。要机敏地对待听众对你言说内容的反应。他们是坐立不安呢，兴趣盎然呢，还是迷惑不解？这种反馈可以帮助你在演讲的时候适应听众。

有效地使用你的身体

你的身体是用来传达信息的第三个工具。你的身体通过姿态、动作、手势和衣着向听众传达信息。

姿态　在演讲期间你希望怎么站立？有些演讲者站在讲台后面时觉得舒适，而另一些人更愿意完全离开演讲台或不需要演讲台。选择不使用演讲台，可以有效地缩短演讲者和听众之间生理和心理上的距离。如果你喜欢使用讲台，不要把讲台当作拐杖或低音鼓来使用。避免靠着或抓住演讲台，也不要用你的手掌拍打讲台。相反，找到一个舒适的、直立的姿势，微微离开讲台站在讲台后面。请记住，有效的呼吸，需要你有良好的身体姿态。

动作　动作应该是自然的、有意义的。虽然出色的演讲者会避免踱步和随机移动，但如果移动意在强调一个重要的想法或要点之间的过渡，则是完全合适的，事实上也是可取的。“演讲者的双脚必须钉在地板上”是没有道理的。尽可能运用你的身体来传达信息。

手势　在日常对话中，运用手势和双手是很常见的。事实上，试试这个实验：不用双手给某人指明从学校到你家的路，你会发现这几乎是不可能的。在公共演讲中有效地利用手势的关键是：手势应该适合于你正在努力让听众明白的要点。房间面积越大，手势幅度也要越大才能被看到。另外，太多的手势，特别是那些像坐立不安一样，似乎是由紧张导致的手势，可能会分散听众的注意力。最后，演讲手势应该是日常谈话中所做手势的自然延伸。手势不应该是被迫或排练过的，也不应该看上去好像是这样。

着装 作为演讲者，你的着装应该适合于演讲情境和听众。比较好的经验法则是在教室里穿商务休闲装。正如你可以在下面照片中看到的，商务休闲装优于你平常在教室中的着装，又比正式的礼服低一个层次。人们对他人做出判断是瞬间的，正如洗发水广告宣称的那样，"你永远没有第二次机会去打造第一印象"。在任何情况下，都不能让你的衣服干扰你想要传达的信息。

这群商务人士的形象说明了适合于大多数公共场合演讲的商务休闲服装。

发表方法

即兴演讲：
一种精心准备和即时演讲相结合的表达方式。演讲者通常仅使用简短的笔记而非大篇演讲词或大纲。

常见的发表演讲的方法有四种：

- 写了一个稿子念给听众。
- 记住演讲稿然后根据记忆详述出来。
- 呈现自然的、未做准备的即兴演讲。
- 在一场即兴演讲中，呈现出准备与即兴演讲相结合的效果。

每种发表演讲的方法都有其优点和局限性，我们会在第 11 章中详细讨论。然而，现在我们强烈建议运用**即兴**演讲方式，这是把精心准备和即兴相结合的演讲模式。演讲者通常使用简短的笔记而不是完整的手稿或大纲。你要在"即兴"演讲的同时保持与听众目光的接触，在读演讲稿的时候经常会中断与听众的目光交流。只有最有经验的演讲者才可以仅仅依靠记忆来发表演讲。即兴的方法允许你既有所准备又不失灵活性。如果你看到听众没有做出反馈，你可以对要点进行重新解释或增加一个新例子。如果观众似乎显得很无聊，你可以直接跳到最令人感兴趣的例子。即兴演讲应该是演讲者和听众之间真正的相互影响。

小结

有很多很好的理由去学习和练习公共演讲。部分理由如下：

- 个人理由：个人满足感，给自己和他人以力量。
- 职业理由：包括自我推销，向决策者展示思想，在工作场所创造积极的变革，在会议中贡献有价值的理念。
- 公共理由：有助于我们积极参与公民活动，包括成为批判性的思考者，成为知情公民，增强言论自由并促进公民讨论。

OLC www.mhhe.com/brydon7e
为了评估你对本章内容的了解情况，请访问我们在线学习中心网站进行检测和其他章节辅助学习材料。

公众演讲行为，就是日常沟通技巧的扩展和细化，包括如下重要的、相互依存的部分：

- 环境或情境。
- 演讲者和听众。
- 信息，包括内容及关系构成。
- 言语的和非言语符号。
- 渠道。
- 理解力。

在为第一次演讲做准备时，谨记如下内容：

- 分析环境和听众。
- 选定一个总体目标。
- 选择一个主题。
- 建构你的具体目的。
- 形成一个清晰的主题句。
- 准备你的演讲内容。
- 组织你的演讲：（1）有力的开场；（2）集中于主题陈述；（3）与听众建立联系；（4）预览演讲主体；（5）展示演讲要点；（6）概述你的要点；（7）有力的结束。
- 以即兴的方式发表演讲，运用你的声音、表情、目光和身体。

学习成果检验：练习和实践

1. 本章提出公共演讲可以增强自身力量。公共演讲技能如何能让你实现最紧迫的个人满足感以及你的职业需要？写一篇简短的论文或做一次简短的演讲，用例子来解释你的答案。

2. 准备演讲时，你清楚公共演讲的技能有多重要吗？如有可能，请就什么样的公共演讲方式可以应用于你的领域，采访一位专业的演讲者或相应部门的一位教授。向同学做简短（1～2 分钟）的情况介绍，或者写一篇小短文介绍你的发现。

3. 参加当地政府机构的一次会议，比如市议会、规划委员会或监察委员会，或者是校园学生自治会。你将有机会看到，在一个公共论坛上，几位发言人提出他们的观点。写一篇短文介绍一下给你留下深刻印象的发言者，以及让你印象最深刻的是什么？发言能力是如何帮助他或她实现自己的目标的？

4. 写一篇简短的文章对你第一次的演讲听众进行分析。你的同学看上去有什么共同特征？在年龄、社会地位和背景方面，他们与你相似还是不相似？对于他们入读你所在的大学或学院，你可以做出什么样的假设？你知道你的同学是如何影响你对演讲的主题和具体目标的选择吗？

5. 给第一次演讲提出三种可能的主题。对每一个主题做如下考量：（1）你自己感兴趣；（2）听众感兴趣；（3）适合于演讲情境；（4）适合于可用的演讲时间；（5）可控的；（6）有价值。基于这种分析，你认为哪一个会是你第一次演讲最好的主题？

6. 一旦你选择了最好的主题，确定你在演讲中希望实现的总体目标并用一个短语表述演讲的具体的目的。

7. 为你选定的第一次演讲的主题，列出一份可靠的信息来源清单。

8. 制作一个简短的、1～2 分钟的数字化自我介绍演讲。你要和另一位学生组对，用手机或新的“Flip”摄像技术为彼此摄录一段数字化视频。所有的自我介绍都要放到 YouTube 上，给全班同学观看。自我介绍材料可能包括：你在美国居住多长时间了？你最初是哪里人？你是什么类型的人？说出一两个个人长处。你未来的职业目标是什么？你对什么专业感兴趣？你喜欢的事情或活动是什么？在按下录制按钮之前，你可以使用提示卡片并做多次练习。你还必须观看至少四位同学的数字化自我介绍，使用在线课程的讨论区，对这些同学的介绍进行评论。你要把他们的演讲上传到 YouTube 上，并把视频链接地址发送给你的老师。（感谢尼古拉·古特哥德分享这门作业。）

注释

1. National Association of Colleges and Employers, "Employers Cite Communication Skills as Key, But Say Many Job Seekers Don't Have Them," 26 April 2006. [Retrieved from http://www.naceweb.org/press/display.asp?year[H11005]2006&prid[H11005]235, 12 November 2006.]

2. Steven R. Brydon and Michael D. Scott: *Between One and Many: The Art and Science of Public Speaking,* 6th ed. (New York: McGraw-Hill, 2008), 5.

3. Brydon and Scott: *Between One and Many,* 6th ed., 5.

4. Personal communication, 7 May 2007.

5. Kourtney Jason, "Chico State Takes Back the Night at Annual Event," *The Orion,* 25 October 2006. [Retrieved from http://media.www.theorion.com/media/storage/paper889/news/2006/10/25/News/Chico.State.Takes.Back.The.Night.At.Annual.Event-2407174.shtml, 12 November 2006.]

6. Ronald B. Adler, *Communicating at Work: Principles and Practices for Business and the Professions,* 3rd ed. (New York: Random House, 1989), 4.

7. Adler, *Communicating at Work,* 216.

8. Sam Stein, "McCain Faces Backlash over Rabid Crowds," *The Huffington Post,* 10 October 2008 [Retrieved from http://www.huffingtonpost.com/2008/10/10/mccain-defends-his-rabid_n_133710.html, 23 June 2009.]

9. Lloyd Bitzer, "The Rhetorical Situation," *Philosophy and Rhetoric* 1 (1968): 1–14.

10. W. Barnett Pearce and Vernon E. Cronen, *Communication, Action and Meaning: The Creation of Social Realities* (New York: Praeger, 1980).

11. The formula was originally developed by Dr. Loretta Malandro and is taught in her program "Speak With Impact," offered by Malandro Communication Inc., Scottsdale, Arizona. We have modified it to add a preview to the introduction.

12. George Kennedy, *The Art of Persuasion in Greece* (Princeton, N.J.: Princeton University Press, 1963), 283.

2 CHAPTER

第2章

驾驭演讲焦虑

在演讲之前熟悉演讲场所，有助于减少不确定性和焦虑感。

目标

阅读本章及复习网上学习资源 www.mhhe.com/brydon7e 之后，你应该能够：

- 解释兴奋和焦虑之间的关系。
- 区分演讲恐惧和演讲焦虑。
- 指出演讲焦虑的常见来源。
- 理解和运用经证明可以有效地驾驭兴奋和演讲焦虑的技巧。
- 识别激动之情和焦虑之情两者的差异。

关键概念

交流恐惧
建设性的自我对话
应对技巧
消极的自我对话
生理唤醒
自我效能感
自我对话
演讲焦虑
视觉意象

如果你的内心让你不得安宁，躺下用冷静的思考使之平静。

——萨奇・佩吉（Satchel Paige）
棒球名人堂球员

通常，第一个迹象类似于胃痉挛，然后是心情忐忑不安、双手手掌上渗出薄薄一层汗水。你几乎无法控制自己的胡思乱想，就希望要么逃离这个环境，要么让自己躲起来。

前面的感觉是心理学家所谓的征候——焦虑。这类症状很常见，各行各业的人们都曾经历过，在后面的内容中，你甚至可以看到，奥运游泳选手常用来驾驭这种症状的方法。[1] 虽然这些感觉可能是常见的，但是人们各自在这种现象出现后的反应情况可能完全不同。对于达拉・托雷斯（Dara Torres）和迈克尔・菲尔普斯（Michael Phelps）而言，这种情形是他们运动达到最高水平的竞技状态。不过就像 ABC 电视台在《20/20》一期节目中指出的，至少有 40% 的人出现焦虑情形的原因是这本书的主题——公共演讲。[2]

演讲焦虑：
对真实的或想象的公共演讲所产生的不愉悦的想法和感觉。

公共演讲时情绪和身体不适的感觉，有多种称谓，从怯场和演讲焦虑到害羞和交际恐惧。就我们的目的而言，我们称为演讲焦虑。我们把**演讲焦虑**定义为：预期中的，在公共场合真实的或想象的演讲而引起的不愉悦的想法和感受。[3] 演讲焦虑不同于怯场，因为演讲焦虑只关系到公共演讲，而不是表演。演讲焦虑不同于害羞，因为演讲焦虑不是社交场合那种浑身不舒服的情况。此外，演讲焦虑不同于交流恐惧，因为它影响了至少两倍的人，具有高度交流恐惧的人，不仅仅是在公共场合中有恐惧感，对人际交流和群体交流也都很害怕。[4]

交流恐惧：
无论在任何场合都害怕交流。

演讲焦虑和交流恐惧之间还有另一种重要区别。**交流恐惧**是不管在什么场合，都对预想的或现实中的与他人交流这一行为感到恐惧，很难通过技能培训而改变。一般的交流恐惧是非常难以治疗的行为，究其根本，可能部分是由于生理方面的原因。例如，可以确定的是，婴儿对陌生人的适应程度是不同的。当接近或被陌生人抱住的时候，有些婴儿没有显示出焦虑的迹象，而另一些婴儿在这时候显然非常痛苦。这种“倾向”在他们进入学校的时候更是明显。那么，莫非我们天生具有避免在某些情况下进行交流的倾向？研究者比蒂、麦考罗斯基、韦兰斯奇提出，交流恐惧可能有显著的遗传成分。[5] 与此相反的是，研究表明，演讲焦虑可以通过课堂内外的技能学习，用精神和行为进行驾驭。[6]

75 年的扎实研究，已经告诉我们很多关于演讲焦虑的性质、效果和建设性的驾驭方式。在这一章，我们会介绍一些最相关的研究成果，以及前面提及的技能。讨论的主题包括：（1）演讲焦虑的生理和心理起源；（2）在演讲过程中，最常见的演讲焦虑是如何显露的；（3）我们可以尝试运用具体的技能让情感为我们服务，而不是在演讲之前、演讲期间和演讲之后与我们作对。为了评估你交流恐惧和演讲焦虑的水平，请在“自我评估”框中填写“你对公共演讲有多焦虑？”的量表，填写完成后请遵循评分指南。

生理唤醒和演讲焦虑

生理唤醒：
是指一个人在兴奋之时引起的生理变化，如脉动增加，警觉性更高，更加富有活力等。

生理唤醒和演讲焦虑之间的关系看似矛盾却又有些许道理。所谓**生理唤醒**，是指一个人在兴奋时引起的生理变化，如脉搏率增加，警觉性更高，更加富有活力等。从打破奥运游泳世界纪录到写出一篇好文章，以及发表一次强有力的演讲，适度的唤醒都是必要的。从适度的唤醒到肾上腺素饱和，使得你更为积极和敏锐，精力更充沛，准备执行即将到来的行动。适度的唤醒可以帮助你调动特别的身体行为，但过多的唤醒会产生副作用（参阅图表 2.1）。[7] 唤醒太过导致体内肾上腺素过高，从而导致肌肉和声带收缩、呼吸急促和头晕目眩。太多的唤醒也可以让我们感觉到双腿发软、双手发抖，让人很难把注意力集中在手头的任务上。换句话说，过分的唤醒产生许多迹象，而我们发现这些迹象通常与焦虑、紧张、不舒服的情形联系在一起。当我们着手处理公共演讲任务的时候，关键是不要让唤醒的感觉消失，但又要抑制这些感觉，这样它们才不至于干扰我们有效演讲的能力。

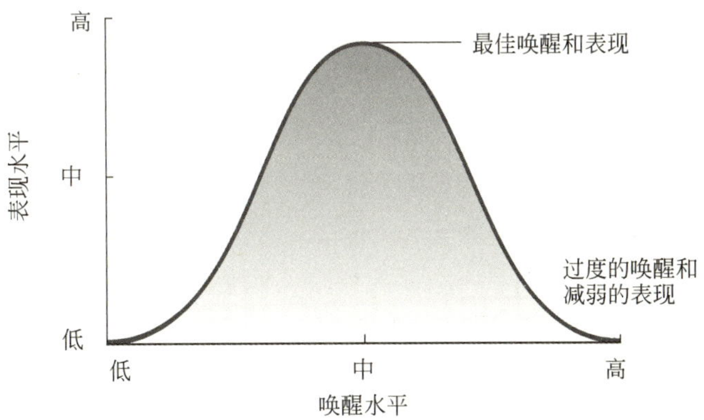

图表 2.1　唤醒和表现

唤醒的心理状态和表现

大脑会告诉身体该做什么。此外，身体分不清大脑传达的信息是真实的还是想象的，是令人兴奋的还是令人可怕的。人们有时会从噩梦中哭出声来，或在观看恐怖电影时从座位上跳起来，因为他们的想象力产生了生理反应，即使他们不是真的处于危险之中。

当我们面临真实的危机之时，这些生理反应会刺激和帮助我们。例如，我们站在人行道上的时候，一辆失控的汽车冲到人行道上我们所站之处，这些反应会帮助我们避开危险，或者有助于我们鼓起勇气去帮助正在被野生动物袭击的朋友。然而当威胁更多的是心理的而非在现实中时，这些在某种情况下可以帮助我们的反应同样有可能阻碍我们。很多人把预想中的演讲以及演讲行为都看得相当消极，尽管演讲任务并没有真正威胁到他们的身体健康，但是他们对任务过于负面的看法，会导致其身体作出似乎是受到了真正威胁时的反应。因此，他们可能会发抖、脸红和出汗。如果他们在面临一个人的持刀攻击时逃开了，这样的反应是有道理的。但他们只是站在一群人面前，这群人实际上是希望他们获得成功的。

自我评估

你对公共演讲有多焦虑？

下面的量表测量的是一般的交流焦虑，以及造成交流焦虑的四种具体情境：（1）（两人之间的）对话；（2）小群体；（3）会议；（4）公共场所。测量完成后，你会发现，虽然你的总分处于适度的交流焦虑水平指标中，但是当你处于一个或多个特定的交流情境中时，焦虑水平会比适度水平更高一些。例如，有些研究表明，学生在群体、会议和公共场合中，最可能激发焦虑。在任何情况下，不论交流焦虑的环境起因为何，本章介绍的技巧会帮助你应对交流焦虑。

交流恐惧的个人报告（交流恐惧自陈量表）

操作说明：该测量表由有关你与他人沟通时感受的24个陈述句组成。请在所提供的空白处注明，在每个语句适用于你的程度上做个记号：（1）强烈同意；（2）同意；（3）不好说；（4）不同意；（5）完全不同意。答案没有对错之分。很多陈述句与其他陈述句类似，不用担心这个问题。迅速开始测量；只是记录下你的第一印象。

1. 我不喜欢参加小组讨论。
2. 一般来说，我参加小组讨论时是舒适的。
3. 我参加小组讨论会紧张而不安。
4. 我喜欢参与小组讨论。
5. 与陌生人进行一场小组讨论，让我感到紧张和不安。
6. 我参加小组讨论时平静而放松。
7. 一般而言，当我不得不参加一个会议时我就会紧张。
8. 通常我参与会议时冷静而放松。
9. 会议中要求我表达意见时，我非常冷静和放松。
10. 我不敢在会议上表达自己。
11. 会议上的交流常常让我不舒服。
12. 在会议上回答问题时我很放松。
13. 参与到新朋友的对话中，我感到很紧张。
14. 在对话时我不害怕说话。
15. 通常在对话时我会紧张不安。

16. 通常在对话时我很平静和放松。

17. 与新相识的人交谈，我感觉很轻松。

18. 我在谈话中不敢大声说话。

19. 我不害怕做演讲。

20. 演讲时，我身体的某些部位会感到非常紧张和僵硬。

21. 演讲时我感到放松。

22. 当我演讲时，我的思绪变得很混乱，没有头绪。

23. 我对演讲前景充满信心。

24. 演讲时我是如此紧张，以至于忘记了我其实知道的内容。

得分

如下的计算公式可以确定你的焦虑水平。你的分数越高，你的焦虑程度就越高。（括号里公式中的数字是上面提到的问题的编号。）

群体 = 18 －（1）＋（2）－（3）＋（4）－（5）＋（6）

会议 =18 －（7）＋（8）＋（9）－（10）－（11）＋（12）

二人 =18 －（13）＋（14）－（15）＋（16）＋（17）－（18）

公共 =18 ＋（19）－（20）＋（21）－（22）＋（23）－（24）

整体沟通焦虑 = 群体 + 会议 + 二人 + 公共

理解你的分数

你的所有24项综合得分应该介于24分和120分之间。如果你的分数低于24分或高于120分，那么你就需要重新计算。高于83分的表示高沟通焦虑；介于55分至83分之间的分数表示适度的焦虑，这对大多数人来说很正常。分数低于55分的，表示低沟通焦虑。你的子分数表明你在公共场合演讲、在群体、与他人对话时的焦虑程度。这些分数从6分到30分不等。你的分数越高，你焦虑的感觉越强烈。分数高于18分，表示你对演讲焦虑的感受处于可驾驭的水平。不管你的子分数如何，你都可以显著地从本章介绍的技能和技巧中获益。其他两个子分数等于或高于18分，也表明人际沟通和群体沟通让你感到有些焦虑。

资料来源：詹姆斯·C. 麦考罗斯基《修辞交流导论》第七版。（James C.McCroskey，An Introduction to Rhetorical Communication，7th ed.Needham Heights，Mass.:Allyn & Bacon，1997）未经许可，不得转载。

应对技能：
在公众场合发言过程中控制兴奋和焦虑的心理和生理技巧。

克服不良的、不合逻辑的反应的关键，就是找到一种方法，来改变对这种情况的解释以及对此的生理反应。这可能并不容易，不过却是可以做到的。事实上，每年都有成千上万的人有能力走到人群中去交流或发表演讲，因为他们已经学会了**应对技能**，这些技能有助于控制在较大群体中交流的恐惧或演讲中的恐惧。

为什么有些人比其他人更焦虑

你可以从我们的学生在图表 2.2 中提出的意见看出来，并不是所有人对公共演讲焦虑的原因都是相同的。演讲焦虑的根本来源多种多样。尽管如此，过去 30 年的研究，已经对公共演讲焦虑的最常见来源描绘出了一幅清晰的图景。此外，近期研究显示，非专业人员（laypeople）演讲焦虑的形象与学术研究中的发现大致对应。[8] 举个例子，与你相似的大学生就反映出，缺乏准备、害怕犯错、对外表的关注、对观众兴趣的各种推测以及此前缺乏经验，都可能助长演讲焦虑感。从某种意义上说，这些“原因”反映了焦虑形成过程中的三个阶段。第一阶段反映了演讲之前的担忧。第二阶段担心演讲期间出现障碍。第三阶段担忧的是演讲之后会发生什么问题。

图表 2.2 我们的学生如是说

“在沟通的重要性越来越依赖于我演讲的情况下，我就对演讲变得越发紧张。而当讨论更多地依赖于别人发言的时候，我感觉就不那么担心了。”

“场所并不重要。我认为每个人都有点害怕公共演讲。”

“我参与了很多群组讨论，通常我很喜欢分享自己的看法。我甚至有一种主导谈话的倾向。但是，当涉及在一大群人面前演讲时，我往往匆忙完成陈述，还会省略掉一些信息。”

“作为啦啦队员，在有很多人的竞技场上，同时还是在电视直播的时候，我都能够轻松地表演。我认为（演讲）是非常不同的。在啦啦队，我们能够一遍又一遍地练习相同的套路，直到它是如此地牢固地印在脑海中，以至于我们可以不用思考。在同伴面前以及在他人面前演讲是不同的。”

“有些时候，我会紧张得大汗淋漓，而有时候我做得真的很好。我会说我只是大概还可以。”

“我确实感到紧张，显示出了一些紧张的习惯，像双手动作太多，或者过于频繁地说‘嗯’以及‘和’。自然，这很大程度上取决于主题和观众。如果我知道并且十分了解主题（尤其是我热爱的主题），我几乎不会紧张，就好像这个主题完全没让我感觉到是深奥的。”

第一阶段：在演讲前驾驭焦虑

在演讲之前，许多因素可能让你出神从而影响你的行为。主要包括：（1）不确定性；（2）准备和练习不充分；（3）负面的经验或者经验不足；（4）悲观的态度；（5）不现实的目标；（6）消极的自我对话；（7）对自己好成绩的关注超过了对必要过程的关注。首先，我们会讨论这些焦虑的来源。然后，我们将讨论两种有用的技能：视觉想象和放松技巧。准备演讲的时候，这些技能可以帮助你驾驭自己的唤醒水平。

不确定性

一般而言，不确定性让人对公共演讲感到焦虑的原因有两个。一个是处境，另一个是听众。当我们发现自己处于全新的、不熟悉的情境之中，有一点点不确定和焦虑感是很自然的。当我们面对听众的时候，出现不确定感和适度的焦虑，也是自然的。不过，每次你在班上演讲，面临的情境和听众都会变得越来越熟悉，也让你越来越舒适，这种机会很好。在某种意义上，你的不确定性之感会减弱，因为你可以提前预测自己站在熟悉的教室和一群人前面的感觉。

准备和练习不充分

认为“只要露面就成功了 90%”这个说法通常归功于电影制片人伍迪・艾伦（Woody Allen）。真相是，这只是一个笑话，但这倒也没有阻止有些人把这句话中隐含的意思牢记在心。事实上，近期研究表明，许多大学生相信，出勤并完成课程作业，就能够让他们获得高于班级平均分的成绩。[9] 这种情况是不应该出现的，在公共演讲课中尤其如此。

公共演讲是一种技能。像任何其他技能一样，只有通过准备和练习才能掌握。你不可能只通过露脸就能让自己成为技能高超的公共演说家，这就好比拥有一套高尔夫球具的一位运动员，仅仅在最近的高尔夫练习场露脸，就能博得美国职业高尔夫球协会（PGA）的记分卡的可能性一样。更重要的是，即使学生所做的演讲清晰流畅且总体上感到比较自在，也还需要善加练习，才有可能成为高效的演讲者。

极度轻视演讲的准备和练习的重要性，既阻碍了技能的形成与提高，又增加了即将到来的演讲的不确定性。再次说明，这种不确定性是过度兴奋和焦虑的主要原因，学生在准备演讲的过程中就开始感觉到了。通常，在现实的演讲中，缺乏预见正是他们不适感的真正来源。就像文思枯竭的作家一样，学生厌恶演讲的准备和练习，是因为想要避免每次接受新演讲任务时出现的那种自我怀疑和焦虑。不管是什么原因，拖延会增加真正的演讲焦虑。拖延使得你准备的时间不充足。为了避免这种恶性循环，我们提出以下两点建议。第一，选择合适的话题。话题应该是你了解的，而且你应该对之感到兴奋。这将有助于激励你，还能让你记住一个确定的框架。第二，准备要周全。永远要拿出足够的时间来准备演讲。做出一个承诺：你应成为自己演讲主题方面的专家。然后，遵照承诺对主题信息进行研究。不要满足于对主题了解的程度仅仅是“还过得去”。

负面的经验或经验不足

我们以前对于演讲的各种体验会影响我们对待演讲的态度。如果过去你的公共演讲的经历是成功的、并且对个人有好处，你就会期待在课堂上演讲的机会。但是，如果你以前公共演讲的经历是不愉快的，你可能会悲观地看待演讲，甚至会怀疑自己是否有能力让演讲取得成功。最后，如果你很少有或没有在公共场合演讲的机会，你就很难对演讲持温和的态度，甚至对演讲感到相当的悲观。

你过去作为演讲者时，可能很努力却没有成就感，甚至感到很不愉快的经历，并不意味着现在你在课堂上为演讲付出努力之后，不会有所改变。如果你真想成为一位高效的演说家的话，要记住过去的经历不会决定你的未来，你必须正视自己以前的经验。你不会在一夜之间学会阅读和书写。在学习过程中你很有可能受到一些心理上的伤害和痛楚。你不能指望一夜之间就有演讲的感觉。这需要投入及努力。因此，你以前演讲经验不愉快的事实，并不意味着在这门课结束时，你不能成为一个高效的演讲者。

同样的道理，你只拥有很少高效演讲者必备的技能这一点，不应该让你悲观。就像跑步是走路的延伸，公共演讲是你日常使用的沟通技能的延伸和细化。通过这门课程和这本教科书，你能够学会成功地将日常沟通技能延伸到公共演讲的任务之中。

值得一提

赞成，反对

下面列出的是受一些人喜欢的活动。这些活动都保证会给参与者提供肾上腺素飙升的机会。而且参与这些活动的风险显然比发表公共演讲的风险要高。阅读列表并检查所有项目，相比于你在校园中向 50～100 名集会的学生发表演讲，你可能会喜欢（赞成）的项目。然后与课堂上其他人分享你的反应（包括你生理和精神上对这些活动的感觉如何），讨论这些感觉合乎逻辑与不合逻辑的程度。

——乘坐世界上最高的摩天轮
——乘坐世界上最快的过山车
——悬挂式滑翔运动
——高崖跳伞运动
——跳伞运动
——水肺潜水
——驾驶赛车或摩托车在一个椭圆轨道上高速行驶
——拿着毒蛇
——攀登 100 英尺的岩壁
——从 30 英尺高大桥跳入河流或湖泊中
——山地自行车速降比赛
——速降滑雪
——从直升机上用绳索速降
——急流漂流或划独木舟
——试镜《抢答》(*Jeopardy*，美国电视节目)
——参加《美国偶像》海选
——在校园合唱团中独唱
——驾驶大雪橇
——从水下鲨鱼笼中观察鲨鱼

看法

事实上，虽然生理唤醒本身既不是积极的也不是消极的，你对生理唤醒的看法可以是正面的，也可以是负面的。“值得一提：赞成，反对”板块显示，如果你对处境的看法和应对方式是积极的，那么你对唤醒的看法就会是愉快而不是厌恶。更重要的是，也不太可能超过其最佳水平。相反，如果你消极地看待某种处境，你会觉得生理的兴奋让你感到不愉快，甚至令人担忧。这有可能增加唤醒水平超过最佳表现水平的要求。

研究表明，对某种处境，比如公共演讲，积极兴奋或焦虑之间的差别，不是唤醒本身的问题。这事关最初如何解释兴奋的来源。回想一下你所处情境中的一种潜在的兴奋来源，想想乘坐过山车吧。有些人觉得它令人兴奋；其他人则发现这是焦虑的来源。但是，如果你在人们乘坐过山车期间测量兴奋水平，你会发现开始的时候，人们身体唤醒的水平相差无几。但随着过山车的运行，人们经验中积极或消极的解释开始发挥作用时，唤醒的差异就开始出现了。因此，对公共演讲的看法也是如此。

自我效能感：相信你具有执行某个任务的知识和技能。

第二个潜在来源包括一些所谓的**自我效能感**。研究表明，我们是否选择尝试去执行一项任务，取决于我们是否认为自己具备了成功完成任务的必要技能。同样的研究也表明，这种选择也取决于我们是否认为自己的努力会受环境因素的支持，比如可以帮助我们的一位老师或者提供支持的同事。[10]

如果你认为你“需要”成为一位优秀的公共演说家，相比于对演讲作业的担心，你的焦虑感会更轻一些。如果你也感觉到，你的老师可以帮助你丰富你已经拥有的技能，而且在这个过程中，你的同学也会支持你，这种效果应该是加倍的。当然，反过来也一样。如果你认为公众演讲是一种永远掌握不了的任务，并且认为不能指望从班级中得到帮助和支持，那么，你的焦虑感会增加。

“刺激之旅”（thrill ride）和“冷静之旅”（chill ride）之间的差别是观念问题，演讲焦虑也是如此。

不切实际的目标

初学演讲者另一个常见的焦虑来源与他们为自己设定的目标有

关。虽然设定较高的目标很重要，但是目标也应该是现实的。不现实的目标会使人们对演讲处境产生非理性的担忧。研究表明，相比于那些目标设定不切实际的人，目标设定更合理者，焦虑感更低，也比同行更成功。[11]这一发现出现在研究优秀运动员、商人的报告中，也出现在修读公共演讲课程的学生中。

出现演讲焦虑的学生往往让自己很受伤，因为他们设定的目标既不现实，又远远超出他们能够到达或者投入的范围。这些学生告诉自己，尽管缺乏经验，也并不愿意把演讲课作为优先事项，但他们一定要成为课堂上表现最佳，或者是唯一获得 A 等成绩的人。研究表明，这种不合逻辑、不切实际的目标，在应对演讲焦虑的时候，对学生的危害远超过对他们的帮助。

消极的自我对话

与不切实际的个人目标问题联系更紧密也更加广泛的问题，是演讲前自我对话的自我否定模式。在演讲之前、在演讲期间，甚至在演讲之后，**自我对话**或默默地跟自己交流，是很常见的。然而，这个举动，既不自然也无助于优化你的口头表达。**消极的自我对话**是自我挫败的内心交流模式，体验到演讲焦虑的人普遍报告有这种现象。[12]消极的自我对话可能来自多种原因，包括如下：

> 自我对话：默默地与自我交流（有时也指自我沟通）。
>
> 消极的自我对话：自我沟通的自我挫败模式，包括自我批判、自我加压及灾难化语句。

- 担心无法控制的因素，包括其他人如何准备演讲。
- 过度纠结于过去公共演讲的负面经验。
- 在做演讲准备之时，花太多时间考虑可能采用的替代性方法。
- 专注于身心焦虑的感觉，比如在设法为演讲做准备时，没有能力集中精神。
- 考虑演讲最坏但通常也是最不可能的后果——人们会嘲笑你或嘲笑你的演讲。
- 作为一位演讲者，认定或感到自己力不从心。

一旦演讲者开始演讲，最初的紧张感通常会减少。

这种消极的思维往往导致了三种特定类型的消极的自我对话：自我批评、自我施压和灾难化。让我们分别加以讨论。

自我批评

虽然现实的自我评价在自我提升中很重要，但以此来让他人对我们自我价值或沟通技巧的质疑做注解，却缺乏充分的理由。我们会无缘无故地对自己说一些消极的东西，包括演讲，我们会说自己在这方面很愚蠢且不可救药。

不单单是学生，各行各业的人们都说自己是糟糕的演讲者。许多人都这么说，尽管他们确实从未受到过任何关于公共演讲的培训，也几乎没有在公共场合演讲的机会。但这些人缺乏技能并不能证明他们的自我批评是合理的。

自我施压

我们的自我对话给自己带来了不适的感觉，还给自我徒增压力，但我们却从未思考这种自我施压是否会帮助我们表现得更好。例如，我们告诉自己必须是课堂上“最好的演讲者”时，首先并没有考虑为什么要达到这个目标。既然如此，在公共演讲的时候，所有的学生总是体验到适度的压力和兴奋。适度的压力可以帮助他们达到高效地发表演讲所需最佳的唤醒水平。如果他们觉得根本没有压力，那么他们就会缺乏正确地准备和练习演讲的动机。然而，告诉自己必须是课堂上最好的演讲者，或者自己的演讲必须是完美的，就会增添不必要的、有害的压力，以至于他们无法应对。这样增加压力，其实就像是火上浇油！

灾难化

我们在谈论自己的时候，常常夸大事实。我们把自己行为的后果设想得比现实结果夸张得多。焦虑的演说者可能对同样的事情心怀内疚。例如，他们可能会告诉自己，即将到来的演讲是他们曾经遇到过的最糟糕的任务。或是让自己相信，他们肯定获得的是低分，而这个成绩会一直保持到他们从学校毕业。

与不切实际的目标一样，这种自我对话增强了唤醒和演讲焦虑。对演讲最终结果的自我对话越消极，超过最佳唤醒水平的可能性就越高。

紧盯成绩

公共演讲既是一个过程也是一种结果。这个过程包括准备和练习。这两者对取得成功的结果，比如良好的成绩来说，是必不可少的条件。你不能只居其一。

然而，许多学生过度担心从演讲中获得的成绩。不是集中在这个过程中，而是迷恋于结果，于是让自己焦虑无比。其结果是，他们既没有准备也没有练习到他们应该达到的程度，随着演讲日期的临近，他们变得更加焦虑，也就收获了一个糟糕的分数。

我们不会天真到相信你会不在意从演讲中获得的成绩。我们只是希望确保你不要在成绩上太费精力，以至于为了获得一个好成绩，而妨碍了你必须付出的准备和练习。此外，当我们告诉自己，成果是公共演讲或其他任何任务的最终目的和唯一目的时，我们也就否认了可以从做得很好的事情中，获得潜在愉悦感的可能性。

现在花一点时间，做做“自我评估”中“你的演讲焦虑的来源是什么”这份练习，以便反省一下自己的经历。

自我评估

你的演讲焦虑的来源是什么？

下面列出的是最常见的演讲焦虑。请阅读每一个项目，想想这让你对公共演讲焦虑的体验起多大作用。每个项目的数值范围在 1 到 10 之间，从最不重要到最重要。

演讲焦虑的来源	最不重要 / 最重要的
	1　2　3　4　5　6　7　9　10
你对演讲的态度	
缺乏准备和练习	
先前演讲的体验——缺乏体验或体验糟糕	
不切实际的目标	
你认为听众有敌意或无情	
消极的自我对话	
错误地关注自己如何被评价	

对项目的重要性顺序进行重新排列。使用这种层次结构，以便更好地了解你演讲焦虑的来源。你可以采取什么措施来解决和改变你的思想和行为模式？

1. ______________________
2. ______________________
3. ______________________
4. ______________________
5. ______________________
6. ______________________
7. ______________________

技巧和策略

演讲之前

如果你在演讲之前过于焦虑，演讲唤醒水平的失衡，很有可能你会更加焦虑。幸运的是，你可以遵循一些有用的提示，来减轻演讲之前的焦虑。

- 你的目标必须现实且要把目标写下来。成为一位高效的演讲者是一个过程。第一次演讲的目标应该不同于你之前写下的第二个、第三个演讲目标。不管你做的演讲是哪一个，目标必须建立在提高你作为一位演讲者的潜在素质，以及你愿意付出多少努力去实现自己潜力这些基础之上。
- 当你对自己作为演讲者的能力，与课堂上的同学演讲技能或外面那些演讲技能让你仰慕的演讲者之间进行比较的时候，你必须要现实。成为一位高效的公共演讲者是一个过程。在你开始把自己和别人做比较之前，给予自己提高的时间。
- 在准备演讲的时候，对自己日常的自我对话进行总结。注意你经常对自己说些什么内容，问问你自己：这些语句让我或多或少地担心我的演讲了吗？仿照图表 2.3 提供的示例之后，用**建设性的自我对话**代替你经常说的消极的话语。
- 对于你的焦虑以及其无效的程度，请咨询你的老师。请务必相信，对于什么是你成功的关键，以及什么对于你的成功是无关紧要的，老师的看法和你的看法，未必是一样的。最后，如果你寻求老师的建议，不要囿于你会显得很愚蠢这样误导性的念头。

建设性的自我对话： 使用积极应对语句，而不是消极的自我对话。

在演讲之前，你至少可以运用其他两种技能：（1）视觉想象；（2）放松技巧。这些技能很好地补充了前面提及的技能，值得另加说明。

图表 2.3 演讲之前建设性的自我对话

在练习之前	实 际 应 用	行为训练期间
努力创造一个好的开始：早作准备……不要拖延。	用于某些意象化的时间。	运用自己的应对语句。
这将对我有益。	在脑海中重复这个意向。	缓慢、清楚地说。
我喜欢这个主题。	形象化开场，听到自己分享主题陈述。	首要工作是熟悉内容。
先列简略大纲……后面有时间进行润色。	形象化地与听众建立联系，并预览主要论点。	不错，现在内容我熟悉了。

续表

在练习之前	实 际 应 用	行为训练期间
我有很多信息。	好，我听到和看到自己对每一个要点进行了阐释。	视线与听众接触。
我断定，对于同学而言，我的信息是相当新鲜的。	试试从听众的视角来看我自己。	会话性地演讲。
我披露了很多有趣的事实。	直观化摘要和结尾。	从中获得乐趣。
合乎逻辑地呈现。	再试一次，但是这一次还使用放松的意向。	做我自己，不过要在控制之中。
花时间修改。		

视觉意象

视觉意象是另一种排练演讲的方式。这是从内心里观看（想象）自己执行一个动作或一连串动作的过程。不是大声练习你的演讲，而是你用视觉把自己自信而成功地发表演讲的样子形象化。视觉意象被广泛应用在射箭、棒球、篮球、足球、高尔夫球、体操、曲棍球、皮划艇和滑雪的训练中。运用视觉意象的运动员包括勒布朗·詹姆斯（LeBron James）、佩顿·曼宁（Peyton Manning）和游泳健将达拉·托雷斯（Dara Torres）。2008 年美国大学生体育协会棒球世界系列赛期间（NCAA Baseball World Series），电视评论员多次谈到来自加州州立大学代表队的弗雷斯诺（Fresno），一直教导队员既要使用积极的自我对话，又要使用视觉意象。尽管他们在 8～12 赛季开始时比较低迷，但此后他们赢得了大学生联赛，以 2∶1 打败了佐治亚大学。

视觉意象：从心理上观看（想象）自己自信而成功地完成一个动作或一系列动作的过程。

然而，罗莉塔·玛兰多（Loretta Malandro）博士的情况对本书更有意义。她是一家成功的通信咨询公司的创始人，作为一位专业的演讲者，玛兰多博士周游了全世界。每次演讲之前，她会努力做的一件事是用视觉想象自己正在做演讲。即使这意味着要在黎明前起床，例如，她尽力跑 5 英里，在跑步的过程中想象自己即将到来的演讲。因为玛兰多博士平时就这么做，她不仅把自己看作分享信息的人，她也从听众中接收到了积极的反馈。

视觉意象还可以帮助你控制焦虑和唤醒的水平，因为对于即将到来的演讲，这是另一种减少不确定性的方法。当你状态放松并熟悉演讲内容的时候，这种方法效果最好。可控地形象化演讲的实际情形这种能力，需要多加练习。具体做法是看到在各个演讲阶段的自己。例如，在等待演讲之时，你可以首先想象自己坐在办公桌前，适当放松而又适当地唤醒。接下来，你可以想象自己离开办公桌，走到房间前，自信地面对听众并介绍你的演讲。从这里开始，你要能够想象自己演讲时的动作、手势，与听众中的个别成员进行视线接触，一直到结尾。最后，你会看到听众和老师热情地回应你的演讲。一旦你变得善于想象，你甚至可以在自己脑海中给声音增加图片。当你能言善道或顺利地从一个要点过渡到另一个要点的时候，听到自己指挥着听众，会增强视觉意象的影响力。

视觉意象是实际练习的最佳补充。多项研究表明，视觉意象实际上增强了行为训练的效果。[13] 因此，你要把视觉意向作为日常准备和练习的一个部分。

有效利用放松技巧

正如前面所讨论的，当我们过度唤醒的时候，感觉胃部痉挛、心跳加速、双手颤抖、膝盖发软，这都是过多的肾上腺素注入身体系统的结果。预防这些症状的最佳方法之一是，把处于典型的、过度唤醒状态的身体调整为放松状态。你可以用下面的任何一种方法完成这个任务。

锻炼

第一种帮助你身体放松的方法是：在演讲之前的一到两个小时，参加某种形式的剧烈运动。体育锻炼对身心健康的影响是众所周知的。不管什么任务，激烈的运动有助于我们减少紧张迹象，能改善思维和表现。

在演讲之前锻炼，是一种极好的驾驭你对预期演讲的紧张和焦虑的方式。

放松意象

如果运动不方便或不可行，另一种在演讲前放松的方式是运用意象放松。意象不同于纯粹的思考。意象涉及图像，而思维是一个言语过程。放松意象涉及形象化愉快、平静的场景。在一个温暖的夏日，躺在吊床上或在沙滩上，就是这种愉快而平静场景的两个例子。如果你在想象中流连忘返于这种场景，你会发现自己身体变得越来越放松。因此，你会显著地降低通常由于当天活动而提升的唤醒水平。

后面这一点很重要。作为繁忙的大学生，你会发现即将到来的演讲可能是最重要的，但不是你白天经历的唯一的唤醒来源。在演讲之前，通过练习放松意象，可以降低一天里升高了的唤醒水平。

肌肉放松

这项技巧涉及系统地绷紧和放松各个肌肉群，就像在线学习中心网站（www.mhhe.com/brydon7e）中直观地展示的。通常始于脸部和颈部的肌肉，然后逐渐移动到你身体躯干的中部和下部。这项技巧背后的理念是告诉你身体紧张和松弛之间的区别。首先绷紧然后放松肌肉系统，即便是在最紧张的情况下，你也可以使肌肉习惯于放松状态。

练习肌肉放松有一个比较好的理由。当我们紧张的时候，我们肌肉运动的范围是受限的。肌肉没有按想要的方式工作。这种现象可以在一场篮球比赛中看到：一个罚球手击中了篮球筐的边沿，但没有“得分”或者是篮球投向了空中。就演讲者而言，缺乏动作或手势，或者动作和手势笨拙且不必要，就是明显的肌肉紧张。

> OLC www.mhhe.com/brydon7e
> 要查看视频中放松技巧的例子，请点击我们在线学习中心网站中的演讲教练链接，进入2.1部分。

值得一提

迈克尔·菲尔普斯会做什么？

“她身体颤抖，由于呼吸口喷水花。这位痛苦的游泳者明显不是一个蹒跚学步跌落入水的人；这是未来的世界纪录保持者（凯蒂·霍夫）在2004年雅典夏季奥运会游泳池中热身呢。”

精英运动员们情况是这样，甚至获得多块奖牌的游泳者也可能因焦虑水平太高而疲弱不堪。本章分享的，激励普通人——包括公共演讲时存在演讲焦虑的学生的方法，同样被精英运动员有效地运用。

自12岁开始，迈克尔·菲尔普斯就使用系统的放松技巧来清除消极的想法和自我对话。每天晚上，母亲会让他通过“身体松弛”后才让其睡觉。一段时间后，菲尔普斯就能在没有母亲的提示下自己放松。

菲尔普斯将这项技巧与一种视觉意象程序相结合。在比赛之前的准备室内，他善于将自己置于类似冥想的状态。一旦他清空心思放松四肢后，菲尔普斯会在其脑海中反复想象每一场比赛。“我当然想象了最好的情况和最坏的情况，正是如此，我才能准备好应对可能出现的各种状况。”

资料来源：Karen Course，“Avoiding the Deep End When It Comes to Jitter”，New York Times，25 July 2009.[Retrieved from http://www.nytimes.com/2009/07/26/sports/26swim.html?_r=1，19 October 2009].

综合运用技巧

就如你在“值得一提：迈克尔·菲尔普斯会做什么？”中读到的，精英运动员很少会只依靠一种技巧去驾驭自己的焦虑。更确切地说，他们会综合运用适合于他们个人的技能。

通过把放松与视觉意象相结合，可以提高这两种技巧的有效性。你会把演讲情形想象成是放松的而不是焦虑的。

在准备演讲时，如果这些技巧变成了你习惯性的常规做法，其效果会达到最佳。精英运动员只有在准备竞赛之前才使用这些技巧，平时不用；演讲者则不应该延缓到要演讲前一晚才运用这些技巧。这项研究很明确，只有在你致力于系统地使用这些技巧的时候，才会对你起作用。

第二阶段：驾驭演讲期间的焦虑

有些相同的因素，不仅在演讲之前产生悲观情绪，还破坏了演讲交流本身。消极的自我对话经常困扰着演讲中的演讲者。但是也有一些其他因素我们尚未讨论，例如，对听众认识上的偏差以及对外表不必要的担忧。

听众

最近的一项研究证实，许多演讲者认为开始时听众是敌视他们的。[14] 他们使自己相信，听众中的成员只是等待他们舌头打结、思维短路、说错引语，或者口齿不清地说出一个句子。沿着同样的路线，屡见不鲜的是，初学演讲的人把接收自听众的非言语反馈，解读为“他们闲得发慌”或“他们认为我太糟糕了”等此类错误的结论。当然，事实绝不是这种情况。除了极少数的特例，听众是希望演讲者成功且默默地支持演讲者的。另外，研究表明，听众实际上会低估演讲者所体验到的焦虑水平。[15] 换句话说，听众看不出演讲者在报告中提到的那种感觉。

认识到这一事实，想想已故的玛丽·马丁——一位知名且声誉很高的舞台剧演员，百老汇出品的《彼得潘》（*Peter Pan*）和《飞燕金枪》（*Annie Get Your Gun*）让她第一次广受喜爱。她过去在表演之前经常做的一些事情，可能你也希望尝试。就在登上舞台之前，她会闭上眼睛，深吸一口气，然后对自己说出 100 次“我爱我的观众”。接下来她会重复这个过程，不过这一次她告诉自己的是“观众们爱我”。

初学演讲的人还可能会告诉自己，相比于他们发表的演讲，听众期望从演讲者那儿获得更多的东西。对听众的这种预期很容易成为一个自我实现的预言。你所面对的学生与你同舟共济，他们如你一样，强烈地希望你成功。如果你仍然需要令人信服的说法，那么想想你作为观众一员，聚集在一起观看公开演出时的感受。你默默地支持表演者失败吗？看到表演者出现明显的失误，你会幸灾乐祸吗？你期望从演讲者所能提供的信息中获得更多吗？我们不这么认为！

外表

我们身处过分重视外表的文化中。我们没有那么天真，以至于建议你努力说服自己：外表不重要。不过，我们建议你在这方面努力做得更合理一点。虽然修读演讲课不可能改变你的身材类型，或是从根本上改变你的外表，但是你可以根据场合来选择适当的衣着。我们常常看到自己班级的学生，因其不恰当的着装，对听众聆听演讲造成了不必要的干扰。在这个过程中，他们会逐渐变得不自然，变得过于焦虑的可能性也越来越大。

合适的着装会提高你的可信性，也可以让你更加自信。这两方面都是积极的因素，应该会减少而不是增加演讲焦虑感。因此，克服你对外表关注的最简单的方法，是根据场合选择合适的着装。但是你可能会问，“在公共演讲课，我穿什么衣服才是合适的呢？”通常，我们会请那些既年轻又很新潮的助教来为我们回答这个问题。他们提出了一套我们认为合理而又现实的指导方针，总结在图表 2.4 中。通常情况下，你不希望你所穿的衣服比寻常站在听众之前的衣服更加显眼——这只会让你更不自然和焦虑。

合适的着装能提升演讲者的自信和可信度。

图表 2.4 课堂演讲着装建议

时尚的	不时尚 *
长裤	短裤
半身裙	迷你裙
	低腰牛仔裤
有领子的衬衣	短袖圆领衫
全身罩衫	背心装
毛衣	抹胸装或无肩吊带装
	露脐装
	运动衫
正装鞋	运动鞋
	人字拖
修饰过的头发	棒球帽或有帽檐的帽子
有品位的首饰或配饰	珠光宝气

注：* 当服装是演讲内容的一部分时则例外。

自我对话

正如我们在演讲之前会自言自语一样，我们在实际发表演讲时也会自我对话。再强调一次，在这方面要避免消极的自我对话。重要的是要注意，听众几乎不会像你批评自己那样来批评你。听众也不太可能比你更注意到错误，因为他们不会像你一样，对演讲了解得那么透彻。出错这种情况，即便是最优雅的演讲者都可能出现，要避免批评自己。不要说这样的话，“走吧，傻瓜”或者“我为什么搞砸了？”

相反，当你演讲时，尽量使用图表 2.5 中建议的语句。这些**进程性语句（process statements）**有助于让你在那一刻集中精力，保持正确的方向。这些语句也有助于你避免思绪离题或纠结于听众可能都没有听出来的小错误上。

图表 2.5 演讲期间建设性的自我对话

放松下来。
讲得慢一点。
我了解我的演讲。
开始我有点紧张，不过我已经平静了。
如果我不完美，也没关系。
听众对我要讲的内容很感兴趣。
这比我所想的要容易。
保持视线交流。
就像我练习的那样。
到目前为止一切顺利。
别着急。
该总结的时候了。
慢慢来。
不错……根本不差。

技巧和策略

在你演讲时

- 在演讲之前，你需要一点时间让自己感觉很舒适。深呼吸几次，用友好的表情、眼神及微笑与听众进行目光交流。双脚打开大致与肩膀同宽，努力保持身体挺拔。

- 别被听众所困扰。你的成功对听众更重要，你需要以适当的视角看待这种重要性。请记住，你的听众希望你成功，当你感到不舒服的时候，听众也不舒服。
- 根据场合而选择着装。这不仅有助于让你感觉更自信，也将增加你在听众眼里的可信度。
- 如果你忙于自我对话，请遵循图表2.5中所给的建议。跟自己说进展很好。告诉自己你很好，听众支持你。
- 在演讲期间，避免对接收到的反馈做“过度”解读。不是每一个咳嗽、斜视、皱鼻子或紧锁眉头，目的都是“告诉你”你做得怎么样。此外，房间后面两个人之间不那么礼貌的窃窃私语，谈论的未必是你的外表或你的演讲。
- 避免对你认为是负面的反馈作过度反应。相比于积极的反馈，我们不仅倾向于给予消极反馈更多的注意力，而且会过分关注那些我们认为是负面的反馈。
- 记住，研究已经证实，即使你有点紧张，听众注意到的不像你认为的那样明显。

第三阶段：演讲之后

哪怕是有经验的演讲者，都有可能在演讲之后感到精神上一片迷茫。他们可能会发现很难集中精力或专注于那些针对他们的评论。

演讲之后发生的事情，会影响到你下次处理和发表演讲的方式。你的同伴和导师给予你的评论可以帮助你准备下一次演讲，包括：（1）你设定的目标；（2）准备和练习；（3）你承担这些任务的信心水平。但是，如果你无法听进去，并在第一时间处理这些评论，那么你就不会从这些建设性的评论中有所获益。

为了在演讲后获得最大限度的即时反馈，我们提供以下建议。

技巧和策略

演讲之后

- 回到座位，做几次深呼吸。这有助于降低你的心跳速度。
- 减少自我对话。稍后，你可以集中精神回顾自己的演讲。询问导师目光交流的效果，要告诉自己：听老师讲的时候要放松并和导师及同学保持目光接触。
- 把评论的内容写下来。稍后，你可以和老师一起核查确定你记录的反馈信息的准确性。
- 在24小时之内回顾整个过程，用两列表格列一个清单：（1）我做得比较好的；（2）我切实能够提高的地方。参照这个列表准备下一次演讲任务。
- 看过图表2.6所示内容后再练习自我对话。

图表2.6　演讲之后的建设性自我对话

演讲之后的建设性自我对话
那还好。
找到我的座位。
微笑，深呼吸。
别忘了把给我的反馈意见记到笔记中。
与我的导师交谈。
不要忘了表格中“做得很好”和“提升空间”的部分。
今晚回去后我在脑海里回顾演讲。
写出下一次的目标。

www.mhhe.com/brydon7e
评估你对本章的理解，请访问我们在线学习中心网站进行测验，以及其他章的辅助学习工具。

小结

当我们被要求去做公共演讲时，演讲焦虑是我们对体验到的唤醒进行主观解释的结果。虽然某种程度的唤醒是准备和发表一次有效演讲的必要因素，但太高水平的唤醒会导致心理上的副作用，如过度担心；以及身体上的副作用，如双手颤抖。过度唤醒会导致演讲焦虑水平的强化。驾驭演讲焦虑的措施如下：

- 熟悉听众和演讲场所。
- 避免拖延，致力于系统的练习和准备。
- 获取公共演讲的经验。
- 把日常的言说技能扩展到公共演讲之中。
- 对演讲形成一种积极的态度。
- 据你在课堂上的承诺，确立一个现实的目标。
- 在演讲之前、期间和之后，用建设性的自我对话取代消极的自我对话。
- 聚焦于你和导师在酝酿和发表演讲时对重要事项的认同。
- 把视觉意象与行为练习结合起来。
- 将想象与放松技巧相结合。
- 认识并接受这个事实：听众希望你成功。
- 着装要增强你的外表和信心。
- 在演讲之前、期间和演讲之后，让先前介绍的技巧和技能成为你日常行为的一部分。

学习成果检验：练习和实践

1. 写一篇短文，描述生理唤醒和演讲焦虑之间的关系，给出生理和心理焦虑症状的例子。一定要界定焦虑并将之与演讲焦虑区分开来。

2. 本章列出了许多常见的演讲焦虑来源以及控制演讲焦虑的一些步骤。对你的下次演讲任务，确认出至少一种困扰你的焦虑来源，并努力解决它。例如，如果你有拖延倾向，那么你要确保比平时更早开始准备演讲。演讲结束，评估应对措施在减轻至少一种公共演讲焦虑来源方面的作用。

3. 在下次演讲之前，请就因演讲作业而出现的消极自我对话，列出一个清单。然后想出你将运用到演讲准备和演讲期间的一系列建设性的自我对话。老师可能会要求你将之前列出的清单交上去。

4. 你可以运用两种最方便的放松技巧：放松意象和肌肉放松。开始时，这两种技巧都需要不会被人打扰到的安静的空间和时间。这种练习你可以独自练习或与朋友一起练习。有时让他人为你读出这些步骤，你就可以完全地放松，这样做会更有效。

A. 找到一个躺椅或沙发，让自己舒服地躺在上面。

B. 调低或关闭灯光。

C. 闭着眼睛，以这个顺序绷紧你的肌肉然后再放松：面部、脖子和肩膀，肱二头肌和肱三头肌，前臂、手腕和双手，胸腹腔神经丛，臀部 / 股后肌群，大腿前部、小腿、脚踝和双脚。

D. 一旦你完全放松，想象你正处于一个平静安宁的环境中。你要学会尽可能久地保持这一图像。一两分钟后，转向下一个步骤。

E. 想象一下你的演讲课。如果你觉得有焦虑的迹象，返回到先前的想象中。

F. 继续想象你的演讲课，并把自己添加到图像中。想象自己冷静地坐下，享受着其他人的演讲。

G. 想象自己写下的演讲作业的要求。想象自己对演讲各个阶段的准备，包括想象自己正在练习演讲。

H. 想象自己等待被召唤上台，兴奋但并不焦虑。

I. 想象自己走到房间前，转身面对听众，微笑，并以有力的开场开始你的演讲。

J. 想象自己演讲时很积极、打着手势，还运用了你的视线、表情和声音。

K. 想象学生和老师都听得很认真。

L. 想象自己结束时，听众以真诚的掌声回应你。

这一系列的步骤每周至少练习两次，每次 15 ~ 25 分钟。记住，任何你开始感到焦虑的时候都可以运用这些活动，用愉快和放松的图像取代你脑海中的任何图像。

注释

1. Karen Crouse, "Avoiding the Deep End When It Comes to Jitters," *New York Times*, 25 July 2009. [Retrieved from http://www.nytimes.com/2009/07/26/sports/26swim.html?_r=1, 19 October 2009.]
2. *20/20*. ABC Television, 20 June 1990. Bruskin Associates, "What Are Americans Afraid Of?" The Bruskin Report 53 (July 1973).
3. J. A. Daly and J. C. McCroskey, eds., *Avoiding Communication: Shyness, Reticence and Communication Apprehension* (Beverly Hills, Calif.: Sage, 1984).
4. Karen K. Dwyer, "The Multidimensional Model: Teaching Students to Self-Manage High Communication Apprehension by Self-Selecting Treatments," *Communication Education*, 49 (2000): 72–81; Lynne Kelly and James A. Keaton, "Treating Communication Apprehension Anxiety: Implications of the Communibiological Paradigm," *Communication Education*, 49 (2000): 45–57. Research on this chapter's topic is ongoing; as a result, we have used multiple sources to support our claims. Some of these sources represent very early research, but others alert you to more contemporary research.
5. Michael J. Beatty, James C. McCroskey, and Kristin M. Valencic, *The Biology of Communication: A Communibiological Perspective* (Cresskill, NJ: Hampton Press, 2001).
6. Michael J. Beatty and Kristen Marie Valencic, "Context-Based Apprehension Versus Planning Demands: A Communibiological Analysis of Anticipatory Public Speaking Anxiety," *Communication Education*, 49 (2000): 58–71. Ralph R. Behnke and Chris R. Sawyer, "Milestones of Anticipatory Public Speaking Anxiety," *Communication Education*, 48 (1999): 165–171.
7. R. M. Yerkes and J. D. Dodson, "The Relation of Strength Stimulus to Rapidity of Habit Formation," *Journal of Comparative Neurology and Psychology*, 18 (1908): 459–482.
8. Amy M. Bippus and John A. Daly, "What Do People Think Causes Stage Fright? Naïve Attributions About the Reasons for Public Speaking Anxiety," *Communication Education*, 48 (1999): 63–72.
9. Max Roosevelt, "Student Expectations Seen as Causing Grade Disputes," *New York Times*, 17 February 2009. [Retrieved from http://www.nytimes.com/2009/02/18/education/18college.html, 19 October 2009.]
10. *Information on Self-efficacy: A Community of Scholars*, 19 October 2009. [Retrieved from http://www.dcs.emory.edu/mfp/self-efficacy.html, 19 October 2009.]
11. William J. Fremouw and Michael D. Scott, "Cognitive Restructuring: An Alternative Method for the Treatment of Communication Apprehension," *Communication Education*, 28 (1979): 129–133; William J. Fremouw and M. G. Harmatz, "A Helper Model for Behavioral Treatment of Speech Anxiety," *Journal of Consulting and Clinical Psychology*, 43 (1975): 652–660.
12. Albert Ellis and Robert A. Harper, *A New Guide to Rational Living* (Hollywood, Calif.: Wilshire Book Company, 1975).

13. Fremouw and Scott, "Cognitive Restructuring"; Fremouw and Harmatz, "A Helper Model for Behavioral Treatment of Speech Anxiety."

14. T. Freeman, C. R. Sawyer, and R. R. Behnke, "Behavioral Inhibition and Attribution of Public Speaking State Anxiety," *Communication Education,* 46 (1997): 175–187.

15. C. R. Sawyer and R. R. Behnke, "Behavioral Inhibition and the Communication of Public Speaking State Anxiety," *Western Journal of Communication,* 66 (2002): 412–422.

3 CHAPTER

第3章 演讲和倾听的伦理

站起来以示无声的抗议或大声喝止他人讲话，这么做合乎伦理吗?

目标

阅读本章和复习网上学习资源 www.mhhe.com/brydon7e 后，你应该能够：

- 理解道德相对主义、普遍主义、功利主义和情境道德之间的差异。
- 将道德原则应用于各种不同的公众演讲情境。
- 解释剽窃以及归因在避免剽窃中的作用。
- 解释并应用演讲者和听众的基本道德义务。

关键概念

绝对命令
文化相对主义
道德相对主义
道德
善意
充分的理由
剽窃
情境道德
诚信
普遍性
功利主义

做对的事永远不会嫌迟。

——小马丁·路德·金[1]（Martin Luther King Jr）

从24小时有线新闻中的对骂和侮辱，到2009年夏天所谓的市政厅会议上，愤怒的人群彻底被剥夺言说的权利，不难发现，在当今社会，有各种各样的例子体现出了演讲者和听众存在的道德问题。这不是一种新现象。道德上存在问题的言论在美国有着悠久的历史。例如，托马斯·杰斐逊（Thomas Jefferson）被指责为无神论者和危险的激进分子，安德鲁·杰克逊（Andrew Jackson）被指控犯有谋杀罪和重婚罪，亚伯拉罕·林肯（Abraham Lincoln）被谴责为暴君和独裁者。因此，最近的三位总统被其政治对手攻击在个人生活、诚实方面有问题，这是公民遵循美国政治言论的一贯传统。

许多公司的骗子因其不道德的行为而最终获刑。

不仅仅只是政治言论中行为上出现了道德问题。例如，我们几乎每天都会看到老人被手法高超的骗子骗了，还有广告商制作的、真实性值得怀疑的许多广告。因此，我们很多人都已经学会对政治家、销售人员以及电视评论员持非常大的保留意见。

作为演讲者及听众，我们应该争取更多。我们的观点是，传播交流中的诚实和公平，不仅仅是道德要求，也是现实中的要求。骗子最终是要被揭露的——问问伯纳德·麦道夫（Bernie Madoff）就知道了。

在第 1 章，我们介绍了公共演讲能够进一步提升公民参与这种思想。本章，我们希望强调的是，公民参与（civic engagement）应该是文明（civil）的参与。为我们所相信的东西辩护很重要，但尊重各方的权利同样重要。

这就是我们这一章的主题——在公共演讲事务中，什么是演讲者和听众都应该遵守的道德义务？

我们从探讨道德问题开始，会反复谈到基本问题。在这个过程中，我们介绍的一些思想，是已经被历史上最优秀的先贤们探讨过的道德话题。然后我们展示，道德如何可以既指导我们形成演讲、我们发表演讲，又可以指导在他人的演讲中，我们作为信息消费者的角色。

基本的道德问题

道德规范：约束人类行为的对错原则体系。

道德是约束人类行为对与错的原则体系。为了更好地掌握后面的这个事实，让我们从“古老”的主题与现代生活的相关性开始，来看看 2000 多年来哲学家一直在思考的一些重要问题。尽管什么是合法的、什么是道德的两者之间有联系，不过这两者并非同义。例如，大卫·莱特曼（David Letterman）坦承与女性员工有染，彼此你情我愿，但与此同时他与自己的未婚妻、孩子的母亲维系了长期的关系，这不是违法的事。但是没有人，包括莱特曼自己，会辩称他的行为是合乎道德的。事实上，他竟然将之称为“令人发指”。同样地，有些人为了追求道德最终触犯了法律而进了监狱。马丁·路德·金（Martin Luther King Jr.）和纳尔逊·曼德拉（Nelson Mandela）在法律支持种族隔离的时候，因追求种族平等而受了牢狱之灾。

纳尔逊·曼德拉因反对种族隔离，被囚禁了27年，图中是他与前国防部部长威廉·S.科恩握手。他最终获释，并成为南非第一位民选总统。

美国国防部 R.D. 沃德摄

为什么要在乎伦理?

我们生活在这样的世界，许多人内心牢记此类格言，如“不惜一切代价获胜”或“我花的是我孩子们的遗产”。所以为什么我们要寻求他人的利益而不是我们自己的利益? 例如，为什么我们要关心这个事实：我们穿的鞋子是由另一个国家目不识丁的孩子做的，他们一天的收入还不到50美分；或者这个情况：用过的冷却油倾倒到下水道后有可能污染其他人的饮用水?

首先，我们应该关心伦理，因为，从长远来看，伦理行为事关我们自己的利益。我们受益于培训医师的“首先不伤害”，警察审问我们之前告知我们的宪法权利，法律保护言论活动自由及和平集会的自由。

其次，我们应该回报那些以道德行为对待我们的人。事实上，这种互惠是社会黏合剂的主要成分，而社会黏合剂是建立关系和社区的人遵守共同目的必要之物：例如，你的公共演讲课堂。如果你们班上每个人都以一套不同的规则形成和发表演讲，你能想象这种后果吗？如果没有任何道德准则去规范听众使用手机、在演讲期间讲话，或是用跺脚声和奚落、反对的尖叫声打断你的演讲，在这样的课堂上演讲，你会觉得舒服吗？

因此，践行伦理使每个人都受益。当我们被他人以道德的方式对待，我们以同样的方式对待他人的可能性就增加了。这种结果（payoff）是形成一种在其间学习和生活的更具凝聚力、更富有爱心的公民社会。

但是还有另一种理由让我们来看看伦理行为的性质，因为它涉及公共演讲。道德行为产生信任。更重要的是，信任这一观念会影响到人们实际上对我们演说内容的相信程度，反之亦然。毫无疑问，公共演讲是否能真正地告知或影响听众，取决于我们是否被视为合乎伦理的且值得信赖的。

一切都是相对的？

道德相对论：
基于没有普遍的道德原则这一信念的哲学思想。

道德相对论是基于没有普遍的道德原则这样一种信念的哲学思想。这种理论至少可以追溯到诡辩家，他们相信真理是相对的，取决于环境。[2]

最激进的相对主义派声称，任何一个人的道德标准都与常人一样好。虽然这一理念具有简单化的优点，但这不可能形成文明社会。生活基本上会变成一片混乱。如果一群人持有如此激进的观点，其造成的社会后果可能是灾难性的。要知道，纳粹就认为他们有权奴役、杀害犹太人和其他“不受欢迎的人”。

文化相对论：
在一种文化中道德行为的标准并不一定适用于其他的文化。

然而，很多人认可或者说他们相信**文化相对论**，这个概念是指某种文化中的道德行为的标准不一定适用于其他种类的文化。这是诡辩家普罗泰戈拉（Protagoras）的观点，他认为，道德法律基于特定的社会惯例。这种文化差异的例子很容易找到。（参见“反思多样性：文化与信贷”板块）。因此，也有争议。想想一夫多妻制，这通常涉及不止有一个妻子的男人。在美国，一夫多妻制不仅被大多数人视为不合道德的，也是违反法律的。但是一夫多妻制在亚利桑那州和犹他州部分地区公开存在，有少部分人认为，一夫多妻制与他们的宗教信仰是一致的。

随着我们的社会文化越来越多元，演讲者与不同的道德体系越来越相关。

反思多样性

文化与信贷

有时具有传统欧美背景的人会很惊讶，他们认为理所当然、可以接受的做法，被其他文化的人认为是道德不正确的。例如，贷款上大学、买一辆汽车，或者买一个新衣橱是大多数美国人司空见惯的做法。但是那些信奉伊斯兰教的人可能会发现，这种做法在道德上是不可接受的。就像记者法合扎·阿利姆（Fahizah Alim）在一篇关于加利福尼亚州萨克拉门托的一位餐馆老板哈立德·乌姆巴什（Khaled Umbashi）的文章中解释的，许多穆斯林把银行今天收取的利息看作瑞芭（riba，高利贷），这是《古兰经》所禁止的。乌姆巴什拒绝借钱来改善或宣传他的餐厅，因为"他信奉的伊斯兰教禁止他借贷资金以及为贷款支付利息……'我们的伊斯兰教禁止支付或收取复利利率，'乌姆巴什，这位利比亚人说"。

不是所有的穆斯林都同意《古兰经》的这种解释。例如阿斯加·阿布贝克（Asghar Aboobaker），这位穆斯林曾就这个话题写过一篇文章，认为"这是一个非常复杂的问题，有许许多多的阵营"。另外，一位穆斯林商人、经济学家、作家伊尔凡·哈克认为，"很多世界金融危机与以利益为基础的制度有关"。

因此，虽然大部分在西方文化中成长起来的人认为借钱没有错，但是一些穆斯林认为这种做法既不明智，在道德上也令人反感。

我们之所以提到这个故事，是因为我们听到过无数主题涉及信用或支付贷款利息的演讲。实际上，我们听到一个学生在一次演讲中自夸，他是如何通过使用助学贷款的钱购买处于“牛市”中的股票而实现资本化的。这个学生强调，他用利息为8%的5000美元的学生贷款，选择购买了收益率为22%的一支股票，他获得的收益是14%。我们这位在股票方面决策英明的学生，其道德可能会受到一般学生的质疑。当然，听他演讲的穆斯林学生听众会停下来思索一下。

了解并尊重多元文化背景下的道德原则，通常是你在一个多元文化社会成功的关键。

资料来源：Fahizah Alim, “No Credit: For Muslims, Asking for a Loan Is a Question of Religion,” Sacramento Bee, 29 August 1998, Scene, 1, 3.

同样，约束传播的伦理标准中也有文化差异。其中之一涉及人们在某些情况下应该在多大程度上“极其诚实”。在集体主义文化中，“面子”对全体社会利益都是重要的，在某些情况下人们交流往往是间接的，还可能拓展真实的界限。在个人主义盛行的文化中比如美国，这么做可能被视为是不合伦理的交流。一种文化可以声称比另一种文化的日常交流实践更优越吗？

与此同时，人们基于文化相对论所能接受的范围也是有限度的。例如，时为国务卿候选人的希拉里·克林顿，在其听证会上表达了对塔利班压迫阿富汗女孩的愤怒。她说：“年轻女孩在上学路上被不愿女性接受教育的塔利班支持者及成员袭击，这一行径令人心痛得无以言表……这不是文化，这不是传统，这是犯罪”。[3]

哲学教授詹姆斯·雷切尔（James Rachels）指出，不同文化往往在基本原则上意见一致，却在如何应用这些原则上意见不一。例如，他指出，即便是明显不人道的做法，如早期的因纽特人，曾经把老人留在雪地里死去，都是以家庭在恶劣的环境中存活下去的需要为基础的。雷切尔认为“爱斯基摩人的价值观并非与我们的价值观完全不同。只是生命力迫使他们做出了我们不曾需要做出的选择而已”[4]。

普遍主义：
认为存在适用于任何个人、群体或文化等所有情境的道德标准。

有适用于所有情境的规则吗？

与道德相对论相反的是**普遍主义**，这种观点强调，无论是个人、团体还是文化，都存在适用于所有情况的伦理标准理念。18世纪的哲学家伊曼努尔·康德（Immanuel Kant）发展形成了这样一种哲学。他提出的**绝对命令**："只按照你自己同时也能成为普遍规律的准则去行动。"[5] 普遍适用的行为准则意味着你希望每个人都遵守你认可的规则。

> **绝对命令：**
> 伊曼努尔·康德（德国哲学家）的道德原则，即我们的行为方式应能够成为世界普遍的行为准则。

例如，假设你认为在任何时候对任何人说谎是可以接受的，所以你提出，作为一个普遍规则，允许以任何理由说谎。这会是什么结果呢？谎言欺骗不了任何人，因为撒谎已经成为规则。因此，允许撒谎这个普遍规律，实际上会使谎言不起作用。把投票当作另一个例子。你可能会认为你不需要投票，因为你自己的选票不会起什么作用。但是想象这作为一个普遍规则："因为个人的选票并不重要，所以投票是没有必要的。"如果不投票是一个普遍规则，那么民主就会崩溃。所以康德为我们提供了检验特定道德准则的一个规则。规则或准则要成为一种伦理原则，必须能够被普遍应用。

康德提出了最重要的一个伦理准则，这一准则与公共演讲者有直接关系。康德提出："任何人在任何时候都不该把自己和他人仅仅视为工具，人本身就是目的。"[6] 这一准则的实际含义是，演讲者应该尊重听众，不仅仅是把听众作为实现自己目标的一种手段。反之，听众应该把演讲者当作人予以尊重和对待，而不是作为嘲笑的对象。显然，任何欺骗或贬低听众和演讲者的策略都是不可接受的。对与我们意见不同的人大声喊叫而压倒他们或攻击未经证实的说法，是不可接受的。当面攻击人，而不是针对其论据的优劣，也是仇恨团体和宣传者最喜爱的工具。不因意见与我们相左就对他人表示出厌恶，这不应该在我们身上出现。

康德的绝对命令并非没有缺点。以诚实为例，如果在任何情况下撒谎都是不可接受的，无辜的人会承受这一结果。例如，梅普·吉斯（Miep Gies），在整个"二战"期间为了保护犹太人，欺骗了纳粹当局，她藏匿了犹太人，包括一位名叫安妮·弗兰克（Anne Frank）的年轻的女孩。但就算我们普通人，有时也会说些"善意的谎言"，特别是出于保护他人感情的情况下。尽管我们可以告诉孩子，"诚实为上策"，但是我们很快就学会了说不。因此，当要求我们评论朋友的外表或者让我们说出有关朋友最新的"爱情趣味"的真实感受时，我们选择的并不那么诚实。简言之，即便我们遵从最高的伦理标准，也可能偶尔说些不完全"真实"的话。

当然，人们可以重新表述康德的原则，说除非在拯救生命或防止伤害感情等必要的情况之外，人们不应该说谎。但是这么做又产生了另一个问题：我们如何知道哪些行为处于这种情况之下？雷切尔指出了康德普遍主义的一个关键问题："人们可能会仔细掂量所有行动，他或她可能会遵循的具体规则不止一种，其中一些规则可能是'普遍化的'，有些则不是……我们总是可以通过一些方式绕过任何规则：把我们的行为描述为属于某种规则之例外，属于另一种规则之内。”[7]

多数人的利益比少数人的利益更重要？

功利主义：
任何行为的目的都应是为最大多数人提供最大程度的幸福的原则。

英国哲学家杰里米·边沁（Jeremy Bentham）、约翰·斯图亚特·密尔（John Stuart Mill）和亨利·西季威克（Henry Sidgwick）提出了另一种伦理标准——功利主义。**功利主义**基于这样的原则：任何行为的目的都应该是为最大多数人提供最大程度的幸福。换一种说法，这些哲学家为最大多数人寻求最大的利益。他们把利益专门定义为幸福产生于“不是代理人自己最大的幸福，而是最大多数人的总的幸福”[8]。

这对公共演说者当然是一个有用的标准。你演讲的大多数的话题是关于选择和权衡。如果我们削减社会开支而为减税提供资金，有些人会承受损失而其他人则会受益。如果我们打击犯罪建造更多的监狱，那么学校和大学可用资金会更少。最大多数人的最大的利益由什么组成？作为一个演讲者，你有义务为听众透彻地研究你的主题，以便确定什么立场会保证最大的利益并让最大多数人的利益优先于纯粹的个人利益。如果你未能完全告知听众事实，如果你撒谎或欺骗了听众，那么他们如何能理性地判断什么会促进总体的利益呢？

当然，功利主义也有其批评者。许多人会说功利主义促进了道德的相对主义。毕竟，如果对最大多数人的最大好处意味着压迫少数人，功利主义岂不是压迫的证明？难道希特勒不是以全体德国人最大利益的名义而灭绝犹太人的吗？当然，这不在功利主义者的考虑之中。但是对功利主义的批评切中了一个要点。为所有人寻求最大的幸福并不能保证特定个体不会遭受不公正。

如果你认为这些问题仅仅是哲学思考，请再想想。这些都是我们在生活中面临的各种权衡。然而，近年来我们学校的许多学生将他们的春假用于帮助重建新奥尔良或到海地救灾行动中伸出援手。

具体情境如何影响伦理原则？

情境伦理：
尽管有些压倒一切的伦理准则，但有时在特定的情境下为了实现更高的法律或原则，必须将其置于一边。

另一种方法称为**情境道德**。根据这种哲学思想，尽管有些压倒一切的伦理准则，但有时为了在特定的场景下实现更高的法律或原则，必须将其置于一边，比如爱。正如一位作家所说的那样，“什么是正确的行为，可能视情况而定……但绝对有一种义务，不论在任何时候、任何场合，可能都是正确的”[9]。

情境伦理对于解释同一种行为为何在一种情况下是合乎伦理的，在另一种情况下又是不合伦理的，特别有效果。例如，大多数人同意，在演讲课上，让他人代写演讲稿是不合伦理的。学生应该自己做他 / 她的功课这个原则是美国教育固有的。与此同时，没有人期望乔恩·斯图尔特（Jon Stewart）自己编写所有的笑话，或是美国总统亲自撰写自己所有的演讲稿。大家都知道，斯图尔特有喜剧作家代劳，而总统也有代笔人。

情境伦理的批评者认为，这只是相对论的另一个幌子，因此并没有为伦理判断提供标准。[10] 然而，不能说应变伦理论者认为我们应该抛弃一切伦理原则。就如伦理学家约瑟夫·弗莱彻（Joseph Fletcher）写道："应变伦理观论者每一次进入情境决策的时候，都会用其社区及其继承的一系列伦理准则武装自己，他很尊重这些准则，因为启发了他自己的思考。同样地，如果这么做似乎更好，人们便会在任何情境中随时与这些准则妥协，或者把伦理准则置于情境之外。"[11]

目的正当能够证明手段正当吗?

然而，情境伦理的一个问题是，它会允许使用不道德的手段来实现道德的目标。[12] 你或许曾经听说过一句老话："目的正当不能证明手段正当。"换句话说，仅仅因为可以产生理想的结果而不顾手段的不道德，是不能接受的。这样做会带来严重的道德问题。作为一个演讲者，你需要关注目的（目标）以及实现目的所使用的手段。

就目的而言，你的很多题目可能涉及正确与错误、道德与不道德、多数人的利益对少数人的利益等问题。理解人们如何做出道德决策，对于你话题的选择以及追求的目标是非常重要的。显然，任何演讲者首要的伦理义务是寻求道德的目的：那就是确保你正在努力实现的目标是道德和正义的。因此，当你选择主题的时候，要适应你的听众，并寻求实现你作为一个演讲者的目标，你应该一直专注于实现道德的目的。

不仅是你的目标要符合伦理标准，而且你实现这些目标的手段也应该是合乎伦理的。例如，美好的目的永远不能够证明我们可以向听众隐瞒演讲的真正目的。知道有些听众的宗教信仰抗议对人类胚胎的破坏后，演讲者为肌肉萎缩症协会（Muscular Dystrophy Society）筹集资金，却没有告诉听众有些钱还可能被用于资助胚胎干细胞研究，这合理吗？这正是权衡公共演讲所达到的目的的时候，需要我们自问的问题。

公共演讲者应遵循的伦理规范

为公共演讲制定伦理标准并不是一件容易的事。与演说家的行为准则最接近的，可能是美国国家传播学会（National Communication Association）“民主社会的自由而负责任的传播”（Responsible Communication in a Democratic Society）的信条，转载在“值得一提：公共演讲的行为准则”板块中。然而，除任何特定的行为准则之外，合乎伦理的演说家还受传统的修辞学标准的指导，修辞学标准可以追溯到2000多年前。诡辩家以哲学相对论而闻名。有些诡辩家把这种哲学逻辑推崇到了极端，主张如果修辞手法促进了目标，那么任何修辞手法都是合理的。[13]

这种哲学相对论与苏格拉底（Socrates）的哲学理念背道而驰，苏格拉底教导人们，通过被称为辩证法的问答技术，绝对真理是可知的。苏格拉底的学生柏拉图（Plato）撰写了两篇对话——《高尔吉亚篇》（*Gorgias*）和《斐德罗篇》（*Phaedrus*），这些都完善了苏格拉底的修辞观。在柏拉图看来，诡辩家实践的修辞学，是虚假的，没有事实根据，旨在欺骗听众。在《斐德罗篇》中，柏拉图提出了一种理想的修辞，一种基于哲学真理的修辞。这一修辞的基本功能是通过辩证法而发现真理并将之用于激励大众。

对柏拉图最著名的回应来自柏拉图的学生亚里士多德（Aristotle），其《修辞学》可能是从古至今关于传播的最具影响力的著作了。在亚里士多德看来，修辞不是辩证法的对立面，而是它的对应物。亚里士多德并不认为修辞是道德的或者是不道德的。相反，修辞是一门艺术，可以用于美好的方面，也可以用于邪恶的方面。演讲者的道德目的是决定性的因素。亚里士多德认为：“真实和正义的事情具有一种天然的倾向：那就是战胜自己的对立面。”[14]因此，他强调修辞训练的重要性。甚至，争论问题的两面不是不合道德的行为；相反，它是学习如何反驳对问题另一面阐述有误的他人的一种方式。总之，在亚里士多德看来，修辞学是一门艺术，不是一种欺骗行为。

在公元1世纪，罗马演说家和修辞学家昆体良（Quintilian）提供了一个伦理标准，这个标准的很多方面如今得到了模仿。在昆体良看来，理想的公民—雄辩者应该是一个很会演讲的好人。正如他所说，“雄辩是很好的训练演讲的方式”[15]。此外，因为不存在“人不好却能讲得好的人”[16]，演讲者的道德品质并不是无关紧要的。相反，这是理想的演说家的核心。

今天，公共演讲的伦理标准问题再次成为传播教育者关注的中心问题。什么构成有道德的沟通？为了评估自己的价值，请参看自我评估”板块“对演讲者来说……是可以接受的吗？”我们大多数人都同意，演讲者不应该撒谎或扭曲真相。然而，除此之外，演讲者对于听众以及听众对于演讲者，都负有什么样的道德义务呢？根据哲学家以及一些传播学者著作的探讨，我们给演讲者提出以下规范或指导方针：(1)诚实。(2)尊重言词的力量。(3)唤起民主参与。(4)展示文化多样性的正念（mindfulness）。(5)把人当作目的而不是手段。(6)提供充分的理由。让我们更仔细地看看每一种规范。

值得一提

公共演讲的行为准则

虽然不是一种完全成熟的道德准则，如法律和医学创立的准则，但美国传播协会关于民主社会的《自由和负责任的传播》的信条构成了道德的公共演说者的重要标准。其他对公共演讲者有所帮助的指南可参见美国广告协会（American Advertising Association’s Code of Ethics）的道德准则，国际商务沟通者的道德规范（Code of Ethics of the International Association of Business Communicators），以及美国公共关系协会的公共关系实践专业标准准则（America’s Code of Professional Standards）。[①]

民主社会自由而负责任的传播准则[②]

认识到民主社会中自由和负责任的传播的本质所在，认识到应该尊重我们法律制度的自由，与应该培养我们教育系统的责任之间的区别，美国国家传播协会成员赞同以下原则声明：

我们认为言论和集会的自由必须居于美国宪法原则之核心位置，而且我们坚决支持利用任何可用的沟通手段进行和平表达之权利。

我们支持这一立场：自由社会可以借鉴吸收那些平和的演讲，即使这些演讲超越了被广泛接受的信仰和习俗边界；如果我们宁要自由，则利大于弊；如果宁要压制，则弊大于利。

我们批评那些误入歧途的人，他们认为自己的理由正当就有权对演讲者进行身体干扰，还会压制他人的演讲，我们谴责试图威胁限制言论自由，不管这是通过强大的多数意见还是尖锐的少数意见。

我们接受培养责任的示范和规程，在我们的课堂、我们的社区、开明地运用交流，培养我们的学生尊重交流中的精确度和准确度，以及基于证据推理和明确歧视判断之间的价值。

我们鼓励学生接受博学且善于表达的公民角色，捍卫那些与他们意见不一致的人们的传播权利，也揭露滥用传播的过程。

我们完全地献身于这些原则，确信信念将最终会在一个思想的自由市场中获得胜利。

① Richard L. Johannesen, Kathleen S. Valde, and Karen E. Whedbee. *Ethics in Human Communication*, 6th ed. (Prospect Heights, Ill.: Waveland Press, 2008), chap. 10.

② 转载承蒙美国全国传播协会许可。

诚实

西密歇根大学的詹姆斯·亚克沙（James Jaksa）和迈克尔·普里查德（Michael Pritchard）为演讲者制定了一组伦理规范。其中三种似乎与我们所建议的特别相关。首先是真实性的规范，这是所有传播的根本。[17] 谎言被拆穿，演讲者就失去他或她的信誉和听/受众的善意，而这对于信任是至关重要的。就像女歌手玛莎·斯图尔特（Martha Stewart）认识到的，有时撒谎可能比最初的犯罪更糟糕。具有讽刺意味的是，玛莎·斯图尔特不是因内幕交易被判有罪，她从未被指控犯罪，但是却跟调查人员撒谎她适时出售了 ImClone 股票的情况。如果她只是说了实话，无论多么痛苦，她永远都不会被指控犯罪。[18]

当然，并不是彻头彻尾的谎言才算欺骗听众。我们在第 15 章会做更详细的讨论，歪曲和遗漏有时同彻底的谎言对真相的伤害是一样的。如果你对此有怀疑，我们请你看看许多政治广告的“事实”。宾夕法尼亚大学的 factcheck.org 这个网站，提供了政治广告的评估研究，对于核查政治广告和演讲的真相非常有用。另一个有用的网站是 PolitiFact.com，这个网站获得了 2009 年的普利策奖。虽然大多数欺骗性的广告有事实基础，但是常常被忽略掉的事实的内核改变了广告的全部意义。我们回忆起一位政治对手公布的视频，视频中在职者说：“为了获得连任，我会做任何事。”这则广告没有提到的是，在职者正扮演着挑战者的角色！视频编辑所反映的意思与现任者意图完全相反。当然，该广告并没有彻底地说谎，这句话确实有说过，但是因为背景被省略了，结果就与撒谎是一样的。

诚实的重要性在前面提到的大卫·莱特曼的例子中已经说明了。除非莱特曼买下关于他与女性员工之间关系的影像资料，否则就面临勒索者 200 万美元的要求，莱特曼向警方报告了勒索者的阴谋，在其《深夜秀》节目中承认并为自己令人唾弃的行为做了道歉。莱特曼的坦白可能挽救了他的职业生涯。如果他举棋不定或谎报其行为，莱特曼很可能成为“第一位被控告的脱口秀主持人”[19]。

自我评估

对演讲者来说……是可以接受的吗？

仔细阅读下面的情景。在你认为对公共演说家而言是可以接受的表述前写一个 A。在你认为某些情况下可能接受的表述前写一个问号。在那些不能接受的表述前写一个 U。在课堂上阐述你的回答，并讨论你和同学之间回答的差异。

______ 1. 你没有时间写演讲稿了。让上学期上过这门课的朋友把演讲大纲给你，这样可以完成课程任务。你决定只改变大纲中的姓名和几个次级要点，在别的方面就用朋友的演讲内容。

______ 2. 你是一个美国参议员。你打算当晚在支持者集会上发表演讲，一位工作人员给了你一份演讲草稿。你在演讲稿的空白处做了几处笔记，把演讲稿返回给职员做修正，然后演讲稿被放到自动台词提示器上供你发表演讲用。

______ 3. 你找到一个网站，恰好有你需要的确切的信息。但是没有办法发现谁对发布的内容负责，或者无法知道内容是否真实。但这正是你需要的，所以无论如何你都要用这内容，简单地注明引用自网址（www...）。

______ 4. 在研究自己的演讲时，你发现一些统计数据不利于你提到的案例。然而，你坚信你目标的正确性。因此，你忽略了自相矛盾的证据，只关注支持你观点的统计数据。

______ 5. 你上课需要辩论一个有争议的话题。你坚信话题的一面，但是你的老师坚持说，班上每个人都必须对议题的另一面做一次辩论。即使你不同意那个立场，你仍决定继续努力，因为你需要在班级辩论中获得一个好成绩。

尊重言词的力量

亚克沙和普里查德提到的另一个规范是尊重言词的力量。[20] 虽然言词也许只是符号，但是它们唤起情绪的力量有好有坏，是不可否认的。受网络霸凌后多个有年轻受害人自杀的家庭可以作证。无论是面对面还是在线交流，使用有害的和有辱人格的言语，都有可能造成灾难性的后果。

虽然我们与其他人一样不喜欢"政治正确的言论"，我们都需要认识到，我们选择用于表达自己的言语是有局限性的。就像最高法院首席大法官小奥利弗·温德尔·霍姆斯（Oliver Wendell Holmes Jr.）曾经说过，言论自由并不允许你在一个拥挤的剧院里喊"失火了！"尽管大法官霍姆斯是比喻性的说法，他表达的原则与当前讨论的演讲的规则是相关的，就像近一个世纪以前的情况一样。在这个国家，你几乎可以言说任何想到的内容这个事实，并不会使所言说的内容合乎伦理或是明智的。俗话"棍棒和石头会断我骨，但是话语绝不能伤害我"是胡说。其实，话语的力量非常强大，可以造成极大的伤害，也可以造成极大的好处。合乎伦理标准的演讲者会认识到话语的后果。

用叫喊声压倒你的对手，就像在2009年夏天，市政厅会议上有关医疗改革出现的情况，拒绝不受欢迎观点的言论自由，还剥夺了公众听取问题各方面情况的权利。

实行参与式民主

亚克沙和普里查德讨论了参与式民主的重要性，这取决于选择的基础和对人的尊重。[21] 为了做出明智的选择，公民必须具有准确和充足的信息。进一步而言，对待别人的黄金法则一如我们希望这些规则应用于己身，我们将之应用于公共演讲也用于人际沟通当中。

演讲者应该设身处地对待听众，并要询问这种方式是否合乎他们的期望。合乎伦理标准的演讲者承认，听众是作为平等者参与到传播交流中的。同样，听众需要尊重并宽容地对待演讲者，即使演讲者的意见与自己意见不同。例如，大声压倒演讲者，侵犯了演讲者的言论自由和公众听取各种观点的权利。

换句话说，合乎伦理地交流是一项共同责任。例如，近年来对于负面的和欺骗性的政治广告有很多抱怨。然而政治顾问们说，他们只是提供了公众真正想要的东西。虽然这是对其行为不合伦理的辩护，但是我们也必须认识到，因为选民无法抗议，还继续投票给参与这种做法的候选人，欺骗性广告才算是成功。

展示文化多样性的正念

在第 5 章中，我们会讨论适应来自不同文化背景的听众。现在，我们希望你专注于尊重文化差异的重要性，并注意那些与我们文化遗产不同的人潜在的道德关注点。

我们在先前讨论的文化相对论中，提到了我们认为的极端的立场：我们既不应该判断别人的文化习俗，也不应该企图把自己的立场强加给他人。我们不同意这种立场。

我们认为我们既可以尊重和注意人们的文化，又不将其文化习俗当作是完全合乎伦理标准而接受下来。同样，我们认为也可以尝试和影响此类文化习俗，没有强迫人们赞成我们的习俗而放弃他们自己的文化习俗。

我们也相信，存在超越文化的原则以及随之发生的实践。其中许多原则体现在文件当中，如联合国《世界人权宣言》。其中，联合国大会宣布“言论和信仰自由并免于恐惧和贫困的自由”是基本权利。[22] 言论自由体现在我们的宪法第一修正案和联合国宣言中，公共演讲者需要注意这种权利伴随而来的责任。

因此，对于我们来说，合乎伦理标准的演讲者选择主题，并用言语构建了演讲，这些言语尊重当下课室听众多元化的典型性。合乎伦理标准的演讲者也要努力顾及文化的敏感性，这种敏感性会潜在地削弱他们演讲的有效性。这意味着演讲者要适应，而不是采纳在听众中发现的文化多样性中的每一种特性。

把人当作目的而不是手段

我们希望在这些原则中增加一条来自康德的原则：不应该仅仅将人视为是手段而不是目的。他们的最大利益应该是演讲者寻求的目的。把人作为对象，操纵他们甚至达到理想的目的，绝不是正当的。思量一下 CNN 的南茜·格蕾丝（Nancy Grace）对梅林达·达克特（Melinda Duckett）两岁儿子特伦顿（Trenton）失踪情况的采访。格蕾丝的追问推断，母亲与孩子的失踪脱不了干系。"'你为什么不告诉我们你在哪里？'格雷斯强令道，敲着桌子。'达克特小姐，你没有告诉我们一个理由。这是什么原因？'"[23] 节目播出前，人们在其祖父母的家里发现了梅林达·达克特的尸体。很明显她是自杀的。尽管是悲剧，CNN 还是选择播出节目，南加州大学教授和艾美奖殊荣获得者、前美国广播公司记者朱迪·穆勒，称 CNN 的做法为"卑鄙"。[24] 当然这个节目可能获得很高的收视率，播出失踪的孩子及去世的母亲双重悲剧，很难想象比这更不道德的节目了。事实上，包括梅林达·达克特父母在内的一些人声称，格蕾丝的质疑是驱使那位女性自杀的罪魁祸首。[25] 无论达克特女士在孩子失踪案例中的罪责如何，在她死后还播出这次采访，除了收视率，很难想象还有其他什么目的。

提供充分的理由

> 充分理由：
> 基于道德原则所提出的，支持我们应该相信什么或我们应如何行动的命题的表述。

卡尔·华莱士（Karl Wallace）清晰地阐述了演讲的另一个伦理原则，华莱士是一位学者，也是演讲传播协会（Speech Communication Association，现名为全国传播协会）的前会长。华莱士认为，为了让听众相信、重视并采取行动，演讲者必须为其听众提供充分的"理由"。[26] **充分理由**是以伦理原则为基础的陈述，为人们应该相信什么或人们应该如何行动，提供支持性命题。华莱士认为，道德和道德价值观以及相关信息，是修辞的基本材料。依靠"充分理由"的演讲者重视所有人以及这些人所遵循的道德原则。运用"充分理由"不仅有助于确保演讲者使用合乎伦理的手段，也更有可能成功地实现演讲者寻求的合乎道德的目的。

演讲者的特殊问题

作为一个演讲者，你面临的一些特殊问题，可能与其他交流情况并不相关。演讲是一次独特的个人事件。举个例子，读者可能不了解书面文章的作者；与此不同，演讲者站在那儿就是在发出信息。事实上，亚里士多德说，品质可以说是演讲者拥有的"最有效的说服方式"。[27] 因此，由于这五个问题对演讲者来说具有特殊的意义，所以需要阐述一下：（1）剽窃和来源归属，（2）建立善意和可信度，

（3）暴露或隐藏真实意图，（4）讨论一个有争议问题的两面，以及（5）诱发恐惧。

剽窃和来源归属

剽窃就是使用他人的思想并将之当作自己的思想表达出来，是非常不道德的。这构成了演讲者的特殊过错，且有损于演讲者最重要的资产——他们的品质。很少有学生在开始准备其演讲任务时打算剽窃。但是其他紧迫的任务、糟糕的时间管理，马虎潦草地记笔记，或仅仅是懒惰，这些经常会干扰演讲任务。学生倾向于不顾信誉而使用他人的文字或观点，以为没有人会知道。这种行为带来的后果可能很严重。作者亲身经历的例子可以说明什么都有可能发生。

剽窃：
把别人的思想据为己有并发表出来。

我们的一个助教（我们暂且称他杰克）病了，他请另一位助教（简）来代替他上课。碰巧杰克班上的某位学生是简班上一位学生的室友。简在杰克的班级听到了同样的演讲，而她曾在本周稍早时在她自己的班级听到过这个演讲，东窗事发。当然，事实证明，这位室友擅用了其他学生的演讲。剽窃者被抓个现行，但事情并没有就此结束。演讲稿原作者犯有协助和教唆室友的过错。两位学生不得不面临大学的纪律处分，而且这门课也都不及格。

当然，虽然这是真实案例，但要不是杰克生病，这位学生的剽窃行为可能就不会被发现，不过这不是发现剽窃的唯一途径。在我们大学，我们怀疑其他人也有这种情况，教授经常谈论他们在课堂上听到曾经听到过的演讲。事实上，我们大学的每一次演讲都用录像带记录下来了。互联网除了给学生提供了一个剽窃诱惑之外，还提供了查找失窃文章的强大工具。例如，在我们大学，我们经常利用的一种服务被称为 Turnitin.com。学生必须将全部演讲大纲提交给这个网站，不仅在网络上的公开来源中，而且还要在全国各地大学和学院，成千上万学生提交的论文资料库中检查其独创性。即便没有像 Turnitin.com 这种工具，使用简单易用的搜索引擎如谷歌或必应，可以经常发现存疑的学生演讲材料的来源。多年来，我们已经发现了几起剽窃的实例。每次学生都很震惊，也非常追悔莫及。他们已经开始意识到，他们在演讲课上给自己的大学生涯增加了额外的风险。剽窃的负面后果并不只限于学生。剽窃也可以摧毁一个人的声誉甚至职业生涯。

如何避免剽窃？首先，你要认识到剽窃过错程度有不同。因为剽窃是一种知识盗窃，我们称这些不同为“完全剽窃”“部分剽窃”

和“意外剽窃。”

完全剽窃

使用与室友相同演讲的那个例子，就是完全剽窃。这个学生只是简单地发表了他人的演讲。演讲通常不会出自公开出版的资源，因为这样的演讲经常不算是完成了作业。此外，如果演讲是众所周知的，很有可能立即就被发现是假的。更常见的是，使用前一个学期修读演讲课的同学的演讲，或使用另一个班级同学的演讲。这显然是学术欺骗，相当于考试作弊或把别人学期论文交上来了。大多数院校会让陷入这种不诚实的学生延迟毕业甚至开除学籍。如果故意将演讲稿给予剽窃者，那么原作者可能面临同样的处罚。

避免这种类型的剽窃很容易：不要将演讲稿提供给他人，或者不接受他人的演讲稿用于自己的演讲。大多数使用其他学生演讲稿的学生都会陷入绝望。我们的忠告是：不要拖延，不要直到最后一分钟才准备你的演讲。给自己尽可能多的时间去研究和练习，就像为英文课撰写一篇论文一样。还应该认识到，对你根本不了解的内容做演讲，很可能是一场灾难。你会结结巴巴地说出单词，还回答不了问题。即使你逃过了检测，对你自己也毫无益处。如果你根本无法按时准备好发表演讲，那么就跟你的老师交流交流。政策会有所不同，只要是自己的演讲，即便比规定时限要晚，受到了惩罚，也好过在规定时限内剽窃的演讲。

部分剽窃

比完全剽窃更常见的是部分剽窃。学生会把不同来源的材料粘贴在一起，完成一份演讲稿。演讲者提出的观点就好像是原创的，并不告诉观点的引用来源。具有讽刺意味的是，演讲者做了很多工作。问题不是出现在时间方面，而是演讲者希望将观点据为己有。

避免这种类型剽窃的方式是在口头上交待出处，确保你从这些来源中使用的材料只是为了提高自己的演讲。而不是简单地使用他人的话语，要告诉听众这个观点是谁提出的或思想源自哪里。有趣的是，研究表明，在许多情况下，演讲中引用来源会增强说服力。[28] 你做过的功课，会给听众留下深刻印象。在演讲中引用来源很重要，而不只是在编写演讲大纲的时候列为参考书目。你只能通过援引来源，口头告诉听众你的言词、短语和观点来自哪里，这正是演讲者建立信誉的方式。口头引用的时候，确保不要仅仅给出一个模糊的提示（“我用谷歌搜索在互联网上发现了这么一句话”）。

对听众有意义的口头引用，应包括名称、作者或来源的资质、日期可以让听众自己去发现足够多的信息。网络资源带来了特殊的挑战。即使没有列出作者姓名，你应该能够识别对内容负有责任的组织。正如我们在第 6 章中讨论的，许多看似权威的网站其实是假冒的。在演讲之前，要确保使用的来源的可靠性。如果你不能确定谁对内容负有责任，你的问题比不知道如何引用来源还要更大。同时，你不希望以听众不可能记住的互联网网址而让他们心生厌烦。因此，举例来说，不要说，“我从万维网 copyright.gov/title17/92chap1.html # 101 得到了受版权保护的合理使用这些材料的信息”，你可以简单地说，“我在 2010 年 11 月 1 日，从美国版权局办事处网站（the U.S. Copyright Office's official Web site）得到了些信息”。这种信息对于听众而言已经足够他们去核查信源了。完整的全球资源定位器（URL）应该写在你的提纲当中，当然，你应该准备提供给询问的任何人。

直接引用信源以及具体的事实、统计数据和来自他人贡献的思想很重要。因此，你可能不会直接引用自马丁·路德·金，但是你仍然可以称他为这种观点的作者：应该根据人们的个性而不是肤色来判断他们。当你认识到提供观点来源的重要性的时候，请记住，对大多数受过良好教育的人来说，那些常识性的事实和观点，听众是不需要直接引用或援引的。例如，你不会需要用来源宣布“爱因斯坦提出了相对论”或“《每日秀》的乔恩·斯图尔特曾经两次主持过奥斯卡颁奖晚会”。当演讲多个要点建立在同一个来源基础上的时候，听众也并不希望你多次引用这个来源而让他们倍感无聊。“我现在讨论有关全球气候变暖的事实，这来自前副总统阿尔·戈尔（Al Gore）2006 年的著作和电影——《难以忽视的真相》（*An Inconvenient Truth*）”，这么说就足够了。

总之，我们最好的建议是，如果认你为来源不属于听众常识的一部分，那么你最好明确地用口头引用的方式告知听众。这么做不仅是正确的，还可以增强你的可信度。

意外剽窃

对于一位发现学生剽窃的老师而言，也许最令人沮丧的事情就是学生不明白他 / 她做错了什么。例如，某个学生采用了重要观点的、甚至在演讲稿后列出的参考书目中交待了所引用的观点来源，但是在演讲中却没有表达出来。学生认为没有问题，回应道：“我确实交待了我引用的信息来源，它们就在参考书目中。”然而，对于听者而言，没有办法知道哪些观点来自于外部来源，哪些观点是演讲者本人的，正如前面部分提到的那样。一个常见的情形是，演讲者交待了观点的来源，但实际上采用的是逐字引用，并没能让听众搞清楚。书面版本的演讲提纲应包括引号标志，将转述的观点和直接引语区分开来。此外，你应该使用“口头”引号。要么说明你引用的是别人的说法，要么用你的语气清楚地表明，事实上你是在引用他人的话语。使用这类说法，如“用马丁·路德·金……”或“就像马丁·路德·金说的……”

尽量不要让观点变得与其来源不相干。我们都有这样的经历，记得某个观点或某个引语，但是不记得是在哪儿听到的了。在演讲中使用这种话语是不好的。如果你在研究演讲的时候仔细记笔记，就不太可能出现这种意外地从另一个来源借用观点，却没有透露消息来源的情况。

互联网

虽然我们会在第 6 章中详细地讨论互联网的使用和滥用，我们还是觉得有责任提醒你有关互联网的诱惑。我们发现，在学生演讲中，网络不仅是学生准备演讲时首选的信息来源，也是大多数剽窃的来源。鉴于现有资料数量的巨大，似乎有些学生认为，教师要找出学生的观点和演讲的来源几乎是不可能的。反过来再想想：这不仅是可能的，现在变得更加简单了。许多大学和学院甚至订阅 Turnitin.com 这类阻止剽窃的服务网站。

无论是完全剽窃、增量剽窃（incremental theft）还是意外剽窃，对于演讲者而言，剽窃都是一种严重的道德过错。此外，就像摘录的文章“值得一提：版权”中讨论的，剽窃不仅仅是不道德的，在某些情况下，甚至可能是违法的。对于抵制诱惑，我们最好的建议是，向听众交待你引用观点的来源，并为自己的观点感到自豪。在第 6 章我们会讨论如何在一次演讲中记录和引用来源。但总的原则是要让你的听众确切地知道你的观点来自哪里。

值得一提

版权

来源署名除了是伦理问题，还是一个法律问题。无论你是从书籍、期刊还是从互联网上找到的支持你演讲的大部分材料，即使它们没有出现在版权声明中，也都受美国版权法的保护。这是一个复杂的话题。虽然我们不是律师，我们还是建议你在演讲时遵循以下几个指导方针。

第一，简短的引用或其他摘录通常被认为是符合法律的“正当使用”。根据美国版权办公室网站所公布的，适用于“正当使用”的目的，如“批评、评论、新闻报道、教学（包括教室多次使用的副本）、学术或研究，不属于侵犯版权”[①]。但不管是在你撰写的演讲大纲里，还是在你的口头演讲中，你都仍然应该声明资料来源。

第二，即使放在互联网上的东西，并不意味着它就不受版权保护。例如，谷歌很受欢迎的搜索引擎有一个功能，允许你搜索图像。当你使用幻灯片显示这些图像的时候，可以活跃演讲的气氛。不过，你要小心，因为你找来的很多幅图像都是受保护的。谷歌在其网站上声明：“谷歌图片搜索服务发现的图像可能受版权保护。虽然您可以通过我们的服务找到并访问图像，除了在网络上观看图像的权利之外，我们不能授予您以任何目的使用它们的权利。因此，如果您想使用通过我们的服务发现的任何图像，我们建议您联系相关网站所有者获得必要的权限。”[②]

第三，使用来自像 YouTube 网站上的视频要特别谨慎。正如该网站上按语：“不论视频是长还是短，或者 YouTube 上的视频到底是怎么来的。即使您是从有线电视上录下来的，从电视屏幕上翻录到录像带上的，还是从其他网站下载的，它仍然受版权保护，需要得到著作权人的许可才能发布。”[③]事实上，很多网络都要求 YouTube 删除他们认为侵犯了其版权的内容。

那么，如何避免侵权？首先，保持引语简明扼要。这对在任何情况下发表演讲都是很好的建议。只要是在课堂上演讲，你应该不会错。其次，要限制你使用公共网站上的照片。举例来说，来自政府机构，如美国航空航天局的照片，都没有版权。如果你找不到这样的照片，考虑使用自己拍摄的。例如，一个学生发表关于现代乳品制作方法的演讲，而她演讲中说明所用照片来自我们大学的农场。最后，如果您使用幻灯片与互联网相连接，那么你可以在演讲中设置一个超链接，让观看的材料直接来自网站创建的内容。因此，不是展示 YouTube 上《每日秀》（*The Daily Show*）的剪辑而是到喜剧中心的网站（Comedy Central Web site）上。

当你离开大学，进入职场，与教学相关的合理使用豁免权将不再适用。学习尊重版权的重要性怎么说都不为过，不仅关乎道德，还关乎你职业生涯的成功。简而言之，最好的建议就是有疑问时，舍弃不用。如果你在演讲中必须使用受版权保护的材料，那么寻求并获得许可。

① United States Copyright Office, Copyright Law of the United States of America and Related Laws Contained in Title 17 of the United States Code Circular 92 (n.d.) [Retrieved from http://www.copyright.gov/title17/92chap1.html#101, 25 November2006.]

② Google.com, "About Image Search: Frequently Asked Questions," 2005. [Retrieved from http://www.google.com/help/faq_images.html, 26 November 2006.]

③ YouTube, "CopyrightTips," 2006. Retrieved from http://www .youtube.com/t/howto_copyright, 26 November 2006.]

建立善意和可信度

善意：
听众所感知的演讲者对于其需求和关切的关心。

演讲者的信誉有几个组成部分。善意和可信度是最重要的两个部分，我们在前面曾介绍过。**善意**是听众感知到的，演讲者对他们的需求和关切的高度在意。真正在意并有能力向听众传达这种在意的演讲者，不仅更有可能是高效的，而且更有可能在行为上显得合乎伦理。例如，试图凌驾于听众之上的演讲者与真正关心听众幸福的演讲者之间有着巨大的差异。对演讲者来说，采用康德提出来的人是目的而不是实现目的的手段这一原则，是善意建立的标志。

可信度：
听众感知到他们可以信赖演讲者所说的话。

可信度是听众感知到他们可以信赖演讲者所说的话。言行要一致。背弃诺言或谎言被揭露，对演讲者可信度的破坏效果是毁灭性的。政客通常在公众中评价如此之低的原因之一是，很多人背弃了他们的承诺，在人们眼中成为不值得信任的人。

作为一位演讲者，你需要意识到，你要在一场演讲甚至在一系列简短的演讲中，实现你的目标是很难的。通常你的目标需要一种长期的许诺。而你和听众之间的关系需要诚信。如果你辜负了听众的信任，不仅你的行为是不道德的，还会危害到实现目标的可能性。解决这个问题要从两方面下手。首先，不要做出你做不到或不打算遵守的承诺。其次，如果情况可能要求你偏离之前的承诺，那么要明确是什么限制了你的承诺。

暴露或者隐瞒真实意图

作为一位演讲者，你面临的最棘手的一个问题是，是否向观众透露你的意图。一方面，有时候在演讲开始你就宣布一个明知听众会极力反对的立场，就等于拒绝了让自己被听到的机会。另一方面，掩盖自己的真实意图可能是不道德的，特别是如果那些意图违背了听众认为是其最佳利益的时候。在某些方面，这种决定可能需要应用“情境道德”。考虑几个例子。

你向有潜在敌意的听众宣讲一个有争议的问题。比方说，你想说服一个宗教群体：我们不应该在学校中进行有国家认可的祈祷。你该不该在开始就宣布你的立场？你的论点被听到的可能性有多大？另外，假设你首先描述一个场景，在该场景中，政府要求在校的每个人都要学习《古兰经》（*Qur'an*）并向安拉（Allah）祈祷。“你会如何反应？”你问听众。“好了，现在情形反过来，”你继续说道，“是否穆斯林学生都必须学习圣经，向上帝祈祷？”这个思想来自一个共同点——不应该强迫基督徒向安拉祈祷——这一原则逻辑，可以应用到国家认可的学校祈祷的问题上。

当然，这种方法并不能保证说服听众的观点。但在转向双方存在分歧的领域之前，从有共识的点开始，很难说这种行为是不道德的。你将演讲的意图展示给了听众。何时以及如何揭示这些意图是一个战略问题，而不是一个伦理问题。

另外，考虑一下这种情况：有人打电话问你是否愿意参加一项关于节约能源的调查。当然，你回复永远乐意帮忙。经历了一系列的问题之后，你意识到“民意调查者”实际上是一个门窗替换公司的销售人员。你的时间已被浪费，你现在必须盘算如何挂断电话。明确地歪曲意图——是销售人员而不是民意调查者——在伦理上是错误的。而且你正是因销售人员浪费了你的时间而受到伤害。很多卖家都知道，一旦他们让你听到了信息，就增加了达成交易的可能性。

是什么让这两种情况有所不同？两个人开始都隐瞒了自己的意图，最终也都透露了自己的目的。但在第一种情况下，演讲者没有歪曲他或她的意图；相反，它们只是被推迟到确立了一些共同点之后而已。在第二种情况中，直接做了歪曲阐述——根本没有民意调查。虽然这两种情况在表面上似乎是类似的，但是我们认为，情况完全不同，而不同之处在于道德相关性方面。

这些情形并不总是那么简单或者鲜明。不能应用一个普遍的规则——总是预先说出你的意图。演讲者必须真诚地问问自己在什么方面的兴趣和听众的兴趣有交集。他们必须决定在任何给定的情况下采用最好的方法，同时努力保持善意和可信度。

讨论一个争议性问题的两面

既具有伦理意义又具有现实意义的一个问题是，你应该只向听众提供问题的一面说法，还是两面都提及？许多年来，演讲专家很务实地回答了这个问题：这要看听众的构成情况。如果听众的普遍教育程度是高中或者更低，那么只坚持问题的一面。如果听众的教育水平是高中以上的，那么两面都要介绍。当然，这引发了一些真正的伦理问题。这意味着把听众当作一种手段，而不是把他们当作目的。基本如此句所言：如果你能够愚弄足够多的人，那么就不必要担心愚弄所有的人。

我们从未真正考虑过只提及话题一面的建议。更重要的是，现在我们已经对身边的这种情况做了研究。这项研究结合了过去四十年超过 25 项研究的结果表明，不论听众的教育水平如何，演讲者都应该使用两方面的说服信息。具体来说，最有效的说服策略是，在给出有争议话题的两面时连同驳斥对方的观点。[29] 如果你能仔细想想，这么做很有道理。一般情况下，你的听众将听到或将最终听到故事的另一面。如果听众认为你没有告诉他们全部的真相，这会让听众对你信誉的感知有什么影响呢？阐述问题两方面的演讲不仅更合乎伦理，这样的演讲也更有效。我们将在第 14 章详细讨论“信息的片面性”问题。

诱发恐惧

纵观历史，演讲者将恐惧作为一种激励手段。在适度地使用可靠的消息来源时，当代的研究告诉我们，恐惧诉求能够影响人们的想法和他们的言行举止。合理地使用恐惧影响他人没有什么错。比如说，鼓励大家认识皮肤癌的危险并采取防晒行为以拯救生命。只要合乎伦理标准，恐惧诉求只不过是演讲者构建其信息的另一种修辞手段。

然而，研究还显示，当人们过度恐惧的时候，并不能总是清晰地思考或理性地批判。因此，他们更容易相信虚假的主张，演讲者了解人们在这方面很脆弱，会相信半真半假的演讲内容。这样的行为显然是不道德的，但引起人们恐惧使之遵从演讲者所宣扬观念的做法也相当普遍。

就像黑斯廷斯（Hastings）、斯特德（Stead）和韦伯（Webb）对社会化营销恐惧诉求的分析中指出的，过度使用恐惧诉求，即便追求的是种种合意的目的，也会产生一些不良后果，包括：处于风险环境中的人们的长期高度焦虑，那些非营销目标对象的人们的暗自得意，以及面临情绪性压力时人们理性的自由选择能力的减弱，等等。[30]

恰如巴里·格拉斯纳（Barry Glassner）教授在其举世瞩目的著作《恐惧文化：美国人为何害怕错误》中证明的，由于两个主要来源——新闻媒体和政治人物，我们正不必要地担心着我们的人身安全。[31] 当地的电视新闻媒体在报道暴力犯罪和意外事故中投入的精力，远远超过任何其他主题。这种趋势给人的印象是：当地社区给我们带来的人身安全方面的威胁，远远大于其实际情况。在选举周期，政客们利用这个假象，强调“严厉打击犯罪”的承诺。

我们认为只有存在真正的伤害风险时，演讲者才可以使用恐惧诉求。什么是真正的风险可能会有争议，但是演讲者应该只有在合法的、对证据的争论已经解决后，才可以将恐惧诉求建构到信息之中。否则就是不道德的。

技巧和策略

演讲者的道德指南[32]

- 提供真实的、相关的和充分的信息，让听众作出明智的选择。
- 尊重言辞的力量。认识到攻击性或分歧性的语言会伤害到你作为演讲者的信誉，并且可能会伤害到他人。
- 强化民主并与民主进程相一致。认识到言论自由以及他人不同意的权利在民主社会的重要性。
- 注意文化的多样性。你觉得其他文化习俗不合道德的话，并不意味着你要简单地接受下来，不过确实意味着要尊重其他文化。
- 把人当作目的，而不仅仅是实现目的的手段。把自己放在听众的立场上，你如何对待他们，就如角色逆转后你期望他们也以同样的方式尊重你。

- 呈现“充分理由”，而不仅仅是那些可能有效果的理由。吸引人们中最好的人，而不是最糟糕的人。
- 对自己的工作负责，剽窃是不诚实的。
- 向听众展示善意和可信度。
- 不要向听众隐瞒你的意图，但是要在你演讲合适的地方透露你的意图。
- 讨论有争议问题的两个方面，要认识到这不仅是合乎伦理的，而且这么做也更有效率。
- 小心地使用恐惧诉求。避免夸大和没有事实根据的恐惧诉求。

听众应遵循的伦理规范

认为自己主要角色是听众的人也需要考虑自己的伦理义务。记住，听众是公共演讲事务中十分重要的当事人。当你是一位听众的时候，你对演讲的效果也承担着一定的责任。因此，我们建议听众遵守以下伦理规范：（1）友好；（2）为你的选择负责；（3）随时了解当天的问题；（4）当你相信某位演讲者在提供错误信息或误导他人时，要大胆地说出来；（5）注意自己的偏见。

友好参与

当我们到当地电影院去看电影的时候，我们通常会在电影开始之前，看到银幕上展示的一组规则。基本上，这些规则会告诉我们不要在电影放映期间与同伴交谈，确保关闭手机和寻呼机，如果带的孩子哭闹或行为不端，出于对其他观众的尊重，要退出影厅到大堂去。也许我们需要在教室中发布类似的规则。好像每个新学期，在同学演讲过程中，我们都不得不挑出没有关掉手机甚至在课堂进进出出的听众。他们的尴尬让我们一样觉得尴尬。此外，这样的事情不应该发生。听众的首要伦理责任是对演讲者和其他听众友好。对于那些希望通过掌控自己的表达、不受额外的他人讲话声和“不小心”响起的手机铃声干扰、学习变成更高效的演讲者而言，这已经是很艰巨的任务了。

为你的选择负责

听众应遵循的第二个准则是，要认识到除非是被迫，否则他们要在传播交流期间和之后对自己的选择负责。这意味着，如果听众在听了一位有魅力的演讲者发表的说服性演讲之后，决定参与骚乱或侵犯人权，是不能将这样的行为归咎于演讲者的。就像第二次世界大战后纽伦堡大审判法官得出的结论：“服从命令”不能作为战争罪行的借口。听众遵守演讲者的要求，并不能作为其不道德行为的借口。

听众需要警惕使用欺骗手段来推销的具有危害的产品，如烟草和赌博，就像赌场之外张贴的这幅海报的说明。

获得充分信息

第三个准则与第一第二个规则在逻辑上是一致的，即听众有责任对当天的问题保持知情。对重要话题和极其重要的问题无知的人，很容易成为宣传者的猎物。人们试图把不合道德的行为归咎于无知，无论是真实的还是想象的，历史上这样的例子不胜枚举。其范围从不知道纳粹在第二次世界大战期间将上百万犹太人处死，到烟草公司的高管说，吸烟不会上瘾。简言之，无知不是不道德行为的借口。因此，我们要求学生做出以下几点承诺前至少考虑一下：

- 每天读报纸，最好是发表在主要大都市地区的报纸。
- 定期检查互联网新闻网站的最新新闻。
- 每月至少阅读一次载有与自己政治观点相反的出版物。

有正当理由就说出来

听众应遵循的第四个准则与前三个相关。当确信演讲者在提供错误的信息或误导人们的时候，在演讲之后，听众负有的道德义务是大声地说出来。我们中的大多数人在当时已经知道某人歪曲了真相，遗漏了相关的细节，或表现得像原创似地盗用他人的观点。在某些特定环境下，也许是合理的。然而，在大多数情况下，听众应该为自己和他人而表达出来。对演讲者的问题，我们可以用以下方式说出来：在演讲者演讲之后，要求主办机构给予同等的言说时间、写信给报纸或杂志的编辑，或者与演讲者一对一交流。通过任何适当的媒介，提供建设性的反对意见通常要比沉默更受欢迎。

警惕偏见

听众应遵循的最后的伦理准则，涉及我们的主观看法，以及这种看法如何让我们在接收和处理消息时产生歧视和偏见。感觉被我们的经历所着色，既是真实的也是替代性的。与其否认这一事实，我们不如承认它来得更安全和现实。只有这样，我们才能确定我们对于演讲的反应，有多少是基于演讲的内容和与之相关的动力的，又有多少是因为我们个人的偏见。

技巧和策略

听众应遵循的伦理准则

- 友好参与。
- 要知道，所有的传播都有潜在的影响力，而且接受任何信息都会有后果。要问演讲者试图施加的影响是什么。
- 随时了解重要的话题，这样你就可以判断其他人提供的信息的准确性。愿意独立地证实出现的可疑信息。
- 当你确信演讲者提供的信息是错误的或误导他人时，要大胆地说出来。这并不意味着大喊大叫或打断演讲，而是在适当的时候表达自己的观点，比如在问答讨论的时段。
- 注意你的个人偏见，以便让你不那么轻易地受偏见的吸引。愿意以开放的心态倾听反对意见。
- 注意欺骗性的交流策略并努力暴露那些推理中的谬误、宣传伎俩以及彻底的欺骗行为。愿意说出来以回应欺骗性的演讲。
- 设身处地地为演讲者着想，并愿意换位思考，你期望他尊重你的方式就像你尊重他的方式一样。
- 如果有机会，给演讲者提供建设性的反馈意见。

OLC www.mhhe.com/brydon7e
为评估你对这一章的理解，可访问我们网上学习中心网站进行测验以及其他章节的辅助学习工具。

小结

演讲者应关注的几个基本伦理问题：

- 为什么要关心伦理？大多数人从根本上希望做正确的事情。

- 一切都是相对的吗？道德相对主义者相信，没有普遍的道德原则。
- 有适用于一切情况的规则吗？普遍主义者认为存在适用于所有情况的道德标准，无论是个人、群体还是文化。
- 多数人的利益重于少数人的利益吗？功利主义就是基于这一原则。
- 具体情境如何影响道德？情境道德学家认为有时需要留出一种道德原则来满足更高的法律或原则。
- 目的能证明手段吗？演讲者应该寻求合乎道德的目的而使用道德的手段，比如全国传播协会确立的那些在民主社会中自由而负责任地传播的信条。

公共演讲应遵循的伦理规范：

- 诚实。
- 尊重言辞的力量。
- 引起参与式民主。
- 在与道德原则相一致的时候展示文化多样性的正念。
- 把人当作目的而非手段。
- 提供充分理由。

公共演讲者的具体问题：

- 剽窃，不具名地使用他人的言辞或观点，被认为是一种严重的道德违规。
- 建立善意和可信度是公共演讲成功和合乎伦理的必要所在。
- 是否透露或隐藏自己的意图，可以让演讲者发表一次合乎伦理的演讲，也可以让演讲者处于现实困境之中。
- 相比只讲述问题的一面，介绍问题的两面性，既合乎伦理，实际上又更为有效。
- 引起的恐惧可能是道德的，如果引起过分恐惧，那么道德上是存疑的。

听众应该坚持以下伦理准则：

- 友好。
- 为自己做出的选择负责。
- 对当日的议题保持知情。
- 当确信演讲者信息是错误的或者在误导他人的时候要表达出来。
- 注意自己的偏见。

学习成果检验：练习和实践

1. 在一次简短的演讲或一篇短文中，解释你认为适合于公共演讲者的最好的道德标准的理由（1）相对主义；（2）普遍主义；（3）功利主义；（4）情境道德。定义你支持的道德说法，并解释为什么你觉得这是适合于公共演讲者的最好的选择。

2. 阅读下面的案例并回答每一个问题。根据导师的指示，要么写一篇简短的文章回应一个或多个场景，要么在一个小群体中讨论一个或多个场景。

案例 A：公共演讲课上一位学生发表的演讲明显含有事实错误。作为一个熟悉该话题的听众，你意识到演讲者不曾做研究，只是“编造了”一些“事实”。你该怎么做呢？你认为老师应该怎么做？

案例 B：你正在准备一次演讲反对你所在大学的学费上涨。在研究中，你发现了强有力地反对你立场的论据。然而，你仍然认为上涨学费是一个馊主意。你应该与听众分享反对你立场的论据呢，还是只陈述你的一面之词？

案例 C：老师要求你参加课堂之外的演讲。你到达演讲厅的时候发现演讲者的观点恰恰与你的观点相反。你该怎么做呢？

案例 D：你的老师指派你为自己在根本上反对的立场进行辩护，对于要辩护的问题你持有强烈的伦理信条，比如堕胎。你该怎么做？

3. 用一篇短文，讨论演讲者和听众之间伦理义务的差异和相似之处。作为一位演讲者，你会如何处理不愿意遵守其基本伦理义务的听众？作为一个听众，你会如何回应一位你觉得不合道德的演讲者？

4. 用一篇短文，讨论你是否同意昆体良说的：“人品性不好就不可能讲得好。”引用一些当代或历史上的例子来支持你的立场。

5. 用一篇短文探讨这个问题：是否有这样的情境，通过使用特别恐怖或不愉快的图景，“让人们震惊后投入行动”，这么做是合乎道德的。用例子来支持你的立场。

6. 在你看来，在诱发善意和诚信的感觉时，现代政治家最成功的地方是什么？为什么你认为这个人这样做是成功的？准备在课堂上讨论你的例子。

7. 美国校园的管理员、教师和学生正试图提出言论规则，即在美国宪法第一修正案和大学社区中人们免受可恨的和令人泄气的语言权利之间取得平衡。无论是独自工作还是在导师分配的小组中工作，看看你的学校有没有禁止使用某些类型的言辞和语言的言论规则。如果有的话，你会如何修改这种规范以便适合你或你的团队的观点？如果没有，你会将什么样的内容包括在这样的规范中？写一篇短文讨论你的发现或想法，或者准备在课堂上进行讨论。

注释

1. "Quotations About Integrity, Ethics, Behavior, Character." [Retrieved from http://www.geocities.com/quotegarden/integrty.html, 2 October 2001.]
2. Samuel Enoch Stumpf, *Socrates to Sartre: A History of Philosophy* (New York: McGraw-Hill, 1966), 35.
3. "Clinton challenged on foreign donations to library," *Free Internet Press,* 13 January 2009. [Retrieved from http://freeinternetpress.com/story.php?sid=19775, 13 January 2009.]
4. James Rachels, *The Elements of Moral Philosophy* (New York: Random House, 1986), 21.
5. Immanuel Kant, *Groundwork of the Metaphysics of Morals,* trans. H. J. Paton (New York: Harper & Row, 1964), 88.
6. Kant, *Groundwork of the Metaphysics of Morals,* 96.
7. Rachels, *Elements of Moral Philosophy,* 108–109.
8. John Stuart Mill, *Utilitarianism,* in *Essential Works of John Stuart Mill,* ed. Max Lerner (New York: Bantam Books, 1961), 198–199.
9. William Temple, *Nature, Man and God* (New York: Macmillan, 1934), 405, as cited in Joseph Fletcher, *Situation Ethics: The New Morality* (Philadelphia: Westminster Press, 1966), 27.
10. James A. Jaksa and Michael S. Pritchard, *Communication Ethics: Methods of Analysis,* 2nd ed. (Belmont, Calif.: Wadsworth, 1994), 21.
11. Fletcher, *Situation Ethics,* 26.
12. Fletcher, *Situation Ethics,* 121.
13. Stumpf, *Socrates to Sartre,* 36.
14. Aristotle, *Rhetoric,* trans. W. Rhys Roberts (New York: Modern Library, 1954), 22.
15. Quintilian, *Institutio Oratoria,* trans. H. E. Butler (Cambridge, Mass.: Harvard University Press, 1920), 317.
16. Quintilian, *Institutio Oratoria,* 315.
17. Jaksa and Pritchard, *Communication Ethics,* 65.
18. Greg Farrell, "Martha Stewart Convicted of Four Felonies," *USA Today.com,* 5 March 2004. [Retrieved from http://www.usatoday.com/money/media/2004-03-05-stewart_x.htm, 21 August 2004.]

19. Joe Jackson and Corky Siemaszko, "David Letterman Apologizes to 'Late Show' Female Staffers and Tells of Fight to Save His Marriage," *NewYorkDailyNews.com,* 6 October 2009. [Retrieved from http://www.nydailynews.com/entertainment/tv/2009/10/05/2009-10-05_embattled_david_letterman_tells_late_show_audience_hes_desperately_trying_to_sav.html, 14 October 2009].

20. Jaksa and Pritchard, *Communication Ethics,* 64.

21. Jaksa and Pritchard, *Communication Ethics,* 74.

22. United Nations, *General Assembly Resolution 217 A*（Ⅲ）*of 10 December 1948.* [Retrieved from http://www.un.org/Overview/rights.html, 25 November 2006.]

23. C. W. Nevius, "CNN Talk Show Reaches a New Depth of Sleaze," 15 September 2006, *San Francisco Chronicle.* [Retrieved from SFGate.com/cgi-bin/ article.cgi?file=/c/a/2006/09/15/MNGSAL67FH1.DTL, 25 November 2006.]

24. Nevius.

25. The parents of Melinda Duckett have sued CNN and Nancy Grace, claiming the interview was responsible for their daughter's suicide. See Stephen Hudak, "Parents Sue Nancy Grace, Say Show Led to Suicide," *Chicago Tribune,* 22 November 2006. [Retrieved from http://pqasb.pqarchiver.com/chicagotribune/access/1166355811.html?dids=1166355811:1166355811&FMT= ABS&FMTS=ABS:FT&type=current&date=Nov+22%2C+2006&author =Stephen+Hudak%2C+Tribune+Newspapers%3A+Orlando+Sentinel& pub=Chicago+Tribune&edition=&startpage=4&desc=Parents+sue+ Nancy+Grace%2C+say+show+led+to+suicide, 25 November 2006.]

26. Karl R. Wallace, "The Substance of Rhetoric: Good Reasons," *Quarterly Journal of Speech* 49 (1963): 239–249.

27. Aristotle, *Rhetoric,* 25.

28. James C. McCroskey, "A Summary of Experimental Research on the Effects of Evidence in Persuasive Communication," *Quarterly Journal of Speech* 55 (1969): 169–176.

29. Mike Allen, "Meta-Analysis Comparing the Persuasiveness of One-Sided and Two-Sided Messages," *Western Journal of Communication* 55 (1991): 390–404.

30. Gerard Hastings, Martine Stead, and John Webb, "Fear Appeals in Social Marketing: Strategic and Ethical Reasons for Concern," *Psychology and Marketing* 21 (2004): 961–86.

31. Barry Glassner, *The Culture of Fear: Why Americans Are Afraid of the Wrong Things* (New York: Basic Books, 1999).

32. Several of these speaker responsibilities are derived from Sarah Trenholm, *Persuasion and Social Influence* (Englewood Cliffs, N.J.: Prentice Hall, 1989), 18–20.

33. Several of these listener responsibilities are also derived from Sarah Trenholm, *Persuasion and Social Influence.*

第二部分

听众和演讲者之间

PART TWO

4 CHAPTER

第4章

倾　听

在一次成功的交流过程中，听和说同等重要。

目标

阅读本章并复习 www.mhhe.com/brydon7e 在线学习资源后，你应该能够：

- 解释倾听涉及的内容。
- 描述对于演讲者和听众双方而言，倾听所起作用的重要性。
- 认识并解释听见和倾听之间的不同。
- 识别有关倾听的常见误解。
- 演示理解、欣赏、移情和反馈导向的倾听技能。
- 展现集体参与和市民倾听的做法，即使你与演讲者意见不一致的时候。
- 识别和克服倾听障碍。
- 提供和接受来自同学和老师关于公共演讲的建设性的反馈意见。

关键概念

欣赏性倾听
内涵
背景
文化
外延
同理心倾听
倾听
专注力
聚精会神
选择性注意
宽泛地集中注意

倾听是一种努力，单纯地听到没有什么价值。一只鸭子也能听到。

——伊戈尔·斯特拉文斯基（Igorstravinsky）

想象这是第十周的课堂，你坐在听众当中，因为你最好的朋友开始演讲她以极高热情关注的一个话题。你很清楚她花了很多时间准备和练习演讲。你扫视一下课室，你忍不住注意忙于各种活动的其他听众：至少三个人双手在桌面下自己的大腿上用苹果手机发短信，大拇指不断飞舞。另外两个人开着自己的笔记本电脑，浏览着自己的 Facebook 页面，还有一个人醉心于 OMG.com。

我们希望这个场景与现实毫不相似。然而，我们经常看到和应对这类行为，许多学生向我们报告，这太令他们心烦了。不管你是怎么看或被告知的，相比于以前的学生，这一代的学生并不会同时将两件事情做得更好些。简单地说，你不能在发短信或浏览网页的同时，还能积极地倾听。更重要的是，试图这样做不仅仅是粗鲁的；还剥夺了你用眼睛和耳朵学习演讲过程的机会。

这个例子表明，每学期伊始，我们都要向学生交代这样一个重点：每个班大约有 25 个学生，每个人发表一次演讲，倾听就达 24 次。这意味着他们将用大约 96% 的时间倾听其他人演讲，而用于发表演讲的时间实际上只占 4%。加上听老师讲课的时间，我们半开玩笑地说，其实应该将这门课称为“公共倾听”。

我们从第一手资料中得知：倾听他人并不总是一件容易的事，尤其是当我们认为“之前早就听过”要讲的主题的时候。然而，我们也知道，我们努力并分享自己充满激情的某个主题，不过似乎是让一些学生觉得无聊甚至令其讨厌，这是什么滋味。

关于这方面的问题有两点需要说明。首先，倾听不仅对于听众分析很重要，最终还会塑造你演讲的信息。你努力倾听同学的演讲，不仅仅是一种礼貌，你还能了解到他们的态度、信仰和价值观。其次，当你运用这些知识来打造你的演讲时，你向听众展示的是这样的事实：**你尊重他们，也尊重了他们慷慨地给予你的时间**。

本章的目的首先旨在帮助你成为一位更好的倾听者，并帮助你成为一位更好的公共演讲者和听众。我们从倾听的重要性及其过程本身的性质开始。其次，我们专注于提高倾听能力需要克服的常见的障碍。最后，我们介绍了一个框架和一组特定的技能，当付诸实践的时候，这个框架和技能会帮助我们成为高效倾听的榜样。

日常倾听的重要性

相较于其他传播行为，我们在倾听方面花的时间更多。如图表 4.1 所示，在生活过程中，倾听很容易使所有其他交流活动相形见绌。[1] 研究还表明，我们大多数人都不是很善于倾听。即刻听到一则消息后，一般听众大约只记得一半，其中只有大约一半的人，也就是只有四分之一的人在 48 小时之内记得最初的消息。[2]

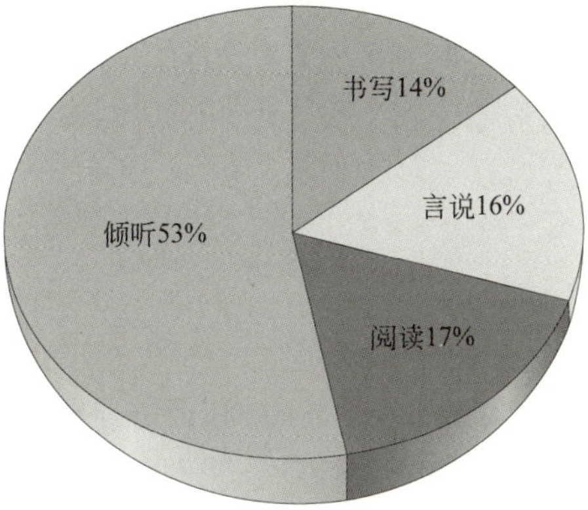

图表 4.1 倾听相较于其他类型的传播

你在本课程中学习和练习倾听技能，会让你在当前和未来获益良多。第一，作为一名大学生，你将有机会接触到数百场讲座、小组讨论及媒介化的交流。处理和吸收信息的能力是学习的本质所在。并不是每一位教授都是一个出色的演说家，能轻松地拥有你的注意力。如果你有特别好的倾听能力，那么你会从大学生涯中获得最大的收益。

第二，作为民主社会的一个成员，我们有责任参与集体和个体间的讨论。根据《公民责任和高等教育》的编辑托马斯·埃利希（Thomas Ehrlich）的说法："公民参与意味着努力让我们社区的公民生活变得不同，并将知识、技能、价值观以及造成那种不同的动机结合起来。"[3] 埃利希指出，我们是一个较大的社会的组成部分，共同承担着解决社会问题的责任。为此，我们需要"形成明智的道德和公民意见，并为其进行辩护，在适当的时候还要采取行动"[4]。当然，做出明智的判断涉及倾听和了解当天的议题。因此，公民参与和高效地倾听是密切联系的。作为一位倾听者的公民行为是有效公民参与的一部分。即便他们不同意那些观点，倾听者也允许他人自由地发表意见，这点很关键。

第三，倾听能力是在工作中取得成功的关键。许多雇主抱怨的关键一点是，员工不能有效地倾听，每年在错误和低效率上的花费达数百万美元之巨。在听者的技能中，雇主看重的是其"倾听内容；倾听对话；倾听深远的语境；倾听情感意义；以及听从指挥的能力"[5]。

第四，倾听技能在人际沟通，尤其是在家庭中是必不可少的。有多少次你听到孩子或父母在抱怨没有人听懂他们在说什么？在人际环境中，倾听必须远远超越内容本身，关注交流中的情感以及交流过程的关系构成。

第五，倾听技能对于高效地向他人传递信息是至关重要的。你需要把自己的信息与接收到的来自他人的反馈相联系。理解他人的需要，对于你通过分享演讲，成功地影响其信仰、态度和行动至关重要。

倾听的过程

倾听：
对口头和 / 或非言语类信息进行接收、构建含义及做出反应的过程。

国际听力协会（The International Listening Association）将**倾听**定义为“对口头和 / 或非言语类信息进行接收、构建含义及做出反应的过程”[6]。

倾听是一个复杂的过程，部分属于心理，又有部分属于行为。国际听力协会认为倾听涉及：（1）听到；（2）了解；（3）记忆；（4）解释；（5）评价；（6）响应。这些步骤都是相互依存的，这意味着一个环节失灵将导致其他环节出问题。

听见

听见只是倾听的一个组成部分。听见事关声音。听见需要我们区别对待进入内耳的声波并在大脑中留下记号。就像开篇引语说明的，单单听见还不是倾听——就算是鸭子也能听见。

理解

理解我们所听到的内容更为复杂。这取决于我们的经验总和，包括我们精通的语言能力以及我们发现自己所处语境的知识。我们可以听到自己认识的一个单词，但不一定能理解其意。这首先需要界定和应用单词的能力。即使我们听到的是一些熟悉的词汇，也并不能保证我们能理解这个词。我们还需要知道我们听到这个词的某些语境。在斗士（Man O’ War）——著名赛马首次被打败之前，人们理解“烦扰”（upset）这个词的意思仅仅是身体和精神上的压力。当然，现在，“爆冷”（upset）这个词更频繁地用来描述比赛中失败者夺冠的可能性。

记得

不用说，我们对听到信息的保留和理解取决于许多因素。在我们紧张的情况下，忘记刚刚遇到的一个人的名字，不是什么罕见的事情。担心自己健康的病人，经常只记得医生告诉他们的一半内容。记住，无论是在短期语境还是长期语境中，我们理解所听到和想到的内容需要掌握多种技能，我们将随后在本章予以介绍。

解释

倾听的准确性很大程度上取决于我们对听到和领悟到的声音的解释。我们粉饰我们所听到的内容，其实是我们的态度、信念和价值观的结果。正如我们开头的例子表明的，我们所听到的和领悟到的内容，不经过我们以往细密的经验之网的过滤，几乎是不可能的。

评价

不管我们的态度是喜欢、不喜欢还是中立的，都是我们对所听到内容进行解释的自然结果。完全客观的评价几乎是不可能的。现有的态度、信念和价值观对整个过程起过滤作用。因此，要成为一个更好的倾听者，要从认识到这个简单的事实开始，即我们倾向于用个人偏好过滤我们所听到的内容。

回应

反馈是传播交流的固有部分。观众可以通过口头和 / 或非言语方式回应演讲者。此外，我们依靠这样的回应，以便努力确定听众已经听到、明白、记忆、理解和评估我们试图传达的内容。这让我们回到之前曾暗示过的部分。倾听要求演讲者和听众之间相互作用，因为他们彼此都试图成为更好的听众。为了知道我们讲的内容已经被听到了，我们必须看到和听到一些回应。为了让演讲者知道我们倾听了其所讲的内容，我们也必须以听觉的和 / 或视觉的方式，对其提供的信息做出反应。简言之，倾听的过程是一条双行道。

倾听障碍

在努力成为一个更好的、更有效的倾听者时，我们需要面对倾听会遇到的一些主要障碍。认识这些障碍，会让我们在精神上做好接受可能使倾听更有效的其他心理和行为技巧的准备。许多障碍潜在地干扰着倾听，让我们从误解倾听过程本身开始。

误解

对于倾听常见的误解有四种：（1）很容易；（2）这是一个智力问题；（3）不同于阅读；（4）不可以提前计划。[7]

“倾听很容易。” 有些人认为，倾听就像呼吸，即我们天生具有倾听的能力。当然，这仅仅是荒谬的假设，就像仅仅因为我们会呼吸，我们就呼吸得足够好，就可以成为专业歌手这样荒谬的假设一样。同样地，仅仅因为我们已经听到别人跟我们说过其他人的生活，并不意味着我们就是有效的倾听者。恰恰相反，我们对于听的自以为是，是让我们容易受到不良倾听习惯干扰的一个原因。

“聪明的人是天生的听众。” 我们足够聪明，可以明白听一位演讲者说的内容这个事实，并不意味着我们真正地听明白了演讲者希望与我们分享的内容。聪明的人也不能幸免于心理现象：即他们如何偏见性地解释和评估其他人的信息。聪明的人甚至可能会更快地曲解消息，因为他们认为在内容说出之前，他们已经听到过了，或者是因为在听到演讲者说话之前，他们根本不把演讲者的可信度放在心上。

“我可以阅读，所以我能听。” 尽管阅读和听力技巧看似相关，事实并非如此。事实上，二者所需的技能有很大的不同。读者控制着传播的速度，而听者是受说话人的摆布的。读者可以重读令人迷惑的一段文章，听者可能只有一次机会抓住要点。阅读通常是一种单独活动；倾听最常发生在群体中，这样的场合可能很难听到讲话人说的内容，还有可能存在干扰。倾听技巧，就像你刚刚明白的那样，需要提升自己的能力。

“没有必要提前计划。” 第四个常见的误解是，听是自然发生的，没有提前计划的需要。当然，有时候你会听到一个意料之外的谈话。但是如果你事先知道倾听所处的情境，例如你要面对课堂中的演讲，那么你就应该提前计划。举个例子，在大多数演讲的导论性课程中，学生彼此会提供口头和书面的反馈意见。你认为谁会做得更好：事先做了准备的学生，包括预览演讲标准，进行演讲评估的清单，并且对演讲任务认识很清楚的学生？还是这样的学生，到教室后才惊讶地知道这个事实：他或她要负责向演讲的同学提供有关其演讲的反馈信息？最后，当顺序倒转，你认为谁的演讲极有可能从同学批判性的评价中有所获益？

实际环境

在2004年共和党全国代表大会上，副总统迪克·切尼（Dick Cheney）面临着巨大而潜在的观众注意力分散的挑战。

实际环境显然影响着我们听的能力，也可以是一种障碍。[8]能够抑制听觉的因素有：噪声、不舒适的室温、糟糕的灯光、身体障碍以及不舒服的椅子。嘈杂、闷热、灯光条件很差的房间、不舒服的椅子和一幅挡住你视线的张贴画，肯定不是一个理想的倾听环境。然而，在一个安静、光线充足视线清楚的房间里，舒适的椅子（但不是太过舒服）和怡人的温度，能够让你把注意力集中在演讲者身上。虽然通常听者对实际环境没有多大的影响，但意识到其对倾听的影响有助于你了解需要多么集中注意力。此外，你可以经常选择自己倾听的位置。坐在教室后面的学生，他们所在的位置视线是有限的，注意力往往很容易涣散。那些移到前面和中间就座的学生，很明显对正在听讲的内容兴趣更高些。

最好的演讲者总是尽量减少令人烦恼的实际环境对听众倾听的影响。如果音响效果不好，他们可以提高或扩大自己的音量，这样会让听众听得更清楚些。如果一些观众的视线受阻，他们可能会转向坐在教室后面的观众。如果一些声响较大的活动发生在听众的听力所及之范围，他们可能会适当安排环境而不是让听众心烦。不过，无论演讲者怎么克服环境问题，观众在这方面都要承担一些责任。

文化差异

文化：
特定人员认同的信仰、习俗和价值观的一种习得体系。

语境：
围绕一个事件并赋予该事件以意义的信息。

沟通方式因文化不同而有所差别。**文化**是特定人员认同的信仰、习俗和价值观的一种习得体系。语境具有相对重要性，处于语境中的倾听会出现从一种文化到另一种文化差异的情况。人类学家爱德华•T.霍尔（Edward T. Hall）和米尔德里德·里德·霍尔（Mildred Reed Hall）将**语境**定义为围绕一个事件并赋予该事件以意义的信息。[9] 例如，假设你从电话应答机上接收到来自某位亲戚的一条信息，而除了在紧急情况下，你几乎从来没有接收到来自这位亲戚的信息。信息只是简单地说："赶紧给我来个电话。"不用说，你会担心，因为你知道除非出现了严重的问题，否则这个人从不打电话给你。另外，如果你收到来自某位经常与你聚在一起的朋友同样的信息，你可能会认为他或她只是想安排一次会面。同样的信息因为其发生的语境不同而有着非常不同的意义。

与其他文化相比，有些文化更依赖于信息所存在的语境，语境确定了消息的含义。在高语境（high-context，HC）文化中，比如日本、阿拉伯国家以及地中海国家，语句的上下文可能极其重要。在这些文化中，许多意义不仅来自所言说的词汇，而且言说这些词汇的情境也承载着意义。在低语境（low-context,LC）文化中,如美国、德国和大多数北欧国家，人们较少依赖整体的沟通情况，意思更多的是通过言说的词汇来传达。

当低语境和高语境的人彼此交流的时候，结果可能很令人沮丧。霍尔和霍尔注意到，当低语境的人坚持给在高语境的人们自己看来不需要的信息的时候，高语境的人容易变得急躁，甚至愤怒。相反，当高语境的人没有向低语境的人提供足够多信息的时候，低语境的人会困惑不解。太多的信息往往会导致人们有被奉承的感觉；信息太少可能会让他们感到迷惑或使他们感到被冷落了。[10] 要进一步讨论在不同文化背景下的倾听，参见"反思多样性：在高语境和低语境文化中的倾听"板块。

虽然我们不能给你任何简单的经验法则来处理不同文化中的倾听问题，但是我们最好的建议是，要了解文化中的人，你在听谁说或者你在跟谁说话。考虑这种文化与你自己文化的不同，并尝试相应地调整自己的行为。最后，如果你期望在不同的文化中倾听或向某人讲话——这在大学校园越来越有可能，那么就需要事先尽可能多地了解对方的文化。

当高、低语境文化相遇之时，倾听可能变得更加困难。

私人问题

大多数人都曾有过这样的经历，因为太过专注于私人问题，压根没有注意到别人在说什么。私人问题可以很容易地让人的注意力从所听的内容中转移出去。克服这一障碍的最佳建议是认识环境并将注意力集中在所说的内容上，尽管有时候这可能很难。举个例子，如果在一次重要的面试之前被私人问题所困扰，那么你很可能会告诉自己“机灵点儿”。在倾听（或发表）演讲之前，你同样需要这么做。

反思多样性

在高语境和低语境文化中的倾听

正如在本章所讨论的，在某些文化中，相较于在交流中实际上言说的内容，所说内容的背景更受重视。在此类高语境文化中，恰如其名，人们认识到，对于在倾听时听到的内容，必须彻底地考虑言说内容所处的语境之后，才能明白所讲的意思。“是”可能意味着“否”，反之亦然，举个例子，这取决于在什么地点以及什么情况下说的。相反，在低语境文化中，最被重视的是口头言说的内容。人们相信其对所听到的内容的想法，不会对所听到的内容的背景给予过分的关注。

巴黎和平会议（Paris Peace Conference）奠定了结束越南战争的基础，而巴黎和会中的一个主要障碍是会议桌的形状。为什么呢？因为越南方面担心“信息会发送”给那些观察谈判的人。越南是高语境文化。

当高语境文化的人和低语境文化的人彼此倾听对方言论的时候，你将会看到什么类型的问题发生？在本章讨论的哪种倾听技能你认为最有可能帮助克服这些问题呢？要具体！

资料来源：Source: Edward T. Hall and Mildred R. Hall, Hidden Differences: Doing Business With the Japanese (Garden City, N.Y.: Anchor/ Doubleday, 1987).

偏见

正如我们一再重复提到的，偏见会干扰倾听。偏见容易使我们只听我们希望听到的内容。凡人皆有偏见，虽然程度不等。偏见反映了没有证据而形成的意见，通常情况下，关于一个人或一群人的种族、宗教、性别以及其他类似的偏见，虽然为法律所禁止，但是往往存在于人们现实的意见之中。认识到偏见是克服偏见的重要一步。

偏见对于群体的归纳并非总是完全基于错误。此前的知识不过是不完整的知识，可能会让人们做出草率的判断。2001 年 9 月 11 日恐怖分子袭击世贸中心和五角大楼之后不久，有人在亚利桑那州开枪打死了一位锡克教加油站老板，就属于这类例子。[11] 将所有阿拉伯人当作是穆斯林恐怖分子或支持恐怖分子的目标，不仅是错误的，而且锡克教徒既非阿拉伯人也非穆斯林。他们实际上是一个起源于印度的不同的宗教团体。

无论其来源如何，偏见是倾听的一个严重的障碍。为了克服偏见，听众需要首先承认它的存在，在心理上把它放到一边，还要认识到它的非理性。虽然这可能说起来容易做起来难，但有没有过度偏见的倾听能力，是批判性思维和决策的一个关键要素。

外延：
词汇的一般公认意义，通常可以在词典中查阅到。

内涵：
一个词的引申义，往往带有强烈的情感、个人和主观成分。

内涵意义

讨论这个问题的重要性在于外延和内涵概念的联系。**外延**涉及目标，在词典中你会找到一个词的传统意义。**内涵**涉及意义，你永远不会在字典找到一个词或想法、图像的意义，以及人们与这个词相联系时的情绪意义。外延意义可以通过查阅字典而习得，但内涵很大程度上是由文化的使用情况确定的，要通过很长的时间，耳闻目睹很多例子后才能掌握。至于内涵的解释，想想用不同的词汇形容某个人超过平均水平的体重。用“胖乎乎”这个词描述一个婴儿或蹒跚学步的孩子是合适的，但是用于描述少年就具有伤害性。用“敦实”这个词形容男人的时候与将之用来形容一个女人，其意义是不一样的。尽管医生在表示病人超重的图表中这么写还行，不过用“肥胖”这个词还是不那么适当。

焦虑

正如在第3章中讨论过的，焦虑显著地弱化了我们对接触到的信息的处理能力。焦虑的演讲者往往无法将注意力集中在听众的反馈上，因为他们在演讲完成后，他们会自言自语或积极地听老师的反馈去了。同样，焦虑的听众要积极地倾听并记住所听到的内容也有困难。

不良的倾听习惯

最常见也很容易克服的最后一个障碍可能是：不良的倾听习惯。倾听领域开创性的研究人员之一拉尔夫·尼科尔斯（Ralph Nichols），发现糟糕的听众共同具有一组10个不良的倾听习惯。[12] 根据尼科尔斯的研究，糟糕的听众往往有以下几个特征：

1. 迅速认定一个主题是沉闷无趣的。
2. 批评演讲者的演讲方式，而不是专注于演讲的内容。
3. 妄下结论，还没有听完就迅速评估性地评价演讲者。
4. 只听事实，因此错失了演讲者的主要观点。
5. 试图概述演讲者所说的一切，而不是关注演讲的要点。
6. 在他们并不真正感兴趣的时候假装注意。
7. 很容易分心。
8. 躲避难受的倾听环境。
9. 让情感语言干扰倾听演讲者的信息。
10. 浪费了言说速度（每分钟约125字）和思考速度（每分钟400～500字）之间产生的时间差。

在本章开头的例子中观众表现出了许多此类的坏习惯。断定演讲主题是无趣的并变得心烦意乱、发送短信就是这些坏习惯的两个表现。作为教师的我们，从学生那里经历了甚至比这些还糟糕的倾听坏习惯，然后这些学生经常困惑于自己较低的分数或未交的作业。显然，治愈这些习惯需要做的正好相反。你可以通过回答自我评估问题框中“你听得如何？”来评估自己的倾听习惯。我们会在本章后面内容中讨论多种方式，以提高你的倾听能力和克服这些不良的倾听习惯。

自我评估

你倾听的习惯如何？

在听某个人言说的时候，你是否经常采用下列行为去听呢？对最能描述你收听行为的数字范围内的数字画一个圆圈。

	几乎总是 / 几乎从不
1. 我认为这个话题无趣。	1 2 3 4 5
2. 我批评演讲者的演讲。	1 2 3 4 5
3. 我对这次演讲做出提前判断。	1 2 3 4 5
4. 我倾听事实而不是演讲的要点。	1 2 3 4 5
5. 我几乎写下演讲者说的一切。	1 2 3 4 5
6. 当我不感兴趣的时候我假装注意。	1 2 3 4 5
7. 我允许自己分心。	1 2 3 4 5
8. 我避免听难以理解的材料。	1 2 3 4 5
9. 我会让演讲者的话语激起我的情绪。	1 2 3 4 5
10. 当演讲者讲得太慢的时候我会做白日梦。	1 2 3 4 5

把你的分数相加，衡量你的倾听技能如何。 总分______

40～50 良好的倾听习惯

30～39 良好的倾听习惯，但可以改善

20～29 需要提高倾听能力

10～19 不良的倾听习惯

资料来源：Based on Ralph G. Nichols, “Do We Know How to Listen? Practical Helps in a Modern Age,” Speech Teacher, 10 (1961): 118-24.

模范倾听者

到目前为止，我们集中讨论的是倾听的性质以及可能会干扰有效倾听的常见障碍。现在我们将注意力转向成为模范听众。有效倾听从倾听的常见类型开始，我们会讲到倾听类型并期望可以从每种类型中有所获益。倾听的不同类型与倾听的目标几乎密不可分（图表 4.2）。倾听类型及其预期的目标包括但不限于听明白、欣赏地听、同理心地听，还有满足演讲者需要的反馈性地听。不用说，这些类型和目标有重叠部分。因此，我们将它们看作是相互依存的，而不是将典型的倾听视为独立的层面。

图表 4.2　倾听目标

类　型	目　标	例　子
听明白	基于听觉和视觉线索认识和理解意义	听关于爱因斯坦相对论的讲座
欣赏地听	体验刺激和享受	为了娱乐而听一场演讲
同理心地听	了解并与演讲者的思想和情感的起源相联系	倾听某位健康正受到威胁的演讲者做的呼吁干细胞研究的说服性演讲
批评性倾听	形成一种明智的判断	倾听议员辩论
提供反馈的倾听	识别内容和行为以便促进改善	为了清楚地说出这个目的而听

倾听的种种目标

听明白

真正意义上的理解，是一个包含多个步骤的过程。此外，取决于听者的目标，理解的程度也有不同。理解过程的第一步是区分听觉和视觉刺激之间的不同。[13]就像婴幼儿，我们首先认识父母的嗓音，然后是声音、文字，最终是复杂的语言结构。诸如面部表情、手势和动作等互补的补充性视觉刺激，成为我们的意义一部分，就像触觉一样。细心的听众对言语和非言语信息的细微差别很敏感。特别是在公共演讲中，台下的听众需要透过演讲者刚刚所说话语的字面意义，理解演讲者真正希望表达的意思。同样，演讲者需要倾听接收来自观众总体的消息。这意味着他们不仅应该倾听听觉上的反馈，而且要倾听来自其他来源的反馈。这些来源包括观众的面部的表情、身体朝向，以及头部动作，比如点头同意。

一旦你区分了各种声音和景象，理解的下一步是弄明白接收到的听觉和视觉刺激。[14]成功地听明白了，会要求你提供与信息来源密切相关的意思。你理解得如何取决于多种因素。其中最主要的因素是词汇量、专注和记忆。[15]

词汇量

显然，你没有概念的东西对于你就没有意义。因此，有限的词汇量会对你理解信息的能力产生不良影响。事实上，未能掌握必要的词汇可能很尴尬或者很糟糕。例如，本书两位作者都曾经是高中辩论队成员。我们中的一位想起了一件特别让人感到尴尬的事，原因在于不知道“多余”（superfluous）这个词的含义。不知道对方团队计划删除所有“多余的美国关税”意味着他们只删除不必要的部分，笔者的团队举出的多个关税的例子都是美国产业必不可少的。在反复检查中，对方队员问笔者：“你知道什么叫多余吗？”当然，作者不知道。对方指出，根据定义，作者团队引用的每一个关税的例子都不是多余的，只有多余的关税将被删除，于是出于实用目的的辩论被毁了。不用说，字典成为后来所有辩论的标准资料。

专注

听明白的第二个重要因素是专注。我们非常清楚，我们的头脑容易从手头的任务中分心。如果你怀疑，可以回想上次刚刚介绍给你的名字，而你立刻就忘记了。

聚精会神地专注：倾听时侧重于信息的具体细节而非消息模式。

泛化地专注：倾听时注重整体模式而非细节。

有两种类型的专注：泛化地专注和聚精会神地专注。**聚精会神地专注**集中于特定的细节。**泛化地专注**是注重整体模式而非细节。因此，泛化专注帮助你倾听演讲的语气或在一个特定的背景中演讲内容更大的意义。

然而，这两种类型的专注，都要求你努力阻止那些与你希望关注的信息存在竞争关系的刺激。这些刺激的竞争范围，从最明显的，比如在你教室外的言论自由区，一个乐队在车库演奏音乐；到非常微妙的，如在你饥饿的时候，胃肠发出的“叽里咕噜”声。

记忆

影响听明白的第三个因素是与专注密切联系的记忆。未能记住常常反映了你没有集中注意力这个事实。再想想这个例子：忘记刚刚介绍给你的某个人的姓名。虽然这个很常见的体验可能只是“精神懒惰”结果，但更常见的结果，则是通常伴随着情境产生的焦虑所致。焦虑以及为情感焦虑所困，会对我们的注意力和记忆造成灾难性的影响。在你被介绍给某个人的时候，你可能太忙于考虑如何被那个人认识,而未能专注于那个人的名字。你不是忘记了那个名字，而是你没有倾听并在第一时间去记住那个名字。

一天中你要花许多时间在各种需要听明白的环境中。演讲课上这一点会比任何场合的要求更高。这里有一些技巧，可以帮助你提高理解性地倾听。[16]

技巧和策略

提高理解性地倾听

- **有效地利用演讲和思考之间的时间差。**大多数人讲话的速度大约是每分钟125～150字，虽然这仅仅是可能性，但是人类大脑每分钟可以处理的口头词句在400～500字，这是被称为“浓缩的演讲”的特殊过程。利用时间差来想想刚刚听到的内容，你可以更好地理解和解释言说的意义是什么。
- **倾听主要观点。**不要陷入无关紧要的细节。相反，集中理解演讲者正在讨论的主要观点和原则。
- **听重要的细节。**虽然不像主要观点一样重要，但是某些细节还是相当重要的。尝试确定哪些细节是说明主要观点的，并了解这些细节对于理解言说的内容有什么意义。
- **学会有效地推论。**这一切是什么意思？尝试确定可以从演讲中得出什么结论。

欣赏和享受性地倾听

欣赏式倾听涉及从他人处感受到快乐。[17] 这可能包括听音乐、戏剧、诗歌或娱乐性的演讲。虽然出现这样的倾听“只是顺其自然”，事实是，你可以通过扩大倾听体验来增加你的快乐，改善你对所听内容的理解并形成你的专注力。例如，音乐欣赏课帮助学生学会如何倾听不同类型的音乐。

欣赏式倾听：能够获取一种感官刺激或愉悦感的倾听。

你的演讲课也是如此。了解演讲的各种类型、风格和结构，可以帮助你欣赏什么是罕见的出色的演讲。此外，了解构造和分享一场好的演讲是多么的重要，会提高你的欣赏水平，让自己培养出一副更敏锐的耳朵。这里有一些技巧，可以帮助你提高欣赏式倾听的能力。[18]

技巧和策略

改善欣赏式倾听

- **运用机会获得欣赏式倾听的体验。**欣赏性地倾听，和一切形式的倾听一样，需要经历不同的情况。
- **愿意欣赏性地倾听各种各样的作家、演讲者、作曲家等的作品。**例如，即使你已经对某个特定的作曲家或音乐类型产生了先入为主的见解，还是应该愿意以开放的心态去倾听。你可能欣赏不了贝多芬，而其他人可能欣赏不了黑眼豆豆（black eyed peas）。拥有一种合适的心境，你才会理解是什么原因让这两种音乐家都能够吸引大量的人群。

- **形成在专注的同时欣赏性地倾听的能力**。多种形式的欣赏性倾听取决于你不允许自己思绪神游。当然，你倾听体验到的各种情况越多，你专注于体验重要内容的能力就会更高。

同理心倾听

同理心倾听：
倾听的目的是理解以及把说话者的思想和情感的起源联系起来。

同理心倾听包括：（1）努力理解他人为什么像那样思考和感觉，（2）把这种理解作为解释他们交流行为的基础。**同理心倾听**涉及演讲的内容以及演讲过程的关系组成成分，我们在第1章中有介绍。

同理心倾听者试图同时运用演讲的内容和演讲的发布方式，来更好地理解演讲者与听众分享信息或者努力劝说听众的原因。

同理心倾听，需要听众克服前面讨论过的障碍。真正的同理心倾听要求的远不止有关演讲者背景这种肤浅的信息。因此，无论是听者还是演讲者都必须找到某种方法，来分享有关演讲者的文化、人口和个人经历的适当的细节信息。在课堂上，集中注意力倾听同学说了什么以及他们演讲的整个过程，同理心倾听是一个良好的开始。在演讲中以及课堂口头讨论中，适当分享关于自己的信息也会有助于他们的理解。

技巧和策略

改善同理心倾听

- 努力聚焦于人们讨论话题的一般意见以及他们之间的可能关系，对基本态度、信仰和价值观之间的潜在影响。
- 注意有关人的地理背景和群体隶属关系的信息。
- 眼耳并用地倾听，耳听声音，眼看面部表情，这些地方可能体现了演讲者的情感。

批判性倾听

批判性倾听：
旨在对演讲者及其传达信息的可信度进行合理判断的倾听。

批判性倾听要求的技能类似于理解性倾听、欣赏性倾听以及同理心倾听所要求的那些技能。然而，也存在一种关键性的不同：批判性倾听有着自己的目的——对演讲者和其信息的可信度做出合理的判断。我们为什么要做出这样的判断？就像城市参与的市民，我们不仅需要获得关于当天议题的信息，而且需要评估所听到信息的真实性和有效性。如果我们很容易被伪造的或扭曲的信息所左右，那么，我们就没有对公民话语做出积极的贡献，实际上可能还降低了其质量。

近年来社会上民间话语变得更不文明。作为听众，我们有责任去聆听那些我们不同意其观点的人们的言说。正如我们在第 3 章中讨论的，让别人闭嘴，不允许反对观点被听到，这不仅是不道德的，而且不可能形成真正的意见市场。2009 年 9 月 13 日，当歌手泰勒 • 斯威夫特打算接受她的 MTV 音乐录影带奖（MTV Music Video Award），说唱歌手坎耶 • 维斯特从斯威夫特手中夺走麦克风时，也许文明达到了低点。维斯特宣称奖项应该颁给碧昂丝。不仅斯威夫特明显被震惊了，维斯特也因他的粗野行为受到了广泛地批评，被迫在《杰 • 雷诺今夜脱口秀》（*Jay Leno Show*）中道歉，最终向斯威夫特本人表达了歉意。

至少，批判性倾听包括关注说话者和信息两个层面，以便试图验证所说内容的有效性。演讲者是有能力和值得信赖的吗？如果你是这么认为的，那么给出了什么证据让你相信呢？听到的信息直接改变了你，什么影响都没有产生，还是让你买了一些东西？信息仅仅是告知性的，还是有争议的？在其他情况下，你怎么知道信息代表了事实？这些信息是合乎逻辑的吗？有支持证据，并且很清楚地交代引用出处了吗？

下面列出的一些技巧和策略，会帮助你提高批判性倾听的能力。[19]

技巧和策略

改善批判性倾听

- 考虑来源的可信度。你对正在言说的演讲者的善意、诚信和能力有多少信心？
- 认识到来源的可信度可以影响你。虽然可信度很重要，可以有其内部和自身的影响力，但是不要让另一个人的判断自动取代你自己的思考。即使是最可信的来源也可能是错误的。
- 评估论点的有效性。论点提出合理吗？如果逻辑似乎有谬误，那么不要害怕质疑演讲者的逻辑。
- 评估支持论点所提出的证据。所提交的论据是来自于可靠的来源和文献吗？
- 认识到推理谬误。我们在第 15 章讨论了似乎是有效的很多论点，但是它们可能具有欺骗性或谬误。
- 识别情感诉求。确定演讲者情感诉求的类型。你能够很骄傲地识别出这些诉求方式吗？虽然诉诸合法的人类情感是说服的一个必要方面（就像我们在第 14 章讨论的），但是诉诸仇恨、非理性的恐惧和偏见，则应该被拒绝。

法官克里斯汀·卢塞纳在聆听案件期间，运用批判性倾听技巧，评估其听到证词和证据。
乔治·罗杰斯摄

提供反馈的倾听

公共演讲课程独有的特性之一是，观众不只是为了他们自己的利益而听演讲。通常情况下，会呼吁他们为演讲者提供反馈，帮助演讲者改善其公共演讲的技能。虽然过度专注于发表演讲的技能，通常是一种糟糕的听讲习惯，但是在公共演讲课上，注意你同学的这些技能水平，往往是课堂体验的一个组成部分。你可能不仅被要求提供有关其他学生演讲的书面或口头的反馈，还可能会发现同学的风格，而这些风格正是你在自己的演讲中想效仿的。

请记住，提供反馈时，你的目标应该是**建设性的批评**。例如，如果演讲者的演讲风格效果不佳，不要只是说演讲风格的表现不好，而是对如何改进演讲风格提出明确的建议。不要说“我听不到你”，而应该说“你应该努力提高你的音量，这样在后面的人可以清楚地听到你”。不要说“你的演讲完全杂乱无章”，而应该试一试说类似这样的话“开始时如果你预览一下要点，听众会更容易跟上你的演讲”。如果通过口头评论，我们总是建议评论者以积极的评论开始，还要避免可能会导致尴尬的评述。书面意见也应该在积极评价和那些需要改进方面的建议之间保持平衡。然而，因为书面评论只有演讲者看得到，所以往往在书面形式的评论中，话语会更直接一些。

提供反馈也有几条指南，如果按照这些指南去做，也会帮助你提高自己的表现。作为演讲者，以开放的心态听取反馈很重要，就像在“值得一提：倾听来自听众的反馈”板块中讨论的。此处我们谈论的很多内容，让人回想起了我们在第 1 章讨论的演讲的基本过程。此处的一些内容是为了评估一场演讲。你的导师可能有特定的额外要求，还可能提供评价演讲的标准形式。

技巧和策略

倾听提供的反馈

- 演讲者的目的是什么？演讲成功实现了这个目的了吗？就观众和情境而言，这个目的合适吗？
- 演讲者的开场和结束有冲击力吗？
- 演讲者对于演讲有明确的论题吗？
- 演讲者联系听众了吗？
- 演讲者组织演讲的方式容易理解吗？
- 在演讲开场中有预览要点吗，结束的时候有概述要点吗？
- 演讲有使用充分的证据支持论点吗？披露了证据来源吗？证据的品质很高吗？证据能够证明所提出的论点吗？
- 演讲者使用的是可以理解的且适当的语言吗？对不常见的术语做出界定了吗？
- 演讲者发表演讲的方式有效吗？演讲者的声音很容易听到吗？演讲者的手势和动作是有效的还是分散注意力的？
- 总体而言，你作为一个观众，在告知性、说服性或者娱乐性的演讲中如何能够做到有效呢？

值得一提

倾听来自听众的反馈

当然，作为演讲者，你需要知道如何接受同学和指导老师给出的反馈。演讲结束后，你就成为一个听众或阅读书面评论的读者。我们对这个角色所能提出的最重要的建议是，避免沦落到可怜的听众这个陷阱之中。避免认定反馈是无趣的或有失偏颇的。即使你不同意他们的判断，也要听完他们对你的批评。关注要点，不要被找碴儿的反馈所干扰。记下所说的内容。要真正地抱有兴趣——毕竟，修读这门课程的原因是提高自己的演讲技巧。不要太激动或急于辩护，这只会使情况变得更糟糕。但是，最终你必须做真实的自己。把评论看作是意见，只不过是受过教育的人的意见。使用反馈来提高你的演讲，但不要让自己变得过于痴迷，否则你会过度担心演讲。请记住我们在第 2 章讨论的应对公共演讲焦虑的技巧。同样的原则适用于知道自己要被评估时出现的焦虑。

规则：改善具体的倾听技巧

无论倾听的类型和目标如何，都存在一些具体的倾听规则。这些久经考验的技巧可以帮助所有倾听者做得更好。这些技巧在公共演讲和面对面的人际环境中都能发挥作用。无论你的倾听环境如何，请记住这些规则：

- 检查你的情绪状态。唤醒和倾听之间的关系非常类似于唤醒和公共演讲之间的情况。你需要足够的唤醒，但不能唤醒过度。例如，就像你从共同的经验中知道的，愤怒的人显然不是好的听众。因此，如果你在课堂之前就激动了或因此成为了某个演讲者的主题，那么你需要运用我们在第 2 章中讨论过的一些相同的技能。
- **警觉**。演讲过程的意识觉察，包括所涉及的人、其聚集的目的及其所处的环境。留意的听众关注当下，事情发生的时候，了解正在发生的事情。有效的倾听要求足够警觉。
- 有选择性地注意演讲过程。**选择性注意**包括有意识地决定把重点放在某些人和某些消息上，而不是其他事物上。就像《全神贯注》一书的作者威妮弗雷德·加拉格尔（Winifred Gallagher）所说的："多任务处理是一个神话……你不能同时做两

> 警觉：
> 演讲过程的意识觉察，包括所涉及的人、其聚集的目的及其所处的环境。
>
> 选择性注意：
> 包括有意识地决定把重点放在某些人和某些消息上，而不是其他事物上。

件事。”她又说道：“人们不明白，注意力是一种有限的资源，像钱一样……你不断地做出选择，而你的选择决定了你的经验。”[20] 作为听众我们遭受信息的轰炸，而我们只能选择少数几条信息，通常是我们察觉到具有相关性或能够带来回报的信息。提高演讲者（回报）技能的一个最好的方法是观察和倾听其他演讲者。通过倾听和观察其他演讲者，我们会经常发现技巧和策略，我们可以努力模仿这些技巧和策略，改善自己的演讲。

- 以尽可能多的感官通道进行倾听。一般的沟通和演讲包括具体的言语和非言语行为。例如，目光接触、动作和手势，非言语行为不是对演讲内容的简单补充。它们既丰富了演讲的意义又影响整个演讲过程。意识到人们口头言说的内容与其非语言交流行为相矛盾，也可以帮助你准确地理解所说的内容。
- 屏蔽掉分散注意力的刺激。包括避免杂念以及外部干扰，比如望着窗外。
- 延缓判断。不管倾听的类型如何，适用于批判性倾听的同样的原则也适用于此处。不要预先对演讲者做出判断，也不要依赖刻板印象。保持开放的心态。
- 礼貌地倾听。别人演讲而你不同意其言论的时候，要避免打断、发出嘘声或其他的反对方式。这么做不是意味着延迟判断——而是让你的观点在适当的时间和地点为人所知。
- 运用批判性倾听技能评估演讲。不要让自己被谬误的、感性的或非理性的诉求所左右。永远要评估演讲中来源的可信度以及证据和推理的可靠性。
- 关注要点。太容易见木不见林了。问问自己演讲者的要点是什么，同时要避免注视小细节的诱惑。
- 倾听最突出的要点和过渡语句。这些口头提示语将帮助你知道什么是演讲者最重要的信息，以及演讲者继续谈论新的要点的时刻。
- 做有效的记录。就像尼科尔斯和刘易斯指出的，可以用多种方式做笔记。[21] 提纲挈领是一个明显的方法，但也有不太明显的方法。例如，你可以把笔记记录成两列，一列是事实，另一列为原理。另一个有用的方法是听一段时间而不做笔记，然后写一个简短的段落，对所演讲的内容进行总结。这种方法让你在集中倾听和花三四分钟做笔记之间进行交替。

KGO电台播音员罗西•艾伦（Rosie Allen）依靠声音向其旧金山的听众传达口头和视觉信息。
承蒙KGO电台提供

小结

OLC www.mhhe.com/brydon7e
评估你对本章的理解，请访问我们在线学习中心网站进行测验，以及其他章的辅助学习工具。

倾听是成为一位称职的演讲者和听众的必要素质。请记住以下原则：

- 倾听是接收的过程，从口头和/或非言语信息中建构意义，并作出反应。
- 倾听包括6个独立的步骤：收听、理解、记忆、解释、评价和回应。
- 倾听对于我们在学校、工作和我们关系的成功都很重要。
- 相对来说，我们在倾听上花的时间更多。
- 潜在的倾听障碍包括误解，如：

倾听很容易。

倾听事关智力。

好的读者就是好的听者。

倾听不需要计划。

- 其他潜在的障碍包括：

演讲过程的实际条件
文化差异
个人问题
偏见
困惑于内涵意义
焦虑
不良的倾听习惯

- 倾听的类型和目标是彼此相互联系的。
- 倾听可以指向欣赏和享受不同形式的交流，更好地理解、同理心以及给演讲者提供建设性的反馈意见。
- 倾听既是一种精神上的技巧，又是行为上的技能。
- 有效的倾听需要练习：

专注力
选择性地注意演讲者和信息。
以尽可能多的感官通道倾听。
认识并努力克服倾听障碍。
屏蔽干扰刺激。
延迟判断。
礼貌。
关注演讲者的主要论点。
倾听最突出的点和过渡语句。
有效地记录。

观众应向演讲者提供建设性的反馈意见，演讲者应该以开放的心态听取听众的反馈。

学习成果检验：练习和实践

1. 以一篇短文或演讲，描述你的信息被误解，或你误解了另一个人信息的事例。有什么信号表明演讲过程是无效的吗？如何可以避免误解？

2. 计划即将到来的倾听情况很重要。考虑一下那些老师们经常讲课的课程。你可以在哪些方面为下一次讲座做好倾听准备？是否有一些你需要克服的具体的倾听障碍？听完讲座后，看看你的理解是否因自己的提前准备而得以提高。

3. 用一篇短文，描述你曾经历过的因偏见而影响了倾听过程的场景。选择一个你觉得自己的意思由于偏见而被扭曲了，或者你觉得自己的偏见阻碍了倾听过程的情况。

4. 列出 10 个词语，这些词语对于不同的人或不同的场景，具有不同的含义。准备好在课堂小群体中分享这 10 个词语，或者在全班同学面前分享，这取决于老师的要求。

5. 描述某一天你参与的三次批判性倾听。准备好在同学小群体中或整个班级分享这个经历。

注释

1. Andrew D. Wolvin and Carolyn Gwynn Coakley, *Listening,* 3rd ed. (Dubuque, Iowa: W. C. Brown, 1988), 12–13.
2. Lyman K. Steil, Larry Barker, and Kittie W. Watson, *Effective Listening* (New York: Random House, 1993), 12–13.
3. Thomas Ehrlich (ed.), *Civic Responsibility and Higher Education* (Phoenix: Oryx Press, 2000), vi, as quoted in "The Definition of Civic Engagement," *New York Times,* 7 July 2003. [Retrieved from http://www.nytimes.com/ref/college/collegespecial2/coll_aascu_defi.html, 16 September 2009.]
4. Ehrlich, *Civic Responsibility and Higher Education,* xxvi. [Retrieved from http://www.nytimes.com/ref/college/collegespecial2/coll_aascu_defi.html, 16 September 2009.]
5. Anthony P. Carnevale, Leila J. Gainer, and Ann S. Meltzer, *Workplace Basics: The Skills Employers Want* (Washington, D.C.: American Society for Training and Development and U.S. Department of Labor, 1988), 12.
6. International Listening Association, *Home Page,* (n.d.). [Retrieved from http://www.listen.org/Templates/home.htm, 29 December 2006.]
7. Melvin L. DeFleur, Patricia Kearney, and Timothy G. Plax, *Fundamentals of Human Communication* (Mountain View, Calif.: Mayfield, 1993), 112–13.
8. DeFleur, Kearney, and Plax, *Fundamentals of Human Communication,* 113–17. The remaining obstacles to listening are taken from this source.
9. Edward T. Hall and Mildred Reed Hall, *Hidden Differences: Doing Business With the Japanese* (Garden City, N.Y.: Anchor Press/Doubleday, 1987), 7.
10. Hall and Hall, *Hidden Differences,* 10–11.
11. Tamar Lewin, "Sikh Owner of Gas Station Is Fatally Shot in Rampage," *New York Times,* 17 September 2001, B16. [Retrieved from Lexis-Nexis, 24 September 2001.]
12. Ralph G. Nichols, "Do We Know How to Listen? Practical Helps in a Modern Age," *Speech Teacher* 10 (1961), 118–24.
13. Wolvin and Coakley, *Listening,* 140.
14. Wolvin and Coakley, *Listening,* 188.
15. Wolvin and Coakley, *Listening,* 189–206.
16. Wolvin and Coakley, *Listening,* 207–25.
17. Wolvin and Coakley, *Listening,* 320.
18. Wolvin and Coakley, *Listening,* 330–33.

19. Wolvin and Coakley, *Listening,* 287–313.

20. John Tierney, "Earplugs to Lasers: The Science of Concentration," *New York Times*, 4 May 2009. [Retrieved from http://www.nytimes.com/2009/05/05/science/05tier.html?_r=2&scp=1&sq=%22may%205%22,%20D2&st=cse, 5 May 2009.]

21. Ralph G. Nichols and Thomas R. Lewis, *Listening and Speaking: A Guide to Effective Oral Communication* (Dubuque, Iowa: W. C. Brown, 1954), 41–53.

5 CHAPTER

第5章

适应听众

伊利诺伊州参议员巴拉克·奥巴马（Barack Obama）在 2004 年民主党全国代表大会上发表了激动人心的主题演讲，奠定了他四年之后走向总统之位的道路。

目标

阅读本章并学习 www.mhhe.com/brydon7e 在线学习资源后，应该能够：

- 定义和应用修辞情境概念。
- 确定向特定听众发表演讲的短期目标和长期目标。
- 确定听众是自愿而来还是被迫而不能离开。
- 分析听众的文化、人口和个体的多样性。
- 适应听众的文化、人口和个体的多样性。
- 收集可以了解听众的信息。
- 面对和适应与修辞情境相关联的约束。

关键概念

态度
听众多样性
信仰
被迫而来的听众
根本信仰
限制
核心信念
文化多样性
匮乏性需求
人口多样性
人口统计
成长需求
个体差异性
长期目标
外围信念
修辞情境
短期目标
社会经济地位
价值观
听众自愿

不存在一个自由主义的美国和一个保守主义的美国——只存在美利坚合众国。不存在一个黑人美国和一个白人美国、拉丁裔美国和亚裔美国——只存在美利坚合众国。

——巴拉克•奥巴马，2004 年 7 月在民主党全国代表大会上的演讲[1]

在本书前一版中，我们提请注意2004年民主党全国代表大会上，来自伊利诺伊州一位年轻的美国参议员候选人发表的令人振奋的主题演讲。本章的引语是那次演讲的一个中心主题，奥巴马在这次演讲中需要适应的听众范围，远远大于那晚聚集在波士顿的大会代表。

尽管我们可能会认为我们是有洞察力的人，不过我们不是。虽然我们猜想奥巴马的政治前途一片大好，但是我们不知道在短短4年后他就成为总统了。

不管你个人认为他的政策如何，奥巴马总统分享了我们许多总统具有的共同技能：他知道如何发表一场强有力的演讲。但是，本章选他做例子，目的不在于其演讲技能本身。相反，他的背景，以及帮助他将多种技能适应最多样化的听众中所发挥的作用，促使这位父亲是肯尼亚人、母亲是堪萨斯州的人，上升到没有人曾预测到的高度的某种因素。

奥巴马能与来自不同文化和群体的听众联系起来，这一能力在他竞选活动期间体现得尤为突出，而他的个人经历有助于解释这一能力。他出生在夏威夷，六岁时搬到了印度尼西亚。10岁时，巴里（当时对他的称呼）回到夏威夷——美国最多元化的一个州，由他的祖父母抚养。就像他在1999年写道：“夏威夷提供的机会——在相互尊重的氛围中体验不同的文化—— 成为了我的世界观的一个组成部分，以及我拥有的最珍视的价值观的基础。”[2]虽然他的母亲和祖父母是白人，但在十几岁时，奥巴马寻求非裔美国导师来帮助理解自己的混血身份——他在《父辈的梦想》（*Dreams From My Father*）这本书中，记述了他的奋斗。[3]

在哈佛法学院，他就开始展现出吸引意识形态不同的听众的能力。Politico.com在2008年6月曾做了这样的报道：“巴拉克•奥巴马在1990年当选《哈佛法律评论》历史上第一位黑人主编……部分原因是通过说服法学院保守的少数民族学生：他能公平地对待他们。”[4]

作为总统，奥巴马继续利用他的多元文化背景吸引各种各样的听众。例如，2009年6月4日，他在开罗对穆斯林发表美好展望的演讲中宣称：“我是一个基督徒，但是我的父亲来自一个世代都是穆斯林信徒的肯尼亚家庭。作为一个男孩，我在印度尼西亚度过了数年时间，在破晓和秋天的黄昏中听到过圣歌的呼唤。作为一个年轻人，我在芝加哥社区工作时，在穆斯林信仰中，发现了很多的尊严与和平信念。”[5]

抛开政治倾向不说，奥巴马适应情境和听众的能力是我们都可以学习的一个例子，尤其是在他的竞选活动期间的表现。它首先教导给我们的是修辞学者几十年甚至几个世纪前就教导的经验教训，包括：

- 作为一种回应，公共演讲如何应对修辞情境。
- 根据修辞情境，如何让可实现的目标和具体的目的得到完美地展现。
- 如何适应听众的多样性，包括文化、人口以及个人维度。
- 如何了解听众的特点。
- 如何适应在修辞情境中面临的约束条件。

修辞情境

有些时候，我们面对的是劳埃德·比泽尔（Lloyd Bitzer）教授所称的**修辞情境**，“人物、事件、对象、关系以及具有强烈的促发话语迫切性（目标）的一种自然语境”[6]。这种情境的特点是：（1）演讲者寻求实现某种类型的目标；（2）能够帮助实现这一目标的听众；（3）一组约束演讲者可以实现目标的条件。在生活中，你很可能面对各种不同的情境——个人的、职业的以及公众的。通过修辞对这些情境做出反应是你唯一的办法，而修辞情境是有着漫长和传奇历史的一个概念。

修辞情境：人物、事件、对象、关系以及具有强烈的促发话语迫切性（目标）的一种自然语境。

虽然直到20世纪60年代末，修辞情境这个专有名词还没有被创造出来，但是其根源可以追溯到公元前5世纪的古希腊。那个时代和现在一样，对公共演讲技能有需求，因为民主要求人们谈论和辩论公共政策。此外，没有律师，人们不得不自己在法庭上进行辩护。就像我们在第3章中讨论的，有一群被称为诡辩家的修辞教师，收费教人们演讲技能。柏拉图反对他们的做法，认为修辞是不诚实的。柏拉图认为，一个人应该首先发现哲学真理，修辞只是为真理服务的。

柏拉图著名的学生亚里士多德引出的秩序和系统，聚焦于修辞情境的研究。亚里士多德把修辞定义为“教师观察在任何情况下可用的说服手段”[7]。他指出，修辞具体包括三种证明模式：**精神气质**，言说者的个人信誉；**同情（pathos）**，把观众带入到一定的心境；**逻辑**，通过演讲实际词汇提供的证据或明显的证明（希腊语中的逻辑这个词的意思就是“词”）。这种分类在许多方面预示了当代传播研究的重点，强调的是信息来源的可信度（精神气质）、听众分析和反应（同情）以及信息结构（逻辑）。

罗马的修辞学者，如西塞罗（Cicero）和昆体良（Quintilian）等，进一步细化了修辞的研究和实践，他们制定了修辞的准则：创作、组织、风格、发表和记忆方式。创作是形成演讲的创造性过程——从选题到研究后选择的思想。组织涉及以一种易于跟随和引人注目的方式安排演讲思路。风格则影响听众的语言选择。发表探讨的是非言语渠道，即声音、身体和表情如何一起传播信息。记忆方式是基本上已经被公共演讲抛弃的一种工具。古代的演讲者们缺少提词器和提示卡，他们为了记住演讲内容，形成了多种记忆手段以帮助他们回忆起内容（有些方式如今会在改善记忆的课程中讲授）。现在，背诵性演讲主要局限于竞争激烈的演讲比赛。

在罗马之后，修辞研究和实践进入了衰退期。随着欧洲进入中世纪，完美的修辞需求减少了，人类事务主要由教会的教条所掌管。最终，修辞几乎完全是关于风格的探讨了。从这段时期开始，修辞在很大程度上就是空话，等同于什么也没说，沦为人们口中的“只是花言巧语”而已。

随着启蒙运动的到来，人们重新发现了修辞。这里限于篇幅不能全面地介绍复兴修辞的理论家。特别值得一提的，是休·布莱尔（Hugh Blair）、乔治·坎贝尔（George Campbell），以及理查德·惠特利（Richard Whately）三剑客，他们在 18 世纪后期和 19 世纪早期著书立说。布莱尔本人主要关注风格。坎贝尔支持强调抽象的心智能力，修辞转向关注听众和动人心弦的话语。惠特利复兴了对创作的关注。他对于修辞元素的论述，赋予逻辑和修辞中的推理以全新的重要意义。

到 20 世纪早期，演讲教学单位作为独立实体开始出现在大学校园。理论家们又开始撰写关于修辞和修辞理论的作品，他们中的许多人又回到了公元前 5 世纪起源于古希腊的主题。鉴于这种丰富的历史，1968 年修辞学者劳埃德·比泽尔试图将修辞扎根于情境因素的时候，他遵循了行之有效的传统。分析修辞情境之时，牢记目标和演讲听众是准备一场成功的演讲的核心所在。而且，正如你会在后面的章节中发现，也有因素会约束或限制你的选择——从你有多少时间演讲，到口头和书面诽谤罪的法律限制。那么，通过考察作为演讲者的目标以及在任何演讲情境下设法完成的具体目的，让我们的分析从这里开始。

目标和具体目的

演讲者刚开始往往会有些本末倒置的做法：例如，他们在演讲中没有首先考虑演讲的目的以及他们希望达成的目标，却以挑战观众的姿态开始。如果你开始没有明确的目标，即使再多的观众分析也无济于事。我们希望，你能合理地预测听众对你演讲可能做出何种回应。这首先取决于你的目标，然后你再选择一个具体的目的，鉴于你知道听众等待着你并你希望实现目标，这个目的就会具有更现实的意义。

你可以既有**短期目标**又有**长期目标**。例如，巴拉克·奥巴马在开罗演讲的长远目标是中东和平。当然，这是一个有着悠久历史的问题，让很多总统羽铩而归。这样一个棘手的问题，不是仅仅通过一场演讲或一系列演讲就能解决的。因此，他演讲的短期目标是试图重新定义美国是如何看待穆斯林世界的。

短期目标：我们可以合理预期且在短期内可以实现的那些目标。

长期目标：我们希望经过一段较长的时间能够实现的那些目标。

虽然我们不应该忽视“宏大愿景”（big picture），但是我们也应该认识到，实现了短期目标，就更有可能实现长期目标。例如，如果人们能够放弃坏习惯一天，那么在一个星期或更长时间内放弃那个习惯，就会容易得多。因此，在应对长期目标中更难的问题之前，应专注于让听众发现短期目标是遂心如愿的事情，这对演讲者是最有利的。

如第1章中所讨论的，具体目的，是你希望在一个特定的场合，对特定的听众发表演讲实现的目标。虽然你的老师可能会为你的每一次演讲布置一个总体的目的，如劝说、告知或娱乐，但是具体的目的取决于你，而你也应该选择实现一个具体的目标。

听众

既然你已经初步建立了演讲的具体目的和目标，现在，你希望预测这些目的和目标对听众而言是否具有意义。我们都有过分析听众延伸过程的经历，与新朋友相遇并逐渐认识就是这么一个过程。分析从一般水平开始，然后变得越来越具体。当我们认识新朋友的时候，我们试图揣摩他们与我们的相似程度。例如，他们与我们说相同的语言和方言吗？然后我们使用这些信息作为预测的基础：如何介绍自己，什么样的话题和问题是合适的。我们对听众了解得越深入，我们就越明白是什么让他们显得很独特。然后，我们使用这种新的、更复杂的知识指导自己与听众开始讨论更敏感的问题。

你和听众之间彼此都在思量对方。只不过在演讲中，你不是专注于某个人，而是必须专注于许多人，并且任务更加艰巨罢了。你对听众的了解能帮助你决定说什么和怎么说。即便听众很少，你也永远不可能对在座的人都了解透彻。不过，如果分析是系统性的，你就能了解所遇到的数量巨大、越来越具有多样性的人。你可以有益地运用已经了解到的有关这些人的信息，去适应你的演讲目的、目标以及最终的信息，让他们欢迎而不是拒绝你的演讲。

然而，你希望演讲实现的任何目标，取决于听众是否“能够受到话语的影响以及经由介质出现的改变”[8]。听众分析始于你了解听众是什么样的人。

听众选择

在着眼于听众的时候，请问自己两个基本问题：

- 我的听众是我选择的吗？
- 我的听众是否会选择听我演讲呢？

在某些情况下，你可以为自己的演讲选择听众。不过，在很多情况下，包括你的公共演讲课，你都别无选择。课堂环节缺乏变化，你不能选择其他听众。然而，一旦你离开课堂，你或许可以在某种程度上选择向哪类人发表演讲。

选择听众时，要考虑两个重要问题。首先，听众如何看待我的目标？如果听众有可能支持你的目标的话，那么，相较于可能对你的目标漠不关心或者激烈反对的听众，你的任务是完全不同的。政治竞选的经理们几乎总是有计划地向认同政客们所代表的目标听众灌输思想。竞选经理们最怕的结果就是观众充满了不可预知的“通配符”，即这些人可能共享也可能不共享政治家的目标。

其次，问问自己，听众是否能以及又怎样能帮助你实现目标？我们曾经在课堂上听到过敦促批准国际条约以减少全球变暖的演讲。这是一个崇高的目标，但是除了给政府官员写信，很少有班级成员能帮助实现这一目标。然而，大学生在对抗全球变暖方面可以尽己所能：乘坐公共交通、骑自行车以及购买低油耗汽车。最好的公共演说家，不仅询问听众是否支持自己的目标，而且询问听众如何能够切实地帮助自己实现这些目标。

> 自愿的听众：自行选择去听演讲的听众。
>
> 受制而离不开的听众：并非出于自身意愿而必须听某场演讲的听众。

除了你所选择的听众，你还需要考虑听众有无能力选择是否听你演讲。可以宽泛地将听众定义为自愿的听众或受限制的（captive）听众。**自愿的听众**是自行选择去听演讲者的人。**受制而走不开的听众**不是出于自身意愿而听某次演讲的听众。自愿和非自愿出席演讲的听众，对演讲的反应方面会有很大的差异。例如，当有争议的电影制片人迈克尔·摩尔（Michael Moore）来到我们校园，演讲现场座无虚席，有些听众即使只能站着都愿意付费来看他。虽然有些听众很明显是来诘问他的，但是绝大多数人在场的人为他欢呼。与此形成鲜明对照的是，当他用发表奥斯卡奖获奖感言的机会谴责伊拉克战争时，受制而走不开的听众报之以嘘声。学院成员和嘉宾在那里不是来听迈克尔·摩尔的政治观点，而是来庆祝电影行业的盛事的。

向同学演讲，重要的是要记住，他们在课室不是自愿的，而是被要求的。我们经常阻止学生选择可能会冒犯或伤害到自己同学的话题。相反，我们鼓励学生选择可以影响到同学以及同学有能力采取行动的主题。

然而，你要触及听众，无论是你选择他们还是他们选择你，关键是你要尽可能多地了解他们，从理解他们在文化、人口统计学以及个人方面的多样性开始。

听众多样性

听众分析始于认识和接受这样一个事实：今天的听众比以往任何时候都更加多元化。**听众多样性**代表着听众成员之间不同的文化、人口和个体特征。根据 2000 年《今日美国》的美国人口普查分析，“过去的十年……这个国家的多样性显著增加，有近 50% 的可能性，随机选出的两个人有着不同的种族或民族”[9]。在我们所教的班级，我们每天都看到这种多样化的日益增长，正是在这些课堂上，学生们发表了他们的演讲。

听众多样性： 听众成员之间文化、人口及个体特点之间的多样化。

再没有比身边坐着一位来自与你背景不同的同学更好的机会了。

举个例子，最近我们教的公共演讲课某个班级的成员，就像一个小联合国大会。共有 15 名男性和 9 名女性，虽然我们大学的大多数班级统计是女性多于男性。虽然年龄中位数为 20，但有一个成员近 50 岁，还有一个 30 多岁。有五名学生来自日本。一位来自印度尼西亚，还有两位来自马来西亚。另一名学生来自苏联加盟共和国吉尔吉斯斯坦。一个是具有中国血统、土生土长的美国学生，另一个学生的先辈可追溯至菲律宾。许多学生修读的是核心科学专业，而有些人则追随音乐、公共关系和图形设计专业。大家的爱好包括潜水、钓鱼、折纸和蜡染。虽然这个班的多样性比大多数班更引人注目，但是我们认为，这种情形在不久的将来会更加常见。

人口统计数据：关于任何人口群体的基本而关键的数据。

一旦你承认和接受一个事实，即听众中的人不是彼此的克隆体，你就需要了解和适应他们的多样性。图表 5.1 描述了听众多样性的三个层次。从最广泛的层面开始，看看你的听众成员所属的文化。然后看看所谓的人口统计学方面的差异——比如年龄、性与性别和种族上的差异。最后，我们看看作为个体的听众。每个层面对听众了解得越多，你就越能预测他们对你演讲的反应。

图表 5.1 多样性水平

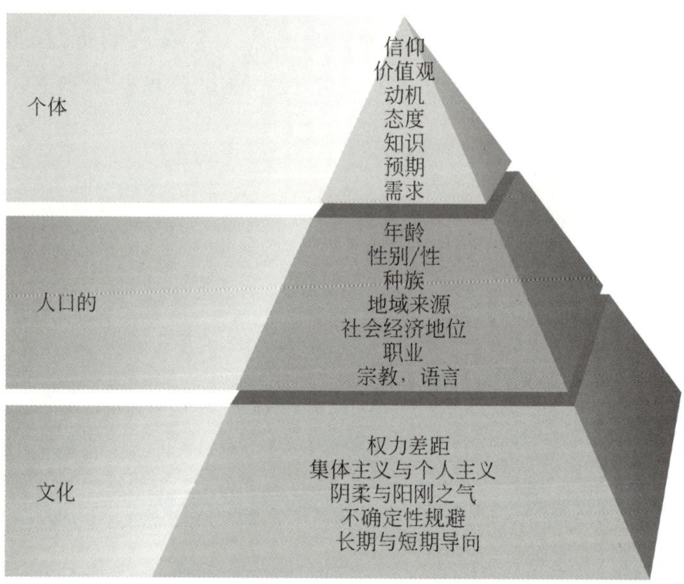

发现文化多样性

文化是信仰、习俗、价值观的习得系统，由此构成了人们的身份。

相较于地理位置，文化更多的是语言的产物。举个例子，说法语的加拿大人，认为自己更多的是法国人而非英国人，尽管加拿大传统以英语为主。巴塞罗纳人（Barcelonians）认为自己是加泰罗尼亚人（Catalonians）而不是西班牙人，因为他们讲的方言与全国其他地区截然不同。**文化多样性**主要是指人们在信仰、习俗和价值观方面的差异，某种意义上是指其世界观的不同。

文化多样性：指人们在信仰、习俗以及价值观和世界观上有所不同。

因为文化是后天习得的，在某种文化中被认为是适当的，在另一种文化中可能会被认为是不适当的。具体列举一种文化与另一种文化的不同之处，是无法穷尽的。然而，认识和应对文化多样性并不要求你试图学习特定文化的一切内容。相反，发现什么是文化之间共通但是又略有差异的地方，是对文化回应的演讲的关键。

荷兰传播学者基尔特•霍夫斯泰德（Geert Hofstede）说，所有的文化至少有四个不同的维度："权力差距（由小到大）、集体主义与个人主义、阴柔与阳刚之气和不确定性规避(从弱到强)"。[10] 此外，霍夫斯泰德指出，最近发现了第五个维度：生活的长期导向与短期导向。[11] 我们认为霍夫斯泰德的维度是分析听众文化多样性的一种有效的指南。

虽然霍夫斯泰德的研究工作探究的是国家层面的文化多样性，但认识到国家往往由许多亚文化构成较大的文化系统是很重要的。就像彼得·安德森（Peter Andersen）、迈伦·卢斯蒂格（Myron Lusting）和贾尼斯·安德森（Janis Andersen）等教授描述的，美国人从一个地区迁移到另一个地区，他们经常会体验到文化冲击。一般的说法是，"南部迟缓而有礼貌、东北部粗鲁而迅捷、西南部追求物质和享乐、中西部较为传统也可以说工作狂比比皆是"[12]。当然，人们必须小心，要避免对不同地区产生过度泛化和刻板印象。当我们回顾霍夫斯泰德讨论集体主义和个人主义等维度的差异之时，请记住，在美国的部分地区，个人主义有着悠久的历史（考虑一下西南地区），而其他地区可能在集体主义方面更为传统。这仅仅是由一些人的祖先最初定居的地区，以及多年来在美国内部移民形成的模式。

权力差距

权力差距是"一国之内，权力稍弱的机构和组织成员在多大程度上预期和接受权力分配的不平等"[13]。所有社会都是不平等的，有些社会比其他社会更甚。然而，不同社会处理不平等的方式也很不相同。举例来说，一方面，拉丁美洲、亚洲和非洲与某些欧洲国家，如西班牙，存在较大的权力差距。另一方面，如美国、英国和欧洲一些地区的国家，权力差距比较小。瑞典是一个平等的国家，有着很小的权力差距，而法国是一个权力差距较大的国家。

权力差距的不同对于公共演讲者而言有着重要的意义。假设你是一个国际组织的经理，宣布工作条件要发生重要变化。你不能假设来自权力差距较小的文化，如瑞典的听众，与来自权力差距较大的文化，如日本的听众，以相同的反应方式对待你的演讲。相似地，教师在权力差距较大的文化中受到特殊礼遇，而在权力差距较小的文化中所受到的待遇则几乎平等。例如，来自日本、在美国大学任教的教授，可能会因为被学生直呼其名而感到惊讶，尽管直呼教授名字的做法在美国大学很常见。相反，在美国留学的日本学生可能会觉得很意外，因为美国教授希望学生对待他们的方式不要像在日本对待教授那样太过正式。有趣的是，这种尊重是相互的。一位日本学生告诉我们，在日本，不仅学生称呼教授的姓氏体现了一种尊重，而且日本的教授称呼学生的姓氏也是一种尊重。

集体主义与个人主义

所有文化都具有的第二个维度是集体主义与个人主义。“集体主义代表在一个社会，人们从出生起就融入强大而有凝聚力的小集团中，这个小集团持续地保护成员的一生，以换取成员的绝对的忠诚。”[14]另外，在个人主义社会，“每个人都要照顾好自己和他/她的直系亲属”[15]。一些文化，特别是亚洲和美洲的原住民，相信多数人的利益远远大于少数人的利益。在这些集体主义文化中，人们避免个人成为关注焦点。你在演讲时，挑出集体主义文化中的一员，有可能让那个人很难堪。

相反的是，在所谓的强烈的个人主义文化中，更为欣赏和鼓励个人。例如，美国的主流文化的个人主义更强。人们拥护那些靠自己富裕起来的人，运动队中最有价值的运动员，以及按照不同的方式行事的政治家。事实上，有证据认为，美国是地球上最具个人主义的国家。[16]

演讲者面向来自个人主义文化的听众成员时，呼吁明智的利己主义是关键。即使是在这些观众成员同意一个共同目标的情况下，他们也可能会认为，实现目标的途径最好留给个人。

在向更崇尚集体主义的听众演讲时，应该强调更大多数人的利益而不是个人利益。委内瑞拉总统乌戈•查韦斯（Hugo Chavez）驱使人们疯狂地从个人主义文化转向其私有产业国有化的计划，不过，崇尚集体主义的人都投票支持他，因为查韦斯的公共演讲强化了人们的信念，让人们觉得，这些行业应该让整体人口受益，而不仅仅有利于个别企业的高管和股东。

美国人高度个性化的取向可能由于既有的移民模式和出生率而略有改变。人口普查数据显示，现在居住在美国的、来自像亚洲的集体主义文化的人比历史上任何时期都要多。如今，美国大学生发现来自集体主义文化的人，在他们听众中占据的比例越来越大。要了解你在个人主义维度上的立场，请参看“自我评估”板块的“你是集体主义的还是个人主义的？”

自我评估

你是集体主义的还是个人主义的？

这份问卷的目的是帮助评估你的个人主义和集体主义倾向。下面的每一个词语都反映了价值观重要性程度的指示值：与我的价值观相反（回答1），对我来说不重要（回答2），对我有点重要（回答3），对我比较重要（回答4），对我非常重要（回答5）。

______ 1. 获得快乐或感官的满足

______ 2. 保护他人的福利

______ 3. 通过展示我的个人能力获得成功

______ 4. 如果我的行为会伤害他人则要予以限制

______ 5. 独立的思想和行动

______ 6. 与我认同的人在一起，拥有安全和稳定性

______ 7. 获得地位和声望

______ 8. 与他人的关系和谐

______ 9. 拥有令人兴奋和具有挑战性的生活

______ 10. 接受文化和宗教传统

______ 11. 被公认为自我工作

______ 12. 避免违反社会规范

______ 13. 过着舒适的生活

______ 14. 生活在一个稳定的社会

______ 15. 我的工作方式合乎逻辑

______ 16. 礼貌对待他人

______ 17. 雄心勃勃

______ 18. 是自控的

______ 19. 能够选择我做什么

______ 20. 增强他人的福利

要发现你的个人主义得分情况，请把你对奇数项作答的数值相加。要发现你的集体主义得分，请把你对偶数项作答的数值相加。两个数值范围都介于 10 ~ 50。你的分数越高，你越具有个人主义和 / 或集体主义倾向。

资料来源：William Gudykunst, Bridging Differences, 2nd ed. Copyright © 1994 by Sage Publications. Reprinted by permission of Sage Publications, Inc.

阴柔与阳刚之气

霍夫斯泰德的文化结构的第三个维度是阴柔与阳刚之气。霍夫斯泰德解释说："女性气质代表一个社会中，社会性别角色的重叠：认为男性和女性都应该是谦逊的、温柔的和注重生活质量的。"[17] 而阳刚之气"代表一个社会中明显不同的社会性别角色：认为男人都应该是坚定而自信的、顽强的，专注于物质上的成功"[18]。美国男子气概的排名相对较高，在 53 个国家中排名第 15。尽管传统上美国是一个高度男性化的国家，不过情况在慢慢地改变，就如 2009 年诺贝尔经济学奖获得者埃莉诺 · 奥斯特罗姆（Elinor Ostrom）以及医学奖获得者伊丽莎白·布莱克本（Elizabeth Blackburn）和卡罗尔·格雷德（Carol Greider）所证明的——女性首次在这些传统上男性占支配地位的领域，获得了诺贝尔奖这一殊荣。研究发现，斯堪的纳维亚是最具女性气质的文化，往往不会出现将一组角色分配给男性，而将另一组角色分配给女性的情况。在这些文化中，一个人的专业角色被认为是能力的产物而非生理性别上的原因。因此，当想象一个医生或一个公司的首席执行官的时候，人们不会自动意识到是一个男性。想象一个护士或秘书的时候，他们不会自动意识到这是一个女性。

许多其他的文化正好相反。有些达到了极端的程度——某个人的生理性别决定了这个人的作用。在奥地利、委内瑞拉和日本（男子气概排名最高）这些国家中，企业或公共机构中掌权者几乎没有女性。分配给女性的角色是处于视线和权位之外的。因此，日本男性听众虽然有礼貌，但可以预见的是，他们不会接受一位女性做关于重新规划日本公司此类主题的演讲。同样的道理，斯堪的纳维亚的听众会警惕男性演讲者提议女性属于家庭。

2009年诺贝尔生理学或医学奖获得者伊丽莎白·布莱克本和卡罗尔·格雷德，反映了女性在科学中的作用越来越大。

这个维度可以是很多背景中的一个因素。例如，在男性文化中，学校里的孩子往往会公开表达和公开竞争。失败被视为一场灾难，甚至可能导致自杀。男孩和女孩往往学习不同的科目。然而，在女性文化中，学生往往表现得不那么有竞争性，失败不会被视为一场灾难，男孩和女孩往往学习相同的科目。你越清楚你面对的是哪种类型的文化，你就越可能成为一位更有效的演讲者。即使是美国听众，基于文化遗产、年龄、性别平等领域中的进步，男性气概和女性气概方面也可能存在差异。探讨希拉里·克林顿（Hillary Clinton）如何展示演讲风格，在女性和男性之间自由变动的能力，取决于她面对的修辞情境，参见“值得一提：国务卿希拉里·克林顿全面的修辞技巧”。

值得一提

国务卿希拉里·克林顿运用了全方位的修辞技巧

尼古拉·D. 顾特戈尔德

希拉里·克林顿是一位活跃的第一夫人，当选为纽约参议员后，差点就赢得了 2008 年民主党总统候选人提名。她是美国第一位女性总统候选人，而不是被选民和媒体仅仅看作是一位象征性的候选人。她是一个特别有趣的值得学习的演讲者，因为她的发展轨迹在美国女性中是独一无二的。作为第一夫人，希拉里曾到访过 80 多个国家，与外国领导人会晤并参访多个偏远村庄和诊所。作为国务卿，她第一次前往韩国首尔。那年晚些时候，国务卿克林顿阐述了一份重大的外交施政报告，她呼吁“美国将如何运用其力量来捍卫我们的国家，扩大共同繁荣，帮助生活在更多地方的更多的人，不辜负他们的天赋潜能的一种新的思维方式”①。而在她到达肯尼亚开始为期 11 天的非洲之旅时，遇见她的南非妇女和儿童高呼：“希—拉—里，希—拉—里！”这种类型的自我角色呈现，与大多数人想象或听说的前第一夫人形象完全不同。

作为国务卿，希拉里·克林顿展示的许多修辞技巧，在她第一夫人任期内就已经有目共睹了。在参议院竞选以及著名的总统竞选中，以及她走遍世界各地，努力改善国际关系时，应该将这些技能看作是普遍的积极的特质。这些技能指向了她的演讲风格在阳刚和阴柔之气之间自由转换的能力。

在我 2008 年的书中《几乎成为女性总统，为什么希拉里·克林顿在 2008 年“获胜”了》（*Almost Madam President, Why Hillary Clinton "Won" in 2008*），我注意到，希拉里·克林顿作为一位公众演讲者的风格，展示的修辞敏捷性，美国其他妇女无人企及。不过，作为一位公众人物，希拉里·克林顿已经得心应手有相当长一段时间了。当她丈夫当选阿肯色州州长时，令许多人惊讶的是，希拉里·克林顿没有将自己限制在传统的第一夫人的日常工作事务中。相反，她用自己强大的修辞技巧，引导了阿肯色州教育系统的改革。作为美国第一夫人，她突破了原本这种角色修辞的制约，成为她丈夫行政管理中一位非常重要的参与者。她继续参选并获得纽约州选举办公室参议员，成为第一位美国总统女候选人领跑者。作为阿肯色州然后是美国的第一夫人，她展示自己的方式常常被批评为“通常放弃了全部散漫的女性公开表现的温柔气质标记”②。希拉里·克林顿告诉《纽约时报》的马克·兰德勒，“我恰恰认为，女性角色转变是普遍进步的最后一个大障碍，我们已经在人性的诸多方面取得了进展，流连酒吧曾被人歧视，现在被大家广泛接受。但是在很多地方和很多方面，妇女所受的压迫提醒我们，要充分发挥人类的潜力是多么困难。”[③]

虽然她的政治故事还在进展中，有一点确定的是，希拉里·克林顿已经提升了女人在美国的作用，这点很少有争议，而且她仍然是修辞学者一个有趣的研究课题。

① 希拉里·克林顿．在美国外交关系委员会上的外交施政报告 [2009-07-15]. http://www.stategov/secretary/rm/2009a/july/126071.htm，1 September 2009.

② 坎贝尔·卡尔林·科尔斯．女性气质的散漫：讨厌希拉里．修辞和公共事务 1(1998)：1，3.

③ 马克·兰德勒．性别新议程．纽约时报杂志 [2009-08-18]. http://www.nytimescom/2009/08/23/magazine/23clinton-t.html?_1，1 September 2009.

资料来源：尼古拉·D. 顾特戈尔德是《几乎成为女性总统，为什么希拉里·克林顿在 2008 年“获胜”了》（Lexington Books，2009）、《耳闻目睹：电视新闻中的女性》（Lexington Books，2008）和《为女性总统铺路》（Lexington Books，2006）的作者。她是宾夕法尼亚州立大学利哈伊谷校区传播艺术与科学副教授。

“值得一提：国务卿希拉里·克林顿运用的全方位修辞技能”，作者是尼古拉·D. 顾特戈尔德，承蒙作者允许转载。

规避不确定性

霍夫斯塔德讨论的第四个维度是规避不确定性，即“一种文化成员感觉受到的不确定或未知情况的威胁达到了何种程度”[19]。作为一名学生，你清楚所有的不确定性以及与之相随的不适感。如果老师对作业、测试、截止日期以及评价标准含糊其辞，不仅带来不确定性，而且很可能是你们尽量试图避免的人。就像人们在其可以忍受的不确定性数量存在差异一样，因此，整个文化伴有不确定性。生活在“低不确定性规避文化”中的人对于含糊其辞有相当大的容忍度，而这种含糊其辞能够让其他人近乎抓狂。

规避不确定性的社会包括希腊、葡萄牙、危地马拉和日本。倾向于容忍不确定性的社会包括新加坡、牙买加、丹麦、瑞典、英国、印度、菲律宾和美国。你仔细想想，如果不能容忍一定数量的不确定性，那么新企业就不太可能获得风险投资的资金。总的来说，美国大体上是一个移民及其后代的国家，而来到“新的世界”的人们，在其生活中已经准备好接受非常高水平的不确定性。

这对于演讲者，有什么重要意义呢？如果听众至少能够容忍适度的不确定性，那么你就无需给出确定的承诺。很有可能的结果就足以赢得他们的支持。然而，全然不确定可能导致听众拒绝你的观点，特别是在那些不能容忍含糊其辞的社会。你应该调整诉求的不确定性程度，让听众愿意接受你的观点。

长期导向与短期导向

霍夫斯泰德讨论的最后一个维度是生活的长期导向与短期导向。“长期导向代表着培养美德以期未来的回报，特别是毅力和节俭。”[20]“短期导向代表培养联系着过去和现在的美德，特别是对传统的尊重，保持‘脸面’和履行社会义务。”[21]

中国和日本等亚洲国家，长期导向维度排名往往非常高。事实上，这个维度有时被称为儒家学说，因为在许多价值观中，维度的两面都与儒家学说教义相同。美国排位列倒数第三位，巴基斯坦排名最低，意味着这两个国家都是以生活短期导向为主。

长期生活导向的那些文化，倾向于使历史悠久的传统适应各种现代情况，愿意保存及坚持实现长期目标，愿意让自己服从目的、节约利用资源。短期导向的社会尊重的传统，愿意超支以保持自己的生活方式，并期望立竿见影的效果。如果这种情形听起来很熟悉的话，那是因为我们生活在一个以短期取向为主的文化之中。作为一个群体，美国人储蓄很少，花费则比世界其他任何现代文化中的人都要多。

因此，知道听众共有的文化是短期导向还是长期导向，可以极大地影响你的演讲内容。在长期导向的社会中，呼吁节俭和耐心很可能有效果，而对具有短期导向世界观的社会，呼吁即时满足则更有效。当前关于美国需要改变社会保障体系以保护后代的辩论，反映了多年来美国部分社会短期取向的结果。目前这个问题讨论正酣，表明短期导向和长期导向在美国文化中的竞争。

适应文化多样性

霍夫斯泰德的五个维度，对于分析文化多样性很重要。你不应该自动地厚此薄彼。相反，你应当调整演讲内容以适应与演讲主题最相关的那些维度。例如，发表演讲鼓励学生避免信用卡债务的累积，在长期导向的大学中的接受程度，会好于那些短期导向的大学。

此外，当今世界文化多样性是常态而不是例外，你可以认为，听众成员不仅是文化多元的，还会根据女性气质和男性气质这种维度而变化。因此，形成和发表一次演讲，呼吁听众中大多数文化的代表，比以往任何时候都更加艰难。因此，你表达立场的理由范围越广泛，你成功的可能性就越高。

人口多样性

在文化多样性之后，你希望调查以便更好地了解听众的第二个主要因素，是根据人口统计数据了解人们有何差异。人口统计数据是关于所有人口的基本的重要的数据。人口因素包括年龄、生理性别和社会性别、种族、地理起源、社会经济地位、职业角色、宗教和语言运用。**人口多样性**是指人们之中这些因素的差异。年龄和种族等这些因素，通常很容易观察到。其他因素，如宗教、职业和社会经济地位，可能不那么明显。我们从一些简单的易于观察到的因素开始分析，然后转向不那么明显的因素。

人口多样性：人们在社会经济背景以及教育层次上的差异性。

值得一提

千禧一代

每一代都有那么一点点独特性，拥有包含自己独特信仰、习俗和价值观的“文化”。年龄在 18 岁至 29 岁的这一代的年轻人被贴上“千禧一代”的标签。这一群人的信仰、价值观和习俗显著地不同于前几代。美国进步中心（Center for American Progress）资助的一系列研究表明，他们比前几代同年龄段的人对各种经济和社会议题的态度，更具有进步性。相较于前几代，他们更有可能支持同性婚姻、种族和性别平等以及宗教宽容。这一代青年比前几代青年的种族更具多样性——60% 白人，18% 拉美裔，14% 黑人，5% 为亚裔和 3% 其他种族。[①]

这对于一位演讲者，意味着什么呢？许多分裂美国人的旧的社会问题，已不再像从前那样引起纷争了。而几乎为所有主流文化共享的占主导地位的假设，在文化越来越远多元和多种族的社会，已经消失了。

① David Madland and Ruy Texixeira, *New Progressive America: The Millennial Generation*, Washington, DC: Center for American Progress, May 2008. http://www.americanprogress.org/issues/2009/05/pdf/millennial_generation.pdf, 7 September 2009; John Halpin and Karl Agne, *The Political Ideology of the Millennial Generation: A National Study of Political Values and Beliefs Among 18-to-29-Year-Old Adults*, Washingtong, DC: Center for American Progress, May 2009. http://www.americanprogress.org/issues/2009/05/pdf/Political _Ideology_youth.pdf 7 September 2009.

年龄

我们都是在二十多岁的时候开始教大学生。因此，我们的经历与许多学生差不了多少。虽然不完全相同，但是我们对音乐、电视和电影的品位与他们足够相似，我们可以引用流行文化为例以使自己的讲座能够更贴近学生。不用说，我们不再享有这种奢侈了。我们需要不断地提醒自己的事实是，我们生活中决定性的经历，主要发生在目前大多数学生出生之前。因此，在援引感人悼词的例子时，我们引用的是1986年挑战者号航天飞机爆炸后罗纳德•里根（Ronald Reagan）向全国发表的演讲。如今的学生都是在该事件之后很久才出生的。事实上，对于大多数学生而言，用里根作为演讲者的例子，与谈论富兰克林・罗斯福（Franklin Roosevelt）和伍德罗・威尔逊（Woodrow Wilson）相比，在生活经验方面并没有太多的不同。关于如今大学年龄段的学生如何不同于前几代的讨论，请参阅“值得一提：千禧一代”板块。

演讲者不仅应该知道听众的平均年龄，也应该知道听众的年龄范围以及如何与自己年龄相比较。美国人口年龄变化的速度越来越快，教室里的人口也是如此。曾经一段时间，高校教室的人口是由18岁至22岁相对同质的一群孩子构成的。如今的课堂学生构成更加多样化。例如，21世纪的一所州立大学的大专班很可能是由混合年龄的学生构成。常见的情形是有年仅17岁的年青学生，也有年纪达75岁的学生。许多学生是伊拉克和阿富汗战争的退伍军人。

作为一个演讲者，在准备和发表演讲时，你都需要考虑到这种人口多样性。你不仅要考虑 18 ~ 22 岁的学生可能会对演讲做出何种反应，而且要考虑到那些继续学业和再入学的学生可能会如何回应你的演讲。同样的，你也将不得不通过学生的反应考虑那些与你或听众的其他成员类似或者不同的学生。将听众与你自己相比，显得特别重要。

最有效的一些演讲者彼此很相似，但并非与听众太相似。40 多岁重新入学的学生在课堂上向 18 ~ 22 岁的学生演讲时，可能有点被吓倒了。同样，要求 20 多岁的学生向一组中年人演讲，他们可能会感到不安。演讲者和听众之间年龄相差很大的情况下，可以强调相似点。例如，年纪大的学生向年轻听众演讲，可以讨论他们的孩子，他们可能与班上的其他同学年龄相仿。同样，为了努力找到联系起听众的一条共同的主线，年轻人面对年长的听众，可以参考父母或祖父母。

性别与生理性别

无论你是否同意“男人来自火星女人来自金星”[22]，你都不能否认，男性和女性在自我表达时经常不同。就像我们在男性与女性文化中讨论的，性别是如何影响人们看待自己和他人的这个主题，得到了相当大的关注。恰如茱莉亚・伍德（Julia Wood）等学者所指出的，社会性别（gender）远远超过你的生理性别（biological sex）。[23] 社会性别是在特定文化中男性或女性相联系的社会和文化特征的混合物。个人在成长的过程中习得性别角色——文化对于他们作为男性或女性的期望。

当你看到听众，你通常可以通过着装和发型等外在形象说出谁是男性谁是女性。但是，除非你有更具体的信息，否则你不能说出谁是同性恋或谁是异性恋，抑或什么人正处于一段恋情中，而什么人仍是单身。许多与性别有关的信息很可能超越你在大多数公共演讲情境中的知识。

有些听众主要是一种性别或另一种性别，他们可能与你的性别相对。因此男性演讲者面临主要是男性听众的情形，与面对的主要是女性或男女性别大体均等的听众的情形，会有很大的不同。

你面临的第一个问题是选题。例如，我们有个学生发表演讲谈的是丰胸手术的危险性。她和女听众显然对该话题颇有兴趣。为什么男性要关心呢？她非常明确地努力把男性听众纳入话题中。她从女朋友或妻子角度切入，并强烈呼吁男性接受他们伴侣本来的样子。虽然这个话题显然与女性听众有较强的直接关系，不过她很细心，没有忽视男性听众。

种族

虽然与文化密切相关，但是种族与文化不是一回事。例如，我们最近有一个班，既有日本的交换生又有第五代日裔美国人。表面上可能出现有着相同的种族背景，但他们认同的文化非常不一样。很多同学的种族起源可能有其显著的自我概念。这些同学可以积极参与维护和传承能够定义其种族的传统。因此，如果你对校园中出现的种族多样性无知的话，可能会在无意中违反或忽视这些传统中的一种或多种。例如，我们有个学生，她虽然出生在美国，但是非常自豪于自己的菲律宾血统。了解到这一点，对于预测她会如何回应特定的主题很重要，举个例子，当时菲律宾发生危机，多个人质被一个叛乱集团掳走了。

同样重要的是要认识到，许多美国人拥有多个种族背景。“老虎伍兹”是亚裔、非裔美国人、印第安人和白人的后代，是这一趋势最突出的例子之一。最新的美国人口普查数据显示，伍兹并非孤例。“大约 2.4% 的美国人，也就是大约有 680 万人，报告自己属于多个种族群体。”[24]

地理起源

今天听众多样化的组成也体现在听众的地理起源上。我们的一个国际学生，在问及她出生的地方时，她说出生在苏联，但是一直住在吉尔吉斯斯坦，从来没有变化过。当然，苏联解体后，她成为了一个新的国家的公民。考虑到她的同学都没有听说过吉尔吉斯斯坦，这个学生专门做了一次告知性演讲，向我们讲述了关于其祖国的一些情况。

看看你的校园。人口很可能反映了国家和区域人口的多样性。美国学院和大学的国际学生就读情况空前高涨。师资队伍也变得更加国际化。否认或忽视这个国家多样性对人们对彼此之间看法的影响，包括你作为公共演讲者如何被看待，是非常不明智的。也可以这样说，区域差异性也反映在学生身上。有些校园与其存在的区域有着近乎是镜射般的影像。相较于其区域环境，其他的校园看起来更像是个国际城市。

由于运用有可能被认为轻视其精神家园的参考资料，演讲者会不知不觉地冒犯听众成员。摇滚乐队的林纳·史金纳（Lynyrd Skynyrd）说：“我希望尼尔·杨（Neil Young）记得，南方人不欢迎他。”因为杨的歌曲而对他施加报复，这些人认为他的歌曲贬低了南方人。简言之，有些人真正地被演讲者们抛弃了，因为他们感觉到演讲者对他们的认识是不公平的刻板印象，或者轻视了他们所处的地理方位。不只是南方人如此，纽约人、不那么悠闲的加州人以及一些北达科他州人，都因科恩兄弟（Coen brothers）的电影《冰血暴》（*Fargo*）对自己所在区域的写照而有点儿不高兴。

社会经济地位

人们所属的社会群体和经济阶层被称为他们的**社会经济地位**。社会经济地位并不总是直接可见的。多数大学希望学生的社会和经济背景具有多样性。因此，演讲课上的学生可能家境贫寒，也可能出身豪门。虽然有时你可以推论出听众的社会地位，但是推论并非总是可靠。比如，我们中的一位学生曾在其课堂上提出，学费增加可能导致就读加州大学的少数民族学生减少。某个少数民族学生对此表示反对，指出不能假定所有少数民族学生都一定太穷而负担不起更高的学费。

社会经济地位：人们所属的社会群体和经济阶层。

社会经济背景和观众对医疗改革及税制改革等话题持有的意见之间有一种密切的关系。因此，了解听众的社会经济背景，能够启发我们在准备和发表演讲时注意其他听众特征的重要性。

教育

社会经济地位与教育水平有着密切的联系。公共演讲课上绝大多数学生的教育背景很可能与你相似——高中毕业后读大一或大二。然而，离开课室后，你可以预想到的是，听众教育背景更加多元化——有的高中未毕业，有的具有先进的专业知识和研究生学位。无论你的情况如何，都要努力尽可能多地了解听众的教育背景，然后选择合适的材料。

职业

人们所从事的工作种类也反映出人口结构的多样性。在校园内居住，职业角色一般与主要专业有关。但是在许多学校，有的学生已经从事了一项职业，为了提升或转行的目的而攻读学位。城市和大都市内或城市附近的主要学校尤其如此。人们不能总是从一个人的外表推断其职业或先前可能的职业。例如，我们记得有位女学员，不到五英尺高，但她在一次演讲之中透露，她当一名卡车司机已经好几年了。很显然，她对很多问题的看法受到经历的影响。举例来说，如果他人假设她对柴油技术一无所知，就会犯明显的错误。

职业和同事影响到人们如何看待这个世界。例如，个体职业者对一些事情的看法，可能不同于在公共部门、大公司和在家里工作的人。演讲者分析年龄和社会多样性很重要，尊重听众中各种职业代表也很重要。你了解同学的时候，可以把符合自己演讲的有关同学的专业或工作材料整合进来。例如，我们班上有一个学生是流行音乐节目的主持人（DJ）。倘若与演讲主题相契合的时候，比如如何组织一次特别的活动，其他同学经常会提到这位同学。听众欣赏积极地提到他们职业的人，而消极地提及他们的职业，可能会得罪他们。举个例子，倘若某位学生对 DJ 做了贬损性评论，那么很可能疏远了那位以此为业的听众。

宗教信仰

因为听众的敏感特性，你需要考虑宗教的多样性。在公立院校，你可以假设几乎所有类型的宗教信仰都有代表。即使在隶属于天主教堂的巴黎圣母院大学（Notre Dame），你也会发现学生群体中宗教信仰的多样性。在某些情况下，一个人的宗教信仰可以根据其服装和外表而识别。阿米什人、哈西德派犹太人、部分穆斯林、印度教徒和锡克教徒，都属于这种情况。但你无法通过外表区分出一位无神论者和一位天主教徒。

另外，1990—2009 年，表示没有宗教信仰的人数，从 8% 增长到了 15%，增加了近一倍。而确定自己是基督徒的比例下降了 10%。[25] 这些数据表明，演讲者必须能够适应不信仰宗教的听众以及那些广泛代表了不同宗教信仰的听众。

不过，我们想指出的是，宗教信仰并非总能预测信仰者的实际态度。例如，尽管许多教派正式地反对使用人类胚胎干细胞研究，但是调查对象超过 1000 多美国人的哈里斯民意调查显示，“受访者中，60% 多天主教徒和 50% 重生（born-again）的基督徒认为，应该允许科学家在医学研究中使用干细胞”[26]。

也许我们可以对宗教信仰提出的最重要的建议是，宽容和尊重那些不同意自己观点的听众。演讲课中的听众是受限制的。攻击一套宗教信仰或试图劝诱班级成员改变宗教信仰的演讲，并不适合于大多数学院和大学。因此，你应该假设可能有听众会因宗教主题而深感冒犯。这并不意味着在公共演讲课上就没有讨论宗教的余地。我们曾经听到好多次质量过硬的演讲，这些演讲成功地解释了对于特定宗教或教派的常见的误解，描述了宗教之间的相似性，还讨论了某些宗教习俗的起源。不过，每一个演讲实例的目的都是告知听众，而不是说服听众相信特定宗教的“真理”。

语言

最后，依据听众在其参照群体中如何运用语言而可能有差异。即使有共同母语的人们，语言也往往出现变化，而这语言让他们认同自己是一个特定群体的成员。例如，每一代的年轻人，都会创建一些有别于前几代人而为自己群体共享的词汇和语法。以 20 世纪 50 年代初的大学生为例，他们很喜欢被称作“真正的乔治”。随后一代的大学生喜欢说**潮、酷、妙极了**，在北加州甚至用**相当妙极了**（hella' bitchin'）来代替**乔治**。

在美国有墨西哥血统的人可能称自己是墨西哥裔美国人、奇卡诺人 / 女奇卡诺人或拉丁美洲人 / 拉美裔女人，取决于他们在哪里出生的和他们在哪里长大的。而非洲裔人可能会称自己为黑人或非洲裔美国人，也是出于同样的原因。不过，语言群体不一定是年龄或种族的基础。特殊用法和词汇还可以围绕活动或兴趣形成。冲浪者和帆板运动员、滑雪运动员和滑雪者都有一套特有的运动词汇，以及使用这些词汇的一种独特的方式。电脑黑客、摄影师、正经的背包客、漂流狂热者，也是这样的情况。更重要的是，这些群体使用他们的词汇不仅识别自己的同类，也用于区别自己和他人。

随着世界变得更小，甚至在美国境内语言多样性也在增加，重要的是，演讲者要学会适应听众的语言背景。根据 2000 年美国人口普查，20 年前只有 10% 的美国人主要说英语以外的其他语言，但是，如今这个数字已经达到了 17.6%，将近有 5 人中就有 1 个人说其他语言。[27] 如果你要向主要语言与你不一样的听众发表演讲，你可能需要学习另一种语言中的一些短语。花时间并试试学习另一种语言，向你真正感兴趣的语言社区的成员表示出来。奥巴马总统在开罗的演讲中使用传统的阿拉伯语问候“assalaamu alaykum”(愿主赐予各位平安)赢得了掌声，在许多穆斯林之间引起了强烈的共鸣。[28]

个体差异

对于大多数公共演讲者而言，听众多样性的最困难的方面是预测听众个体成员将会如何对他们及他们的信息做出反应。在分析听众个体构成情况时，你应该寻找什么样的具体事例呢？**个体差异**深深植根于人们的知识、信念、态度、价值观、动机、期望和需求之中。是什么形成了人们真正的独一无二的个体差异，这不单单是以其文化基础或人口确定的。当你知道作为个体的人们而不是简单地作为文化或群体成员的时候，你可以更精确地预测他们将如何回应你及你的演讲。你也可以利用这些知识来谋划你的演讲，并确定你的目

> 个体差异：听众成员在知识、信仰、态度、价值观、动机、期望值以及需求方面表现出的不同点。

的和目标是否现实。

大多数公共演讲课的一大优势是，你会学习了解作为个体的听众。正如我们在第 4 章指出的，一个 25 人的班级，你会花掉约 96% 的上课时间倾听同学发表的演讲。如果你积极地听取他们的演讲，你会了解到很多关于他们所知的事情，思索他们周围的世界。你可以使用这些信息来准备你自己的演讲。

尽管大学毕业后的许多公共演讲场合，可能不会让你听到所有听众的发言，但在你演讲之前，你可以努力地了解尽可能多的有关他们个人的信息。甚至在你面对听众很“冷”的情况下，你也可以事先对他们的兴趣和信仰体系做出某些假设。举个例子，如果要求你向狮子会俱乐部（the Lion’s Club）发表演讲，事先了解他们所关心的募集资金抗击失明活动，以及他们给高中学生公共演讲比赛提供赞助这些信息，是非常有益的。如果能够获得任何你要向其发表演讲的听众的个体线索，对于精巧地发表一场高效的演讲，都很有价值。

知识

要了解听众，你首先要清楚的一件事是——他们对你及你的话题了解多少。这在选择一个内容丰富的演讲题目时尤为重要。也许你曾经有过听演讲的这种经历：演讲者仅仅讲述了你已经知道的东西，有可能到头来你心急又无聊；你还可能有过这样的经历：因为演讲者使用的词汇你从来没有听说过，以至于你对演讲几乎不知所云；或者演讲者假设你对于该主题有先验知识，而事实上你并不具有该主题方面的任何知识。

你要尽可能多地了解听众的知识。很可能会有一系列的知识让你选择演讲主题。如果听众的知识水平差别太大，那么你准备演讲可能会非常困难。你会发现自己让一些听众觉得无聊，与此同时失去了其他的听众。例如，在美国联邦储备委员会发表的演讲，在经济学专业的人看来可能是过时的，但是人文专业的人又觉得困惑不解。如果可能的话，演讲的主题要与听众成员具有的知识水平大概相似。如果你一定要老调重弹某些事实，那么最好尝试预留一点回旋余地，以便让消息灵通的听众保持兴趣。在任何情况下，你都要确保你是那个房间里见识最广博的人。最起码如果听众中的一员纠正了你的事实错误，想必是很令人尴尬的。

信念

信念：
对一个对象的属性或特征的主张。

对各种各样的话题我们都持有某些信念。**信念**是“对一个对象的属性或特征的主张”。[29] 有些信念是相对明显和不可否认的。例如，我们所有的人（大概）共享一个信念：地球是圆的并且围绕着太阳旋转。然而，有些信念是有争议的——举个例子，关于死后的生命、堕胎以及正如你在图表 5.2 中看到的关于进化论的情况。当你探讨问题时，人们持有的信念与你不同，你会面临严峻的考验。你必须要么改变他们的信念，要么说服他们，这样的信念是不相关的，并且不一定与你自己的观点相反。

社会心理学家弥尔顿·罗克奇（Milton Rokeach）指出，有一些人的信念确实会比其他人的信念更加难以改变。[30] 一般来说，信念有三个层次——核心信念、中心信念和外围信念。最难以改变的信念是**核心信念**，可以将之划分为两种类型。A 型信念，或原始信念，这都是与信念对象直接接触而习得的，并通过一致的社会共识而得以加强。一种原始的信念是“死亡是不可避免的”。B 型信念，或**零共识**，这些信念是基于直接经验而无需社会支持。这些信念对于改变也很抵制。比如，“我喜欢自己”是 B 型信念；它无须被社会共识所强化。

核心信念：
非常抗拒改变的原始的和零共识的信念。

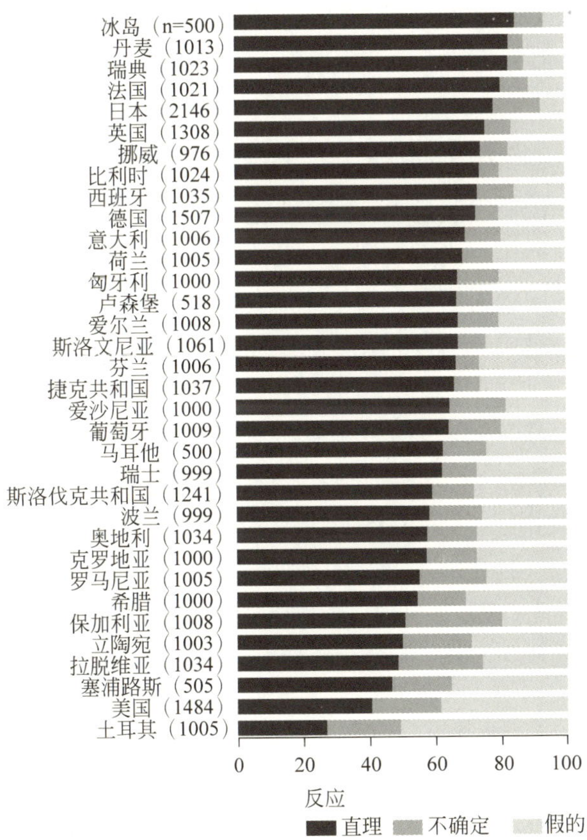

图表 5.2 2005 年 34 个国家的公众接受进化论的情况

资料来源：From Jon D. Miller, Eugenie C. Scott, and Shinji Okamoto, “Public Acceptance of Evolution,” Science 313 (11 August 2006): 765. Reprinted with permission from AAAS.

中心信念：
直接或间接地基于权威信念的信念。

外围信念：
中心信念类型中最弱的、最容易改变的信念。

接下来的两种信念，被称为**中心信念**，仍然难以改变。C型信念是**权威信念**。例如，圣经、摩西五经或古兰经的真理的信念就是一种C型信念。D型信念是基于权威信念而派生出来的信念。例如，穆斯林认为他们应该避免喝酒和吃猪肉就是派生的信念。改变D型信念需要理解衍生出它的C型信念。因此，演讲者可能指向经文，试图改变信徒对宗教事务的观点，但是这样的论点会无法影响无神论者或不同宗教的信仰者。中心信念的最后是E型，被称为**外围信念**。例如，有人可能会喜欢说唱音乐，而另一个人则讨厌它。这些是最无关紧要的信念。图表5.3展示了这些信念水平之间的关系。显然，你改变听众核心信念的机会远远低于改变中心信念和外围信念的机会。

图表 5.3 信念体系

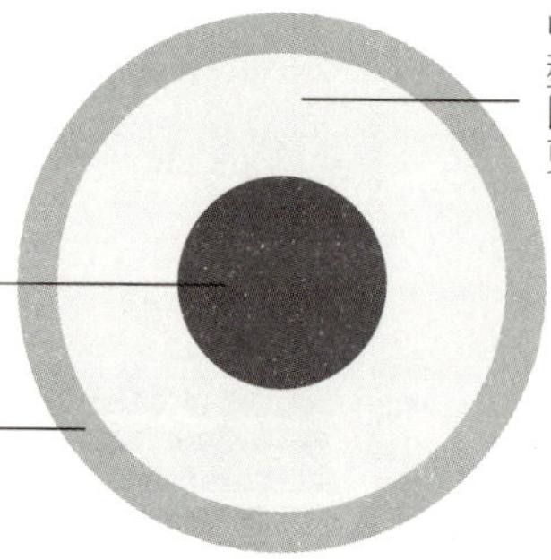

你怎么能了解人的信念？一种简单的方法是询问。例如，在关于手机安全的一次演讲中，有个学生要求同学举手表示有多少人相信在开车时使用手机是安全的。政治家和民调机构一直询问美国公众有关各种问题的信念。每年加州大学洛杉矶分校赞助的合作机构研究项目，对成千上万的大学一年级新生做全国性的研究。你至少可以从这些来源中了解到大致情况，听众有可能相信什么。例如，虽然一般人对于全球变暖持普遍怀疑的态度，2008年加州大学洛杉矶分校对入学的大一学生的研究发现，全球变暖是一个普遍的信念。研究报告，“接近一半人（45.3%）认为采取绿色实践保护环境是‘非常重要’或‘必要的’，而74.3%的人认为‘解决全球变暖应该是一项联邦优先行为’”[31]。在演讲中，你可以使用这些信息，知道调查在美国大学中代表了大多数的学生。

态度

态度：
一种习得的倾向，对给定对象的反应方式是一贯的赞成或不赞成。

态度是“一种习得的倾向，对给定对象的反应方式是一贯的赞成或不赞成”[32]。态度不是单纯的信仰，而是基于部分信念的反应方式。在我们的生活过程中，我们形成了无数的态度，从我们最喜欢的饮料品牌到喜欢的政党（如果有的话）。这些态度会影响我们如何应对听到的消息。因此，作为一位演讲者，了解听众对你的话题的态度，对于演讲的成功至关重要。有位演讲者尝试挑战同学厌恶吃昆虫类食物的态度。在美国文化中吃昆虫很罕见，大部分同学听到她的话题时，都发出了不满的声音。她试图说服同学，其实吃“虫子”可能是健康的。并不是每个人都相信，但是有几个同学（甚至教授）最终试吃了几片她的“粉蚧巧克力饼干”。虽然没有显著地改变听众的态度，但是演讲者至少促使班级的部分成员，软化了之前他们对待此种类型食品的强烈的态度。

你如何了解听众的态度？有时候，我们完全可以预测态度。大多数美国人不吃虫子。然而，如果没有询问同学“如何看待在实验室用动物测试化妆品”或“有多少人是素食主义者”，这些态度是不容易知道的。永远不要认为特定群体的所有成员都共享相同的态度：并不是所有的共和党人都认为，共和党所做的一切都超过了民主党做的。也不是所有的宗教成员——无论是天主教徒、新教徒、犹太教徒、浸信会还是穆斯林——都完全支持相同的宗教信仰。

事实上这是完全有可能的：在多元化的听众中，个人态度存在冲突，甚至是矛盾。你对群体的主要的或普遍的态度了解得越多，大多数听众积极地回应你在演讲中言说内容的可能性就越高。观众态度不分伯仲的时候，你需要尝试找到一些中间地带。应对听众含混态度之时，发现共同一致的领域，同时认识并尊重意见分歧，是至关重要的。

价值观

有位学者将**价值观**描述为“比态度更普遍……认为某些行为方式和目标比其他方式和目标更可取的持久的信念”[33]。例如，有些人反对用动物做实验研究的态度背后，既是研究中如何对待动物的一种信念，又是一种价值体系：不仅仅是人类生活重要，他们认为所有的生命都很重要。

> 价值观：
> 我们对于正确和错误的最持久的信念。

洛基奇（Rokeach）把价值观分为两类：一种是终极目的（目的本身）；另一种是工具（那些有助于实现我们作为人所追求的目的的手段）。[34] 终极价值观的例子包括一种舒适的生活、一种激动人心的生活、有成就感、一个和平的世界、一个美丽的世界、平等、家庭安全、自由和幸福。工具价值观指导行为，是实现终极价值观最终目的的具体手段。工具价值观的例子包括不凡的抱负、旷达、能干、快乐、整洁、勇气、宽容、乐于助人和诚实。

虽然人们可能并不总是同意洛基奇的分类，例如，当然可以将诚实本身看作是一种终极目的，不过基本概念是有其益处的。有些价值本身是可取的，而有些则是为了实现更高的、终极价值的工具。例如，宽恕和勇气可能被视为实现世界和平的手段。价值观很难被改变，尤其是终极价值观，因为它是人们是在早期就习得的，被人们所普遍认同。例如，公平、正义、生命、爱国主义等价值观，不仅是基本的价值观，而且大多数是我们在成长期被教导的价值观。事实上，我们的基本价值体系基本上在很小的时候可能就确定了，就像罗伯特·弗尔杰姆（Robert Fulghum）在其畅销书《真的需要知道我在幼儿园学到了什么》中指出的那样。[35]

给演讲者最好的建议是，呼吁听众了解他们共享的价值观，而不是试图说服听众采纳新的价值观。有些演讲不只是呼吁现有的价值观，还试图强化这些价值观。7月4日的演讲，纪念某位伟大英雄的悼词，或者一次鼓舞人心的演讲，可以被认为是实现强化价值观的功能。在大多数情况下，演讲者需要面对既定的价值观并在此之上进行价值观建设。例如，马丁·路德·金（Martin Luther King Jr）的《我有一个梦想》的演讲，与其说是宣扬了新的价值观，不如说是呼吁美国人在生活中践行《独立宣言》（*the Declaration of Independence*）和“权利法案”（the Bill of Rights）中描述的价值观。

动机

人类被各种各样的欲望所驱动，例如，知名度、经济保障、爱和平等。你应该尽可能多地了解听众可能的动机与你的主题的相关性。例如，演讲者可以假设毕业典礼上的听众希望在这里得到启发，并领取毕业证书。关于银行业改革的长篇大论的演讲是不适合这些听众的。然而，如果毕业演讲侧重于这所学校毕业生们的成功，也许正是听众想听的。

特定类型的动机关心的是：听众为什么出席你的演讲？在大多数的课堂演讲情境中，答案很简单：因为他们必须出席。在这种情况下，相比于他们主要为了听你演讲而出席的情形，你必须更加努力地保持听众的兴趣，并与他们的需求联系起来。在第8章，我们会提出一些有助于你与听众相联系及获得他们注意力的建议。即使只是为了听听而出现的听众，你也需要拥有他们的注意力。失去听众很容易，要想重新获得听众的注意力则很难，任何有经验的演讲者都可以作证。

这些反战示威者运用国旗覆盖棺材这一爱国象征，以示他们反对在伊拉克和阿富汗的战争。

期望

听众参加演讲的动机与他们的具体期望密切相关。如果听众希望得到娱乐，而你发表的是严肃的关于“臭氧损耗的危险”的演讲，那么你不可能获得好评。同样，如果大多数听众期待从必须重视的主题中获得严重教训的话，那么你应该满足他们的这种期望。你的演讲尽可能地与听众的期望相匹配，同时又实现了你的目标，这通常是很明智的。

一般来说，演讲的内容可能与大多数听众的预期南辕北辙，或者只是被听众冷眼相待。例如，几年前在我们的校园，到处张贴的海报邀请学生参加被称为“乔希”的关于“最大极限的性”（maximum sex）的讲座。不用说，教室爆满。然而，事实证明，乔希是一位宗教狂热者，他的演讲题目只是为了吸引人群，听众很不满意。

需求

需求是促使我们采取使生理和心理满足的行为方式。亚伯拉罕·马斯洛（Abraham Maslow）认为，我们经历了两组个人需求：匮乏性需求和成长需求。[36] **匮乏性需求**是人的基本需求。**成长需求**是人的高层次需求。马斯洛将这两组需求形式以层级结构安排，表明匮乏性需求必须得到常规性地满足之后，人们的成长需求才变得非常重要。

如图表 5.4 所示，匮乏性需求有四组：（1）生理需求，如食物，水和空气；（2）安全需求，如防护免受人身伤害；（3）归属和爱

匮乏性需求：指实现高层次需求前必须满足的人类基本需求，包括食物、水、空气、生理安全、爱和归属感以及自尊和社会尊严。

成长需求：人类更高层次的需求，在实现匮乏性需求之后予以实现，包括自我实现（充分发挥自我潜能的过程）、知识和理解以及审美需求。

的取向，如孩子对双亲爱的需求；（4）自尊和社会尊严的需求，涉及我们相信自己的价值观并寻找坚信这种信念的人。成长需求并不像匮乏性需求那么简单。成长需求包括自我实现需求、知识和理解需求、审美需求。成长需求中最常讨论的是自我实现。根据马斯洛的说法，自我实现是一个充分实现自己潜能的过程。实现自我的人不仅了解自己，也接受自己是谁以及他们已经取得的成绩。

图表 5.4 马斯洛需求层次理论

分析听众的时候，要考虑你的演讲如何能帮助听众满足他们可能的需求。例如，许多励志演讲旨在帮助人们满足自我实现的需要；而销售家庭安全设备的人会诉诸安全需求。

了解听众

前面讨论的听众多样化似乎难以企及。毕竟，我们大多数人只有几个朋友，我们可以描述出这些朋友全部的文化、人口属性以及个体的多样性。幸运的是，作为一个演讲者，你不需要知道有关听众的一切信息。相反，你要集中精力了解与你的演讲目的最相关的那些特性。了解听众有四种基本方法：观察、询问信息、做调查、访问在线社交网站，比如 Facebook。

观察听众

了解观众最直接的方法是仔细观察。在公共演讲课堂，你每天都会观察你的同学，尤其是当他们演讲的时候。你会了解到很多关于他们的文化背景、人口特征甚至他们的信念、态度和价值观方面的信息。如果你要向教室外的听众发表演讲，试一试在演讲之前观察他们。许多人口学特征应该很容易观察得到：年龄、性别、种族，诸如此类。

向熟悉听众的人打听

如果你自己无法观察听众，那么就向熟悉他们的人打听。在许多情况下，你会应群体中的一员之邀而发表演讲。例如，本书作者已多次在我们的社区服务组织发表演讲。最近作者之一应邀向一群老年人发表演讲，帮助老人解决医疗保险和其他医疗保险问题。了解听众情况有助于演讲者选择与那个群体的任务直接相关的例子。演讲者有位上了年纪的至亲，在熟悉一种专业护理设施上花了不少时间，这有助于演讲者将组织任务与理解其需求相联系。

调查听众

在某些情况下，你有机会对听众进行调查。这是确定态度、价值观、信念和知识水平的一种最好的方法，这些信息通常很难从纯粹的观察中确定。基于听众的外表你就假设他们持有某种态度，是有危险的。演讲者如果仅仅基于文化或人口统计数据，就假设听众的态度，那么他/她可能会犯重大失言之错误。

许多专业的演讲者在设计其演讲时运用调查数据。在向同学发表演讲之前，导师会为你提供调查同学的机会。如果是这样，要利用这样的机会，不过一定要采取短暂而匿名的调查。太多的问题会导致没有人回应，此外还应要求受访者确认自己足够坦率。“值得一提：调查听众”板块提供了调查的一项示例，这是某个学生计划向听众演讲关于手机安全所做的调查。注意，问题集中在驾驶期间使用手机方面。特别是，这个演讲者希望确定，听众成员是否认为驾驶时使用免提电话就是安全的。如果是这样，演讲就需要引用这样的研究结果：比起用一只手打电话，电话交流本身才是事故的根源。

值得一提

调查听众

1. 你有一部自己的手机吗？有________没有________（如果没有，跳到问题 6）

2. 你一个月大约使用手机多少个小时？________

3. 你曾经开车时使用过手机吗？是________否________

4. 如果是这样，你使用免提电话吗？是________否________

5. 你在驾驶时曾经发过短信吗？发过________没有________

6. 你相信开车时使用手机是安全的吗？

总是________ 从不________只使用免提电话________只是在发短信的时候 _____

7. 对于法律禁止在开车时使用手机，你的看法是什么？

________应该禁止所有手机的使用

________应该禁止发短信行为

________应该允许使用手机免提功能

________应该不限制开车时使用手机

访问社交网站

虽然我们鼓励你要谨慎，但是访问在线社交网络如 Facebook.com 和专业网络，如 LinkedIn.com，是你了解你同学的很好的机会。如果同学有一个博客，你也可以将之作为寻找他/她的文化、人口以及个人背景信息的方式。如前所述，曾经将人们的个人和公共生活分离的界限，已经被这些社交网站模糊了。从前，要了解听众个人生活方面的重要细节，不得不通过面对面采访才能获得，你现在点击几次鼠标就可以达到同样的效果。事实上，可能你对他们的了解比你需要的还多！这也提醒我们应注意重要的一点。不管在网上了解到个别听众的信息是什么，你运用信息的方式不应该让他们感到尴尬。此外，要小心，在自己的个人资料中不要包括可能让你难堪的信息或照片。校园报纸刊登的一幅姿势令人尴尬的照片，让我们亲眼见证了一位女生蒙羞，因为照片内的年轻男子，有一位是学生办公室的候选人。一旦上传到互联网，隐私保护的任何期待都将不存在。你也应该小心谨慎，避免以你在网上读到和看到的内容为基础，对个别听众做出太多的推断。如果你通过谷歌或维基百科得到了有关特定听众成员的信息，就要尤其注意这点。

毋庸置疑，网络可以是潜在的听众信息的巨大来源，无论他们是否在你的班级当中。大多数组织，包括服务团体，如狮子会(Lions)、国际知识妇女和女经理联谊会（Soroptimists）以及扶轮社（Rotary）都有网页。许多这些网页也有链接，可以了解个别成员的信息。当然，正如我们在下一章研究信息中会讨论的，网站可以被不择手段地破坏。因此，运用来自网站的信息分析听众成员时，你要谨慎运用每一种手段。

直面约束

约束：
修辞情境中选择的限制。

我们的行动都面临一定的限制。**约束**是对你选择的限制。演讲时你会面临的与场景相关的常见的约束包括法律约束、道德约束、场合性质、传统、时间和资源。让我们探讨每一种约束情况。

与情境有关的事实

总统约翰•亚当斯（John Adams）指出："事实是不容改变的东西。"[37] 虽然有些人似乎忽视了驾驭演讲情境的事实，但是他们迟早必须面对现实。没有做过研究的演讲者很可能因缺乏知识而感到尴尬。正如我们前面提到的，准备演讲的一部分是找出听众知道了什么，并确保你要比他们知道得更多。此外，重要的是，你引用的是来自你所知道的事实。如果听众知道你的事实都有坚实的来源，那么他们会觉得你是一位更懂行的演讲者。

法律约束

演讲时，我们都必须遵循一定的法律约束。例如，法律禁止某些演讲类型中的诽谤和流言。其他法律涵盖何时何地群体可以和平集会。例如，因为封堵堕胎诊所的入口，有人成功地起诉了这些反堕胎人士。尽管宪法第一修正案保障了言论和集会自由，但是这些权利并不容许你胡作非为。

然而，有些演讲者为了目的，有效地挑战甚至打破了法律。就像在第 3 章中提到的，纳尔逊•曼德拉愿意花更多的时间在监狱生活，结果让南非种族隔离制度宣告结束。这种牺牲自我帮助世界舆论转向反对南非少数白人政府的做法，最终使曼德拉当选为南非总统。

对你来说，在某次演讲中，你不大可能选择故意触犯法律以进一步推动崇高目标。然而，除非你探究过约束你演讲情境的相关法律，否则你可能在无意识中不小心违反了法律。在我们自己的经验中，曾有学生在课堂上展示的东西包括从异国情调的啤酒到有毒的宠物，而这些东西在我们校园内都是非法的。因此，我们获得的经验是，有必要在学生真正开展演讲之前，对他们的演讲的主题和计划进行把关。你若不想无意中违反法律，那么请多向老师咨询。

道德约束

我们在第 3 章中，详细地讨论了公共演讲应该考虑的伦理道德。在这里，我们只是想提醒你，作为演讲者和听众你都将面临道德约束。虽然某些事物在技术上可能是合法的，但是并不合乎伦理道德。

场合的性质

场合的什么性质在促使你发表演讲？前总统罗纳德•里根（Ronald Reagan）死后，他的儿子罗恩・里根（Ron Reagan）利用为父亲宣读悼词的机会，几乎不加掩饰地发表了对某些政客的驳斥，这些政客把自己的宗教信仰注入到了他们偏好的政治运动之中。年轻的里根承认，他的父亲是一个笃信宗教的人，但是“从来没有犯下致命的错误，以至于许多政客认为里根的信仰意在赢得政治优势。的确，里根在总统任期早期险些被枪杀丧命之后，他开始相信，上帝饶恕了他，以便他可以做得很好。但是他承认，这是一种责任而不是一种授权。而这之间有着深刻的差异”[38]。有些人批评他借这样一个庄严的场合来提出一个政治问题；其他人则称赞年轻的里根在全国人民观看之时很直率的表达。

在正常的上课时间，你最有可能发表演讲。你的听众是受限制的。考虑到这种不可避免的事实，你必须确定你的主题和表达是否与这个背景及场合相适应。我们有个学生讨论自己的第一次性经历，使在座的同学极不舒服。在课堂环境中披露此类个人信息，是不合适的。同样，粗俗、亵渎性言行等显然也不适合课堂。甚至过分随意的俚语可能都不适合于学术环境。当你对自己课堂演讲的合适性有疑问时，咨询教师永远是明智的做法。

传统

许多演讲都受传统约束。虽然这并不是大多数课堂演讲的一个主要因素，但是要求你在课堂之外演讲时，可能就是了。例如，许多服务性质的俱乐部，如扶轮社或狮子会，有一整套可能令局外人费解的传统。举个例子，对某些成员进行大量而善意的取笑，违反规则会被征收“罚款”，如把你的名字写在纸上，诸如此类。像 IBM 和苹果这类大公司，每一家都有自己的一套传统。IBM 公司的传统很正式；苹果的则不那么正式。因此，无论在哪一家演讲，你都会希望反映出每一家对于服装、神态和演讲方式方面雅俗观的预期。

时间

给你多少时间演讲？如果要求你演讲 5 分钟，你啰唆了一小时，可预见反应是负面的。然而，想象一下，你花钱来听一位重要公众人物预计一个小时的讲座，结果讲座 10 分钟就结束了。你需要知道并尊重时限，以及演讲者能够谈论多少信息可以与所安排的演讲时间相符合。例如，通常而言，比较彻底地谈论某个狭窄的主题，要比尝试范围虽广但只能浅尝辄止地泛泛而谈的情况要好。

准备演讲时，时间也是一个需要考虑的因素。如果你只有一个星期准备某次演讲，你可能没有时间从外部来源索取信息。如果你有一个月的准备时间，你就可以从外部来源获取信息。你还需要练习的时间。公共演讲需要练习的程度，就像罚球、挥动高尔夫球杆，或学习体操中的一个新技巧那样。简单地说，没有某种程度的重复练习，是不可能掌握演讲技能的。这意味着应尽可能地提早安排练习演讲的时间。放松技巧和其他驾驭焦虑的方法也需要时间来掌握。

资源

这里涉及两个问题。首先，你可以获得什么资源？资源包括资金、信息来源、可能协助你的其他人等。其次，完成你的演讲目标，需要什么样的资源？如果你的资源与你需要的相匹配或者超过你需要的，那很好。但是，如果缺乏必要的资源，你必须重新界定你的目标，或者获得更多的资源。

假设要求你发表一次演讲，至少要用到三种直观教具。你如何去得到这些教具？如果你资金足够，你可以购买图片并放大到海报大小，或者用投影胶片做准备。如果你的教室配备了电脑和投影仪，你可以使用幻灯片（PowerPoint）展示部分演讲内容。如果没有这些资源，你有什么可替代的资源？如果你有一个朋友是艺术专业的学生，他（或她）也许可以帮助你制作海报。无论你的情况如何，为了实现你的目标，你需要慎重考虑已经获得或将要获得的资源。

小结

OLC www.mhhe.com/brydon7e
为了评估你对本章内容的了解，请访问我们在线学习中心网站进行检测和其他章节辅助学习材料。

在这一章，我们提供了分析听众的工具，以及演讲的长期的、短期的目标要适应听众和情境。在这里，我们回顾一下需要考虑的四个主要方面。

依据文化变量分析听众：

- 权力距离
- 集体主义与个人主义
- 阴柔与阳刚之气
- 不确定性规避
- 长期导向与短期导向

依据人口特征分析听众：

- 年龄
- 性别与生理性别
- 种族
- 地理起源
- 社会经济地位
- 职业
- 宗教
- 语言的使用

依据个体差异性分析听众，包括他们的：

- 知识
- 信念
- 态度
- 价值观
- 动机
- 预期
- 需求

要让你的演讲目标与听众以及总体修辞情境相适应。需考虑以下约束：

- 事实

- 法律约束
- 道德约束
- 场合的性质
- 传统
- 时间
- 资源

学习成果检验：练习和实践

1. 关于酗酒的话题，你如何能够形成不同的演讲表达方式，如果你的听众构成情况是：（1）高中生；（2）与听你同龄的学生；（3）你所在社区的酒吧和小酒馆老板；（4）酗酒康复者？用一篇短文，解释在每一种情况下，你的方法和目的的不同所在。

2. 对以下主题之一：枪支管制，投票的重要性，堕胎，公民联盟，给你的信念系统创建一个模型，包括核心信念、权威的信念以及有代表性的衍生信念。你的信念系统表明，你有多容易被选择的主题而影响？

3. 采访一位来自其他国家但是在同一所大学学习的同学。最令他/她惊讶的美国文化是什么？了解他/她的文化后，什么是最令美国人惊讶的？就你发现的信息，写一篇简短的论文或做简短的讨论。

4. 尽可能多地了解同学的文化、人口和个体差异。设计一份引导你准备即将到来的演讲的简短的问卷。获得导师批准后，就调查写一篇关于演讲主题选择概况的文章。询问的问题包括：关于这个主题，听众已经了解的、对你的立场他们的态度是支持还是反对，以及他们对这个话题的兴趣水平等。向同学发放问卷，然后收集他们的回答（当然是匿名的），汇总结果。例如，如果你的主题是“禁止出售小型廉价手枪”，你可能会报告，60% 的同学对这个词很熟悉，而40% 的人不熟悉，50% 同意禁令，20% 的人反对，其他人没有意见，30% 的人认为枪支暴力是一个重大问题，而 70% 的人不这么认为。基于这些结果，写一篇短论文阐述如何使用这些信息来形成你的演讲。同时表明，你演讲的多种计划是如何根据调查中得到的信息而改变的。

注释

1. Barack Obama, "2004 Democratic National Convention Keynote Address," 27 July 2004. [Retrieved from http://www.americanrhetoric.com/speeches/convention2004/barackobama2004dnc.htm, 15 October 2009.]

2. B. J. Reyes, "Punahou Left Lasting Impression on Obama," *Honolulu Star Bulletin,* 8 February 2007. [Retrieved from http://archives.starbulletin.com/2007/02/08/news/story02.html, 13 October 2009.]

3. Barack Obama, *Dreams From My Father: A Story of Race and Inheritance* (New York: Times Books, 1995).

4. Jeffery Ressner and Ben Smith, "Obama Kept Law Review Balanced," Politico.com, 23 June 2008. [Retrieved from http://www.politico.com/news/stories/0608/11257.html, 13 October 2009.]

5. Barack Obama, "Remarks by the President on a New Beginning," *The White House Office of the Press Secretary,* 24 June 2009. [Retrieved from http://www.whitehouse.gov/the_press_office/Remarks-by-the-President-at-Cairo-University-6-04-09/, 13 October 2009.]

6. Lloyd Bitzer, "The Rhetorical Situation," *Philosophy and Rhetoric* 1 (1968): 5. Bitzer further defines an exigence as "an imperfection marked by urgency; it is a defect, an obstacle, something waiting to be done, a thing which is other than it should be" (6). In this text we prefer to focus on the speaker's goal, which, strictly speaking, is to *overcome the exigence* present in the rhetorical situation.

7. Aristotle, *Rhetoric,* trans. W. Rhys Roberts (New York: Modern Library, 1954), 24.

8. Bitzer, "Rhetorical Situation," 8.

9. Haya El Nasser and Paul Overberg, "Index Charts Growth in Diversity Despite 23% Jump, Segregation Is Still Going on, Researchers Say," *USA Today,* 15 March 2001, 3A. [Lexis-Nexis, 5 August 2001.]

10. Geert Hofstede, *Cultures and Organizations: Software of the Mind* (London: McGraw-Hill, 1991), 14.

11. Hofstede, *Cultures and Organizations,* 14.

12. Peter A. Andersen, Myron W. Lustig, and Janis F. Andersen "Regional Patterns of Communication in the United States: A Theoretical Perspective," *Communication Monographs* 54 (1987): 128.

13. Hofstede, *Cultures and Organizations,* 262.

14. Hofstede, *Cultures and Organizations,* 260.

15. Hofstede, *Cultures and Organizations,* 261.

16. Hofstede, *Cultures and Organizations,* 53.

17. Hofstede, *Cultures and Organizations,* 261.

18. Hofstede, *Cultures and Organizations,* 262.

19. Hofstede, *Cultures and Organizations,* 263.

20. Hofstede, *Cultures and Organizations,* 261.

21. Hofstede, *Cultures and Organizations,* 262–63.

22. John Gray, *Men Are From Mars, Women Are From Venus: A Practical Guide for Improving Communication and Getting What You Want in Your Relationships* (New York: HarperCollins, 1992).

23. Julia T. Wood, *Gendered Lives* (Belmont, Calif.: Thomson Wadsworth, 2005).

24. Robert A. Rosenblatt, "Census Illustrates Diversity From Sea to Shining Sea; Population: Massive Surge of Immigration in '90s Makes Nearly One in Every Three U.S. Residents a Minority, Report Says. Trend Is Nationwide" [Lexis-Nexis, 5 August 2001] (*Los Angeles Times,* 13 March 2001, Part A; Part 1; Page 16).

25. Jon Meacham, "The End of Christian America," *Newsweek*, 4 April 2009. [Retrieved from http://www.newsweek.com/id/192583, 7 September 2009.]

26. Reuters News Service, "Six in Ten Americans Favor Stem Cell Research." [Yahoo News, http://dailynews.yahoo.com/h/nm/20010726/hl/stemcell_3.html, 26 July 2001.]

27. David Westphal, "More Speak Spanish in U.S.," *Sacramento Bee,* 6 August 2001, A12.

28. Brian Murphy, "A Nuanced Overture to Culture Skeptical of US Intent: Muslims See Signs of Hope in His Address," *Boston Globe,* 5 June 2009. [Retrieved from http://www.boston.com/news/world/middleeast/articles/2009/06/05/obamas_nuanced_overture_to_culture_skeptical_of_us_intent/, 15 October 2009.]

29. Sarah Trenholm, *Persuasion and Social Influence* (Englewood Cliffs, N.J.: Prentice-Hall, 1989), 6.

30. Milton Rokeach, *Beliefs, Attitudes and Values* (San Francisco: Jossey-Bass, 1968), 6–21.

31. Kathy Wyler, "Political Engagement Among College Freshmen Hits 40-Year High," *UCLA News,* 22 January 2009. [Retrieved from http://www.gseis.ucla.edu/heri/PDFs/press/pr01220808Freshman.pdf, 7 September 2009.]

32. Martin Fishbein and Icek Ajzen, *Belief, Attitude, Intention, and Behavior: An Introduction to Theory and Research* (Reading, Mass.: Addison-Wesley, 1975), 6.

33. Trenholm, *Persuasion and Social Influence*, 11, based on Rokeach, *Beliefs, Attitudes and Values.*

34. Milton Rokeach, "Change and Stability in American Value Systems, 1968–1971," in *Understanding Human Values: Individual and Societal,* ed. Milton Rokeach (New York: Free Press, 1979), 129–53.

35. Robert Fulghum, *All I Really Need to Know I Learned in Kindergarten* (New York: Ivy Books, 1988).

36. Abraham H. Maslow, *Motivation and Personality,* 2nd ed. (New York: Harper & Row, 1970).

37. John Adams used this phrase in a summation to a jury. You can read a more complete text at http://www.law.umkc.edu/faculty/projects/ftrials/trialheroes/HEROSEARCH5.htm.

38. Ronald Prescott Reagan, "Remarks by [Ronald] Prescott Reagan," 10 June 2004.[Retrieved from http://www.ronaldreaganmemorial.com/remarks_by_Prescott_Reagan.asp, 10 June 2004.]

第三部分

理论联系实际

PART THREE

6 CHAPTER

第6章

研究信息

研究是一场有效的公共演讲至关重要的步骤。

目标

阅读本章并复习 www.mhhe.com/brydon7e 在线学习资源后，你应该能够：

- 使用互联网搜索，找到支持演讲的材料。
- 系统地利用图书馆做研究，找到支持演讲的材料。
- 对演讲主题领域的某位专家做一次有意义的采访。
- 以可用格式记录演讲需要的信息。
- 以口头介绍的方式向听众交代信息来源。

关键概念

摘要
博客
布尔运算符
深网
事实
索引
关键词
在线目录
意见
播客
一手资料
研究
丰富站点摘要（RSS）
二手资料
主题目标
表层网
推特
网址
视频播客
维基

> 天才是百分之一的灵感加上百分之九十九的汗水。
>
> ——托马斯·爱迪生[1]

我们都听到过备受尊敬的人士的演讲，他们从不引用其他信源。例如，本书作者听过诺贝尔和平奖获得者埃利·维瑟尔（Elie

研究：
发现和评估支撑材料的过程。

Wiesel）和米哈伊尔·戈尔巴乔夫（Mikhail Gorbachev）的演讲。这些演讲者无需说“根据一篇文章……”来表明自己正在谈论什么。我们也曾听过不太著名的演讲者的许多讲座，由于这些演讲者的专业知识属于某个特定的领域，不须利用其他来源证明自己的主张。

然而，对于大多数人来说，尤其是学生开始自己的演讲生涯时，重要的是使用来源可靠又可信的证据，支持演讲中谈及的言论。这么做需要开展**研究**，这是发现和评估支撑材料的过程。

为什么要做研究？

为什么要做研究有几个重要的原因。第一，除非我们只是运用与第一手经验相关的信息，否则，缺乏研究的演讲可能向听众传达虚假的（或至少是有问题的）的信息。第二，记住我们的道德责任，为了让听众相信我们所说的内容，要给他们提供充分的理由。没有证据，我们怎么向听众保证，我们的主张不是草率地提出的？第三，除非我们的听众感觉到我们是知识渊博的，否则，如果没有证据证明，我们不太可能说服他们相信我们的主张。亚里士多德称为**气质**的可信度，当代研究者称为信息来源的可信度。两者都认为，可信度是公共演讲的艺术和科学的最关键所在。在演讲的主体中，引用来自多个来源的证据，可以提升我们作为演讲者的可信度。[2] 要达到这一点，需要在多个来源中进行研究，以便发现证据。但是有一个问题：我们需要确保研究及口头引用的来源，对听众成员是有重要影响的，并且听众可以在想要核实的时候很方便地进行核查。告诉听众我们从一些通用的网络站点收集了证据，是解决不了问题的。

我们知道，这说起来容易做起来难。因此，本章其余部分会给你提供一些工具，不仅让你可以找到有关演讲的信息，还给你提供评估这些信息的方式，以便让你能够向听众传达可信的信息。

制订一份研究计划

有目的的研究始于研究计划。而一份研究计划首先必须深入分析你的修辞情境，这是我们在第 5 章中强调的话题。谁将成为你的听众？他们对什么样的话题感兴趣？你的目的——一般的和具体的目标是什么？

学生在基本的演讲课上，其中的一些因素是预先确定了的。根据学期的进展程度，你可以很清楚地知道听众感兴趣的话题。但是，如果是在学期初，你可能想要试探同学的一些想法（我们经常在课堂上自由地讨论不同的话题）。

老师也可以预先确定演讲的一般目的。通常他会要求你发表告知性演讲或说服性演讲，你也会面临一些具体的限制，诸如时间限制和要求使用直观辅助工具等。在这些限制之内，你会提出一些指导研究计划的决定。

考虑到在通常情况下，听众和演讲的一般目的会被提前定好，那么你需要确定的是演讲主题。在第 1 章，我们讨论了一个好的主题的标准：它应该是听众和演讲者都感兴趣的，适合于情境和可用的时间，是可控的和有价值的。一旦你有了一个主题，你需要决定希望听众从你的演讲者获得什么。在你演讲之前，有什么事情是他们做不到的吗？例如，我们有一个学生，教大家折叠床单的艺术（你不能只是把它们卷成一个球就算了）。这会要求听众成员改变对某一问题的态度吗？我们另一个学生发表的演讲，旨在说服同学抛弃昂贵的瓶装水，应该给他们的水龙头安装一个简单的水过滤器，这样几便士就能获得一杯纯净水。无论你选了什么话题，你需要确保，你的演讲很容易获得这些信息。有时候，某个充满希望的主题会变得模糊不清，或在可用的时间内难以进行研究。你需要尽早地开始研究，如果有必要，还可能有时间更改话题。

通常直到开始研究的时候，你才发现没有足够的信息来满足你的演讲需求——抑或是信息太多以至于在整体上需要一系列的讲座才能充分地涵盖原来的话题。扩展或缩小演讲主题是很灵活的，视你的研究而定。得到一个“正确的主题范围”的方法之一，是扩展或缩短所涵盖的时间段。例如，你最初想谈论美国移民政策的历史，但是发现信息太多了。你把话题改为自“9・11”袭击以来美国的移民政策，会有助于你把演讲范围降低到更加可控的程度。

目标：可靠又可信的证据

在这一点上，人们很容易直接到提供大量信息的地方寻找：互联网、图书馆、日报，如此等等。我们认为这实际上是一种退步。开始寻找证据之时，我们认为需要知道该寻找什么。更具体地说，你需要知道什么是可靠和可信的证据。我们大学的参考咨询馆员（Reference librarians）开发了一个有用的工具，其绰号 CRAAP 测试，用于评估网上的信息。这几个字母代表着**流行性**、**关联性**、**权威性**、

准确性和**目的性**。[3] 我们觉得这不仅仅对网站是有用的。事实上，无论其来源如何，这些都是可信证据的特点。

流行性

在当今世界，事物的变化节奏如此之快，就算是昨天的新闻，也往往是陈旧且完全错误的。无论你的话题是什么，你需要的是流传最广的、尽可能最新的信息。出版资源的一个优势是日期通常很明显。网站上的信息，你可能不知道是什么时候产生的或者修改的。有些浏览器允许你用几个步骤访问此信息。例如，在网络浏览器中点击文件菜单选项，然后在属性中确定某个网页的创建和修改日期。用火狐浏览器（Mozilla Firefox）时按住控制键，单击页面上的某个地方，选择“查看页面信息”。如果你不能确定信息的流行性，那么你不应该将之用到演讲之中。

技巧和策略

评估流行性

- 信息是什么时候发表或公布的？信息被修改或更新过吗？报纸、书籍、期刊和很多网站会提供这些信息。如果没有现成的线索，那么就要寻找内部的线索。例如，某个网站推测美国人是否会把票投给一个非裔美国人做总统，显然是不合时宜的。
- 就你的演讲主题而言，信息是当前的还是过时的？如果你谈论越南战争，那么几年前的信息可能还行。但是如果你想讨论当前在阿富汗的战争，那么甚至几天前的信息都很有可能已经过时了。
- 网站有链接功能吗？网站提示的某个链接是过时的，它就包含了死链接（dead links）。

相关性

有时信息是有趣的，但是对于实现特定的演讲目的并不会有真正的帮助。假设你演讲的是有关泰坦尼克号沉没的话题。虽然莱昂纳多·迪卡普里奥（Leonardo DiCapprio）是同名电影的主演，但是他与泰坦尼克号的沉没实际上不是真的有关。因为我们讨论的是如何进行信息搜索，所以我们将给你提供一些工具，把内容缩减到与你的演讲目的直接相关的内容上来。

技巧和策略

评估相关性

- 请问信息能回答你的问题或满足需要吗？
- 这个信息适合于你的听众的水平吗？
- 在你确定将使用这一信息的时候，你是否已经查看了各种资料来源？就说服他人同意你的观点来说，这是你能找到的最佳来源吗？

权威性

这是你在做研究时最重要的一件事情。最后，你需要说服听众，他们应该信任信息的来源。我们的学生的最常见的抱怨之一是，他们不知道如何引用作者不明的来源。通常我们的回应是："我们为什么要相信一篇作者不知是谁的材料？"相反，要找出是谁说的，或者至少要找出这种说法代表了什么集团或组织的立场。只有这样，你才能决定是否值得将之包含在你的演讲中。

技巧和策略

评估权威性

- 谁是作者 / 出版者 / 来源 / 发起人，他们的认证信息是什么或组织的隶属关系是什么？大多数书籍和期刊会告诉你关于作者的一些信息。此外，谷歌搜索（我们将在后面讨论）往往可以帮助你了解资料来源。点击网页上面的"关于我们"或"联系我们"可能会有帮助。
- 撰写这个主题的作者具有什么资质？
- 有联系信息吗，如出版商或电子邮件地址？
- 请问**网址**揭示的作者或来源是什么？例如，该网站是 .com、.edu、.gov、.org 还是 .net？我们将在本章后面更详细地讨论这些内容。

统一资源定位符 (Uniform Resource Locator，URL)：网站的地址，诸如 www.mhhe.com。

准确性

甚至连权威资源有时也会出错。没有可靠的方法能保证信息是准确的。尽管如此，使用具有声誉的来源会对可靠性和真实性有所帮助。不同的权威来源提供不同的证据支持同样的结论，也是有帮助的：举个例子，一位生化学家和一位心理学家都说，抑郁症的诊断，存在化学的和行为方面的证据支持。通常，如果你能举出来自两个来源而又相反的证据，而这些都与你的主张保持一致，那么你甚至可能说服对你的主张的准确性持怀疑态度的人。

技巧和策略

评估准确性

- 你能说出信息是从哪里来的吗？
- 信息有证据支持吗，如脚注或链接到其他可验证的来源？
- 信息被评审过或专家审阅过吗？例如，报纸在正常编辑出版的报道之前会核查来源；许多网站则没有。
- 你可以使用其他来源或来自个人的知识来验证所有信息吗？
- 是否有拼写、语法或其他印刷错误？

目的

最后，一个优秀的研究人员头脑中会保持信息来源的明确和隐含的目的。特别是在有争议的话题上，一个别有企图的来源有可能是不可信的。

技巧和策略

评估目的

- 信息可能的目的是什么？如果某个网站邀请你点击一个链接，购买一种营养补充剂，那么该网站宣传这种产品就是不可信的。
- 作者 / 发起人的意图或目的明确吗？
- 信息是公正的，还是仅仅是意见或宣传？请问语言或语气显得公正和毫无情感吗？
- 有明显的政治、思想、文化、宗教、制度或个人的偏见吗？

去哪里寻找支持材料

在下面的章节中，我们将引导你进入三个主要领域去寻找支持你演讲的材料：互联网、图书馆和人物专访。

互联网

在信息存储和检索上的突破，很大程度上解决了传统图书馆的物理限制。个人电脑和万维网的结合，让虚拟图书馆在大多数的大学生和教授面前成为现实。如果这都还只是传说的话，那么本章我们的任务会简单得多。

但是，正如我们知道的，还有更多使虚拟图书馆成为可能的，相同的技术突破，而这同时也消除了许多过滤过程。正是过滤过程使有效的信息进入每一个可想象得到的沟通渠道，并让错误信息远离可能接收到的渠道，包括演讲。此外，资源数量的大幅增加，也把研究员淹没在需要评估的信息之中。

互联网实际上是由几个部分组成的。**表层网络**，有时也称为开放的互联网，通过网络搜索引擎，如谷歌，必应（Bing）和雅虎，可以搜索得到。互联网的这一部分通常允许你自由地获取信息。互联网的另一部分是**深层网络**，有时称为私有网络。深层网络包含可在互联网上接触到的私有数据库，但是通过搜索引擎却访问不到。例如，有些大学、政府机构和其他组织维护的信息数据库，这些信息数据库不是为普通大众访问而创建的，所以不允许搜索引擎搜索到。在深层网络上的其他信息来自商业出版商，要求你通过付费订阅或付费查看某些页面才能访问到。许多传统的硬拷贝（hard-copy）材料，如报纸、期刊、杂志、字典、百科全书已经转换为电子格式，还通过深层网络进行销售。

表层网络：
所有互联网用户都可免费进入的网站。

深层网络：
仅有权限的用户（付费）能够进入的互联网站。

你为什么要关心深层网络和表层网络？如果你的研究只使用表层网络，那么你只能定位到信息有限的价值。增加演讲可信度的优质信息，可能只有通过深层网络数据库才能访问到。信息聚合器，如律商联讯（LexisNexis）、学位论文数据库（Proquest）、道琼斯路透商业资讯（Factiva）、全文数据库（EBSCO），通过深层网络打包并转售商业化生产的信息。许多大学或当地的公共图书馆，都订阅了这样的供应商，你可以免费地搜索、查看和保存价值不菲的信息。

如果你想获得此类深层网络来源，该怎么去了解呢？大多数图书馆网页会有指南性的解释，说明其能够提供哪种优质的网络资源。如果你心中有一个特定的标题，比如《纽约时报》或者《经济学人》，你可以经常检查你的图书馆在线目录，确定是否有资源可用，不管是硬拷贝的还是电子化的。这些指南和目录可能有“点击”链接，直接将你链接到包含你搜索标题的数据库中。

利用互联网找到某个演讲的主题信息是很容易的，但是要找到可靠的和有效的信息却并不容易。作为信息消费者，评估从互联网上，甚至传统来源收集到的信息时，我们必须锻炼自己的判断力，尤其是当别人依靠我们在这一次演讲中提供的信息的时候。

我们认识到，大多数学生运用开放的互联网开始他们的研究，所以我们从这里开始讨论。在这个过程中，让我们看看我们是否能够改善你寻找演讲证据的过程。在下面几节中，我们会提供一些具体建议，使用各种开放的互联网资源，包括流行的搜索引擎（如谷歌、雅虎和必应），维基（如维基百科）、播客、RSS 提要、门户新闻网站、YouTube、博客和推特。

网上搜索

正如在其网站中申明的："谷歌的使命是整合全球范围的信息，使人人皆可访问并从中受益。"[4] 他们肯定已经掌握了访问大量信息的目标。以学生演讲的热门话题"医用大麻"为例。我们输入"医用大麻"进入谷歌普通搜索框，获得了 360 万次的"点击"。超过 300 万的来源，你能做些什么？你怎么会知道哪些是可靠的，哪些是假的？毕竟，医用大麻是一个有争议的话题。因此，谷歌巨大的能量也是它最大的限制。

谷歌、雅虎、Flickr 对于寻找演讲所需材料来说是很有用的工具。

虽然谷歌并没有使用传统的布尔运算符（我们会做简短的解释），其先进的搜索功能，可以让你在搜索时包含和排除特定的短语和单词。假设我们对医用大麻的效果或疗效有兴趣。我们把效果或疗效两个单词包括进来，这样就缩小了搜索的来源。这样就把数量减少到 160 万，离有用的信息仍然太多。

为了把注意力集中于最有信誉的来源，接下来我们利用谷歌学术搜索（同行评审的论文、学位论文、书籍、文章等），该功能可搜索各种学术资源。可以在网上很容易地访问到许多这些来源，其他的可能需要订阅或成为会员。对需要访问权限的来源，不要自动放弃——你可以在大学图书馆或通过馆际互借找到。使用谷歌学术搜索工具的优点是，你可以更容易地为听众建立研究的权威性和准确性。使用谷歌学术搜索，我们发现医用大麻的效果或疗效的来源有11000种。这些来源包括了著名的期刊《美国医学协会杂志》（*The Journal of the American Medical Association*）上的文章。我们也可以将搜索限制在近期的文章上。这样就把我们的来源数目减至5000左右。

使用谷歌学术搜索并不能保证你找到的来源的质量，但它肯定比一般的谷歌搜索要好。然而，因为专注于学术来源，对流行话题的搜索有可能帮助不大。

但是要注意……我们是谷歌的忠实粉丝。然而，用户需要了解谷歌是如何安排搜索结果的。由于众所周知的原因，谷歌拒绝透露搜索结果排名的具体方法。这可能会导致一些令人吃惊的结果。为了明白谷歌搜索可能出现的偏差，可以参见“值得一提：谷歌失手时”板块。用户还应该知道的是，除了常规的搜索结果之外，谷歌还显示由各种不同网站支付费用赞助的大量链接——这是谷歌收入的一个来源。不过，作为一种来源，这些搜索结果存在着无法衡量其有效性和可靠性的问题；这仅仅表明，它们愿意通过谷歌来发布广告。

搜索资源在我们离开谷歌搜索讨论主题之前，我们想要展示另一种方式，这种方式可以是一种有价值的研究工具。假设你找到一篇有趣的文章或一个网站，但是没有列出作者的资质。有时候，谷歌搜索作者的姓名（或组织赞助的Web站点的名称）将有帮助。例如，“谷歌失手时”板块中，我们提到的马丁・路德・金网站被链接到了种族主义团体，该团体特别推荐了大卫・杜克（David Duke）的一本书。如果你从来没有听说过杜克这个人，那么，用谷歌搜索他的名字——除了把你引到他自己的网站——还会把你引到关于他在三K党中作用的文章，以及他访问伊朗并参加否认大屠杀的会议。如果你不知道某个人的认证信息，可以考虑使用谷歌搜索姓名。你可能需要采用高级搜索（如果这是一个常用的名字的时候，尤其需要这么做），不过这能告诉听众你的来源的认证信息，是建立自己信誉的重要组成部分。

值得一提

谷歌失手时

谷歌对网站排名基于的因素与可信度没有关系。这可能导致一些令人吃惊的结果。例如，在 2009 年 10 月，我们在谷歌搜索引擎中输入 martinlutherking。排在第一位的是一个受白人至上主义组织赞助的网站（http://www.martinlutherking.org/）。在所推荐的关于金博士的阅读书籍中，有一本是由已故前民权运动三 K 党领袖大卫・杜克所著——杜克几乎算不上是已故民权运动领导人的一个朋友。在谷歌的搜索结果列表中排名第一，其中可能的一个原因是，许多图书馆馆员在自己的网站中把此链接作为虚假网站的例子，从而导致它的排名非常高。点击量排名第二的是诺贝尔奖的组织（http://nobelprize.org/nobel_prizes/peace/laureates/1964/king-bio.html）。

同样重要的是，要熟悉"谷歌炸弹"。通过假造一个网站的各种特征，恶作剧者能够以一些滑稽的方法把特定的短语搜索结果数量移到第一位。在撰写本书前一版时，我们发现，当我们在搜索框中键入"惨败"时，出现的第一个站点是时任总统乔治・W. 布什的官方传记。这个结果显然是来自不喜欢布什政策的恶作剧者。谷歌已经修复了让这种情况出现的软件缺陷，现在如果你用谷歌搜索"惨败"，你会发现有关谷歌炸弹的文章是如何扩散的。1999 年出现了可能是最著名的谷歌炸弹，当时在谷歌搜索框中输入"比撒旦更邪恶"，就会将你链接到微软的主页。现在这个短语会将你引入诸多关于谷歌炸弹方面的文章。

维基

维基：
夏威夷语，"快"的意思。指一种网站，允许用户能够轻而易举且快速进行编辑的网站，如维基百科。

维基来源于夏威夷语，意为"快速"。[5] 这个理念是，任何人都可以迅速更改其在一个网站中发现的一个条目，就向维基百科一样，而所做的更改会立即提供给所有用户。没有人要求用户用文件记录或证实编辑。维基百科只知道用来发布信息的计算机的 IP 地址。

不幸的是，并不是每个访问维基百科的人都有很好的意图，老记者之一约翰・席根塔勒（John Seigenthaler Sr.）的情况就是一个很好的说明。2005 年的 132 天中，维基百科错误地报告说：

从 20 世纪 60 年代初，老约翰・席根塔勒是司法部长罗伯特・肯尼迪的助理。有一段时间，他被认为直接参与了暗杀约翰・肯尼迪及其兄弟鲍比·肯尼迪。但是这样的说法都没有被证实过。[6]

就像席根塔勒在《今日美国》的文章中回忆的，没有人知道是谁发布了不实指控。甚至他打电话给维基百科的创始人吉米·威尔士（Jimmy Wales），也未能揭露出作恶者的名字，因为维基百科没有要求投稿人透露自己的身份。此外，由于互联网是相互关联的，Reference.com 和 Answers.com 发布了相同的指控。虽然虚假信息最终被删除了，不过这个例子说明，因为这个信息只是在互联网上找到的，所以这一指控称是错误的。2009 年，维基百科承认这种随心所欲贡献的危险，于是宣布将名为“标记修订”（Flagged Revisions）的编辑审查这一操作，增加到有关健在的人的文章中。任何更改上线之前，需要有经验的志愿者编辑批准。[7]

事实上，有时甚至主流媒体也会错误地依赖不可靠的网络资源。谢恩·菲茨杰拉德是都柏林大学的学生，他在维基百科上发布虚假引语作为测试，看看主流媒体转发得有多迅速。在作曲家莫里斯·雅尔（Maurice Jarre）的死亡数小时内，他捏造了一句引语并张贴了出去。耐人寻味的引语——“可以说我的生活本身就是一段很长的音乐”——这引语太好了，以至于媒体不可能忽略。这句引语迅速出现在世界各地众多的报纸网站上。尽管维基百科很快删除了这句虚假的引语，但整整过一个月后，这位学生才透露了他的恶作剧，报纸这才开始删除其在线档案中的这句话。[8]

除了可以被很容易地编辑外，维基的局限性之一，是它充其量只是一种**第二手资料**。只要有可能，演讲者应该设法找到信息的**第一手资料**（即最初的来源），而不是呈现其作者并没有收集到第一手资料来源的信息。维基百科坚持“只有”第二手资料；事实上，版主会删除所发布的任何原创研究的信息。

> **第二手资料**：依赖于其他（主要的）资源而获取的信息源，并非获取的第一手信息。
>
> **第一手资料**：信息的最初来源。

与此同时，我们认为维基在研究中会发挥一种作用。不是将维基文章作为自己的目标，而是使用外部链接和引用的文章，看看是否有你可以轻松访问到的可靠的消息来源。对于统计数据和仿真陈述（factoids），维基百科是一种不错的快速站点，对于有疑问的信息，有可能通过它更快地找到详细的信息。例如，如果我们想知道特定年份获奥斯卡奖的电影情况，我们可以去维基百科找到答案，然后按照文章中的链接找到奥斯卡奖得主的可靠来源。如果维基是错误的，我们很快就会发现。维基也是检查其他来源可靠性的一种很好的途径。它代表许多人的一种共识。因此，我们建议使用维基百科这种来源，来寻找其他来源，而这些来源满足了对流行性、相关性、播客：
转换为数字格式的一种音频广播，如MP3，以便利用一个数字音乐播放器或电脑进行回放。

视频播客：
与播客类似的视频剪辑。

权威性、准确性和目的性的检测。

播客、视频播客和聚合内容（RSS Feeds）

广泛使用的MP3播放器，比如大受欢迎的苹果iPod，可以在互联网上向有访问兴趣的人们传输音频和视频文件。**播客**是已被转换为数字格式（例如MP3）的音频广播，通过数字音乐播放器或计算机可以重放。[9]视频播客（也称为vcast、vodcast或视频广播）是一种类似于播客的视频剪辑。[10]可以用播客和视频播客格式访问一些大学教授的讲座。在撰写这一章的时候，可以从斯坦福大学下载数十门课程——从非裔美国人历史到“为什么斑马不得溃疡”，而这只是一所大学提供的课程而已。

播客已经成为对于研究者来说很有用的信息来源。

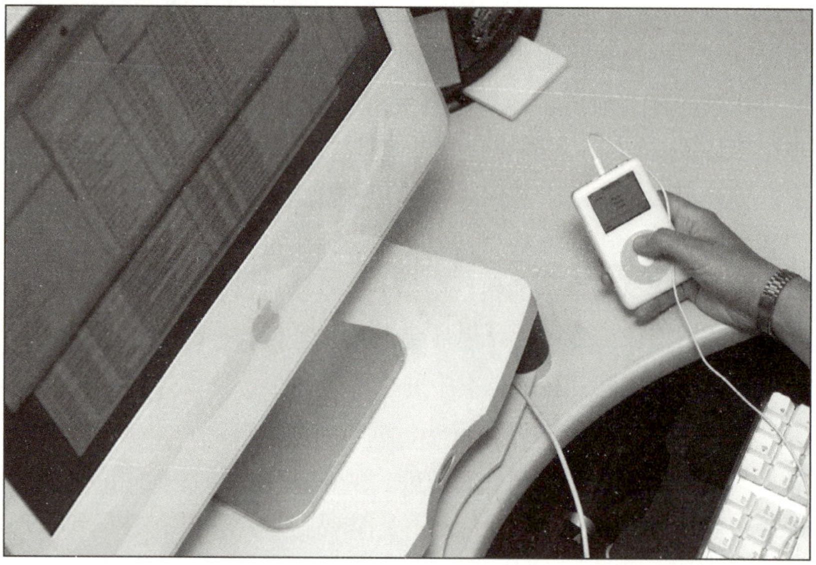

这并不是说只有大学提供播客。全国公共广播电台、白宫、电视网、《纽约时报》等主要新闻来源都有播客。与任何其他信息来源一样，关键是它如何满足我们列出的CRAAP测试。

RSS（Really Simple Syndication）：
真正简易聚合，也称内容聚合，聚合各种新闻网站或博客更新的格式并将之传送给用户。

内容聚合（RSS）是一种聚集各种新闻网站或博客更新内容，并将之传输给用户的方式。[11]例如,你可以注册订阅不同的新闻来源,甚至白宫的新闻。内容聚合是一种“推送技术”：将信息直接发送到你的台式电脑或智能手机。如果你正在研究某个主题，那么你注册并订阅有信誉的资料，RSS供稿是一种方式，可以确保你获得权威而准确的、当前的、相关的信息。例如，《纽约时报》就提供播客和RSS订阅服务。

用户支持的新闻网站

像谷歌和维基这种搜索引擎的一个有趣的变化是用户驱动的新闻网站。例如，掘客网（Digg.com）允许用户发布内容然后由其他用户评价。正如该网站解释所言：“掘客是一个由用户驱动的社交内容的网站……掘客网上的一切都是由我们社区（可能就是你）提交的。你提交内容后，其他人阅读你提交的内容并把他们最喜欢的内容挖掘出来。如果你的故事比较具有震撼力，收到了足够多的挖掘，那么网站就会将之提升到首页供成千上万的访问者观看。”[12] 如2009年，掘客网平均一个月约有3500万不同的用户。[13] 不是依靠一些编辑对故事进行排名（报纸是这么做的），或用计算机算法（如谷歌），掘客依赖于其用户发布的新闻报道，然后依靠其他用户给出的评价进行排名。你可以搜索新闻的主题，然后通过大多数掘客公布的结果找到文章，这些文章是社区中的用户发现最有价值的。你可以链接回到与你的主题最相关的故事，你还要给出你本人是否挖掘这篇报道的意见。掘客允许你搜索相关性（最匹配的），新近的（最新的在前面）或“最赞成的”。我们要提醒一句，最“受欢迎的文章”并不总是最相关的。例如，就在我们撰写本章时，在全球变暖问题上，最匹配的是全国公共广播电台（National Public Radio）的一篇报道，全球变暖是不可逆的。[14] 然而，关于全球变暖最受欢迎的文章是“10个步骤确保你的挖掘上头版”，与主题完全不相关。掘客网作为一种不同的方式，在搜索主题信息时是有用的，但是你仍然要评估在这儿找到的文章是否是可信的来源。类似的一个网站是slashdot.org，主要用于搜索科学和技术类的新闻。

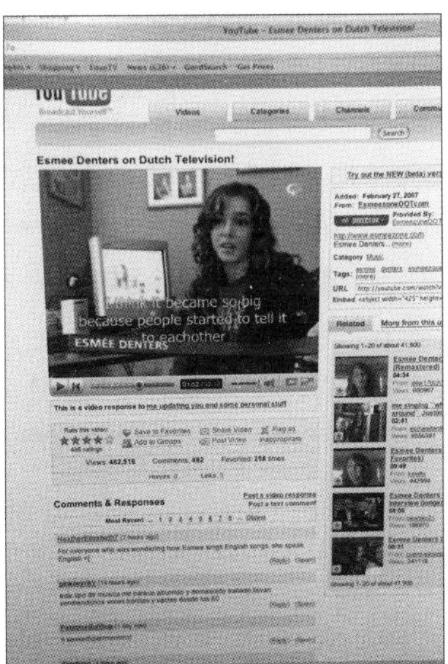

YouTube上能够为演讲提供有用的视频片段。

视频网站（YouTube）

现在最受欢迎的网站之一是YouTube。该网站允许用户上传视频（通常是自己）供任何人观看。演讲者使用计算机软件，如PowerPoint，经常将简短的视频片段纳入演讲中，YouTube几乎是能想象得出的任何话题视频的来源。网站上大多数材料是娱乐的或仅仅是奇闻逸事，但是在这个网站上也会发现一些重要的视频。例如，一夜成名的苏珊·波伊尔（Susan Boyle），全世界数百万人观看了她演唱《我曾有梦》这首歌的视频。

YouTube 是寻找用于演讲的视频材料或作为背景材料的重要来源。举个例子，搜索关于全球变暖问题的视频，能找到很多视频，从国家地理（National Geographic）解释温室气体导致全球变暖的一段视频，到标题为“全球变暖的骗局！”的一段自制视频。就像维基百科和其他来源的内容没有对准确性进行筛查一样，在 YouTube 上找到的视频，只有与最初来源一样才有效。“全球变暖骗局”的视频从“太空猴”开始，视频中带着球帽的一个人对着戈尔咆哮，对于演讲而言，这段视频可能不是非常可靠的消息来源，通常认为《国家地理》是科学主题方面的一个可靠的来源。

如果在演讲中链接了一段 YouTube 上的视频，无论如何，一定要在演讲前试验一下效果。出于各种原因，包括侵犯版权在内，视频往往会从 YouTube 上删掉了。演讲者点击链接到 YouTube 的视频时，才发现视频了无踪影，那会是何等的尴尬。

博客

博客（网络日志的简称）：
一个按照时间倒序方式排列条目的网站，内容范围宽泛，有专家级的严肃评论，也有无任何特别资历的人的闲聊或大肆狂言。

事实：
确认为真实的事情。

意见：
某个人提出的某种看法，这种看法易导致争论。

我们大多数人都熟悉**博客**（网页日志的简称）。博客中的条目按照逆时间排序，内容范围广泛，有专家级的严肃的评论，也有无任何特别资历的人的闲聊或大肆狂言。[15] 许多博客文章具有很强的说服力，尤其是与政治有关的文章。然而，博文中也往往包含很多链接，可能链接到信誉度较高的主流媒体资源。即便博客文章作者与你的观点不同，都可能是一个有价值的链接来源。

在演讲中使用博客的想法体现了“事实”与“意见”的一个重要区别。**事实**是可确认为真实的事情。**意见**是某个人提出的某种看法，这种看法易导致争论的出现。举个例子，就像《纽约时报》报道的，这是一个**事实**：“阿拉斯加州长萨拉·佩林（Sarah Palin）周五（2009 年 7 月 3 日）突然宣布，她会在这个月底辞职。”而这是一个**意见**：许多读者反对这项声明，因为她的讲话“经常性地含糊杂乱或她的声音似乎操之过急而又战战兢兢”[16]。在满足 CRAAP 确定的权威检验测试中，我们决定应该重视什么人的意见很重要。博客存在的问题是，任何人都可以拥有博客。我们不推荐引用博客文章，除非所引用的来源很明显是你演讲主题方面的权威。博客经常会有链接到博客作者的传记或者身份认证。演讲者必须多引用博客作者的姓名；听众需要听到为什么撰写该博客的人是这一主题的可靠来源。

博客的另一面是，它们通常是传统新闻媒体报道的来源。如果是这样的话，这些新闻报道确实并不比任何其他传闻更可靠。危险的是，如果新闻媒体依靠博客而不是开发自己的资源，误传则可能蔓延。最近发生的一个例子是，专门“暴露”尚未出柜的同性恋政治家的一个博客公布了一则消息，称某知名男性政治家曾与至少三名男子（没有人被点名）发生性关系。一家报纸登载了这个说法，同时附上了该政治家的断然否认。没有人去查清楚哪一个版本是真的。[17]

推特

2009年伊朗饱受争议性的选举之后，出现了有关社交网站**推特**（Twitter）在组织德黑兰街头的抗议活动中，发挥了相当大的轰动效应的作用。许多主流媒体最终根据推特上的内容进行了报道，因为伊朗政府已经切断了传统的新闻来源。虽然新闻机构尽力核实其收到的信息，不过还是有可能犯错。恰如《纽约时报》指出的那样，“推特上的内容没有经过验证……正如推特帮助报道了德黑兰第一手资讯的同时，也传播着不准确的信息，甚至是虚假信息”[18]。举个例子，《纽约时报》指出，推特吹嘘有三百万人在街头抗议，当时实际人数只有几十万。所以，尽管推特可能是一个有趣的、让你得到朋友的消息或当下事件的工具，但是对于演讲而言，推特通常不是一个可靠的资料来源。

推特：
一种社交互联网服务，能够让用户发送和读取最多140字的信息。

评估互联网信息的最后的忠告

做互联网研究最棘手的部分是确信如何从不可靠的资料来源中区分出可靠的来源。你可以从Web站点中区分出很多网址（URL）。一旦你使用搜索引擎，如谷歌或掘客去定位可能的网站，要把网址视为线索，看它是否是一个合法来源。[19]

- 这是个人网页吗？通常你可以从URL区分，因为网址通常包括一个人的名字后面跟着波形符（~）或百分号（%）。如果服务器是一个商业互联网服务提供商，如地理城市.com，aol.com，或angelfire.com，这是一个值得商榷的来源的另一个标志。对于大多数演讲来说，应该避免引用个人网页上的内容。
- 域名是什么类型？政府网站通常是.gov，.mil或.US。教育网站是.edu。非营利组织是.org等。域名是.com和.net的一般是商业网站。寻找最适合你演讲主题的网站类型。如果演讲谈论的是当前的事件和问题，政府和教育网站通常是着手准备演讲的最好的地方。

• 谁是网页的赞助商？例如，麦格劳 - 希尔高等教育出版社网站发布本书电子版（www.mhhe.com/brydon7e）。人们可以放心地认为这是关于我们教材电子版以及其支持材料的一个可靠来源。寻找与你的演讲题目直接相关的，由信誉良好的机构赞助的网页。

你应该意识到 .org 域名并不能保证是非商业性网站，.edu 并不能保证是学术内容。大多数大学的学生都会将个人的页面置于大学域名之下。不要完全依赖于域名后缀，但是可以考虑这是你的 CRAAP 工具箱中的一个小工具。

有各种各样的网站可以评估网页资源。例如，在确定普遍持有的观念或理论的有效性方面，都市传奇网站（http://snopes.com）是一个了不起的资源。如果你在都市传奇搜索框中输入“奥巴马出生证明”，你会得到反复而详细地对骗局的反驳，即奥巴马不是出生在夏威夷，他的出生证明是伪造的。图书馆员的互联网指数（http://lii.org/）也是免费的在网页上查找可靠信息的绝佳资源。图书馆员互联网指数为互联网执行了类似于图书馆员的过滤功能，图书馆员一直以来都为顾客提供“实体的”图书馆。他们声明的使命宣称：“图书馆员互联网指数的使命是提供接入一个组织良好的、可靠的、值得信任的、图书馆员选择的网络站点，服务加利福尼亚州、全国乃至世界。”[20]

图书馆

对于我们来说，遇到从未踏入校区图书馆的学生是很常见的，不过这并不意味着这些学生没有使用学校的图书资源。如今提供给学生的图书馆有两种类型：实体图书馆和虚拟图书馆。而虚拟图书馆可用电脑在家里、在校园或在一个网吧，很方便地每周 7 天，每天 24 小时不间断地上网浏览。

即便如此，我们还是要求学生跟着导游去实体图书馆。演讲的一些有价值的参考资料只保留在图书馆的书架上或其特殊的收藏部门中。

公共演讲课程的研究往往要到校园图书馆逛逛。虽然校园图书馆在广泛性和复杂程度方面各有不同，但是不管是实体图书馆还是虚拟图书馆，图书馆搜索的基本原理都是一样的。

使用图书馆的第一步是熟悉。大多数校园图书馆设有现场导游和在线导游、宣传品，并为有志于研究特定领域的群体提供特别研讨会。为了让大家熟悉图书馆，老师可能安排班级图书馆之旅或把你送到图书馆自己寻宝。不过，无论你做什么研究，一定不要等到演讲的最后期限来临，才去熟悉图书馆。如果在最初的几个星期，你没有熟悉校园图书馆，那么现在这应该成为你的当务之急。

我们建议采取以下四个步骤利用图书馆研究。

技巧和策略

利用图书馆研究的四个步骤

1. 选择关键词。
2. 搜索图书馆目录。
3. 搜索相关的索引、摘要和其他数据库。
4. 查阅参考来源。

虽然图书馆研究不需要把每一步都运用一次，但是了解每个步骤以及步骤之间是如何连接的，会很有益处。让我们来详细地看看每一步运用。

选择关键词

关键词是从摘要、标题、主标题，或者一个条目的文本中提取出来的重要内容，并运用于搜索电子数据库。[21] 它们就像一个安全门的组合：如果组合正确，那么就可以很容易地打开门，如果组合不正确，那么你们打开大门的机会就很渺茫。因此，最有效的图书馆搜索从搜索感兴趣话题的关键词开始。

除了关键词，美国国会图书馆开发的**主题词**，已经被全国各地的图书馆标准化了。这些主题词往往会把我们引导到可能错过的来源。举个例子，假设我们对“三振出局法”（three strikes law）话题感兴趣。我们搜索了高校图书馆关于这个话题的书籍目录，发现有三种。然而，详细的记录显示，国会图书馆的书籍使用的主题词是“强制性判决”（mandatory sentence）。搜索这个词出现了21本书，增长了7倍。尽管我们通常使用关键词和短语开始搜索，看起来非常符合逻辑，但是我们也检查正式的主题词并尝试用它们进行搜索。这么做可以成倍地

关键词：
摘要、标题、主题词或条目文本等可用于搜索某电子数据库的词语。

主题词：
图书馆用来分类书籍或其他刊物所采用的标准单词或词组。

联机图书馆目录使研究人员能够使用卡片目录，在一小段时间内就能找到他们所需要的资料。

增加搜索结果。然而，请注意，并不是所有的数据库都会使用国会图书馆的主题词。使用数据库时，诸如 EBSCO 提供的那些数据库，在数据库主题词表中查阅适当的关键词，是非常有用的。

用关键词或主题搜索的另一个线索是使用截断（truncation）和通配符符号。例如，我们大学里一个星号（*）就是用于这些目的。因此，要搜索量刑（sentence），宣判（sentences）和判决（sentencing），我们会在搜索框中输入 sentenc*。搜索引擎会找到带有 sentenc 任何字符串的所有的记录。同样，搜索女人（woman）和女性（women）这两个关键词，输入 WOM* N 会在大多数数据库中找到目标。然而，有些数据库不允许使用一个词的截断符号。一定要问你的图书馆使用什么通配符，因为在不同图书馆以及不同的数据库中，使用的通配符是不同的。

搜索图书馆目录

联机目录：
馆藏目录的计算机数据库。

目前大多数图书馆采用联机目录，使在校外用电脑访问和在图书馆大楼内一样便利。**联机目录**是图书馆馆藏的电脑化的清单。图书馆目录可以通过关键词、主题、作者和标题进行搜索。开始搜索某个主题的时候，我们不太可能知道特定的作者和标题。因此，关键词搜索是最有可能的搜索依据。

布尔运算符：
指“和”“或”以及“非”等术语，用于缩小或扩大两个或多个相关术语的电脑搜索范围。

用关键词搜索一个在线目录或类似的数据库时，我们使用**布尔运算符**，指“和”“或”以及“非”等术语，用于缩小或扩大两个或更多相关术语的电脑搜索范围。除非我们提供另一种搜索符，有些数据库和图书馆目录会“采用”（assume）布尔运算符“和”，而有些则需要我们键入“和”或“+”。例如，如果我们输入搜索词“人类克隆”，而数据库采用“和”，它会找到所有使用“人类”“克隆”这两个词的资料，即使这两个词没有一起使用。另外，如果没有采用“和”，那么数据库可能只找到出现“人类克隆”的资料。根据搜索需要，我们需要确定在图书馆目录中运用哪些方法。请向学校的图书馆员学习，你是否需要使用布尔运算符，或尝试不同的搜索组合，直到你发现哪种方式适合在图书馆目录搜索中使用。如何用布尔运算符来扩大或缩小搜索，显示在图表 6.1 中。

图表 6.1 布尔运算符帮助缩小或扩展搜索

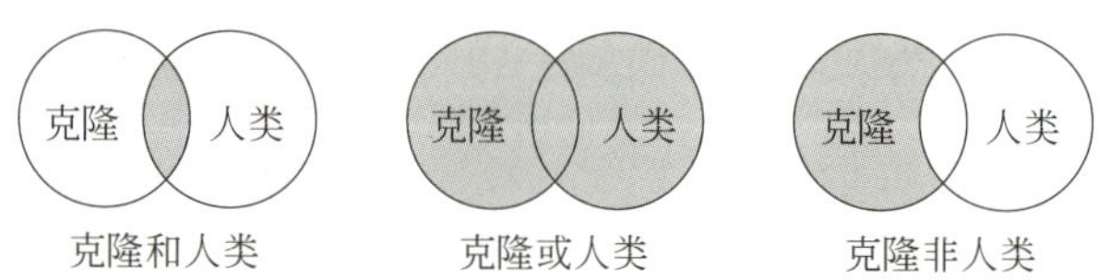

技巧和策略

扩展你的搜索

- 当我们找到一本有趣的书籍或其他资料时，我们检查一下，看看图书馆所使用的是什么主题词，使得寻找这些资料的人可以索引到它。这些主题词可以提供新的搜索条件来扩大我们的搜索并找到我们话题的其他资料。
- 我们参观书库时，要对自己注意到的具体书籍做一个小小的浏览。因为图书是按照主题来上架的，发现一本被忽略却与我们的话题密切相关的书籍，是很寻常的。这个偶然的搜索信息往往会变成比我们最初发现的来源更好。
- 请按照一般书籍建议的线索进行搜索。书的作者为我们做了大部分的工作。一本书的参考书目或脚注会引导出其他来源。我们先读最近的书籍。在许多方面，研究人员像是寻找线索的一个侦探。一本比较好的普通图书对一个主题的阐述，就像一个充满了线索的房间，到处都留下了作者的指纹。

搜索相关的索引、文摘和数据库

索引通常是出现在报刊中主题的信息来源列表，往往按照字母排序，付费后可以通过开放的互联网访问。**文摘**是一篇文章或报告的摘要。你能想象每一个主题都被分类到一个或多个具体的索引中。一个好的图书馆有几百甚至上千个相关专业领域的索引。一些索引列表和摘要刊登在杂志上。如今，我们可以访问越来越多的联机数据库的索引。例如，图表6.2展示了通过我们大学的图书馆可以访问的部分数据库列表。

索引：
通常是出现在报纸和杂志中主题的信息来源列表，往往按照字母进行排序。

文摘：
一篇文章或报告的摘要。

图表 6.2　数据库举例及其涵盖范围

数　据　库	涵　盖　范　围
学术搜索（Academic Search）	超过4650种期刊，涵盖了社会科学、人文、一般科学、多元文化研究、教育，等等。
生物（生物学文摘）（BIOSIS）	涵盖近6000家期刊，展现农业科学、生物化学、生物技术、生态学、免疫学、微生物学，等等。
传播与大众媒介全文（Commnication&Mass Media Complete）	传播和新闻/大众媒介领域的学术和商业出版物；几百个主题的摘要，可访问380多个主题的全文。

续表

数 据 库	涵 盖 范 围
文选季刊研究员（CQ Researcher）	全文内容（Full-text issues）用大众化的语言撰写，包括优点 / 缺点、背景资料、目前的情况，以及关于有争议的时事所参考的其他信息来源。
学术大全数据库（LexisNexis Academic）	新闻和法律资料的全文，包括报纸、杂志、法院意见、法律以及法律评论文章。

无论你的主题是艺术、科学、宗教、哲学还是医疗卫生，计算机数据库都可以帮助你找到可靠的信息。你的图书馆很可能会使用不同于我们现有的索引。然而，无论运用的索引如何，基本的搜索原则是相同的。

寻找社会科学、人文科学和物理科学领域的学术和专业期刊，学术搜索是一个很好的来源。这个数据库包含了从天文到宗教、法律、心理学、时事几乎所有的信息。学术搜索不仅可以访问到引文和文章摘要，而且还允许我们访问许多文章的全文。搜索时我们只需按照屏幕上简单的指示，输入相应的搜索条件。我们在联机目录搜索中使用布尔运算符搜索也是一样，可用于大多数计算机数据库。当我们进入搜索时，会出现引用列表，我们只对有兴趣查看的内容做出标记。根据图书馆的设施，我们可以将搜索结果打印、复制到磁盘，甚至发送电子邮件。

尽管数据库等学术搜索最初出现太多似乎可用的结果，但仔细缩小搜索参数会得到高效方便的结果。你的图书馆可能没有这个确切的数据库，但没准可以访问各种主题可靠的、已公开信息的类似数据库。

当然，不是每个图书馆都完全拥有给定的索引或数据库中列出的每种期刊的实物版本或电子版本。因此，你必须对图书馆拥有的期刊的搜索与最有希望的文章进行比较。有些图书馆提供其期刊目录。联机目录也可能列出期刊。你要看看期刊上的标题，比如，看看图书馆是否有一份特定的期刊。即使你的图书馆没有，如果时间允许的话，你可以通过馆际互借服务取得副本。另外，有些图书馆提供特殊的订阅服务，这些图书馆会以象征性的收费，把自己图书馆的期刊副本传真给没有收录版本的图书馆。

查阅参考来源

我们经常需要在网络中找到一个非常具体的事实，例如，美国在某一年，产生了多少塑料。我们可能搜索十几条都找不到这个数字。但是一本好的参考书，比如美国的统计摘要，会让这样的信息变得唾手可得。对于可靠的政府统计数据的在线来源，请尝试这个网站 http://www.fedstats.gov/，该网站标榜自己是“100 多年美国联邦机构统计数据的门户”[22]。这个网站包括的主题从 A 到 Z、地图统计、链接各联邦机构，甚至能够访问“美国统计文摘”（Statistical Abstract of the United States）的在线版本。

或许，在演讲开头或结尾的部分，我们需要一句高质量的经典语录。很多书籍的经典语录都可以用。你的图书馆书架上可能有这类书籍，如《巴特利特的名言金句》（*Bartlett's Quotations*）。然而，找到经典语录的一个更简单的方式是去 Bartleby.com 网站——伟大的图书在线 http://www.bartleby.com/，这个网站包括的语录有成千上万条。在本书第一版，我们感兴趣的语录是已故的罗伯特・肯尼迪经常引用的一句话，大概是：“有人看到事物的表面，会问为什么；我畅想不存在的事物，会问为什么不。”我们在图书馆研究中花费了好几个小时追查其来源。 在这个版中我们通过 Bartleby.com，在不到一分钟的时间内，就找到了最初的语录。实际上这个语录是：“你看到那些已经存在的事物，问：‘为什么这样？’而我则畅想那些从未存在过的事物，并问：‘为什么不可以呢！？’”（“You see things; and you say ‘Why?’ But I dream things that never were; and I say ‘Why not?’”）这句话最初的来源是乔治・萧伯纳（George Bernard Shaw）的戏剧《回到玛土撒拉》（*Back to Methuselah*）。具有讽刺意味的是，尽管肯尼迪将该语录作为他 1968 年竞选总统时的主题，在萧伯纳的戏剧中，这句话实际上是蛇在引诱伊甸园中的夏娃时说的。[23]

在图书馆可以找到许多其他工具书，包括百科全书，其中有一些可以在网上找到。虽然一般的百科全书中尽是相当基本的信息，但是也可以找到许多专业百科全书，其范围从《广告百科全书》（*Encyclopedia of Advertising*）到《美国暴力行为百科全书》（*Violence in America: An Encyclopedia*）。

还有无数的其他参考书，你可以用来设法追踪信息。例如，日历和年鉴，比如《世界年鉴和事实之书》（*The World Almanac and Book of Facts*）以及《咨询年鉴》是统计数据和事实的有用的来源。信息摘要，如《事实档案》（*Facts on File*）和《研究报告辑要》（*Editorial Research Reports*），是当前问题有用的信息来源。传记，比如《名人录》（*Who's Who*）系列，可以帮助你找到各种来源的合格证明。要了解世界，地图集很有价值。通过查阅当前的地图，你可以不仅了解到一个国家的地理，而且还有关于这个国家的重要事实。

访谈

我们推迟讨论访谈到现在是有原因的。在研究话题之前，人们很容易会去做访谈。从某种意义上说，我们期望专家来写演讲稿。虽然访谈的专家可以提供有用的信息，还可能引导出其他消息来源，但是他们不能代替我们自己去搜索。因此，只有做了大量的研究后才应该进行访谈。

在大多数议题中寻找到潜在的受访者并不难。一所大学，大多数部门有各种主题方面的专家。打一个电话给相关部门，询问是否有人熟悉你的具体议题，经常就会引出一个人物。在其他情况下，只是咨询某个部门提供的课程。例如，讲授中东研究课程的老师，而该老师最有可能是这方面的专家。

另一个策略是联系与某个主题相关的专家的机构并询问是否有人可以做访谈。举个例子，如果我们研究二手烟的影响，美国肺脏协会很可能是潜在的受访者的来源。

有时，我们已经知道什么人可以提供帮助。我们还记得一个学生谈论的是一种“奇迹”般的减肥产品的情况。致电该公司营业部得到的是搪塞后，她联系了当地的药剂师。他告诉她，产品的成分绝不能帮助一个人减肥——事实上，它们可能有潜在的伤害。经过简短的访谈，药剂师给她的是她自己很难找到的信息。

一旦我们决定访谈一个人，我们推荐在访谈之前、访谈期间和访谈之后，采用以下基本指导方针。

访谈之前

- 提前联系潜在的受访者。解释会面的原因以及需要多少时间。如果这个人同意接受访谈，询问一个方便的会面时间和地点（通常在受访者的工作场所）。如果可能的话，用电子邮件确认约定。
- 做一些主题方面的泛读。至少读一两本书和一些最近的文章，或者访问相关网站。这会让你得到一个基础性的问题框架，并让你关注到那些不容易发现的内容。
- 提前准备具体的问题。问一些开放式的问题，这可以让受访者有机会谈得深入一点。当然，对于偏离计划中的问题，你得有所预期，因为可能受访者的回答建议你遵循其他途径。

访谈期间

- 身着正装准时出现，准备开始访谈。向对方表示感谢，并解释如何使用访谈内容。如果需要的话，一定要问清楚是否允许录音。如果是通过电话访谈，有法律义务告知并获得对方同意，才可以在通话时录音。

- 使用先前的研究为指导，从一般的问题开始，然后转移到特定的问题。一定要让受访者说话。自己不要滔滔不绝，否则就失去了访谈的目的。
- 询问受访者，他或她是否可以提供其他信息来源——书籍、小册子、期刊或其他专家。通常专家会知道一些我们自己永远都不会想到的来源。有时受访者甚至会借给你一些相关的杂志或其他出版物。
- 使用第 4 章中讨论的倾听技巧，特别要留心观察，屏蔽走神的刺激，暂停判断，使用多个渠道，有效地记笔记。
- 访谈过程中要录音（得到许可）或完整地做着笔记。进一步提问，以便确保获得纸上列出的必要的点。演讲时使用访谈中获得的引语必须准确。
- 当时间差不多了，询问受访者对于他 / 她已经谈过的内容，是否有什么需要补充的。也许有一些内容被完全忽略了。
- 再次感谢受访者花时间接受访谈，然后礼貌地离开。

访谈之后

- 写一封感谢信给受访者是常见的礼貌行为。
- 头脑中访谈很鲜活的时候就转换录音或者做笔记。注意此刻记忆很清楚的内容可能很快就会消失，除非你在访谈之后迅速将它们充实起来。
- 跟进受访者的引导或其他的访谈建议。访谈提供了丰富的信息来源，为我们的演讲增加了可信度。演讲者花时间直接与专家交谈的事实，表明了对听众的关注。此外，听众对演讲者专业性的感知经过访谈的优势而得以增强。请务必让听众知道，受访者为什么是这个主题方面的可靠来源。

运用你的研究

准备参考书目、引用文献或参考文献

在开始深入阅读主题之前，准备一份初步来源清单。无论使用的是计算机文字处理器还是小纸片(4 英寸 × 6 英寸的大小比较好)，

每一个来源都应列出以下信息。

- 所有来源：作者（作者们），最好用全名，如果列出了作者；还要包括作者在题材方面的资质。
- 图书：确切的名称以及出版地点、出版商和出版日期方面的事实。
- 期刊：文章标题、期刊名称、卷号、日期和页数。
- 政府文件：签发文件的机构以及该文件的完整名称、日期和出版信息。
- 电子资源：作者、书名、出版信息，以及电子邮件地址、网址或找到该材料的路径以及发现它的日期，这一点非常重要，因为网站是不断变化的。

我们总是留出空间，以便在阅读来源的时候，给每一个引用来源添加信息。正式的演讲大纲中所有这些信息都是需要的。如果这种信息获取起来很便利，而不是稍后不得不回过头去寻找，那么准备大纲就会更容易一些。根据美国心理协会（APA）和现代语言协会（MLA）开发的系统，我们提供了如何正确引用来源的样本。你的老师可能要求不同的来源引证系统，如《芝加哥格式手册》或凯特·图拉比安（Kate Turabian）的《学期论文、论文和学位论文作者手册》。无论使用什么引证系统，上面列出的信息是必不可少的。

记录信息，并避免抄袭

收集材料时，有必要仔细记录演讲的支持材料。在第 7 章，我们讨论了需要记录的事实、统计数据、专家语录等证据类型。记录信息的方式很重要，以确保在演讲中，信息会被诚实地引用和呈现。对听众而言，来源显而易见尤其重要，就像在“值得一提：口头援引”板块中讨论的。

有了互联网，从网页中简单地剪切和粘贴材料很有诱惑性。这么做简单而准确，但是有一个很大的缺点。如在第 3 章所讨论的，社会上日益严重的问题是，运用他人撰写的材料却又没有给出适当的源头。《今日美国》在得知该报记者杰克·凯利（Jack Kelley）剽窃和捏造了许多报道之后，旋即开除了这位获得 5 次普利策奖提名的记者。就像《今日美国》布莱克·莫里森（Blake Morrison）报道的“强有力的证据显示，凯利至少有八篇重要报道中的实质性部分是虚构的，抄袭了二十多个引语或来自于竞争性出版物中的其他材料，在提供给报社的陈述中撒谎，并密谋误导对他工作的调查”[24]。其他许多备受关注的剽窃，不仅损害了记者这一职业，而且也伤害了许多著名的学者。

作为教授，我们曾经发现多种抄袭的情况。在很多情况下，罪魁祸首是下载一点儿文本，学生在演讲或论文中没有正确地引用。举个例子，要求学生撰写一篇简短的文章介绍自己的专业选择，有个学生简单地从另一所大学的网站中下载了传播研究的描述。她大概知道，我们会熟悉来自我们自己网站的语言，所以她在其他地方找到一个部门，从中抄袭。语言显得不那么自然，所以我们用谷歌简单地搜索了一些不寻常的短语。其结果是明确的抄袭情况，就报告给了学校的主管部门。其他学生文章中的参考书目或参考文献中列出了引用，但是没有表示哪些言语是直接引用的，哪些言语是他们自己的。这种情况，通常是在研究阶段记录马虎草率所致，这是错误的。抄袭已经成为如此普遍的问题，包括我们大学在内的许多大学，都订购了 Turnitin.com 的检测抄袭服务。这个 Web 服务检查学生提交的论文，既与公共网站又与数以百万计的学生论文数据库相比对。

学生怎样才能避免这种意外但是潜在的严重抄袭呢？下面是一些具体的建议。

技巧和策略

如何避免抄袭

- 不要只是自动地剪切和粘贴来源。对于主要思想要用自己的话语做笔记。
- 请保留打印或影印件。在做演讲或论文定稿时，确保在演讲或论文的主体中，用引号表明任何直接的引语，而不是只在参考书目或参考文献之中注明引用了。
- 如果直接引语是剪切和粘贴来的，要使用不同的字体，以表明这是一个直接引用。例如，一旦我们的引用是剪切和粘贴的，我们就把字体的颜色改为红色或使用斜体字。
- 宁可充分披露。接近原意的解释而非引用，即使不是直接引用，也会被视为抄袭。如果有任何疑问，也无妨引用来源，无论是在演讲提纲、手稿还是口头叙述中都是如此。例如，就像我们在本章早些时候讨论的罗伯特•肯尼迪对乔治 • 萧伯纳话语的释义。尽管肯尼迪没有使用确切的话来说，但是他永远应该像这样说："就像乔治•萧伯纳喜欢说……"引用来源不是软弱的表现；相反，研究表明这么做能增强演讲者的可信度。

值得一提

口头援引

克里斯汀·汉龙（Christine Hanlon）（来自尼克尔森定制版）

为什么引用来源？

我们应该引用来源有几个原因。据卡罗尔·布莱索（Carol Bledsoe，中佛罗里达大学公共演讲前协调员），我们应该引用来源主要有三个原因：

- 建立来源和数据的凭证。
- 让观众能够获取材料。
- 要归功于他人。

建立来源和数据的凭证

我们应该引用来源的第一个理由是为了建立来源和数据的凭据。如果我们和听众不知道为什么来源是可靠的，我们为什么要相信信息是有效的呢？让我们以下面这次演讲的摘录为例：

根据美国疾病控制和预防中心（CDC）提供的数据，直到2003年，美国没有发现猴痘病例。

演讲者已经确定数据来源于CDC。虽然很多人知道"CDC"是美国疾病控制中心的缩写，但是你不能认为每个人都熟悉这个缩写。如果你想使用某个组织的缩写，一定要首先确定缩写代表是什么。例如："美国疾病控制和预防中心，也被称为CDC……"听众分析将有助于你确定是否有可以不遵循这个规则。在工作场所有时候你会使用缩略词。然而，如果你有疑惑，就要解释缩略词，这样听众才能听明白。

此外，可能会有听众不知道CDC是什么。一定要简要解释该组织的目的，这样听众才能理解为什么来源是可信的。以此为例，疾病预防控制中心的一个合适的解释是："疾病预防控制中心是美国主要的联邦机构，调查健康问题并进行研究，以预防疾病传染。"再次，你要在分析听众后确定这个解释是否是必要的。

让听众检索材料

通过展示你是在哪里找到的信息，就可以让听众去检索资料。在前面的例子中，演讲者没有阐明有关"疾控中心"的信息是在哪里发现的。信息是在美国疾病控制与预防中心的官方网站找到的，还是由疾病预防控制中心分发的小册子提及抑或是直接来自在CDC工作的研究员？为了使听众能够检索材料，演讲者需要说清楚信息在哪里可以找到。让我们分别以一些实例来分析。

在哪里可以找到信息	口头引用以便让听众能够检索材料
“疾控中心”官网	“根据疾控中心网上公布的猴痘情况……”
疾控中心的小册子	“疾病预防控制中心的小册子，《结核：你要知道》中指出……”
来自疾控中心工作的研究人员	“在最近的研究中，疾控中心的研究员珍·史密斯发现……”

归功于他人

因他人的思想而归功于他人是很重要的。许多学者和科学家把他们的思想、他们的知识财产，作为他们的最大贡献。甚至有个国际性的组织，致力于维护知识产权的全球标准。根据世界知识产权组织（2004年）：“这些作品、知识产权正在扩大科技的边界并丰富了艺术的世界。”在你的演讲中，如果你使用其他人的思想而没有引用他们的话，你基本上是在**偷窃**别人的想法。演讲期间，为什么应该口头引用来源有两个重要原因，这两个原因都直接与信誉相联系。没有引用来源会降低你的信誉，而口头援引信息来源会增强你作为演讲者的可信度。

演讲者没有合适地口头引用他人的来源，可能有严重的后果。首先，他们可能被指控抄袭。每当学生在演讲中没有口头引用来源的时候，他们就犯有剽窃嫌疑。现实情况是，无论是否是故意的，抄袭就得承担后果。把“永远都要口头引用来源”视为底线，就可以完全避免抄袭情况。

克里斯汀•汉龙（中佛罗里达大学硕士）是中佛罗里达大学尼科尔森传播学院的一位公共演讲课教师。她也是佛罗里达传播协会的前任会长。她的研究兴趣包括家庭暴力和流行文化。她曾经在区域和全国性学术会议上提交过传播学、社会学、女性研究和流行文化相关的论文。此外，她还出版过大卷本《基本传播过程的教学理念》。

改编自克里斯汀•汉龙“值得一提：口头援引”，《演讲学》，尼科尔森学院版，麦格劳-希尔。承蒙克里斯汀•汉龙许可转载。

OLC www.mhhe.com/brydon7e
为了评估你对本章内容的了解，请访问我们的在线学习中心网站进行检测并获取其他章节辅助学习材料。

小结

研究支持演讲的过程就像发明一种新产品的过程：你既需要灵感的源泉又要愿意从事艰苦的工作。

- 首先制订一个研究计划。
- 选择一个合适的主题。
- 制定一个你想实现的具体的目的。
- 演讲的信息来源应该满足流行性、相关性、权威性、准确性和目的性。

可能的来源包括：

- 互联网，但是要特别注意从可疑的网站中区分出真实、可靠的网站。
- 图书馆资源，如图书、期刊和数据库。
- 访谈。

形成一个来源和数据记录系统，这样既能避免剽窃的危险又能确保准确性。一定要用口头言语告诉听众你的引用来源。

学习成果检验：练习和实践

1. 检查你对“美国心理协会”（American Psychological Association，APA）和“现代语言协会”（Modern Language Association，MLA）来源引用指南的理解。为以下假设的每一个来源，提供正确的来源引用方式：

- 作者名叫杰克·史密斯，标题为《大学生活》的一本书，2010年纽约大学出版社出版。如果史密斯是这本书的编辑，你的引用会如何改变？你如何列出第二个作者约翰·多伊？你会怎么列出第三个作者玛丽·A. 史密斯呢？
- 题为《美国大学的宿舍生活》的一篇文章，作者是彼得·楚，发表在学术期刊《大学和学院》，第31卷，2010年12月，24～56页。
- 由约瑟·桑切斯撰写的一章《九条命的神话》出现在一本书名为《猫的故事》的99～109页中，这本书是由莫里斯·T. 凯特编辑的，2010年出版于加州旧金山的弗利纳出版社。
- 在《犬类杂志》2010年12月14日，第42卷，56～57页中，有一篇文章，标题为《史努比和我》，由查理·布朗提供。如果文章没有作者的名字，你会如何列出这篇文章呢？

2. 虽然互联网几乎是任何主题的信息的宝贵源泉，但也是导致误传的一个臭名昭著的来源。作为一次练习，尝试找出中央情报局网站（CIA）。在你定位到官方网页之前，你找到了多少不同的网站？当你找到了官方网站时，你是如何知道的？

3. “演讲主题选择的操作单”。选择适当的演讲主题的一个方法是，首先在自己感兴趣的以及课堂上听众做自我介绍时表达出的兴趣清单中寻找。在下面的每个标题后面，列出至少对于你和听众都很重要的三项内容。

	我的兴趣	听众的兴趣
爱好		
学校		
工作		
目标		
情境因素		
任务性质		
可用时间		
列出三个可能的主题		

4. 你如何确定在什么科目方面，阿瑟·L. 肖洛（Arthur L. Schawlow）和查尔斯·H. 汤斯（Charles H. Townes）是专家？（提示：他们的发现获得了诺贝尔奖）

注释

1. Gary Marin, “Genius Is One Percent Inspiration and 99 Percent Perspiration,” *The Phrase Finder,* 2009. [Retrieved from: http://www.phrases.org.uk/meanings/146600.html, 18 October 2009.]
2. James C. McCroskey, “A Summary of Experimental Research on the Effects of Evidence in Persuasive Communication,” *Quarterly Journal of Speech* 55 (1969): 169–176.
3. Adapted from Meriam Library, California State University, Chico, “Evaluating Information–Applying the CRAAP Test.” [Retrieved from http://www.csuchico.edu/lins/handouts/eval_websites.pdf, 18 October 2009.]
4. “Company Overview,” 2005. [Retrieved from http://www.google.com/intl/en/corporate/index.html, 7 January 2007.]

5. Chelsea Phua, "Web Site Has Scoop on Davis Community," *Sacramento Bee,* 10 December 2006, B4.

6. John Seigenthaler, "A False Wikipedia 'Biography,'" 29 November 2005, *USA Today.* [Retrieved from http://www.usatoday.com/news/opinion/editorials/2005-11-29-wikipedia-edit_x.htm, 5 January 2007.]

7. Noam Cohen, "Wikipedia Poised to Back Off from Do-it-Yourself Editing," *Sacramento Bee,* 25 August 2009, A4.

8. AOL News, "Fake Wikipedia Post Fools Some in Media," 12 May 2009. [Retrieved from http://news.aol.com/article/wikipedia-quote-hoax/475157, 2 July 2009.]

9. "Definition of Podcast," *PCMag.com Encyclopedia* (undated). [Retrieved from http://www.pcmag.com/encyclopedia_term/0,2542,t=podcast&i = 49433,00.asp, 9 January 2007.]

10. "Definition of Vidcast," *PCMag.com Encyclopedia* (undated). [Retrieved from http://www.pcmag.com/encyclopedia_term/0%2C2542%2Ct%3Dvidcast&i%3D56178%2C00.asp, 16 July 2009.]

11. "Definition of RSS," *PCMag.com Encyclopedia* (undated). [Retrieved from http://www.pcmag.com/encyclopedia_term/0,2542,t=RSS&i=50680,00.asp, 9 January 2007.]

12. "What Is Digg?" 2006. [Retrieved from http://digg.com/about, 9 January 2007.]

13. Peter Guglielmetti, "The Digg Idea," *Reader's Digest,* August 2009, 48.

14. Richard Harris, "Global Warming Is Irreversible, Study Says," NPR, 7 July 2009. [Retrieved from http://www.npr.org/templates/story/story.php?storyId=99888903 7 July 2009.]

15. "Definition of Blog," *PCMag.Com Encyclopedia* (undated). [Retrieved from http://www.pcmag.com/encyclopedia_term/0,2542,t=blog&i=38771,00.asp, 9 January 2007.]

16. Adam Nagourney and Jim Rutenberg, "Palin's Move Shocks G.O.P. and Leaves Future Unclear," *New York Times,* 3 July 2009. [Retrieved from http://www.nytimes.com/2009/07/04/us/politics/04palin.html?_r=1&sq=palin%20resigns&st=cse&scp=1&pagewanted=all, 11 July 2009.]

17. Edward Wasserman, "When Do Rumors in Blogosphere Rate Coverage?" *Sacramento Bee,* 19 November 2006, E3.

18. Noam Cohen, "Twitter on the Barricades in Iran: Six Lessons Learned," *New York Times,* 21 June 2009. [Retrieved from http://query.nytimes.com/gst/fullpage.html?res=9C06E4DF1531F932A15755C0A96F9C8B63&scp=2&sq=twitter%20on%20the%20barricades&st=cse, 30 June 2009.]

19. Based on UC Berkeley–Teaching Library Internet Workshops, "Evaluating Web Pages: Techniques to Apply & Questions to Ask," 27 July 2004. [Retrieved from http://www.lib.berkeley.edu/TeachingLib/Guides/Internet/Evaluate.html, 29 December 2004.]

20. "LII Selection Criteria," 2006. [Retrieved from http://lii.org/pub/htdocs/selectioncriteria.htm, 20 January 2007.]

21. Adapted from Meriam Library, California State University, Chico, "Chico RIO: Research Instruction Online." [Retrieved from www.csuchico.edu/lins/chicorio/glossary.html, 12 November 2004.]

22. See Fed Stats [http://www.fedstats.gov/].

23. Bartleby.com Great Books Online. [Retrieved from http://www.bartleby.com/73/465.html, 27 July 2004.]

24. Blake Morrison, "Ex-USA Today Reporter Accused of Plagiarism," *Sacramento Bee,* 20 March 2004, A8.

7 CHAPTER

第7章 支持你的信息

为了有助于形成一场高效的演讲，请用事实和数字来支持你的演讲。

目标

阅读本章并复习 www.mhhe.com/brydon7e 在线学习资源后，你应该能够：

- 认识基本主张的三种类型：事实、价值和办法。
- 解释证据在支持演讲中的作用。
- 用相关的、充分的、典型的且没有反证的例子支持演讲。
- 用可靠的且公正的来源并与其他已知事实一致的、可证实的事实支持演讲。
- 用可靠的且公正的来源的数值数据（numerical data），包括百分比、平均值和可靠的民意调查支持演讲。
- 用可靠的且公正的专家意见支持演讲。
- 用清晰和准确的解释支持演讲。
- 用生动和准确的描述支持演讲。
- 给听众讲述既具有可能性又很逼真的叙事支持演讲。

关键概念

主张
证据
专家意见
叙事
叙事逼真性
叙事可能性

每个人都有权发表自己的意见，而非自己的事实。
——参议员丹尼尔·帕特里克·莫伊尼汉[1]（Daniel Patrick Moynihan）

你可曾购买过某种产品，包装盒上的文字提醒“按照指示进行组装”？如果你有过这样的经历，那么你也知道，学习组装的过程，很少像盒子上描述的过程那么简单。将演讲各部分组合到一起，实际上也可能比最初预想的难度更大。例如，在实体或虚拟图书馆花了心血，系统地搜索了网络，看着编写在笔记上的素材，却一直想不通如何使之在演讲中形成意义，这是经常发生的情形。本章的目的是帮助你将研究转化为有意义的演讲。当你分解演讲时，每一个演讲包含一系列的**主张**，作为演讲的结果，演讲者希望听众得出的结论。为了支持这些主张，演讲者需要提供能够支持这些主张的**证**

主张：
作为演讲的结果，演讲者希望听众得出的结论。

证据：
演讲者为支持某种主张所提供的事实、实例、专家意见、实际数据及叙事等。

据：事实、例子、专家意见、数值数据、叙事，等等。

主张

我们把演讲时的主张分成三种基本类型：事实、价值和办法。**事实主张**陈述某事是真的或假的。有些事实是明确的：2 加 2 等于 4。其他事实则没有那么容易证明：地球变暖是真的还是假的？事实主张的特点是，它们在理论上是可核查的。**价值主张**对什么是好的还是坏的、正确的还是错误的、道德的还是不道德的做出判断。大部分对所谓"导致分歧的问题"（wedge issue）的争论，比如同性婚姻、干细胞研究和堕胎等问题，涉及的是价值判断。最后，**办法主张**声明一个人应该做什么。

大多数说服性演讲探讨的是价值主张或办法主张，抑或是两者兼而有之。大多数告知性演讲主要是关于事实的主张。我们寻找理由来支持演讲的时候，需要仔细评估想要做出的主张类型。我们还需要考虑听众这一层面。听众已经知道或相信什么事实？他们需要知道更多其他的事实吗？他们会接受隐含在我们信息中的价值吗？如果提倡种种办法，那么我们所提倡的办法需要以演讲中确立的事实与价值为基础。因此，研究和听众分析应该齐头并进。

证据

要成为成功的公共演讲者，我们需要将主张建立在事实和意见的基础之上。例如，无论我们是教某人如何运作一家高尔夫俱乐部，还是说服人们与我们分享关于干细胞研究的观点，我们需要做的都远比提供自己未经证实的意见要多得多。听众希望我们提供证据来支持我们的主张。如果演讲说干细胞研究可能让糖尿病得以治愈，那么听众会期待演讲者告诉他们为什么和怎么样。运用以下这些方法，我们可以支持演讲、回答听众渴望的有事实基础且观点可靠的各种问题：

- 例子
- 事实
- 数值数据
- 意见
- 解释
- 描述

• 叙事

贾里德·福格尔引人注目的减肥让他成为赛百味聘请的代言人。然而，他的减肥不是典型，也不仅仅是饮食造成的结果，因为他也定期锻炼。

例子

例子是代表一些较大类别的某个具体的实例。我们可以引用某个名人减肥计划有效的例子作为其他人效仿的路径。不过我们应该检验一个例子是否真正代表了某个更大的类别。要检验一个例子是否具有代表性，我们需要询问以下几个问题：

- **这个例子与更大类别的相关性是什么？**如果我们介绍减肥例子之后，随之而来的是人们体重的回升，那么这些例子可能与那些想更好地减肥的人不是很相关。因此，像查尔斯·巴克利（Charles Barkley）或克里斯蒂·艾莉（Kristie Alley）那样减肥之后体重又恢复了的案例，对于以减肥为主题的演讲，可能属于糟糕的例子。
- **是否有足够的实例可以支持推广呢？**我们都知道赛百味代言人贾里德·福格尔的故事，他因赛百味三明治体重减了200多磅。但这一孤例不足以证明食用赛百味就能让人瘦身。
- **代表更大类别的例子具有足够的典型性吗？**我们应该避免孤例和非典型的例子。赛百味在其网站中承认："个人通过锻炼和均衡饮食，食用包括6克或低于6克脂肪的赛百味三明治在内的低热量食物可以减肥。他们的结果并不典型。"[2] 事实上，涉及证实情况时，大多数减肥计划或广告，都会有一个类似的，通常用小字印刷的免责声明。

- **有能推翻普遍性的反例吗？**反例就是与普遍性相矛盾的例子。有时多个例子只能表明一种普遍的事实，但是一个反例就可以将之推翻了。因此，认为吃赛百味三明治肯定会导致减肥的结论很容易被否定——对每个“贾里德”来说，许多赛百味顾客的体重远远超过了他们的理想体重。虽然贾里德的故事可能具有鼓舞人心的作用，但是该例子本身并不足以证明特定的饮食计划就有效果。

事实

事实是可以证实为真的某事。美国有 50 个州，这是一个事实。就像伟大的前棒球选手尤吉·贝拉（Yogi Berra）说的：“你可以去查一下。”不过，说得州是最适宜生活的州，这个说法并不是一个事实，尽管得克萨斯人可能普遍认为是这样。

我们在前文提到，事实是演讲中运用的一种主张类型。但是事实也是构建演讲的基石。我们形成的每一个主张后，所用的其他事实都应该支持那个主张。

当然，某个事实只有与事实来源一样出色才好。为了评估某个事实，要询问以下问题：

- **事实的来源可靠吗？**百科全书、年鉴、权威书籍、学术文章通常是可靠的。然而，如果“事实”来自某人对某个主题的明显偏见，那么我们就应该怀疑它。举个例子，许多互联网网站声称陈述的是事实，诸如“外星人存在”，或者说有“黑色行动直升机”一直在暗中监视我们。就像我们在第 6 章阐明的那样，正因为这是互联网上的某事，所以我们不应该认为它就是真实的。
- **事实可核查吗？**我们应该对很难验证的事实持怀疑态度。举个例子，某些类型犯罪（比如强奸）数据的估计值会有变化，是因为许多强奸案未被报道。因此，运用数据时，会把强奸案报道的数量，乘以一些“认为可以代表未被报道的每一起强奸案数量”的系数。然而，出于某种缘故，要核实这些数字是不可能的，根据定义，这是无从查证的。虽然这种估计值可能有用，但是就核查的意义而言，估计值不是事实。
- **事实是最近的吗？**直到 2001 年，对联邦预算的统计预测大致是年年有余。然而，正值本书撰写之时，这些预测盈余已被数万亿美元计的赤字取代了。演讲围绕预算盈余的事实显然是不合时宜的。

- **与其他已知事实是一致的吗？**事实并不孤立。我们应该怀疑似乎与其他已知事实不符的所谓的“事实”。例如，许多烟草制造商曾经宣称尼古丁不会上瘾。然而，不仅是一般的外科医生，任何试图戒烟的人都可以告诉你，这样的“事实”值得怀疑。我们应该仔细核查来源可能的错误，而且要特别小心次要来源，次要来源依赖于另一个来源，而不是搜集的第一手的资料。正如我们在第 6 章指出的，查看主要来源总是更好一些，主要来源是原始的信息来源，因为在信息从一个来源转到另一个来源过程中，可能存在无心之过。最后，我们应该记住听众已经知道的事实。如果我们介绍的事实与听众信以为真的事实不一致，我们要想取得什么成功的话，那么首先要说服听众，让他们觉得我们的事实更可靠。

数值数据

在演讲中谨慎使用数据的数值汇总，如百分比、比率和平均值，是有价值的。这些数值可以是一种丰富的信息来源，不过数值也能够造成混淆和误导。例如，美国一家汽车制造商公布的一项调查显示，绝大多数人的首选是他们所产的汽车而不是外国汽车。然而，事实证明，这次调查针对的是只有 200 人的公司，被调查者甚至没有一个人拥有外国汽车。[3]

看似权威但价值可疑的数字不断地轰炸我们。考虑运用数值数据的时候，要问问自己：

- **来源可靠和公正吗？**对外国汽车与美国汽车调查的问题的后续爆料是，这次调查是美国汽车公司赞助的。通过一般搜索发现的商业的、个人的数据或组织化的互联网网站，常常是不可信的。不过，在官方渠道，如 www.fedstats.gov 发现的数据，不太可能有偏差，因为这个网站收集的是政府官方数据。然而，即使是政府官方估计的数据，也能被证明是大错特错的。要寻找被多个来源证实的数据，尤其是在问题存有争议的时候，更要如此。
- **百分比根据是什么？**演讲者常常扔出百分比却没有告诉我们真正意味着什么。仅仅因为某事在一定比例中或上或下的趋势并不真的意味着什么，除非你知道百分比的根据。2007—2009 年，股市从其历史新高下跌大约 50%。2007 年 10 月 9 日，道琼斯工业股票平均价格指数达到 14164 点。到 2009 年 2 月，下跌超过 50%，指数是 7062。[4]2009 年下半年股市开始恢复。

要完全恢复从峰值下降的 50%，那么它需要反弹 100%。原因是，下降的 50% 是基于两次复苏的基础计算得出的。听起来令人困惑？是的。问题的关键是，在靠百分比来证明自己的观点之前我们需要确保了解百分比的依据。

- **使用平均值的类型是什么？** 我们经常听到有关家庭、学生、纳税人诸如此类的某些方面的平均值数据。在现实中，平均有多个意思。最常报告的数字之一是平均值。虽然很容易计算，但均值常常被极端数值扭曲，因此，均值经常会产生误导。考虑一下报纸的一篇报道：大学刚毕业的年人均工资（均值）是 40000 美元。这并不意味着大多数大学毕业生都有 4 万美元收入。只是意味着，人们把接受调查样本中支付给毕业生的薪水相加，再除以受调查的总人数，这就是平均值（算术平均值）。这一数据可能被毕业于工程、计算机科学和信息系统管理的人员的收入扭曲了，虽然这些人数量很少，但是他们的收入要比人文科学和社会科学的毕业生多两到三倍。最有说服力的数值是中位数，这是位于数据分布中点的数值。中位数明白地告诉我们，数据分布中一半更大，另一半更小。
- **数字是基于民意调查吗？** 有意义的民意调查召唤参与者，而不是反过来。基于先进的采样技术和随机选择，一次全国性的民意测验可以预测总统选举结果，误差范围大约是 4 个百分点。但是，当我们看互联网服务提供商、当地电视台、报纸所做的“不科学的民意调查”，这些调查记录人们的意见，结果是没有意义的。人们只会对感兴趣的话题做出回应，而且有些调查甚至允许人们做出多次回应。简言之，这样的调查一文不值，因为这些调查破坏了合法的投票者的信心。
- **问题是公正的吗？** 某项民意调查询问是否应该禁止一次性尿布，而在调查之前有一个声明，一次性尿布仅占垃圾填埋场垃圾的 2%。不足为奇的是，84% 的受访者认为不应该取缔一次性尿布。[5]
- **样本有代表性吗？** 对于调查的可靠性和有效性来说，样本的代表性是绝对必要的。样本代表性是由那些拥有相同属性的人口中的人们构成的，而人口样本就是从这些人口中抽取的。例如，经济学专业的一个班级，根本不能代表那个学院学生的人口性质。

有很多方法可以得到具有代表性的样本，但是最常见的方式是随机选择，例如，从我们感兴趣的人口中选择年龄在18 ~ 25 岁的大学生。设计得当的一次调查，让被调查人群中的每个人都有同等的机会被抽取到。一般而言，从总体中随机抽取的样本越大，样本越具有代表性。

抽样理论的复杂性已经超出了本书的范围。即便如此，我们仍要强调，任何民调的价值都取决于抽样。因此，我们至少不应该接受民意调查的表面价值。我们需要找到有关调查结果的样本依据信息。

- **民意调查的差异大于误差范围吗？**良好的民意调查者报告误差范围。 记住，误差范围随样本变小而增大。因此，1067 人的误差范围为 ±3%，150 人的误差范围为 ±8%。[6] 假设某次民调的误差范围是 ±4%。这意味着，如果民意调查显示，政党候选人领先其对手 51% ~ 49%，那么，她可能领先高达 55% 到 45%，还可能落后 47 至 53%，或者这个区间的任何数字。考虑到较大样本的次群体时，出现误差的可能性甚至更大。因此，所以，当你看到某个民意调查说，它调查了 1000 名选民，误差范围为 ±4%，那么你要意识到如果子群组是人口总数的一小部分（如非裔美国女性），误差会更大。

列出这些问题并不是不让你使用数值数据。关键是你要知道数字意味着什么，以及它们是如何收集得来的，还要避免不公正的来源和可疑的抽样技术。最重要的是，你需要充分地向听众解释你所使用的数字，这样他们会对你的主张更有信心。对数值数据有用的检验可以在“值得一提：数值数据”板块中看到。

然而，我们必须小心，不要让数据淹没听众。要让数值数据有意义，我们建议在口头叙述时进行四舍五入。举例来说，不要说“道指收报 11997.7 点”，我们可以简单地说：“道琼斯指数今天收盘略低于 12000 点。”比较也是有用的。例如，假设某位演讲者希望听众想象有多少土地将被用于生产玉米乙醇，以显著减少我们对外国石油的依赖。演讲者可能会说需要 9000 万亩生产玉米。这听起来好像很多，但很少有人能想象一英亩有多大，更别说 9000 万亩了。换一种说法，如“事实证明，这与蒙大拿州的面积差不多大小”。对于观众来说，这样的比较远比原始数据更有意义。最后，可以考虑使用图表、图形和其他视觉辅助工具来表达数值数据，如图表 7.3 所示和第 12 章中讨论的。

值得一提

数值数据

检验运用的数值数据

- 知道来源——是公正的和可靠的吗？
- 知道百分比的依据——对基础差异很大的百分进行比较会造成误导。
- 知道运用的平均值类型——是均值（平均）还是中位数（中间点）？
- 知道民意调查所问的问题——是公平、公正的吗？
- 知道民意调查的样本选择——是有代表性的吗？
- 考虑误差范围——偏差超出误差范围了吗？

意见

我们对各种话题会有多种意见。本书的一位作者喜欢布鲁诺，而另一位作者却很讨厌他。有些人喜欢嘻哈音乐，有些人却不能忍受。我们对某则话题的意见是无法穷尽的。作为演讲者，我们可能希望与听众分享我们的观点。然而，除非我们认识某个主题方面的专家，否则我们的意见不见得比听众的意见更有分量。毕竟，相比于他们自己的意见，他们为什么要更加重视我们的意见呢？

有时候演讲者具有特殊资质，使他们可以利用自己的意见来支持他们的演讲。例如，有个学生在课堂演讲中提到，她母亲曾经历过隆胸手术，然后出现了可怕的并发症。她的演讲引用的专家言论很短，却非常具有影响力，因为她以令人信服的方式讲述了她母亲的故事。如果我们希望用自己的意见作为一种支持演讲的方式，那么，我们一定要向听众解释，为什么我们的意见值得深思。

专家意见：引用在特定方面持有专业资质人士的言论。

用**专家意见**支持演讲比用个人意见支持演讲更为常见，专家意见是来自在主题方面具有专业资质（special credentials）的某人的言论。无论从个人访谈还是从书面资料中收集的专家言论，都可以是支持你的观点有说服力的方式。不过，关于专家意见，你需要询问三个基本问题：

- **信息来源的专业知识如何？**你如何知道这个人是一位专家？尝试用谷歌搜索或看看传记来源（如名人录），是否存在你不知道这个人是谁的情况。寻找专业标志，比如学历、官方的立场，或来自其他权威的参考文献。最后，要确保你的专家属于演讲主题方面的专家。重要的是，你要向听众解释为什么你引用的那个人是他们应该相信的专家。

- **专家具有可靠的声誉吗？**专家先前的说法准确性如何？如果某人过去存在虚假的或错误的声明记录，那么依赖那个人今天的声明很可能存在误导性。
- **信息来源是无偏见的吗？**如果来源与某个议题的一方有利益关系，那么他或她的意见自然而然是不可信的。你的听众需要得到保证，你依靠的不是有私心的来源。
- **就听众而言，该来源是可信的吗？**无论某人有多少学历或获得过多少奖项，如果听众不信任这个人，那么，当你在演讲引用这个人的言论的时候，就不会给听众留下深刻的印象。举个例子，虽然阿尔·戈尔（Al Gore）获得过诺贝尔奖，然而在关于气候变暖的怀疑论立场的演讲中提到他，而他在这方面并不具有可信性，很可能会破坏听众对你本人信誉的看法。所以，你对听众分析得越仔细，他们就会更加相信你选择的信息来源。

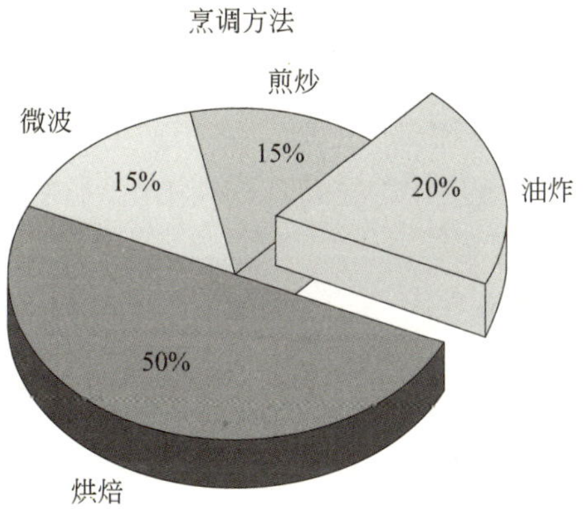

图表 7.1　视觉辅助，比如饼图，帮助读者可视化数值数据

解释

解释就是基于某事的一种理由、一种说明或者一种含义。详细的解释在演讲中被证明非常有用。但是有效的解释必须满足三种检验：

- **解释清楚了吗？**一个复杂的或不清楚的解释只能让听众迷惑不解。使解释清晰的一种方法是运用比较和对比。因此，有人解释某个核电站的核反应时，会将之与茶壶的热源相比较。
- **解释准确吗？**一个清晰的解释未必是完整和正确的。在演讲情境受限制的时候，确保提供的解释尽可能地完整、准确。
- **解释有趣吗？**不幸的是，解释可能让听众很无聊，特别是在解释高科技内容的时候。克服这个问题的一种方法是确保用生活中具体、生动的事例来解释。举例来说，用玻璃杯中冰的融化来说明冰川融化可能影响海平面的方式，就比用科技解释海上浮冰和海平面之间的关系更为有趣。

描述

描述是用言辞为某物描绘出一幅图像。举例来说，你可能描述曾经到访过或研究过的一个地方。仔细考虑一个名叫查尔斯·法瑞斯的学生在某次演讲中的说法："想象一下，那里河流淙淙，阳光灿烂，趣味无限，从不曾有片刻的沉闷，征服你内心的是户外的自由。"这个描述把演讲引向了"天空之湖"——太浩湖（Lake Tahoe）。[7]

描述要满足以下检验：

- **描述准确吗？** 通过将描述与被描述的事物相比较，可以检验描述的准确性。因此，以太浩湖为例，看看湖的照片或者参观太浩湖，都有助于验证该描述的准确性。
- **描述生动吗？** 要抓住听众的注意力，我们需要用言词描绘一幅画。用美国本土的名字称太浩湖为"天空之湖"，要比简单地描述"湖水是蓝色的"更加生动。运用照片和其他视觉材料，有时可以补充演讲中的描述，这在第 12 章中有讨论。

讲故事把家庭成员紧密联系在一起，还是上一代与下一代分享体验的受欢迎的方式。

叙事：
一段充分发展的故事，包括人物、场景、行动和情节。

叙事

叙事是一段充分展开的故事，包括人物、场景、行动和情节。

叙事有时候是给听众提供观点的一种有效的方式。从一开始就逐步建立叙事的有效性，通过冲突推向高潮。然后解决冲突，故事的结局往往又回到开始。

对于演讲而言，叙事不止是一种有用的辅助工具；在某些文化中，叙事是演讲的组织原则。演员、社会活动家爱德华·詹姆斯·奥尔莫斯来我们学校演讲的时候，我们都在台下。他的演讲主要是一系列的故事：他的职业生涯，他的家庭，以及不同文化背景的人如何能够彼此理解。屡获殊荣的修辞学者沃尔特·费舍尔（Walter Fisher）认为，事实上，人类根本上就是说故事的人。费舍尔认为，推理是叙事形式的完成。即使你不接受费舍尔的叙事范式，毫无疑问的是，一个精巧的故事，不管是真实的还是虚构的，都能吸引听众。费舍尔声称，两个基本检验适用于叙事推理：[8]

叙事可能性：叙事的内在连贯性或可信度。

- **叙事有可能性吗？叙事可能性**是叙事内部一致性或可信度。故事本身有意义吗？如果你看过《回到未来》（*Back to the Future*）三部曲，你可能不知道，怎么可能会在同一时间和地点，有两个布朗医生和两个马蒂·小飞侠（Marty McFlys），甚至有两个德罗宁（DeLorean）时间机器。抛开医生的时空连续体的解释，试图解决时间旅行的悖论和矛盾一定是巨大的令人头痛的问题。运用叙事支持演讲时，叙事需要明确合理，这样听众才会相信。

叙事逼真性：指叙事贴近实际生活经验的程度。

- **叙事是逼真（fidelity）的吗？**叙事逼真性是叙事与真正现实生活体验的相似程度。即使在某个故事内部有意义，但是就现实世界而言，这个故事可能不具有意义。举例来说，思考一下斯蒂芬·格拉斯（Stephen Glass）的案例，格拉斯是《新共和》（*New Republic*）杂志的一位作家，因凭空捏造故事而被逮到。事实上，暴露其胡编乱造故事的是在线出版物《福布斯数字工具》，因为在格拉斯的叙述中，有位年轻黑客智胜一家强大的硅谷公司的细节，让那些熟悉技术的人怎么看都不像这么回事。例如，所谓的数百万美元的尖端科技公司网站看起来就是一个业余的美国在线（AOL）网站，而他描述的举行“黑客大会”的地点就在他声称开会时被关闭了。因为他的故事的细节缺乏逼真性，格拉斯的谎言被暴露了。一旦一个故事瓦解之后，很快人们就发现他为《新共和》撰写的大部分故事也是捏造的。《新共和》的调查显示，格拉斯至少捏造了 41 篇文章中的 27 篇。此案成为 2003 年的电影《欲盖弥彰》的原型。[9]

斯蒂芬·格拉斯由于为《新共和》杂志捏造故事而被抓，他关于黑客的故事听起来不真实可靠。

我们给听众讲故事的时候，应该让他们知道，这个故事是真实的还是假设的。如果故事要具有影响的话，那么任何一种故事类型都需要贴近听众本身的经验。要想某次演讲产生影响力，叙事就需要具有可能性和逼真性。

叙事可以独立，就像在故事讲述性演讲中那样，这是我们布置给学生的第一个任务。故事性演讲的一个例子，可参见“他们自己的演讲：故事讲述性演讲”，阅读克里斯汀·威廉（Kristin Wilhelm）在演讲中描述的，在感恩节期间，她独自一个人在家面对的相当不寻常的情形。你在阅读或观看这次演讲的时候，要问问这次演讲是否满足前面讨论的叙事的可能性和逼真性。

他们的演讲

要观看克里斯汀·威廉的演讲视频，请点击在我们的在线学习中心网站的演讲教学链接并找到7.1部分。

故事讲述性演讲

克里斯汀·威廉（Kristin Wilhelm）

感恩节假期，我的室友克丽斯、劳伦和喀瑞萨都回家去了。梅根和我把整个假期都作为难得的工作机会，或者我应该这么说，我们要么留下来工作要么被开除。星期一早晨，也就是假期第一天我醒来后，我对一天进行了规划，我列出了当天必须要做的事情：工作、工作、家庭作业。我压根没有想到我会光着脚跑在大街上，穿着粉红色泰迪熊睡衣，一条毛巾裹着湿漉漉的头发，手里还拿着一把刀。

那个周一，当我从一天漫长的工作回到家后，疲累之极，洒在我裤子上的摩卡咖啡让我浑身都是这味道，我一心想着回家好好放松。我知道那晚不到深夜梅根是不会回家的，因为她要工作很长时间，所以我一切都计划好了，这个晚上独属于我一个人。我回到家，洗个澡，吃一点晚餐，随便看一些电影或一些无价值的MTV节目，可能就呼呼大睡了。

因此，我回家后，洗澡，下楼，开始煮一点热水，你知道的，准备煮意大利面。就在我拿最喜欢的意大利面调味料的时候，我听到了门后传来的老鼠的吱吱声。我在想，或许是我有点儿妄想吧，一天漫长的工作，连续8个小时做咖啡，有点儿累了。然后再一次地，我听到了门晃动的声音。就像有人试图把锁拔掉要进来一样。那一刻我很害怕，因为一整天不断有顾客告诉我，有人闯入学生住所的情况。我在想，啊，太棒了，我的幸运之日。这是我的房子，就是在这个房子里，我要成为被抢的学生之一了。所以，我偷偷过去窥视我室友的房间，看看窗外，你知道的，我希望这是我的室友而不是其他什么人，我希望她早点回家。但是我看到的是一位40多岁的男人，秃头、身穿黑色皮外套，正在门把手上做手脚。这时候，我在室内尖叫起来，跑进厨房，抓住了我能找到的最大的菜刀——当然，我不知道要拿它做什么——我只是觉得我需要它。然后安静而快速地跑出去，跑向邻居家。

此时此刻，我记得我穿的是睡衣，我湿漉漉的头发裹着一条毛巾，手里拿着一把刀。此刻，我甚至没有看到邻居，我打算猛敲他们家的门。我只好继续走，砰砰敲门……我按门铃；没有回应，天啦，我真够幸运的。到了隔壁一家，又敲门。幸好有一位老人回应了我，并且问我是否还好！这一刻，我歇斯底里地哭喊，听起来很可能是这样的，听起来有点儿像："天哪，上帝，有人闯进我家了，请帮帮我，我不知道该怎么办。"是的，我非常害怕。因此，他出手帮我了。他让我进了他家，接着我们报了警。然后，老人家感到很好奇，他想出去看看什么情况。因此，我们一起走过街道，我们站在街道对面，沿着我的车道，可以看到我房子的后门。那个人仍然站在那儿，试图进到房子里。他肯定不是一个好的窃贼，如果他是手段还可以的窃贼，这个时候他应该早已进去过了，而且应该出去了才对。不管是什么情况，突然，4辆警车在街道周围兜圈，无声无息地停下来。

警察都下来了，拔出了枪，开始做手势，然后就像电影中他们行动的那样，顺着车道跑，用对讲机向袭击者喊话：“不许动，把双手举向空中。”那个人走出来的同时大声喊道：“好的，好的，我是克丽斯的父亲。”

我下巴都掉地上了，很恐怖地砸到了水泥地上。我把警察叫来对付室友的爸爸。我根本不知道该怎么做。我印象中就是跑过去，给他一个拥抱。在这个过程中，尽量不要让刀刺到他。我飞奔回屋内，同时听到警察的抱怨，他们那天没有任何行动的机会。我跑到屋内，把刀安全地放到抽屉中，然后上楼吃那煮得稀烂的意大利面。[10]

故事可信度——克里斯汀·威廉改编自克丽斯·雷蒙德

OLC www.mhhe.com/brydon7e 为了评估你对本章内容的了解，请访问我们的在线学习中心网站进行检测，还有其他章节的辅助学习材料。

小结

有三种基本类型的主张：

- 事实主张，涉及的说法是可验证的。
- 价值主张，涉及有关正确或错误、好的或坏的、道德的或不道德的言论。
- 方法主张，应该做某事的建议。

多种可以有效支持演讲的证据：

- 例子应该是相关的，具有足够的数量和典型性，并且没有显著的反例。
- 事实来源应该是可靠的、可核查的、最近的，且符合其他已知的事实。
- 数值数据应该来自某个可靠的和公正的来源。知道百分比的依据以及引用的是均值还是中位数。
- 调查应该基于公平的问题，应该来自有代表性的样本，应报告样本的规模和误差范围。
- 专家意见必须是来自这个主题方面的专家。专家应该是可靠的、公正的，且听众认为是可信的。
- 解释应该清楚准确。
- 描述应该准确生动。
- 对于听众而言，叙事应该具有可能性（连贯性）和逼真性。

学习成果检验：练习和实践

1. 演讲者认为我们应该购买美国产品，提供的例子如下："我去年买了一辆现代车。自从我买了它，我就有麻烦了。我认为这证明你应该买美国货！"将这个例子与本章讨论的例子检验相比较，这个例子不能满足哪些检验？

2. 你会怎样验证美国人死亡的主要原因是心脏病、癌症和传染病这个"事实"？你会咨询什么来源？事实上，这些疾病是导致死亡的三大原因吗？

3. 获取最近的民意调查（例如，出现在《今日美国》或《新闻周刊》某篇文章中的）。调查满足本章概括的数值数据的检验吗？样本量有多大，误差范围是什么？本次调查的偏差超过了误差范围吗？要正确地解读调查，这篇文章有没有什么你需要知道而又没有告诉你的内容，如果有的话，是什么？

4. 将一项以较大样本量为基础的民意调查（诸如在 Gallup.com 网站上发现的）与互联网对这个议题的民意调查相比较。结果相似吗？哪一个调查更可靠，为什么？

注释

1. FactCheck.org, 2004. [Retrieved from http://www.factcheck.org, 5 August 2004.]
2. "Jared's Statistics," Subway.com, 2009. [Retrieved from http://www.subway.com/subwayroot/MenuNutrition/Jared/jaredStats.aspx, 10 July 2009.]
3. Cynthia Crossen, "Lies, Damned Lies–and 'Scientific' Studies," *Sacramento Bee,* Forum, 24 November 1991, 1–2. [Reprinted from the *Wall Street Journal.*]
4. "The Dow Jones Industrial Average December 31 1974–June 30, 2009," *Privateer Market Letter,* 30 June 2009. [Retrieved from http://www.theprivateer.com/chart/dow-long.html, 8 July 2009.]
5. Crossen, "Lies, Damned Lies–and 'Scientific' Studies."
6. Robert S. Erikson and Kent L. Tedin, *American Public Opinion: Its Origins, Content, and Impact,* 7th ed. (New York: Pearson Longman, 2007), 30.
7. Chalsey Phariss, "Lake Tahoe," speech delivered at California State University, Chico, 18 April 1998.
8. Walter R. Fisher, *Human Communication as Narration* (Columbia: University of South Carolina Press, 1987).
9. Billy Ray (director), *Shattered Glass,* Lions Gate Entertainment, 2003.
10. Story credit–Krissy Raymond adapted by Kristen Wilhelm.

CHAPTER 8

第8章

引介、过渡和结论

赢得听众注意力的一个关键是演讲开场具有冲击力。

目标

阅读本章并复习 www.mhhe.com/brydon7e 在线学习资源后，你应该能够：

- 为你的演讲设计出一种有效的引介。
- 富有冲击力地开始你的演讲。
- 在引介环节将听众与演讲联系起来。
- 让演讲聚焦于清晰的主题句。
- 预览演讲的主要论点。
- 演讲时，运用适当的语句从一个要点过渡到另一个要点。
- 为你的演讲构造一个有效的结论
- 概述演讲的主要论点
- 有力地结束演讲

关键概念

警句
号召行动
近因效应
格言
反问

你永远不会有第二次机会去打造第一印象。

——海飞丝洗发水广告

我们用了两章讨论如何着手处理话题效果最好，最终我们面对的是自己的组织问题。我们应该从头开始——引入演讲，然后转向演讲主体或主要论点——最后是结论部分？还是应该从演讲的核心——主体或要点开始——把引介和结论放在后面呢？还是我们分享了你想要的构造要点的组织方法，包括你在研究中发现的支持演讲的材料之后，再讨论演讲的引介和结论更有意义呢？还是从演讲的开头入手，认为除非演讲者抓住了听众的注意力，否则演讲不大可能会成功，这样更有意义呢？

当然，事实是演讲作为一个有机整体发展起来，在许多方面具有自己的生命。有时候，我们从开头入手。在研究或思考主题的过程中，有些内容使人想到，强有力的引介合乎逻辑地形成于演讲的其他部分。其他时候我们苦苦纠结于引介部分，决定先把它放在一边，从撰写演讲的主体部分开始。然后发现主体的某个地方是有效引入的关键。简言之，构造一篇演讲没有一个确定的方法。

最终，我们决定从听众最有可能记住的部分——演讲的开头和结尾开始。我们都曾听说过，你从来没有第二次机会去打造你的第一印象这句格言。这说的是在工作面试中，录用与否的决定常常是在最初的五分钟之内做出的。演讲与此很相似——听众很快就确定是否对演讲者和演讲主题感兴趣。出于相同的原因，有效的工作面试在你走过去同面试人员握手的时候就结束了，要想从无竞争力的介绍中扭转局面，非常困难。

因此，应该将本章及随后的内容看作一个整体。一旦写好了演讲的主体部分，毫无疑问的是，结束之前，有必要修改或重写一段引介。在你没有确定演讲的主要论点之前，你也不可能写出演讲的引介和结论的预览还有摘要部分。

把倾听和学生演讲的经验评价结合起来，我们认识到，如果演讲的开头和结束部分很少存在问题，那么我们就没必要拿出完整的一章，来讨论演讲的引介和结束部分。但是情况并不是这样。相反，我们不断地发现，有太多的学生似乎把引介和结论当作公共演讲艺术和科学中最不重要的部分。

然而事实真相是，2000年来有价值的写作和研究告诉我们，相对于随后出现的内容，我们**最先**听到和看到的内容被记住的可能性更大，这取决于它是如何呈现的。同样的写作和研究也揭示，相比于此前紧密相随的内容，我们**最后**听到和看到的内容，被记住的可能性更大，这同样取决于它的呈现方式。更重要的是，我们的课堂学习、人际传播和公共演讲的研究中，经常会出现**首因—近因效应**。[1]简单地说，你如何开始和结束演讲对听众的影响，就像你首次与某人会面或参加一次新工作面试时，你的交流行为对你打造的最初的和最后印象的影响一样。搞砸了这个机会，你既不会再见到这些人，也不会得到这份工作。

首因—近因效应：人们倾向于记住和受到最大影响的是演讲的开头或结尾。

因此，接下来我们希望实现三个紧密联系的目标。首先，我们希望给你展示一份可控的清单，你可以从中选择开始演讲的方式，这些方式可以形成一种积极的印象，让听众注意到演讲的主题。其次，我们要向你展示一些简单却很重要的过渡技巧，你可以运用这些技巧很顺利地从演讲开始有效地转向主体，再从主体转向演讲的结束部分。最后，我们希望在结论部分，帮助你积蓄足够的能量结束演讲，具有和演讲开头一样的冲击力。不过，我们要从回顾主题开始，因为是主题确定了如何开始演讲。

修辞情境

回想一下第 5 章中介绍的，修辞情境反映了我们在准备和发表演讲过程中需要考虑的，几乎一切与演讲事务相关的因素——例如，听众、场合的性质、演讲者的目标，以及我们要面对的生理和心理的束缚。修辞情境再一次提醒我们，演讲交流涉及一个相互依赖的变量系统，因此其中一个因素变化就能影响到其他所有因素。在一个教堂、清真寺或寺庙里面演讲，与在每周会面一次的扶轮社成员（Rotarians）和国际职业妇女会的会员（Soroptomists）这些公共机构里面演讲，是不一样的。由于同样的原因，在一次聚会中用演讲纪念某个人，和在毕业典礼上给即将毕业的学生演讲，也是不同的。

这里要强调重点很简单。你引入和结束演讲的方式，需要反映出这个事实：你考虑到了出现的修辞情境。忽视这个简单而工具性的教训，通常是导致灾难性情形发生的不二原因。

引介演讲

引介要承担的任务不仅仅是揭示演讲的主题。如果仔细构造并加以良好表达的话，引介也会有助于克服干扰听众注意力的因素，促进听众和演讲者关系的融洽，并构建一个更能让听众跟随和适应演讲者信息的框架。换句话说，有效的引介：

- 以有冲击力的方式开始演讲，争取赢得听众全部的注意力。
- 清楚地传达演讲的主题。
- 将演讲者的主题与听众成员的自身利益联系起来。
- 预览演讲，以便听众可以随着演讲的展开更方便地倾听。

让我们分别看看这些作用应有的细节。

开始要有冲击力

近年来，争夺受众注意力的刺激因素越来越多。过去，争夺演讲者（或教授）的听众成员注意力的主要干扰因素，只是教室后面传出的窃窃私语，以及一群光盼着下课而不愿学习的懒散学生。如今，这份干扰中增加了发短信和其他各种智能手机的精彩活动。例如，奥巴马首次在众议院和参议院联席会议演讲之后，人们发现在总统的整个演讲期间，两个立法机构的一些成员都在发短信或玩推特。

老师和学生都对短信、微博这种技术形式的干扰很熟悉了。几乎每一堂课，我们都会注意到，在我们尽力授课或倾听某位同学认真努力地发表有趣的演讲时，有一个或多个学生低头注视着飞舞的大拇指。尽管许多学生可能认为或声称他们可以一边发短信一边倾听，但是关于“多任务处理”的研究结果很明确：他们做不到。[2]

不过，除非在教室禁止使用手机或人们出乎意料地自己陡然意识到，在他人演讲期间，发短信、推特以及玩其他移动设备的行为，是多么粗鲁和“屈尊俯就”，而这种情形又是不可能出现的，否则这些活动和行为或许将持续地成为课堂上令人恼火的刺激来源。因此取决于我们的是，尽我们所能鼓励听众关注我们，而不是他们的智能手机。

以下面的说法及其变化形式作为演讲的开始，是太多演讲者的水准：

“今天我打算谈谈……”

这个说法很常见，但不代表这种方式是有效的。这种开头太弱，除了不能争取到听众的注意力之外，还告诉听众，演讲者太懒惰了，以至于没有投入时间练习可以让演讲开头富有冲击力的多种方法中的任何一种。

故事

相比于动听地讲一个故事，还有很多种方法让演讲的开始更富有冲击力。不过以故事开始演讲，有一个重要的原因。就像杰出的学者沃尔特·费舍尔指出的那样，故事及故事讲述，在人类发展中起了特别的作用。故事是人们在文字出现之前，分享和传承生存所需的个人及文化的经验教训的方式。尽管书写和大规模的印刷，使人们无需面对面接触就能够分享这些经验教训，但是讲述故事仍然是这方面最重要的文学形式。因此，不应该感到惊讶的是，随着时间的推移，相比于那些立即介绍演讲主题或中心思想的人，我们已经适应了那些更加细心地以故事开启演讲的人。

即使不是全部，故事可以有效地用于本书探讨的大多数演讲的目的。有效地分享的话，故事可以用于意在告知、说服和娱乐的演讲中。就像我们在第 7 章叙事部分指出的，关键是要确保我们分享的故事满足两个标准：（1）叙事的可能性；（2）叙事的逼真性。

例如，马克·吐温除了是一位有天赋的作家，还是一位天才演讲家。在**励志演讲者**成为文化词汇一部分之前几乎一个世纪的时候，马克·吐温就可以因演讲获得上千美元的报酬。一个主要原因是，马克·吐温能够使最难以置信的传说听起来似乎可信，或至少是貌似真实。

鉴于这种框架，你在演讲开头讲述的故事可以取自大众文学、流行文化、你的个人经历，或者你认识的其他人的经历。不过，无论其来源如何，你必须确保故事是：

- 适合于修辞情境。
- 与你的主题相关。
- 与听众的利益有关系。
- 以令人信服的方式讲述。

思考下面摘自苹果公司创始人斯蒂夫·乔布斯（Steve Jobs）在一次毕业典礼上的演讲。从介绍个人故事开始以及他从中学习到的教训，那时乔布斯的年纪和听他演讲的听众相似。

我17岁时，读到了一句格言，大意是这样的："如果你把每一天都当作生命中最后一天去生活的话，那么有一天你会发现你是正确的。"这句话给我留下了印象。从那时开始，在过去的33年，我每天早晨都会对着镜子问自己："如果今天是我生命中的最后一天，我会去做今天想做的事情吗？当答案连续多天是'不'的时候，我知道需要改变一些事情了。"[3]

这些个人信息的披露符合有冲击力地开始演讲的大部分标准。当你加上下面这个段落的时候，这种现象尤为明显。

记住生命随时都有可能结束，是我一生中最重要的箴言，它帮我做出了人生重大的抉择。因为几乎所有的事情——所有的荣耀、所有的尊严、所有对困窘和失败的恐惧——在死亡来临时都将不复存在，剩下的只是真正重要的东西。记住自己随时都会死去，这是我所知道的防止患得患失的最好方法。你已经一无所有了，还有什么理由不听从于自己的心愿呢？[4]

乔布斯在故事中，把自己与听众年龄接近时，曾经经历的关乎生死的一段个人体验，与听众进行了分享。他把故事与他的主题——勇于冒险相联系，然后将主题与一系列的外部期望联系起来，而几乎我们每个人都可能将这些期望与自己生活中的某个阶段或多个阶段相联系。在我们如何利用自己的个人经历，使引入更有可能赢得听众高度选择性的注意这方面，乔布斯的引介仍然是一个很好的实例。回顾第4章，听众会决定排斥其他人而关注某些人和信息。乔布斯的引入也表明，演讲的开头如何能够用于弥合极微小的意见分歧，当演讲者和听众代表着大为不同的世代时，这些分歧可能会破坏演讲交流。

幽默

就像我们以前的学生，电视制片人、喜剧作家和小说家拉斯·伍迪（Russ Woody），在“值得一提：写出幽默？”板块中探讨的，使用幽默故事只是引入演讲的一个方法，几年前拉斯在给我们的大学毕业班演讲的时候，他以些许自嘲式的幽默开始：“注意啊……我写情景喜剧为生，所以不要期望太多。这意味着……基本上，我打算讲几个笑话，触及一些老生常谈的陈词滥调，还要试图卖给你一辆道奇面包车。”[5]但是在这方面你要特别细心。不管你用的幽默的类型和形式如何，你感到有趣的地方，可能听众不会觉得有趣。具有讽刺意味的是，无论讲一段俏皮话，开个玩笑还是一段奇闻，都常常招致听众们的误解。讽刺和挖苦也是如此。因此，在你选择用幽默开启演讲的时候，需经过听众的检验。

值得一提

写出幽默？

作者 拉斯·伍迪

作为一名大学生，拉斯·伍迪在一场名为“娱乐性演讲”活动中获胜。幽默不仅是拉斯的爱好，还成为了他的职业。拉斯的写作生涯始于MTM制作公司，他在这个公司为节目撰写情节剧，如《纽哈特》(*Newhart*)、《波城杏话》(*St. Elsewhere*)、《山街蓝调》(*Hill Street Blues*)。两年后他成为一位制片人，并担任《风云女郎》(*Murphy Brown*)的编剧，凭借《风云女郎》他获得了1990年的艾美奖（Emmy）。作为《预言家》(*Cybill*)联合执行制片人，获得了金球奖(golden globe)。他还担任过《福克斯沃西》(*Foxworthy*)和《左右不逢源》(*The Middle*)的顾问制片人，是《贝克尔》(*Becker*)的联合执行制片人。拉斯最近出版了他的首部小说《类核之轮》(*The Wheel of Nuldoid*)。我们请拉斯做一件似乎不可能做到的事情：用不多于250个字解释幽默写作。结果如下。

写出幽默？

拉斯·伍迪

250个词解释如何写出幽默？哎呀，我不能只是用圆珠笔锤子捶自己的额头？试图解释幽默，有点儿像设法从一个巨大而痛苦的大猩猩手中夺取美味的香蕉。如果处置不当，结果你会看起来很愚蠢。

考虑到这一点——"你好，大猩猩先生……"

事实是，幽默比戏剧写作难度大多了。因为，虽然幽默和戏剧都非常依赖情绪内容，但幽默很难做机械性的拆解。因此，很难对幽默进行原创性地设计。要想理解是什么让一个人悲伤、愤怒、不安、尴尬或喜悦，还是比较容易的。但是，在大多数情况下，很难说一个人为什么笑了。

因此，我认为最重要的是，你得搞清楚什么类型的幽默会吸引你们中的大多数人。《巨蟒剧团》(*Monty Python*)、《安德鲁·戴斯·克雷》(*Andrew Dice Clay*)、《白头神探》(*The Naked Gun*)、《风云女郎》《浪漫满屋》(*Full House*)、《间谍杂志》(*Spy Magazine*)、《疯狂杂志》(*Mad Magazine*)、《周六夜直播》(*Saturday Night Live*)，无论是哪一部，找出来。然后学习它。观看它、阅读它，拆解它，理解它是如何设计的，如何建立的，它是如何取得成功的——理解幽默的动力（你做的这些拆解工作将会非常无趣，不过这是喜剧作家永久的地狱般的生活）。举个例子——一直以来，电影《粉红豹》(*Pink Panther*)中有我最喜欢的一个笑话。在彼得·塞勒斯（*Peter Sellers*）走进一家旅馆接近桌边的一个人，有一只狗坐在这个人旁边。塞勒斯说："你的狗咬人不？"那个家伙说不咬人。因此，塞勒斯过来拍了拍那只小狗，那狗咬着塞勒斯手臂试图将之撕裂下来。塞勒斯然后看着那个家伙说："我认为你说的是你的狗不咬人的啊？"那个家伙说："那不是我的狗。"

我喜欢这个玩笑，因为它的每一个元素都是真实的，当事人没有一个认为好笑。就字面而言，那个人对塞勒斯问题的解释相当正确。因为那个人误解了似乎合乎逻辑的且简单的问题，让塞勒斯非常恼火。而那只狗只是生气。在更一般的意义上说，一个人成为牺牲品，因为另一个人太讲究精确措辞了。这是极端专注于某个角色的部分以及另一角色脆弱性的部分。在广泛的意义上，这就像彼得·福尔克 (Peter Falk) 和阿兰·阿金 (Alan Arkin)《结婚派对》(*The In-Laws*) 电影中那样。福尔克强烈地专注于自己在政府中的工作，这反过来又使阿金的生活俨如人间地狱（如果你曾看过这部电影，你就知道我说的内容——如果你不曾看过这部电影，由于只剩不到 50 个词了，相当快啊，因此我不能细说这部电影了）。

如果你拆解了足够多的笑话和故事之后，你可能开始有点想法如何构造自己的笑话了。这时候真的很难。只是确保要永远记住一个笑话，这是写作幽默的关键基础——哎呀，超时间啦。

经拉斯·伍迪许可转载。

参考修辞情境

引入演讲的第三个且潜在的强有力的方式是参考修辞情境本身。记得修辞情境包括诸如场合和听众。不用说，历史上许多最令人难忘的引介和演讲都出现在由修辞情境规定了的特定情形中。明显而又不限于此的例子包括，林肯的葛底斯堡演讲、马丁·路德·金博士“我有一个梦想”的演讲、罗纳德·里根在柏林勃兰登堡门的“戈尔巴乔夫先生，推倒这堵墙”（Tear Down This Wall）演讲。

生活中许多可预见的重要事件要求我们公开演讲。例子种类多多，包括快乐的场合，比如结婚 50 周年；最庄严的仪式，比如一场追悼会。“他们的演讲：奥普拉·温弗瑞在杜克大学的演讲”板块中，展示了从这些重要的场合中汲取自然又合适的引入方式。

他们的演讲

奥普拉·温弗瑞在杜克大学的演讲

思考2009年母亲节，奥普拉·温弗瑞在杜克大学毕业典礼演讲中是如何参考运用修辞情境的。她不仅提到了具体的场合，而且提到了恰巧是其教子的一位毕业生：

奥普拉·温弗瑞在杜克大学的演讲

哦，是的，我现在打算让你们每一个人都叫我博士。谢谢校长布罗德汉德。女士们、先生们和毕业生们，尤其是各位在座的妈妈们——各位妈妈可以站起来，这样我们可以说母亲节快乐吗？母亲节快乐！多么有意义的一天来庆祝母亲节。你依然爱我，即使我现在是个博士？

好的，我想说的仅仅是，首先，谢谢你们的博士学位，能来到这儿我是如此地高兴，我来到这儿是因为我爱的某个人今天毕业了，我的教子威廉·邦普斯，他是威尔·邦普斯和我最好的朋友盖尔的儿子，你知道的，威廉从来不愿意让人知道他认识我，他的妹妹柯比也是这样，从来都不愿意让人知道。我就像被他们藏在阁楼里的疯狂的姑姑，他们放我出来参加毕业典礼，所以我在这儿啦。

资料来源：Office of News and Communications，Duke University，Oprah Winfrey's Commencement Address at Duke，12 May 2009. [Retrieved from http://news.duke/2009/05/winfrey_address.html，31 July 2009.]

警句、格言和引文

我们意识到，每次都用一个故事、一点幽默或者参考修辞情境来引入你的演讲，是不可能的。老师对你的要求，包括时间限制，可能就把讲故事的可能性给排除掉了。我们承认这个事实：在大学课堂演讲是为了完成作业，此外，课堂不是典型的激发演讲者形成其演讲焦点的修辞情境。结果，你可能想探索用警句、格言或者引文来引入演讲的可能性，这些方式的冲击力也足够强大，可以赢得听众的注意力。

警句：
体现一种原理或经验的简短表述。

警句通常是简短的语句，贴近我们真正的经验。它们往往传达一种永远无法否认的原则，或暗示某个教训。略举几个警句例子，“两点之间距离线段最短”，“三思而后行”以及“奉承比批评更能赢得好感”。警句可以很好地用于开始演讲。

格言：
一种简短常用的言论，能够表达一种明确的事实，通常带有一种宗教或道德成分。

在某种意义上，**格言**和警句很像，它们都典型地提出一个教训，往往都说出了我们最重要的价值观和信仰。寻找与你计划演讲相关的格言，宗教教义是最常见且运用广泛的来源。很多格言是人们创作出来的，被认为是一种文化智慧的非宗教教义。孔子和佛祖都运用格言来表明一种看法。“反思多元化：跨文化格言”板块表明，广泛使用的某些格言可以通过简单的计算机搜索得到。

虽然警句和格言非常相似，引文能够但并不总是提出教训。有些引文可以是匿名的。如果引文来自一位杰出的人士，可以增强对听众的影响力。除了传达一个教训，引文也可以用于演讲开始时让听众震惊或激发其情绪。设想在一群狂热的拉什·林堡（Rush Limbaugh）的粉丝面前演讲，引用启蒙哲学家约翰·斯图亚特·密尔（John Stuart Mill）的一句话来开始你的演讲：

> 保守派不一定是愚蠢的，但是最愚蠢的人是保守派。[6]

相反，设想在大学毕业的一次演讲中，引用哲学家、数学家伯特兰·罗素（Bertrand Russell）的名句：

> 男人是天生的无知，而不是愚蠢；教育造成了他们的愚蠢。[7]

当然，运用引文震惊或激起听众不只是赢得听众的注意力。理想的情况是，可以将之用于演讲的更大的目的。如果不是这样，不管在开头，引文是如何震惊或刺激到了听众，我们最终还是会失去听众的注意力。

反思多样性

跨文化格言

天黑后，所有的猫都成了猎豹。——美国原住民格言（祖尼人）

雄狮率领的一群羊可以打败绵羊带领的一群狮子。——阿拉伯格言

讷于言而敏于行。——中国格言

如果爱不疯狂就不是爱。——西班牙格言

不要搬起石头砸自己的脚。——英国格言

与狗同眠,起床难免身有跳蚤。(近朱者赤,近墨者黑。)——意大利格言

没有行动的愿景是个白日梦。没有远见的行动是一场噩梦。——日本格言

聪明人耳朵长，嘴巴短。——德国格言

资料来源：Confucius Institute，Quotes and Sayings，2009.[Retrieved from http://www.quotesandsayings.com/proverbial.htm，16 October 2009.]

提出一个问题或一系列问题

我们不是很热衷于用一个问题、修辞或其他方式引入演讲。**反问句**——并非意在让听众大声回答的问题，在我们的经验中，经常使用不当且没有效果。然而，对于演讲新手来说，用一个问题或一系列问题引入演讲来赢得听众的注意力，当然是值得考虑的。我们曾听过许多演讲新手运用一个或一系列问题，这些问题不仅介绍了他们的演讲主题，还确实对听众产生了可以观察到的冲击力。一般来讲，这些学生问的问题与他们自己及听众成员的经验有联系。此外，下面取自学生真实的演讲案例说明，问题通常涉及各种个人紧急事件和危机、尴尬引发的幽默，以及值得交流的人生教训：

反问句：并非意在让听众大声回答的问题。

- “你们中有多少人认为，在紧急情况下你可以实施心肺复苏术？你们中有多少人真正在紧急情况下不得不使用心肺复苏术？你们有多少人曾对你挚爱的某个人使用过心肺复苏术？”
- “你可曾做过某些事是如此尴尬，以至于你认为永远无法忘怀？”
- “什么会彻底地改变你的人生方向？中彩票？遇见了你的绝配？在另一个国家生活怎么样？在哪里会让你想到自己每天都是这么的幸运？”

当我们与用问题引入演讲的学生一起协作时，我们会鼓励学生，在他们问问题的时候，通过举起他们自己的手来提示听众举手，对问题作出回应。这么做有助于听众成员做出得体的回应，这是用问题引入演讲时最常见的问题之一。不是让听众成员努力猜想该如何作出回应，演讲者运用一个简单的手势，就示意听众如何进行回应了。

惊人之语

人会自然地被令人惊讶、令人震惊的和不寻常的事件所吸引。恰如其分地表达真正令人惊讶或震惊的话，可以引起听众关注并争取其全身心的注意。例如，我们班上的一个学生，是通过描述莱姆病的可怕症状开始其演讲的："想象一些疼痛如此严重，让你痛得打滚，头疼强烈到你觉得脑袋要爆炸了，腿疼得让你连路都不能走，累到你都不能起床去洗手间。"[8] 然后她表明自8岁起，她就患有这种症状。听众立刻被吸引住了，不仅被她所描述的可怕的症状，而且在莱姆病这个主题上，被她个人的可信度这个事实所吸引。此外，因为她的演讲是告知同学如何避免患上这种疾病，同学都非常积极地倾听。

> **技巧和策略**
>
> **有冲击力的开场方式**
>
> 有冲击力地开启演讲的有效方式包括：
>
> - 讲一个故事
> - 使用合适的幽默
> - 参考修辞情境
> - 警句、格言和引文
> - 提出一个问题或一系列问题
> - 惊人之语

聚焦于主题句

一旦演讲开始，你通过相当大的冲击力让听众参与到演讲中，下一个要推荐的步骤是陈述你的论点。一般而言，你的论点陈述向听众披露：（1）你的演讲目的；（2）推进那个目的的中心思想。当演讲新手们错误地从"今天我想跟你们谈谈，成为一个素食者你将领略到生理和环境效益的结果"开始其演讲的时候，他们实际上陈述的是演讲的中心思想。他们如此开始演讲，冒了不必要的风险，听众可能会不再注意，因为这个话题可能会让很多听众觉得了无新意，或者有许多听众不同意演讲者的观点。一般地，我们建议学生，在他们的演讲开场已经赢得了听众的注意力之后，再陈述演讲的中心思想。如果演讲目的是劝说性的，而且演讲的话题具有争议性时，我们尤其推荐这种方式。

除非你是一位既有技能又有实践经验的公共演讲者，永远能够把听众带入到演讲中，否则你就别指望听众成员在演讲中或演讲后，能自问："演讲的要点是什么？"因此，除极少数例外，在演讲开始后旋即宣告演讲的中心思想是很好的经验。

与听众相联系

当我们对某个主题很在行时，最常犯的一个错误是，理所当然地认为对我们很重要的意义，对其他人也一样重要。因此，我们没有认识到，证明听众为什么应该对演讲话题感兴趣这点的必要性。如你所知，大学教授做这样的假设，与任何人一样是有过错的。

多年来我们了解到，作为教师和公共演讲者，我们有责任把自己觉得重要的、有趣的演讲内容，与学生或听众成员的个人和职业生活联系起来。鉴于在当今课堂体验到的多样性特征越来越强，我们还发现，应尽可能地让联系变得非常明确。

与听众相联系的方式不止一种。举个例子，听众觉得与你本人有联系，就会对你的演讲做出更多的反应，即使在听众成员对你个人的或专业性与演讲内容的相关性存疑时依然如此。因此，在态度、信念、价值观和背景方面，明确地与听众分享你与他们的相似性，符合你的自身利益。

理想情况下，你既希望与听众个人相联系，又希望你的演讲内容和听众的需求相联系。如果你的演讲话题是通过深入研究而得出的，那么将内容与听众的需求相联系应该不难。毕竟，相比于同学之间，谁能更好地认识并与听众的需求相联系呢？

最后，特别是在你引入演讲期间，你需要竭尽全力，用动作与听众相联系。这意味着你知道演讲引介得足够好，确保你在讲故事、参考修辞情境、运用警句、格言或引文或用问题开始演讲的时候，能够让你和个别听众成员保持视线接触。就像我们将在11章中讨论的，掌控你的非言语传播行为是你作为一个公共演讲者成功的关键。再次重申这个事实，没有什么比引入演讲更重要的了。这不仅是听众对你形成第一印象的机会，而且会最大限度地影响接下来的评价。

电脑投影可以帮助听众更清楚地了解演讲者的演讲结构。

预览你的演讲

预览演讲主题在人际传播活动中有一个最重要的功能：减少不确定性，在第5章中我们讨论文化的共同维度时曾介绍过这个概念。就像我们解释的，涉及不确定性容忍度时，所有文化都存在差异。整个文化如此，个人也是这样。有些人在生活中可以承受巨大的不确定性，而其他人倘若对生活中的某一刻没有预料到的话，就会变得非常焦虑。会询问“考试要考什么内容？”或者更糟糕的“考试中会有（填空）吗？”的学生试图让老师减少其由于不确定性而产生的焦虑。

预览演讲主体要点所起的作用，相当于行为目标或学生的学习目标，而学习目标应该被绝大多数学生听众熟悉。学习目标可以使得学习者或使听众成员能够提前确立一个认识框架，在演讲中这是最重要的。这使听者可以更容易地跟随演讲者，还能避免他们猜测什么内容最值得倾注最大的注意力。

预览提供了教育心理学家所谓的认知组织，而这也有益于演讲者。他们认为预览可以强化演讲主体的组织顺序，从而帮助你保持处于引入演讲到演讲主体，再从演讲主体到演讲结论的一个行进轨道上。

在预览演讲时，不要过于机械或陈腐非常重要。举个例子，告诉听众：“我的第一个要点是……我的第二个要点是……我最后一个要点是……”不是特别有趣。虽然这样的预览很清楚，但这不是特别地贴合听众的方式。如果开始很有冲击力，要以一种有趣的、创造性的方式预览要点，保持那种积极的印象。演讲者经常按照演讲的字母顺序来组织要点。因此，演讲者预览时，可能说：“我们打算讨论 ABC 几个要点。其中，A 代表态度，B 代表行为，C 代表控制。”

过渡

很少有大学生能真诚地说：“我从来没有听过没有逻辑组织却又很好理解的讲座。”与此相反，作者可以回想起坐在或大或小的班级中，无法预测某位教授的下一个句子。我们也跟任何人一样，享受偶尔偏离主题的自发思想，但是我们也知道，讲座不必要地晦涩难懂和经常离题的时候，会让大多数学生抓狂。

鉴于我们已经说明了预览演讲主题的重要性，应该习以为常的是，我们鼓励学生在演讲中学习和使用过渡词汇和短语。运用有效的话，过渡词汇与短语会成为帮助听众认识和理解演讲进度的口头线索。至少可以运用三种“口头线索”，改进演讲者和听众之间的相互影响效果。

内部总结

在演讲课上，公开演讲很少超过 15 分钟。然而，在专业领域，口头演讲很少那么短。根据一般的经验，演讲持续的时间越长或涵盖的范围越多，就越有必要考虑在演讲中，为听众做一次或多次内部总结。在某种意义上，内部总结让听众“跟上集体的气息”并能够将他们已经在哪里与要到哪里去联系起来。将内部总结作为一种过渡策略非常简单，就像下面的例子表明的。

“在继续讨论之前，我们得简要地回顾一下我们已经讨论过的要点。”

“既然我们已经考察了一个作用，基因，那么再来看看第二个作用，环境。可以进一步讨论这两者是如何同进化心理学相联系的。”

“到目前为止，我在演讲中跟大家分享的重要思想是：无知与愚蠢是不一样的。我的主张建立在两个事实基础上，这两个事实都值得重复一下。”

连接

结构良好的演讲各部分应该是相互依存而不是相互独立的。出色的引介应该为接下来的内容打好基础，第二个要点应该合乎逻辑地接着第一个要点，而结论应该是对此前每一个部分的强化。设置一些路标有助于将演讲之间相互独立的部分联系起来，让听众听得更清楚。下面的例子展示了在演讲中，如何运用提示性的词汇和短语：（1）连接引入、主体和结论；（2）把演讲内部的组成部分连接起来；（3）用结论强化这些连接。

“马克·吐温的引述是我演讲话题的一个很好的介绍。”

“这个故事不止是介绍我的主题，还很好地表达了我希望首先跟大家预览、然后再做解释的三个主要思想。”

“我的第二个要点基于第一个要点。”

“最后，我希望再回到演讲开头部分，然后强调一下演讲提到的教训。”

演讲进展

除了上述方法，使用过渡词汇和短语作为临时线索也是一个很好的想法。运用这种方式，我们希望用线索清楚地引导听众明白我们的演讲进行到什么地方了，以及我们打算如何结束演讲。虽然，使用过渡性的词汇和短语可以让我们很顺畅地在演讲的各个部分之间过渡，这很重要；同样重要的是，我们使用词汇和短语告诉听众，我们正在结束演讲的某个部分，且开始演讲的另一个部分——举个例子：“现在我已经介绍了演讲的主要论点，让我们再详细地看看第一点。”听众应该不必猜测演讲进行到何处，或者你期待他们听多长时间的演讲了。

上面这一点，在你从演讲的主体部分向结论部分过渡的时候，效果特别显著。你可曾有过这样的经历，你错误地猜测演讲已经结束了，而事实只是演讲者在那个地方停顿稍微长了一点。很尴尬，是不是？不合时宜的掌声是听众迷失在演讲中的结果，很少有例外。此外，听众迷失是因为演讲者没能让他们知道演讲进行到什么地方了。为了确保这种情况不要出现在你的身上，有计划地使用一些可以让听众立刻就清楚演讲进行到“哪儿”了的词汇和短语。在这方面，经证明下面的策略和建议非常有帮助。

技巧和策略

过渡陈述的技巧

- **请参考前面的和即将提出的想法**。“既然我们已经知道了计算机病毒是什么，我将讨论如何阻止病毒扩散到你的电脑上。”
- **列举关键点**。“首先，永远不要认为你朋友给你的程序或计算机公告板上的程序就没有病毒。”
- **用非言语强化**。声音信号变化反映改变即将到来。运动可以是过渡信号。有些演讲者在演讲时身体从一个地方移动到另一个地方，目的是强调他们正从一个要点转移到下一个要点。有些演讲者会举起手指显示要点顺序。
- **使用视觉辅助物强化过渡**。从幻灯片或者张贴一个新的幻灯片清楚地向听众表明你演讲在继续前进。这也是帮助你记住演讲顺序的一个方式。
- **你在改变论点时，使用可以提示听众的词汇**：下一个、另一个、数字、继续前进、最后，因此，总之。

承蒙约翰尼·哈特和创造者亲迪加公司的许可。

总结演讲

在与英文系同事对话的时候，我们发现大家有相同的苦恼。学生的文章，像学生的演讲一样，得出的结论常常是“没有惊天动地，倒是带着丝丝呜咽”。花费这么多精力在介绍和主体演讲上，学生似乎很少或根本没有注意要在结论上费什么精力。

应该记住的最重要的事情之一是，要避免马后炮式的结论。你的主题以及你研究收集的支持主题材料，仍然应该是相对新鲜，就自己而言是有趣的。

虽然你的介绍让听众对你及你的演讲形成了最初的印象，一旦你重新回到座位，你的结论将在听众成员的脑海中留下最深刻的记忆。帮助演讲者得出令人难忘的演讲结论的方式，至少有两种。第一，一个难忘的结论可以把听众良好印象随着引介转而成为一个深刻的印象。第二，一个难忘的结论可以帮助演讲者在演讲结束时，给听众留下深刻印象，即使听众对演讲者的最初印象是中性的或负面的。回忆一下，在本章开头，研究告诉我们的首因—近因效应。我们倾向于记住最初或最后看到和听到的绝大多数内容。

鉴于这种提醒，有效的结论与有效的引介非常像。然而，你的结论不是为了让听众集中注意力，应该是让听众专注于保存你已经传达的信息或主张。这就是说，演讲的有效结论应该：

- 尊重听众已经给予你的时间。
- 简要概述或重复最重要的论点。
- 相比于开头的冲击力，演讲结束时要同样有力，甚至冲击力还应更强一些。

时间

如果你做得不错，在你说“总之”时不应该给听众留下欢呼声。不过，当你宣布你说结论的时候，没有出现掌声，并不意味着你可以继续再谈论十分钟。事实上，演讲者能够做得最糟糕的事情之一就是，提前引导听众认为这场演讲就要结束了，然后演讲者再次介绍其在开头未能预览的内容。

一条重要原则是，结论用的时间大致与引介花的时间相同，或者略少一点。这是我们一直保持的信念：对结论的重视程度应该与引介一样。花三分钟时间引入演讲，结论却只花三十秒时间的情况恰恰是个反例。简言之，你要避免因唐突而草率地传达结论，降低了演讲表现这种情形。

然而，话虽如此，还是要提醒一句。你演讲的结论用多少时间最终取决于修辞情境的演变，就如你在演讲各个部分之间的进展一样。作为一位公共演讲者，在你获得了经验和自信的时候，你要学着在演讲过程中观察修辞情境，以便做出改变。例如，你会学着认识和适应来自听众成员非言语的信息化线索，包括你计划过的结束演讲的时间。

概述演讲

概述演讲是预览演讲的一种自然的补充。总结应该清楚、简明，不加修饰。总结可以完整地重新审视演讲，或者只是重申演讲主体中的要点。例如：

“最后，我要用一首童谣结束：棍棒和石头会打断你的骨头，但话语却永远不会伤害你。我要说的是，这种说法是错误的，有三个要点支持我的这种结论。它们是……”

“综上所述，我相信，当前加州的配置是不可调节的。我的观点如此，我提供的理由是。首先……”

再次提醒，总结的一个关键是简洁。你想温柔地提醒听众成员记住你已经讨论过的——而不是用结论去敲击他们的脑袋。

有冲击力地结束

这个话题让我们形成了一个完整的循环。就像你开始演讲的情况一样，你要选择确定如何结束演讲。这种选择包括我们此前曾经讨论过的（故事、幽默、修辞情境、警句、格言、引文、惊人之语和问题），以及呼吁行动来结束。有些情况下，你可以在演讲结束时提出一些问题，我们会在第 16 章中讨论这个话题。不过，要在演讲真正结束之后给出问题，并且，问题不应该作为有冲击力地结束演讲的替代方式。

故事

故事在演讲结束时的冲击力一如其在演讲开头时的表现，假设故事符合我们之前列出的标准。你可以选择与开头不一样的故事结束演讲。不过，许多演讲者会回到开头的故事以便强化其蕴含的经验教训，提炼出一个新的经验教训，或者揭示演讲者在开头的故事中保留的某些内容，诸如故事作者或叙述者的身份或性别。重要的是，要选择与演讲相关并能为演讲锦上添花而不是破坏演讲的一些内容。

警句、格言或者引文

当然，演讲的开头和结束并不需要完美地对称。你可以用故事开启演讲，用警句、格言或引文结束演讲；反之亦然。你也可以通过回答演讲开头提出的一系列问题而结束演讲，如果这么做有意义的话。

参考修辞情境

司空见惯的是，参考修辞情境的性质可能是选择结束演讲的最佳方式。事实上，演讲的场合可能迫使你选择修辞情境，否则就会损害演讲的有效性。虽然我们确信存在例外情况，大多数政治家足够精明，知道某些修辞情境是要求无党派倾向的。举例来说，退役军人节那天，政治家在无名士兵墓地之前，以号召下一次选举中为其所属党派投票而结束演讲，想象一下公众对这种结束方式的反应吧。

回到开头

结束演讲最有效的方法之一就是回到我们的开始的地方。这不仅提醒听众演讲的引入，还给听众演讲结束的感觉。例如，我们回忆一次演讲，描述飞机失事的影响，将课室作为一架飞机的临时客舱。演讲者指着课室不同成员的位置开始其演讲，同时告诉听众有何遭遇，因为我们都认为这是一次假设性的坠毁。然而，演讲结束之时，演讲者透露描述的坠毁根本不是假设性的。教室中的每一位同学代表了在那次真实的飞机坠毁中某位真实的乘客。用这种方式结束，演讲者解释了这个思想：航空公司改善乘客安全所采取的步骤，直接影响到我们每一个人。

呼吁行动

虽然在某个神圣时刻**呼吁行动**可能不同寻常，但是公共演讲者用这种方式结束演讲并不少见。肯尼迪总统在其著名的就职演说中，忠告“不要问国家能为你做什么——而要问你能为国家做什么”，他在演讲中最后说的并不是这个，但是这是其演讲结束语中对人们的影响最持久的。

呼吁行动：
通常是指演讲者在演讲结束时提出请求，希望听众针对演讲所要达到的目的采取具体的行为。

无论呼吁采取直接行动，就像福音派牧师呼吁人们挺身而出以便得救，还是间接的，就像某个学生演讲者号召其他学生做社区志愿者，呼吁行动都很难获得成功。在演讲者呼吁听众采取直接行动的时候，听众中没有一个人响应，这种情况永远都是有可能的。此外，如果呼吁是间接的，演讲者如何能够知道，听众成员受到了足够的影响而遵从了呼吁呢？

这位演讲者的T恤作出直接的行动呼吁——选举中获得学生的投票。

演讲者为听众提供可以遵从的方式时，以呼吁行动结束演讲效果最好。这可能需要采取请愿书的形式，观众只需要签字作出一份书面承诺，或一份签名表，不仅要求听众填写姓名，还要填写联系信息。我们有一位学生，试图劝服听众成员拓宽饮食观念，还呼吁听众吃一些通常他们会拒绝吃的东西，在其演讲结束时，她向听众提供了她用昆虫做成的饼干。衡量其演讲成功的一个标志是，班上大多数同学吃了那种饼干。

技巧和策略

有冲击力地结束演讲的方式

有冲击力地结束演讲的有效方式包括：

- 故事
- 警句、格言或引文
- 参考修辞情境
- 回到开头
- 呼吁行动

要观看介绍和引入的视频案例，请点击我们的在线学习中心网站中的演讲教练链接，并进入8.1部分。

小结

为了形成积极的第一印象，演讲引入应该：

- 有力地开始
- 专注于主题陈述
- 与听众相联系
- 预览演讲主体

有效的开场可能包括：

- 一个故事
- 幽默
- 参考修辞情境
- 一个警句、格言或者一段引文
- 激发思考的一个问题或一系列问题
- 惊人之语

使用过渡语句帮助听众理解演讲的组织。

演讲的结论应该：

- 概述演讲的要点
- 有冲击力地结束

有冲击力地结束的方式包括：

- 一个故事
- 幽默
- 参考修辞情境
- 回到开头
- 呼吁行动

为了评估你对本章内容的了解，请访问我们的在线学习中心网站进行检测以及其他章节辅助学习材料。

学习成果检验：练习和实践

1. 思考下面的演讲引介。将它们改写成符合本章建议的“开头、中心、连接以及预览”模式。

a. 今天，我打算跟大家谈谈斗牛犬。上周我被斗牛犬袭击了，因此我认为它们真的很危险。必须采取一些行动！

b. 你们是否曾打算去滑板滑雪。我真的很喜欢滑板滑雪，而这就是我今天演讲要谈论的内容。

c. 我认为死刑是错误的。如果某人是清白的却被施以死刑呢？我打算奉劝各位相信，终身监禁是一种更好的惩罚方式。

2. 预览、概述和过渡经常具有一种无聊和机械的倾向。建议对下面的说法改用一种替代性的表述。

a. 我的三个要点是：（1）太多美国人没有实施回收；（2）回收很容易；（3）回收可以省钱。

b. 由于我已经讨论了第一个要点，我们仍然面临恐怖主义的威胁，我将转向我的第二个要点：如何与之斗争。

c. 总之，我讲的三个要点是咖啡的历史、咖啡是如何发展的，以及如何冲泡一杯完美的咖啡。

3. 考虑下面关于枪支控制演讲的结束语。如何改写可以使之更有冲击力？

如果我们通过枪支控制法案，就像古话所言：“如果大家的枪都被宣布为非法，那就只剩不法之徒有枪了。”

注释

1. J. Murphy, C. Hofacker, and R. Mizerski, “Primacy and Recency Effects on Clicking Behavior,” *Journal of Computer-Mediated Communication* 11, no. 2 (2006), article 7. [Retrieved from http://jcmc.indiana.edu/vol11/issue2/murphy.html.]
2. Helene Hembrooke and Geri Gay, “The Laptop and the Lecture: The Effects of Multitasking in Learning Environments,” *Journal of Computing in Higher Education* 15 (September 2008): 46–64.
3. Steve Jobs, “You’ve Got to Find What You Love,” Commencement Address to Stanford University, 12 June 2005. [Retrieved from http://www.graduationwisdom.com/speeches/0014-jobs.htm.]
4. Jobs, “You’ve Got to Find What You Love.”
5. Russ Woody, “Commencement Address,” delivered at California State University, Chico, 23 May 1998.

6. Jone Johnson Lewis, *Stupidity Quotes,* 2009. [Retrieved from http://www.wisdomquotes.com/cat_stupidity.html.]

7. Jone Johnson Lewis, *Stupidity Quotes.*

8. Shelby Anderson, "Lyme Disease," speech given at California State University, Chico, 12 May 2008. An outline of this speech appears in Chapter 9, and a video is available online at www.mhhe.com/brydon7e.

9 CHAPTER

第9章 组织信息：帮助听众理解

可视化的结构有利于听众理解信息。

目标

阅读本章并复习 www.mhhe.com/brydon7e 在线学习资源后，你应该能够：

- 制定一套符合听众需求和演讲目标的组织策略。
- 提炼和精确演讲的目标。
- 组织演讲的主体内容。
- 确认不同文化间适用的组织模式。
- 为你课堂的演讲制定一份正式的大纲。

关键概念：

按字母顺序排列模式
分类模式
因果模式
比较优势模式
扩展叙事模式
正式大纲
门罗激励序列
问题—解决模式
空间模式
螺旋形模式
星形模式
核心问题模式
次要点
支持点
时间模式
双向驳斥模式
波形模式

每一篇演讲，都像一个鲜活的生物，各部分应该组合在一起，既不缺头少脚，也不缺少躯干和四肢，彼此适应而构成一个整体。

——柏拉图

如果把你的想法组织成一个高效的演讲是一件很容易的事，那么就不需要专业的演讲撰稿人了。如果所有富有天赋的演讲者都是优秀的演讲稿撰写人，那么就更加不需要了。但现实情况并不是这样，这也是为什么佩吉·诺南（Peggy Noonan）和鲍勃·施鲁姆（Bob Shrum）等人能获得六位数酬劳的原因之一，前者撰写了总统里根

（Reagen）一些最让人难忘的演讲，后者的写作天赋帮助已故参议员爱德华·肯尼迪（Edward Kennedy）创造出绝妙的、最让人难忘的演讲措辞。

我们在第1章已经讨论过，公共演讲是人们日常交流技能的一种扩展和改进。然而，这并不意味着你与朋友在公共场合的对话和你与同龄听众在公开场合的演讲是一回事。在对话之中，我们通常以一种随意的、看似无序的方式在交流。我们可以自由地游离主题、调整意见，并且基于“视需要而定”的角度来阐明我们要表达的意思。通常情况下，我们没有理由正式地构造这些信息，就其本性而言，这些信息是自发的、易变的、言语的及非言语的。

然而，当我们将视线从非正式的对话转移到公共场合的演讲时，让交流有效的“规则”开始发生变化。听众想要从演讲者那里听到信息组织的结构，他们想要知道演讲者如何带领他们前进，包括以言语提示的形式，提醒他们演讲过程中的要点，因为他们不想去猜测自己是否达到了演讲者所预期的目标。因此，我们需要创作一篇不仅有趣，而且有利于听众跟上节奏并且能理解信息内涵的演讲。这意味着我们需要为演讲内容制定一套组织策略，以便于如我们所愿地提高听众理解演讲内容的可能性。

本章首先关注如何将演讲的组织策略和演讲者面对的修辞情境——尤其是听众、场合和演讲的目的等相匹配的重要性。其次，我们将介绍并解释一些可供选择的、特定的组织策略。再次，我们将着眼于一些可帮助你全面实施所选择的组织策略的操作标准。最后，我们向你展示形成正式大纲的原则，让你更好地驾驭演讲的组织过程。

再聚焦：听众、场合和具体的演讲目标

我们一再与学生分享我们第一次作为大学生辩手所学到的经验：一旦演讲者彻底研究某个主题后，他们必然会改变原来对这个主题的想法。因此，如果你需要发表一个可信的演讲，对主题进行深入挖掘并且做了各种必要的研究后，你会发现你原以为简单而直接的主题，变得复杂并且有着细微的差别。通常你别无选择，结果只能是：（1）重新审视和评估修辞情境；（2）确定是否要修订最初的分析；（3）在选择演讲的组织策略时，确定如何最佳地运用所学知识。一般而言，你所做的研究让你明白，你需要权衡将要面对的听众和演讲场合等相关的问题。

以器官捐赠为例，这正是许多人，包括开始学习演讲的学生在

内，认为是个重要但又相当简单明了的演讲主题。怎么会有人对这“生命的礼物”有异议呢？然而事实却证明，许多人反对器官捐赠。而且，他们反对的理由就像我们所处的这个社会一般复杂多元：有些人因为宗教理由反对器官捐赠，另一些人则因为不想让现代医学失去创造奇迹的偶然性；还有一些人反对是因为他们认定，器官捐赠系统会偏向于非常富有的接收者。

我们从研究中得到的另一个经验是：主题难以很好地贴合演讲时机。对你而言，日历中的各种日期、年月也许没什么所谓，但是对于听众中的一些成员来说，可能就意义非凡。这方面的例子有，信仰宗教的人们有其神圣的日子和月份，还有对许多民族具有重要意义的日期。演讲者有义务准确反映出演讲主题及其隐含的议题的敏感性，这与“政治正确”无关，而是关乎尊重。举个例子，并非所有人，包括一些基督徒在内，都是以打开礼物的方式庆祝圣诞节的早晨。设想每一个听众都和你计划的演讲开场白紧密相连，在这样的开场白中，你要求听众成员回想其作为孩子时在圣诞节早晨的那种期待感，可能会事与愿违。

当你的研究发现了新的信息与听众和演讲场合相关时，这不意味着你非得重新选择一个主题，尽管在罕见的情况下，这可能是你的最佳选择。不过，通常这样的发现意味着你可能要修改演讲的具体目的。

2009年，参加茶党抗议的听众们对演讲者做出了积极的回应，演讲者力图说服他们：政府扩张的计划是错误的，且不利于那些赞成政府增加支出的人。

确定演讲的具体目的

记得第 1 章中有提到过，老师多半会布置课堂演讲的大致目标：例如，建构并发表一次告知性演讲。然而，演讲的具体目的一般由你自己决定。再次重申，演讲的具体目的包括演讲者希望在既定的听众中实现的目标或目的。一般情况下，可能要求你告知听众你选择的主题。但是在特定情况下，你的目的是展示研究收集到的信息是如何能够应用到日常生活中去的。

通常，布置给你的演讲的一般目标极有可能是说服听众。但是确定“说服听众”的真正含义，很大程度上取决于你在研究中认识到的，在既定的听众和场合中，如何合理地实现期望的目标。例如，说服听众仅仅接受与他们的观点相反的某个观点，相比于说服他们改变原有的观点，要容易多了。因此，当你深入研究后，具体目的可能就是“试图改变听众的观点”。然而，脱离研究，你可能会得出这样的结论：你最好改变具体的演讲目的，说服听众至少倾听你与其不同的观点。

组织模式：形式与功能

一旦你确定了演讲的具体目标，你就需要寻找一种能够帮助你实现目标的组织模式。你会发现用某些组织模式实现具体的演讲目标，要比其他模式更为恰当。例如，下面这些模式，反映了公共演讲科学与艺术的修辞根源，最初设想的这些模式，旨在帮助演讲者组织演讲并达到说服效果。

修辞的组织模式

门罗激励序列

教授艾伦·门罗 (Alan Monroe) 提出的用于组织演讲内容的一种模式，我们称为**门罗激励序列**。向学生介绍及讲授该序列至今已有 75 年。[1] 该序列包括 5 个独立的步骤，从开始到结尾涵盖整个演讲：（1）注意；（2）需求；（3）满足；（4）视觉化；（5）行动。

> **门罗激励序列：** 由演讲教授艾伦·门罗提出的一种五步组织结构方案，包括（1）注意；（2）需求；（3）满意；（4）视觉化和（5）行动。

首先，门罗激励序列提醒演讲者一个事实，听众的**注意力**是远远得不到保证的。为了实现具体的目标，我们首先需要用开场白获得听众的注意力，因为接下来四个步骤取决于第一个步骤能否顺利完成，因此第一个步骤只许成功不许失败。第二步，**需求**，反映了修辞学家和人本主义心理学家的共同观念。只有少数几样事情能像某个重要的需求得到满足后那样振奋人心，不管该需求是如同食物般具体，还是如同追求幸福般抽象。当我们深入挖掘听众的既有需求或创造一个潜在需求后，我们就能采取下一个步骤，将我们的信息与听众尚未实现**满足**的需求联系起来，然后展示具体的行动计划，以满足听众被唤醒的需求。门罗的第四个步骤——视觉化，是我们在第 2 章反复强调的技术。正确的视觉化可以延续到实际行为中。如果我们能够通过言语形式和非言语形式促进视觉化的效果在听众间传播，这会提高具体目标实现的可能性。门罗激励序列的最后一个步骤是**行动**，同时也是最难以成功说服的一个步骤。促使听众依照我们的建议实施行动，是很难通过单一演讲来完成的，这在大学课堂尤其如此，学生们都不吝于进行言语形式或非语言形式的反馈。因此，当我们敦促听众采取一些无需做出重大承诺的行动的时候，门罗激励序列才能够发挥最佳效果。

显然，门罗的方法最适用于说服演讲，然而告知性演讲通常会出现劝服活动，因此我们能够轻易地在告知性演讲中看到改编的门罗序列。演讲者可以：(1) 告知听众为何他们需要这些演讲信息；(2) 将演讲与需求满足相联系；(3) 帮助听众视觉化这个过程，演讲者便能用所分享的内容信息作为结论。

问题—解决模式

不是提出一种需求，而是提出满足这种需求的最佳方式，演讲者使用这种修辞模式是唤起听众对重大问题的关注以及解决问题的最佳方案。这种组织策略模式不仅普遍，而且能够轻易应用到如今许多亟需解决的问题中。应用**问题—解决模式**，演讲者会细分演讲的组织内容，前半部分向听众介绍问题：(1) 为什么这个问题是有害的；(2) 为什么这个问题具有重要意义；(3) 造成该问题的根源。后半部分则是提出问题的解决方案。演讲者：(1) 描述解决方案；(2) 论证方案的可行性；(3) 然后演示为什么该方案对听众是有利的。

问题—解决模式：分析问题的一种组织模式：(1) 危害；(2) 重要性；(3) 原因，并提出一种：(1) 明确的；(2) 可行的；(3) 有利的解决办法。

核心问题模式

核心问题模式是由 4 个步骤组成的组织模式，基于：(1) 病症；(2) 责任；(3) 纠正；(4) 成本。

与问题—解决模式紧密相关，同样更适用于说服性演讲的是**核**

心问题模式。基于深思熟虑的争辩模式，该模式提出四个关键问题：（1）问题有多严重？（2）谁该承担责任？（3）问题应该如何解决？（4）解决问题的成本是否物有所值？在争辩中，这四种核心问题被称为：（1）病症；（2）责任；（3）纠正；（4）成本。所谓的举证责任，更多的是需要演讲者针对四种问题，向听众展示有说服力的证据。

因果模式

因果模式：一种由因到果或由果到因的组织模式。

相对而言，**因果组织模式**没那么复杂。在说服性演讲中，因为时间限制需要你尽快切入正题的时候，这种模式也很有用。这种模式也适用于告知性演讲，当你想展示某个效果通常在某个已知原因之后出现的时候，例如，喝了太多酒的时候，人的思考、整体运动技能都会急剧下降。

虽然建构一篇说服性演讲，有可能采取由果到因的顺序，但是大部分演讲者会选择由因到果的顺序。例如，演讲者试图说服听众采取产生积极效果的一种做法，或者避免产生不良后果的做法。又如，近年众多出版物所言，由于缺乏足够的日晒导致许多人缺乏维生素 D。然而，太阳光中过度的紫外线辐射，却是美国人皮肤癌的罪魁祸首。因此，某个演讲者可能会提出，人每天至少要有 15 分钟不受保护地暴露在阳光下，才能最大限度获得维生素 D，但是另一个演讲者可能就此提出警告，不能以推荐的 15 分钟日晒为借口而避免使用防晒霜，也不能为了追求“黝黑的皮肤”而冒着被晒伤的风险。

然而，不管结果是积极的还是消极的，选择该模式的演讲者需要预估并对这个纯粹的事实有所准备：自然和人类行为的因果关系绝不简单。因果关系中，只有一个原因而造成的结果几乎是不存在的。例如，尽管已有充足的科学证据证明气候变化在很大程度上是由人为的碳排放造成，但是没有一位可靠的科学家会声称，碳排放是气候变化的唯一原因。

双向驳斥模式：一种组织模式，包括：（1）引入主题和主题陈述句；（2）提出支持主题的论点和证据；（3）确认与主题相对的论点；（4）驳斥这些论点；（5）重述论点以及支持主题的证据，得出结论。

选择这种模式的演讲者还需要确信，他们没有混淆相关关系与因果关系。许多自然现象和人为因素是相关的，这并不意味着某事是另一件事的原因。自尊和学术成就是重度关系，但是强自尊并不一定导致高的学术成就。

双向驳斥模式

双向驳斥模式是说服性演讲的理想模式，演讲者期待听众能够尽快接触到相反意见的观点。事实上，可以肯定的是，你在一次说服性演讲中发表的任何观点，即便不是在演讲结束后立刻受到反驳，将来还是会被驳斥。双向驳斥的组织模式，需要演讲者预料到听众最想听的与说服观点相反的论据，演讲中会包含这些相反观点并进行反驳。演讲者一般运用以下方式组织演讲：

1. 引入主题和主题陈述句；
2. 展示支持主题陈述句的论点和证据；
3. 承认并非所有人都同意，并介绍这些人常见的相反观点；
4. 驳斥这些相反观点；
5. 简要重述支持主题陈述句的论点及证据，并给出结论。

当演讲者既陈述问题的一个方面，又从“另一角度”驳斥了关于该议题常见的相反观点，他们还向听众提供将来用于驳斥这些确切的或相似的观点的手段。研究表明，那些聆听了双向驳斥演讲的听众，相比于只听了演讲者一方观点的听众，更不容易受到相反观点的影响。[2]

比较优势模式

这个组织模式通常需要演讲者呈现出既有的状况（目前的系统），又提供与之不同的另一种选择——例如，提议取消当前汽车责任保险制度，而以无过错汽车保险制度代之。这说来容易做起来难，大多数人都倾向于抵制根本性的改变。除此之外，很多人对其认为运行尚好的准则、做法和产品，持完全满意的态度，恰如那句耳熟能详的话：“没有破，就不要修。”

许多东西能够运行不代表其性能很好，也许不需要完全替换掉，但是当其性能提升时，我们都会得益其中。我们今天享用的许多产品和实践，都是过去我们认为功能还好的产品和实践的改善。医学上的核磁共振诊断工具、经营场所符合人体工程学的工作站、学校的网上虚拟图书馆，还有你的智能手机，都是这方面的例子。没有这些改良的技术，你也可以“勉强过活”。但是，即使这些性能提升前的技术产品并没有破损，你就愿意倒退到过去生活吗？

比较优势组织模式便是基于这样的逻辑。不是要求你采取现状，这个模式让你采用更受听众欢迎的方法，展示如何通过三个步骤改善现状。第一，描述与主题相关的现状；第二，提出行动计划；第三，如果听众同意行动的话，那么向他们展示这些行动如何会让他们的生活变得更好。

比较优势模式：建立在当前方式虽然无害，但是可以进行优化的基础之上的一种组织模式思想。

要了解这些修辞模式的相互比较，请参考“值得一提：组织修辞模式的比较”，这篇文章说明了预防皮肤癌这个主题，如何可以用不同的方式处理。

传统组织模式

这个模式深深扎根于修辞的研究和实践中。虽然将其修改后几乎可以适应任何演讲目的，但是在说服性演讲的组织结构中最常见。我们现在转向可以替代前面模式的一部分传统的模式：（1）字母；（2）分类；（3）空间；（4）时间；（5）扩展叙事模式。这些模式通常应用于教授说明文写作，所以你在组织文章时，可能已经运用过这些模式。出于这个原因，这些模式需要对简明的事实做精心设计，所以我们的探讨会很简短。

字母排序

字母排序：要点是按字母顺序排列或拼出一个常见的词。

字母排序是许多演讲者组织演讲时常见且有用的一种形式。这种模式能够被大多数听众熟悉、也很容易跟得上节奏。特别是以字母次序或首字母缩略词（如 MADD 意思是反醉驾母亲）的形式组织演讲的要点或主体内容。例如，皮肤科医生鼓励人们，不仅自己和伴侣要进行潜在的皮肤癌检测，还要在检测过程中遵循 A-B-C-D-E 顺序。人们查看皮肤上的痣或可疑的斑点时，这五个字母分别对应的是可观察到的皮肤癌的特征：A 不对称（asymmetry）；B 边界不规则（border irregularities）；C 颜色变异（color variation）；D 直径（diameter）；E 发展（evolving）。[3] 演讲者就可以轻易地采用美国皮肤病学协会的 A-B-C-D-E 系统，来组织一篇关于认识皮肤癌潜在症状的告知性演讲。

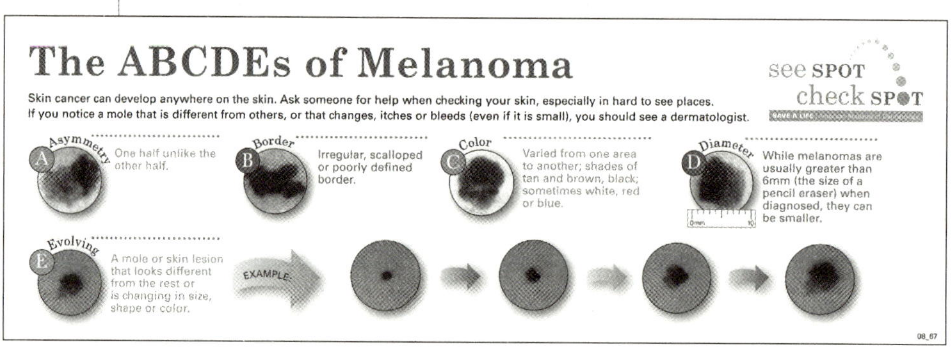

美国皮肤病学协会用字母排序组织法来强调如何观察致命的黑色素瘤。

黑色素瘤的 ABCDE

值得一提

修辞组织模式的比较

以预防皮肤癌为主题的一场演讲为例，我们对所介绍的组织模式进行比较。这个例子可以进一步地帮助你确定，就你得到的演讲任务而言，哪种组织模式最适合。

门罗的激励序列

I. 注意：大学生中皮肤癌的增长率惊人，在女大学生年龄段，皮肤癌是死亡的头号杀手。

II. 需求：一般人，尤其是女大学生，需要保护自己免受皮肤癌及其潜在的致命影响。

III. 满意：根据美国皮肤病学协会的说法，皮肤癌是最容易预防的癌症类型。

IV. 视觉化：预防开始于认识痣和斑点的变化，还有以前未被注意的斑点是否长得不对称、出现不规则的边缘、颜色有异，或像铅笔橡皮擦般大小。

V. 行动：最好的方式是和伴侣一起相互检查，不仅是日常暴露在外的皮肤，还要检查整个身体以发现这些征兆。如果发现可疑斑点，立即去找皮肤科医生或其他医生就医。

问题—解决模式

I. 问题：在美国，皮肤癌是增长最快，也是最容易预防的癌症类型。

A. 伤害：不加治疗，皮肤癌会导致毁容或死亡。

B. 意义：在美国，每年新确诊的皮肤癌病例达两百万。

C. 原因：皮肤癌的主要原因是过度暴露在有害的紫外线辐射下。

II. 解决：采取全面防晒保护，是人们预防皮肤癌的最佳举措。

A. 描述：全面的防晒保护包括使用防晒霜、太阳镜和宽檐帽。

B. 可行性：搽防晒霜、戴太阳镜和带宽沿帽都是很容易做到的事。

C. 好处：拥有更长寿命以及更年轻的皮肤；为美国人节省下数百万元的医疗费用。

核心问题模式

I. 病症：美国皮肤癌增长的速度令人震惊。

II. 责任：大多数皮肤癌患者因过度紫外线辐射而患病。

III. 治疗：如果人们采取安全的日晒行为，很容易防护此类皮肤癌。

IV. 成本：治疗皮肤癌的医疗费用昂贵，但是常规的日晒行为所需成本很低。

因果模式

I. 原因：美国皮肤癌形成主因是过度的紫外线辐射。

II. 结果：可预防皮肤癌的形式，主要有防止太阳光中过度的紫外线辐射。

A. 在手术中可能导致毁容。

B. 可能导致过早衰老。

C. 可预防医疗保健系统的负担。

双向驳斥模式

正面

I. 引入主题和主题陈述句：对于白皮肤、发色和眼睛颜色较浅的易受皮肤癌影响的人而言，没有所谓安全的“黝黑肤色”。

II. 提出支持主题的论点和证据：根据美国皮肤病学协会，白皮肤、发色和眼睛颜色较浅的人，应该参考一下建议：

A. 严格控制暴露在太阳下的时间并防止晒伤。

B. 无法避免阳光照晒时，每三个小时便需涂抹一次防晒霜。

C. 带宽沿帽和防辐射太阳镜。

反面

III. 确认与主题相对的论点：持不同意见的人们，包括室内“美黑行业”的人有以下观点：

A. 暴露在太阳底下是产生维生素D的必要途径。

B. 对于居住在阳光照射有限的地方的人们而言，“室内日光浴床”是很好的替代品。

IV. 驳斥这些论点：科学研究反驳这些论点。

A. 白皮肤、发色和眼睛颜色较浅的人，若不受保护的暴露在太阳下，每周只需3～5次，每次不多于15分钟，便能产生所需维生素D。

B. 美国皮肤病学协会指出，对那些居住在阳光照射有限的地方的人们来说，从食物和富含维生素D的供应物中摄取维生素D，相对“室内日光浴床”而言，是更好更便宜的选择。

V. 重述论点以及支持主题的证据：总而言之，科学证据表明，对于白皮肤、发色和眼睛颜色较浅的人来说，没有所谓安全的“黝黑肤色”，仅仅需要最低程度的不受保护地暴露在阳光下，便能产生所需维生素D。

比较优势模式

I. 描述现状：现在皮肤癌排查是自愿行为，因此，许多黑色素瘤患者直到生命受到威胁时才被检测出来。

II. 提出行动计划：在药房和免预约诊所这类方便的场所，应当实行免费皮肤癌排查。

III. 益处：越早发现更多皮肤癌患者，就能拯救更多生命。

分类模式

分类模式：针对某个主题自然分类的组织模式。

主题存在自然分类法的时候，演讲者通常采用**分类模式**来组织演讲内容。我们立刻会想到生物学、植物学和地质学。可以将动物细分为哺乳类、爬行类和禽类。植物可以分成一年生植物和多年生植物。岩石可以被分为火山岩、沉积岩和变质岩。然而，使用这种模式时，我们务必谨慎，不要产生错误的分类。适用于动物、植物和岩石的分类未必适用于人类。许多社会和民族的偏见便是来源于错误的分类，并且会强制人们去遵循这些分类。比如，托尼·瑟普拉诺（Tony Soprano）不再是所有意大利男人的代表，就像凯蒂·库里克（Katie Couric）不再是主要的广播网的新闻主播的代表一样。

空间

空间模式：依据物理空间或地理方位的组织模式。

演讲者也会使用基于物理空间和地理方位的**空间模式**组织演讲内容。举个例子，关于某种接触性传染病传播的告知性演讲，可以根据一座城市的人口密度来组织。在流行性疾病的案例中，类似的演讲内容的组织，同样可以围绕该疾病的起源国家以及传播到世界其他国家的后续路径进行。

电视上的气象学家通常使用空间模式来解释天气状况。

时间

时间模式：基于时间或事件序列的组织模式。

运用简单的**时间模式**来组织许多演讲主题是再好不过的，如聚焦于历史性重大事件或进展的告知性演讲。通过组织演讲，你不仅可以描述事件本身，还可以叙述事件发生的先兆和后续状况。你还可以使用时间增量来扩大所描述事件的程度而给听众留下深刻印象。比如，垃圾填埋处需要花费多长时间才能分解塑料水瓶和塑料尿布。

扩展叙事

扩展叙事模式：整个演讲主体都以讲故事的方式进行的组织模式。

扩展叙事模式是基于讲故事的方式组织演讲内容的一种模式。因为人们通常对故事的组织架构非常熟悉，有一个明确的开始、发展和结尾，所以倾向于积极回应故事。尽管通常用简短的故事阐明和强调演讲要点，但是扩展叙事可以在一个简单故事中体现演讲者的具体目的。

作为口碑上佳、长期播出的《60分钟》节目创始人，当已故的唐•休伊特（Don Hewitt）被问及成功的秘诀时，他的回答非常简单——“讲故事”（tell me a story）。[4] 有技巧地讲故事能够传递重要的启示意义或单纯地使听众感到欢愉。再次强调，如何叙事取决于演讲者期望实现的目标。相比于直面问题的演讲，采用故事的演讲威胁性常常要小一些。因此，讲故事是一种有益的组织策略，尤其在低语境文化中，演讲者需要竭尽全力地确保自己不会使听众感到“有失体面”。

要查看这些传统组织模式的相互比较，请参考“值得一提：传统组织模式的比较”板块中，可以看到如何用不同的方式处理主题为预防皮肤癌的演讲。

值得一提

传统组织模式的比较

以下就预防皮肤癌建构一篇简单的演讲内容，对已介绍的传统组织模式进行比较。这个例子可以进一步地帮助你确定，哪种组织模式最适合你得到的演讲任务。同时，你也可以将这种模式和前面介绍过相同主题演讲的修辞模式进行比较。

字母顺序模式

I. 预防皮肤癌从 A-B-C-D-E 开始

A. A 代表不对称 (asymmetry)

B. B 边界不规则 (border irregularities)

C. C 颜色变化 (color variation)

D. D 代表直径 (diameter)，意味着等同或大于一块铅笔橡皮擦直径大小的东西

E. E 代表发展 (evolving)，意味着随着时间演化变化而皮肤损伤的发展

分类模式

I. 有三类皮肤癌

A. 基础细胞癌

B. 鳞片细胞癌

C. 黑素瘤皮肤癌

空间模式

I. 皮肤检测应当是系统性的，请按照这个顺序进行检测：

A. 头部和颈部

B. 背部和上部躯体

C. 双手和双臂

D. 双腿和脚踝

E. 双脚和脚趾

时间模式

I. 皮肤癌曾一度被认为是罕见病，普通人一般没有太大顾虑。

II. 从 20 世纪后期开始，随着臭氧层的损耗，搬到阳光明媚气候的地方的人越来越多，皮肤癌开始成为流行病。

III. 将来，运用预防措施，比如广泛应用防晒霜和防晒衣等，皮肤癌发病率应该会降低。

扩展叙事

I. 我的皮肤癌故事有开始、有发展，但是没有结尾。

II. 开始是我的同伴发现我的耳垂后有一个可疑斑点，然后我去皮肤科医生处就医，做了生死检定法。

III. 故事的发展，当生死检定法显示为恶性时我是那么地恐惧，医生诊断我患有原位恶性黑色素瘤。

IV. 故事还没有结尾的原因是，尽管外科手术显示恶性肿瘤没有扩散，但是我此后每六个月便要做一次皮肤检查，虽苍白但还健康的皮肤主要是由于常规而安全的日晒。

有机的组织模式

目前为止，除了讲故事，我们讨论的模式都是扎根于西方文明的传统之中。这些模式反映了科学演绎法，并且很明显是线性的。然而我们逐渐发现，许多学生在建构演讲内容时，在形式和功能方面，更倾向于运用突破因循守旧的模式。

随着文化多样性的形成与发展，有替代性的模式可供我们选择建构演讲是一件好事。这些替代性的选择也许更适合我们自身特点，或者更适合我们的听众及我们所面对的修辞情境。例如，传播学者谢丽尔・约根森 - 厄普（Cheryl Jorgensen-Earp）提出了女性和有色人种更偏好且行之有效的几种有机组织模式。这些模式是波形、螺旋形模式和星形。[5]

波形

波形模式：
一种结构模式，往往用某个词组反复提到其根本主题，如同波峰、波谷然后又是波峰一样。

波形模式非常有节奏。这种模式形如其名，有波峰、波谷，然而又走向波峰。通常我们在许多非裔美国人的教堂里听到传教士布道，熟练的演讲者巧用比喻，让他的话语涌进听众的脑海，然后减弱语气再开始形成下一波变化。尽管凡事总有例外，但是选择这种模式的演讲者通常在演讲中反复突出一个主题，就仿佛有副歌、有过渡、有高潮的一首歌曲。

马丁・路德・金博士不止一次在演讲中，非常出色地发挥了波形模式的效果。当然最让人难忘的，是以反复出现的叠句“我有一个梦想”为名的演讲。马丁·路德·金在演讲的尾声，为这个令人印象深刻的旋律添上了点睛之笔——“让自由歌唱”。图表 9.1 说明的就是波形演讲模式。

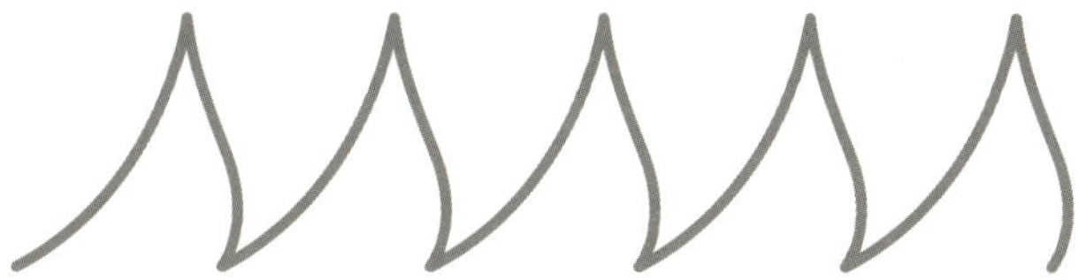

图表 9.1 波形模式：马丁·路德·金在演讲中使用的波形模式

螺旋形

约根森 - 厄普推荐的第二种有机组织模式是**螺旋形模式**。这种模式也是通过重复观点，并且随着演讲的逐步深入愈加强调，直到在结尾达到高潮。我们曾有幸作为听众，聆听传播学院的杰出男校友里克·里格斯比博士（Dr Rick Rigsby）使用螺旋形模式面向全院系学生发表的励志演讲。作为一个充满力量、激励人心的、举国闻名的励志演讲者，里克告诉我们，他从自己妻子特瑞娜（Trina）（两个孩子的母亲）的死亡中得到的生命感悟。随后，里克讲述了乳腺癌扩散的妻子在弥留之际告诉他的话语及他从中得到的启示。“她告诉我，生命不在于活得有多长，而在于是活得如何。”

螺旋形模式：通过重复要点并且随着演讲的逐步深入，愈加强调直至建立起结论的组织模式。

随着演讲不断深入，里克不断地回到主题，且每一次情感更加强烈。在演讲的尾声他向听众提出一个问题：“你是如何生活的？”这样，最后他将演讲中曾有预示的主题推向了高潮。图表 9.2 将说明的是螺旋形组织模式。

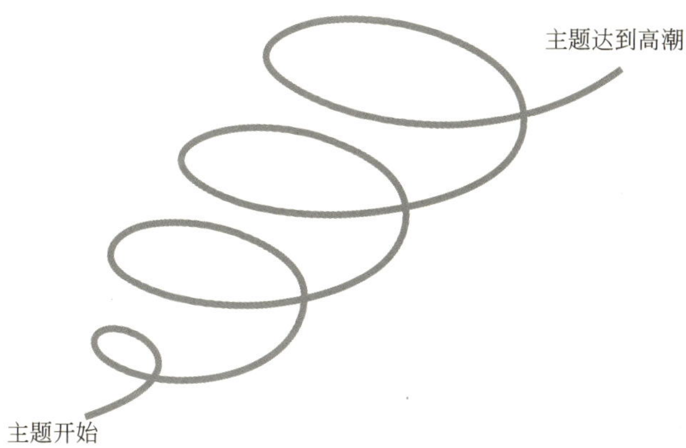

图表 9.2 螺旋形模式：重复每个观点，愈加深入地强调主题

星形

约根森 - 厄普认同的第三种有机组织模式是**星形模式**。在这种情况下，演讲者想要表达的要点由主题陈述句发展而来。该模式中所有的表达点具有同等重要性。因此，演讲者可以按照任意顺序予以呈现以支持共同的主题，环绕成一颗星星而衬托起整个演讲。

星形模式：所有的表达点具有同等重要性并且可按照任意顺序予以呈现以支持共同的主题的组织模式。

对于习惯听演讲者使用线性组织模式发表演讲的听众而言，他们需要花点时间来适应星型模式。例如，演员、社会活动家爱德华·詹姆斯·奥尔莫斯 (Olmos Edward James) 几年前来我们学校发表演讲。不过，我们在听的时候，这场演讲一开始似乎是一系列随意的故事和奇闻趣事。然而，经过细心分析才发现，他的每一个故事都是围绕着“我们都是一样的人”（We are all one gang）这个核心信息，组成了一个星型上的几个点。图表 9.3 说明的是星形模式。

图表 9.3 星形模式：该模式中所有观点由主题陈述句发展而来

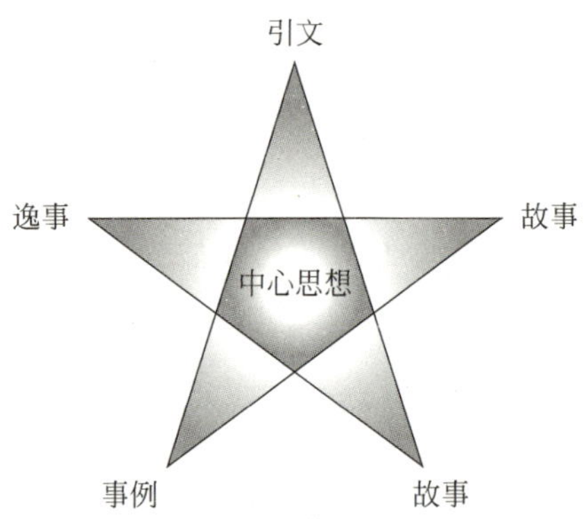

作为一个演讲者，面对特定的组织模式时，既要谨慎考虑听众的文化背景，因为这会影响他们所偏好的组织模式；还要考虑自己的文化亲和力。尽管文化多样性为演讲的组织方式提供了更多可能性，但是只有熟练掌握这方面的演讲技巧，并让这些组织模式很好地符合修辞情境时，你才可以使用这些模式。

“值得一提：演讲的组织模式”一文中概括了我们讨论的模式，还提出了如何针对不同演讲目标选择特定组织模式，以达到最佳效果的建议。无论你选择哪种模式，要确信该模式适合于听众、演讲的主题和目标。在演讲过程中坚持使用同一模式来组织所有要点，可以避免令听众困惑。

值得一提

演讲的组织模式

我们讨论的所有模式，可以适用于任何一种演讲目标。然而，某种特定模式似乎比其他模式更适用于一个或两个目标的演讲。这份表格强调了每一种演讲目标最有可能用到的模式类型。

模　式	告知性演讲	说服性演讲	愉悦性演讲
修辞模式			
门罗激励序列	×	×	
问题—解决模式		×	
核心问题模式		×	
因果模式	×	×	
双面驳斥模式		×	
比较优势模式		×	
传统模式			
字母排序	×	×	×
分类模式	×	×	×
空间模式	×		
时间模式	×		×
扩展叙事模式	×	×	×
有机模式			
波形模式	×	×	×
螺旋形模式	×	×	×
星形模式	×	×	×

演讲主体内容的组织

正如本章开篇中引用的柏拉图的说法，每一篇演讲的各个部分都需要“彼此适应而构成一个整体”。因此，演讲的主体部分需要组织得相当好，以支撑主题句并实现演讲目标。慎重考虑主要观点、次要观点和支撑观点，以及可以为组织架构提供支持的点。

一旦你提炼了具体的演讲目标，构想出主题句并且确定了合适的组织模式，你就可以处理演讲的主体内容。在前一章，我们探讨了如何引入和总结演讲。在这个过程中，根据所选组织模式，重新检查及修正初步拟定的演讲引入方式，是很重要的。在这个阶段，过渡性语句、提示性线索和结束语也都需要重新创建或者修改。

演讲的主体部分通常由三个层次的支持性信息组成：第一层次

由主要观点组成，用以支持主题陈述句；第二层次由次要观点构成，用以支撑并说明要点；第三层次由支持点组成，用来帮助说明已经引入的次要观点。这些层次之间相互独立，但彼此间又相辅相成。因此，如果某个层次似乎和其他层次不一致，那么这个层次对听众而言，大概不存在逻辑意义，所以需要加以修改。

要点

正如我们在第 1 章简要讨论的，支持演讲主题陈述句的关键点便是要点。要点应当充分形成主题陈述句。理解这些要点的一个结果是，应该实现告知、说服或愉悦听众的具体目标。在组织演讲主体内容时，我们希望你能密切关注以下五点指导原则。

技巧和策略

形成要点的指南

- 限制要点的数量
- 把每一个要点都聚焦于形成主题陈述句
- 以平行结构建构要点
- 在主题允许范围内简要地陈述要点，一个要点仅限于表达一种思想
- 均衡对待所有要点

数量：为什么“少即是多”

将要点限制在可管控、易记忆的数量范围内，再怎么强调其重要性也不为过。除了应当将演讲的要点控制在至少两点（如果只有一个要点，那么实际上，要点就如同主题陈述句，而次要观点事实上就是要点了）这个事实之外，应该阐述多少个要点并没有神奇公式可以推算出来。我们告诉学生，对于课堂演讲而言，一条重要原则是阐述三个要点。不管演讲的主题和目标是什么，我们同样也要求他们把要点限制在五点以内。

我们的理由很简单：首先，将要点限制在三个到五个，需要你在辨别支持主题的重要观点和支持重要观点的次要观点之间的关系时，严格要求自己；其次，这显示出你尊重并估量了听众处理信息能力的局限性，你的演讲内容可能嵌入听众当天已经听过的一连串的其他信息中；最后，通过将要点限制在三个点到五个点，很大程度上是为了遵循老师给出的时间限制。

显然，有一些主题并不适合纳入已经确定的数量当中。不过，随着要点数量的增加，驾驭演讲的难度就将会变得更大。让听众跟

着你的演讲进度也会变得更加困难。如果你开始认为用三个到四个观点无法处理演讲的主题和目标，那么你就要问问自己，是否在简单的演讲中涵盖了太多的背景，还是混淆了要点和次级要点。

要点的成立理由应当充分，且易于和其他观点区分开来。次要观点是衍生的，在演讲中扮演支持角色而非主要角色。随着我们转向演讲要点和焦点之间关系的时候，这种区别会更加明显。

聚焦主题

要点应当在没有超出演讲焦点范围之外时，充分地论证主题陈述句。例如，如果正在讲述当代音乐的发展趋势时，主题陈述句应当是“流行音乐比以往任何时候都更加多元化”。为了支持主题陈述句，要点应当如下：

I. 流行音乐是跨国的。

II. 流行音乐是多元化的。

III. 流行音乐是多语言的。

如果加入第四个观点，流行音乐是政治化的，那么就偏离主题陈述句所隐含的范围。谨记这一点并落实到实践中，需要做到两个层面：（1）确定包括了足够的信息条目支持主题陈述句；（2）同时也要确定只包括了直接支持主题陈述句的信息条目。目标是在演讲结尾时履行对主题陈述句的承诺——不多，也不少。

平行结构

因为要点形成了演讲的精华，要点应当清晰、简洁且令人难忘。以平行方式建构要点有助于实现这一点。下面这些要点实例，哪一种能让流行音乐的演讲主题达到最佳效果？

例一：

I. 今天的流行音乐来自世界各地。

II. 许多文化都在今天的流行音乐中得以表现。

III. 流行音乐的语言已不仅仅是英语。

例二：

I. 流行音乐超越个体的国家。

II. 流行音乐超越个体的文化。

III. 流行音乐超越个体的语言。

显然，例二更容易让人记住。三个要点中，短语“流行音乐超越个体的……”的不断重复，强调了演讲的焦点。我们需要明白的是单纯的重复并不是平行结构。重要的是建构主要观点，使每一个观点都以一个关键词或概念开始。贯穿整个演讲的随意重复的词语，并不等同于要点的平行结构。

简洁性 VS 复杂性

当你读到难懂的句子，或无意中发现不熟悉的单词时，你可以停顿一下，或者用字典查明单词的意思，再读这个句子。然而，作为一个听众，演讲者分享信息时，他只有一次机会来处理信息。所以，要点需要精心措辞，明白易懂，才能达到预期的效果。这也许很棘手，尤其是当演讲主题包含复杂抽象内容的时候。尽管你不想让演讲内容过于简单化，但是你也不想让它在听众的脑海中一闪而过。精练简洁的语言能够使演讲结构清晰明了，而又不会削弱内容的丰富性。比较以下两例关于艾滋病的演讲：

例一：

I. 艾滋病通过无保护的性关系传播，包括同性和异性之间的性接触。

II. 艾滋病通过吸毒者共用污染了的针头传播，因为他们对下一次的康复已经绝望。

III. 艾滋病通过血液交换传播，如通过输血或母婴传播。

例二：

I. 艾滋病通过无保护的性关系传播。

II. 艾滋病通过共用针头传播。

III. 艾滋病通过血液传播。

你认为听众会记得哪一种形式？要点应当在主题允许范围内尽可能简洁。

和要点的简洁性紧密相连的是，每个要点都应当聚焦于一个主要思想。若一个简单的要点包含了多种不同的思想，那么就会缺乏简洁性，还可能引起听众的困惑。

平衡性 / 对称性

文化人类学家的研究一致表明，世界各地的人们对于人、地点和事物的评价都明确地有着平衡性和对称性的偏好。这个发现是否符合你的演讲主题是一个基于经验的问题，我们尚不能确定。然而，就直觉而言，我们认为建构演讲要点时追求平衡性和对称性是意义非凡的。例如，如果某个要点占据了演讲可以用的大部分时间，那么听众有可能不再理会紧接着的后续内容，听众就有可能认为自己错过了某些东西，甚至更糟，认为你遗漏了本来想说的东西。

次要点

次要点：
支持某个要点的一个思想。

不要让次要点这个词语误导你，以为接下来的讨论不如前面的内容那么重要。**次要点**对要点的意义就如主要观点对于主题陈述句的意义。我们所说的许多关于要点的内容，同样适用于支持要点的次要观点。你需要限制观点的数量，保持要点和整体演讲的和谐性，并且以简明易懂的语言进行陈述。

次要点说明你提出的某个要点。例如，当你提出“流行音乐跨越国界”这个观点时，你不能假设它对听众来说也像对你一样显而易见。你必须向听众提供支持主要观点的信息。例如：

I. 流行音乐跨越国界 【要点】

A. 歌手夏奇拉（Shakira）来自巴西 【次要点】

B. 歌手菲姬（Fergie）来自英国 【次要点】

C. 歌手克里斯提娜·阿奎莱拉（Christina Aguilera）来自美国 【次要点】

你需要至少两个，或许不多于五个次要点来支持一个主要观点。如果一个要点不能分成至少两个次要点，也许这就不是一个真正意义上的要点。

支持点

支持点：
支持次要点的思想。

不是所有的演讲都需要第三层次的支持内容。然而，演讲越复杂你就越可能需要提供**支持点**，在这种情况下，支持点将详细阐述次要点的含义。回到我们所举的流行音乐的例子，你的主要观点、次要观点和支持点应该像这样：

II. 流行音乐跨越文化 【要点】

A. 非裔美国人和加勒比人的文化能够很好地代表当代流行音乐 【次要点】

1. 嘻哈音乐显然和非裔美国人文化紧密相连 【支持点】

2. 雷鬼音乐、斯卡音乐和加勒比文化紧密相连 【支持点】

每一个支持要点都可以进一步细分，但是这么详尽的结构可能会导致听众流失。对于正常的一次课堂演讲，不可能还有时间做超过这个层面的观点分析。如果我们必须再细分一个支持点，那么我们在大纲处使用下面这种形式：

II. 流行音乐跨越文化 【要点】

A. 非裔美国人和加勒比人的文化能够很好地代表当代流行音乐 【次要点】

1. 嘻哈音乐显然和非裔美国人文化紧密相连 【支持点】

a. 节奏具有非裔美国人特色 【进一步支持】

b. 音乐融合了布鲁斯、黑人灵魂乐和说唱音乐的元素 【进一步支持】

【支持点】
【进一步支持】
【进一步支持】

2. 雷鬼音乐、斯卡音乐和加勒比文化紧密相连

a. 雷鬼乐大师鲍勃·马利（Bob Marley）仍然很受欢迎

b. 利奇·马利的儿子齐格也同样受欢迎

图表 9.4 描绘了一个演讲中不同支撑层次之间的关系。

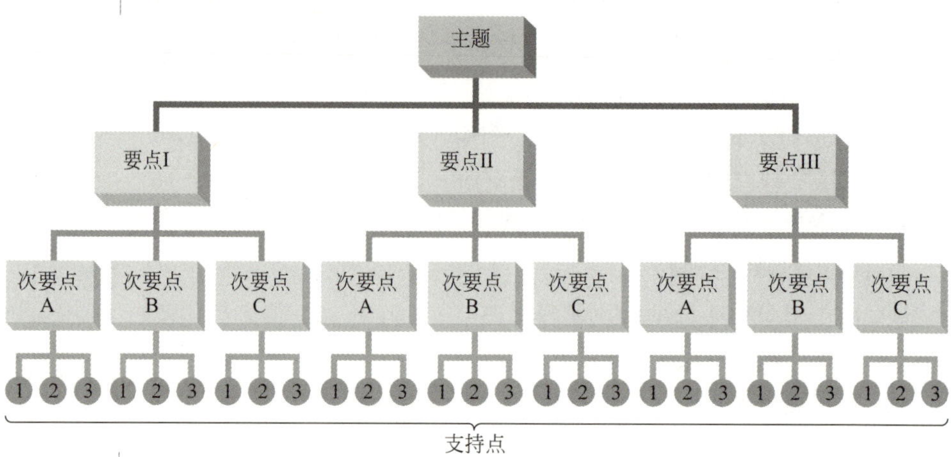

图表 9.4 一篇传统演讲中观点之间的关系

学习如何制定正式大纲，请点击我们的在线学习中心网站上的演讲大纲辅导链接 www.mhhe.com/brydon7e。

制定正式大纲

如果上述讨论能够使你想起所学到的经验，即在撰写一篇文章或者学期报告之前先制定大纲的重要性，那么你已经领先我们一步。在写论文和学期报告时，大纲是一个宝贵的工具，能够把演讲的大致结构变成更为精密的组织。创建一份正式大纲，也能帮助你概览演讲整体内容，而非仅仅看见其个别部分。

正式大纲：
演讲准备时候使用的细节提要，但是并不用在大多数实际演讲过程中。

鉴于这个框架，**正式大纲是**演讲者从头到尾准备并且把演讲领入易控制的聚焦于细节的一个模板。同时，它也是演讲者发表演讲所做的系列步骤中，开始把演讲细节简化为具体骨架的步骤。

正式大纲有两种基本类型。对于演讲者而言，短语或关键词大纲是有意义的，但是对于其他人而言，可能没有什么意义。例如，一个演讲者可能准备以下大纲为自己所用：

引言：讲故事

I. 摇滚乐

II. 音量

III. 听力不佳

总结：十年后，相同的故事

因为这个大纲可能只有演讲者知其意义，初学演讲者常常期望制定一个完整句子的大纲。在这种大纲类型中，演讲者提出了一个完整的陈述，隐含着每一个主要观点和次要点覆盖的内容，包括了演讲的各个部分的内容，甚至包括过渡句。通常地，一份正式大纲应当包含以下内容：

- 具体目的，以不定式短语陈述，准确描述演讲者希望演讲实现的效果。
- 三个阶段——用符号标明引入、主体和结尾——每一个阶段开头都用罗马数字“I”单独列出提纲。
- 引言，包括开始、主题陈述句和与听众的联系，以及预览。
- 主体，包括主要观点、次要观点、支持点和进一步的支持，此外，如果老师提出要求，主要观点之间的过渡句（作为插入部分）也要列出。
- 结尾，包括总结和结束。
- 一份参考文献，也称为“参考资料”（这取决于你使用美国心理学协会还是现代语言协会的形式）。特殊引用或从某一资料得到的事实应当在大纲中提出。当然，如有必要的话，你应当和老师一起检查大纲的详细要求。有些老师倾向于使用不同于文章所说的信源引用格式。附录A提供了美国心理学协会和现代语言学协会引用格式的指南。

大纲通常使用标准大纲标记法，表明观点之间的从属关系：

I. 主要观点

  A. 次要点

    1. 支持点

      a. 进一步支持点

任何细分部分都应当包含至少两个匹配点。因此一个次要点“A”暗示了至少应该还有一个次要点“B”。支持点“1”应当至少匹配一个支持点“2”，并且进一步支持点“a”应当至少跟着一个进一步支持点“b”。许多老师更倾向于写出整句的大纲，至少在次要点这一层次是如此。这么做，你就向老师提供了拟讲述内容的清晰概念。将独立的观点分散到不同语句中，使用段落形式的“大纲”实际上是一篇布满大纲记号的文章。因此，下面的例子不是真正意义上的大纲形式：

I. 第一个登上月球的人是美国人。尼尔·阿姆斯特朗踏出第一步。巴兹·奥尔德林紧跟其后。与此同时，迈克尔·科林斯绕月球环行。

这个段落可以转换成以下大纲：

I. 第一个登上月球的人是美国人

A. 尼尔・阿姆斯特朗踏出第一步

B. 巴兹・奥尔德林紧跟其后

C. 与此同时，迈克尔・科林斯绕月球环行

注意如何将独立的观点放在每个句子上，主要观点论述得越简单，次要观点的例证便要越详细。

某些方面的大纲不需要以完整句的方式呈现。例如，某个演讲者想要列出个更大整体的组成部分，比如种种材料或者工具，可以使用类似这样的大纲：

1. 香烟烟雾有三种成分：

a. 一氧化碳

b. 尼古丁

c. 焦油

观看谢尔比・安德森（Shelby Anderson）发表演讲的视频，请点击我们的在线学习中心网站上的演讲辅导链接 www.mhhe.com/brydon7e，第 9 章第一节部分。

因此，当要求写出一个完整句的大纲时，你需要作出判断。使用完整句建构主要观点、次要观点，以及任何不以完整句形式便无法清晰表达意义的地方。在“他们的演讲”板块中，谢尔比・安德森发表的演讲《莱姆病》便遵循了我们所建议的大纲格式。

很早之前我们便要求学生提前为其演讲准备一份完整句形式的大纲，以便我们可以查看并在他们确定最终演讲稿前提供反馈意见。老师对标题提纲的要求可能与我们的要求稍有不同，甚至是显著不同。因此，你应当核查我们所推荐的建议和你们老师的要求是否一致。

展望未来

请记住，你所创建的大纲仅仅是帮助你从组织信息到发表演讲系列步骤中的一步。在构思这些步骤时，你对演讲内容，以及当你和听众分享内容时所计划遵循的组织顺序，都应当越来越熟悉。然而,你在这方便的熟悉程度,将取决于你演讲时给予多大程度的承诺，以及老师对你如何发表演讲所抱有的期待。例如，老师会希望你依靠最简短的笔记做即兴演讲吗？还是希望靠记忆发表演讲？有些时候，一个完整句形式的正式大纲对初学演讲者而言，是准备工作所要求的部分。演讲者的提示通常记在小的卡片或纸上，可以在发表演讲时使用。就这点而言，我们在第 11 章呈现演讲主题时会分享更多经验。

他们的演讲

演讲大纲样本

莱姆病

谢尔比·安德森（Shelby Anderson）

具体目的：让听众了解莱姆病及其影响。

I. 有力地开头：想象剧烈的疼痛使你满地打滚，强烈的头痛使你感觉头似乎要炸开了，酸痛的双腿使你无法行走，疲惫不堪，以至于你无法起身去浴室。

A. 想象你的生活在瞬间改变。

B. 我在八岁的时候患上莱姆病时，我的一生就此改变。

II. 主题陈述句：莱姆病是一种流行于全美国的使人衰弱的、破坏力极强的疾病。

III. 联系：莱姆病存在于藜科灌木、比德威公园，以及每一个人自家的后院中。

A. 对你来说，了解莱姆病及其影响很重要。

B. 学会如何预防莱姆病也很重要。

IV. 预览：今天让你们了解莱姆病。

A. 传播

B. 迹象和症状

C. 治疗

D. 预防

主体

I. 要点：莱姆病是一种由蜱叮咬而引起的细菌感染。

A. 这是一种螺旋体病毒。

1. 亦称为伯氏疏螺旋体。

2. 在硬蜱的幼虫期，这种病毒通过鼠类传播给蜱（“Lymenet Guide”, n.d.）。

B. 尽管许多不同类型的蜱虫都能传播这种病毒，有三种类型的蜱虫是莱姆病病菌的主要携带者。

1. 鹿蜱，也称为黑腿蜱。

2. 西方黑腿蜱，是鹿蜱的亲戚。

3. 孤星蜱虫。

（过渡：既然你了解了莱姆病的历史和传播途径，我将要告诉你这个疾病的症状。）

演讲题目

演讲人姓名

具体目标是给听众提供认识并预防莱姆病的信息。

演讲开始，演讲者生动形象地描述和莱姆病相关的疼痛。

主题陈述句独立而完整。

通过联系听众自己的后院而抓好连接工作。

清晰明了地预览了四个要点。

演讲主体部分做了标记

以罗马数字“I”开始表明主要观点。

主要观点之间，过渡清晰。

用括号标出引用的参考文献、作者及日期。

II. **要点**：莱姆病以“伟大的效仿者”著称，因为它酷似许多其他类型的疾病。

A. 莱姆病一开始表现出类似流感的症状（Burrascano，2005）。

1. 身体疼痛、咽喉痛、发烧、疲劳和其他类似流感的症状。

2. 这疾病的另一个体征是圆形红疹的游走性红斑。

a. 红疹在被咬四天后出现并持续几个星期。

b. 如果你有这样的红疹你就患有莱姆病，可是患有这种红疹的莱姆病患者不到一半人。

3. 大部分莱姆病患者都不记得被咬过。

B. 莱姆病还会导致其他不同病症（Burrascano，2005）

1. 严重的关节痛及肌肉痛。

2. 疲劳。

3. 头痛，对光线、声音敏感。

4. 神经问题。

5. 肠胃问题，焦虑。

6. 面神经麻痹（贝尔氏麻痹）。

7. 心血管问题。

8. 如果不及时治疗，莱姆病会导致神经紊乱、致残性关节炎、失明、失聪、精神病和精神障碍，甚至死亡（Fearn，2007）。

（过渡：这将引出我的第三个要点，莱姆病的诊断和治疗。）

III. **要点**：莱姆病人患病时间越久，治疗期就会越长，治疗的强度也更大（Burrascano，2005）。

A. 莱姆病是通过临床诊断确诊的（Burrascano，2005）。

1. 当前对莱姆病的检测并不可靠。

B. 没有一种治愈莱姆病的灵丹妙药，但是抗生素可以用来治疗莱姆病（Burrascano，2005）。

C. 如果尽早确诊和治疗，从莱姆病中恢复健康极有可能（Burrascano，2005）。

1. 如果显现出游走性红斑或其他症状，那就必须治疗。

2. 被蜱虫咬了之后，病人应当接受4周至6周口服抗生素的治疗。

3. 该疾病若不尽早发现，会演变成慢性莱姆病（Burrascano，2005）。

a. 通常需要数月的积极治疗，并长期注射大剂量的静脉注射抗生素。

b. 通常需要联合用药。

（过渡：莱姆病是一种可怕的疾病，因此必须谨慎预防。）

IV. **要点**：预防是关键，因为蜱虫喜爱我们所喜爱的环境。

A. 蜱虫被发现于林地、田地、草地、院子，以及其他绿地（Fearn，2007）。

1. 发现于高杆草、花园、木桩和石墙中。

2. 在鼠类所在处数量最多。

B. 保护自己以防蜱虫叮咬（Lymenet Guide，n.d.；California Department，n.d.）。

1. 穿浅色的衣服、长袖衫和长裤。

2. 在皮肤上使用含有避蚊胺的防蚊剂，使用含苄氯菊酯的洗衣剂。

3. 远足时在大路上行走。

4. 在严格控制跳蚤和蜱虫情况下养宠物。

C. 检查全身是否有蜱虫，若有发现，恰当地除去（Lymenet Guide，n.d.；California Department，n.d.）。

1. 如果发现蜱虫，使用小镊子除去。

a. 尽可能地靠近皮肤。

b. 不要挤压身体，涂上凡士林，用一根火柴或者使用酒精移开蜱虫。

2. 将蜱虫送去检测。

结论

I. **总结**：现在你了解到一个微不足道的小蜱虫，会引起具有毁灭性影响的莱姆病。

使用新的罗马数字"I"简要概述文章要点。

A. 莱姆病的传播途径。

B. 莱姆病的迹象和症状。

C. 莱姆病的治疗。

D. 莱姆病的预防。

II. **有力地结尾**：切记！下一次你去比德威公园游玩，应该害怕的不是美洲狮，而是你可能从未见过的如罂粟籽般大小的蜱虫。

以描述听众熟悉的场景而结尾。

用现代语言协会格式引用资料，通常在分页中呈现（n.d 表示资料未注明出版日期）。

谢尔比 · 安德森

参考文献

Burrascano Jr.，J.J.(2005，September).Advanced topics in Lyme diseasy，15. Retrieved from http://www.limenet.rog/drbguide200509.pdf.

California Department of Health Services Vector-Borne Disease Section. (n.d.). Ticks and prevention against tick bites. Retrieved from http://www.cdph.ca.gov/heaithinfo/discond/Documents/smalltickpsoter.pdf.

Fearn，D.W.(2007，April).Lyme disease and associated diseases the basics，5. Retrieved from http://www.lymepa.org/html/the_basics_-_description.html.

Lymenet guide to Lyme disease.(n.d.).Retrieved from http://www/librery.lyment.org/domino/file.nsf.bbf2f15334c1f2858525661300031 7cc/eee9f15bfb66a105852567c700120022?OpenDocument.

Todar，K.(2007).Borrelia burgdorferi and Lyme disease.Todar's online textbook of bacteriology. Retrieved from http://www.textbookofbacteriology.net/Lyme.html.

OLC www.mhhe.com/brydon7e
为了评估对本章内容的了解，请访问我们的在线学习中心网论进行检测和查看其他章节辅助材料。

小结

用一场演讲触动听众，达到预期的传播效果并非易事，这需要一种策略性的组织模式。选择一种组织模式策略应当基于：

- 根据演讲搜集的资料重新评估你所面对的修辞情境
- 提炼你计划实现的具体演讲目标
- 了解你所能选择的演讲组织模式

与公共演讲艺术与科学的修辞历史紧密相连的组织模式策略包括：

- 门罗激励序列
- 问题—解决模式
- 核心问题模式
- 因果模式
- 双向驳斥模式
- 比较优势模式

更为传统的组织模式包括：

- 字母排序
- 分类模式

- 空间模式
- 时间模式
- 扩展叙事模式

既非线性的也不是基于西方传统的有机模式包括：

- 波形
- 螺旋形模式
- 星形模式

对适合组织演讲的模式策略做出恰当选择之后，下一步骤是组织演讲主体，包括：

- 要点：支持演讲主题陈述句
- 次要点：支持主观点
- 支持点：支持次要点

组织演讲主体时，有五点原则需要铭记于心：

- 限制要点的数量
- 每一个要点要聚焦于主题陈述句
- 以平行结构创建要点
- 在主题允许范围内简要陈述要点，一个观点仅限表达一种思想
- 均衡对待所有要点

基于老师的要求，使用正式大纲来确定演讲组织的最终形式：

- 完整句的大纲形式优于短语或关键词的大纲形式
- 记住，大纲不仅在演讲过程中正常使用，还是准备过程的一部分
- 发表演讲过程中可以使用提示

学习成果检验：练习和实践

1. 登录 www.mhhe.com/brydon7e，在我们的在线学习中心网站观看演讲视频。使用本章讲述的格式，创建一份完整句的演讲大纲。演讲有多紧密地跟随着本章所阐述的步骤？制定演讲大纲是否容易？如果不容易，演讲者如何能够使组织架构更清晰？

2. 分析杂志、报纸或者网页上的一则广告，看看它是否应用了“问题—解决模式”“因果模式”或“门罗激励序列”模式。如果有，解释每一个步骤是如何完成的。如果没有，讨论如何修改这则广告以使其和这些组织模式的其中之一相符合？

3. 以下是一则演讲的大纲。在大纲后面你会发现一份观点次序杂乱的列表。你的任务是从杂乱的列表中找出恰当的句子，匹配到大纲的要点中。老师可以根据自己的喜好，让学生独立练习，或者以小组方式练习。

具体目标：______________________________

引言

I. 有力地开头：______________________________

II. 聚焦主题陈述句：______________________________

III. 调动听众：______________________________

IV. 预览：______________________________

主体

I. 要点：

A. ______________________________

B. ______________________________

C. ______________________________

（过渡句：______________________________）

II. 要点

A. ______________________________

B. ______________________________

C. ______________________________

III. 要点

A. ______________________________

B.______________________________

C.______________________________

结论

I. 总结

A. ______________________________

B. ______________________________

C. ______________________________

II. 有力地结尾：______________________________

杂乱罗列：

1. 使用新鲜面包，最好是全麦的。

2. 使用质量好的果冻或者果酱，无人工添加剂。

3. 使用无糖的或者小块的花生酱。

4. 你必须有这些必要材料。

5. 用蜡纸将三明治整齐地折叠起来。

6. 将三明治放进纸袋里。

7. 使用可生物降解的包装，例如蜡纸，而非塑料袋。

8. 你可以打包三明治并带去学校。

9. 将两块薄片放整齐。

10. 用花生酱涂满第一块薄片。

11. 用果冻或果酱涂满另一块。

12. 你需要组装三明治。

13. 告知班上同学如何制作花生果酱三明治。

14. 首先，确定你有这些必要材料。

15. 其次，组装三明治。

16. 最后，包装三明治。

17. 享用你的午餐并使用节省下来的钱去看一场电影吧。

18. 可以省钱还能吃得更好。

19. 今天你将会学到如何制作完美的花生果酱三明治。

20. 你是不是已经厌倦花 5 美元买油腻的汉堡和炸薯条了？

21. 制作花生果酱三明治包括三个基本步骤：拥有材料、组装三明治和打包三明治。

22. 当你拥有这些材料后就可以制作三明治了。

23. 你得立即食用，否则三明治需要包装好以保持新鲜。

24. 再回顾一遍，有三个步骤：

注释

1. Alan Monroe, *Principles and Types of Speech* (New York: Scott, Foresman, 1935). See also the most recent edition: Kathleen M. German, Bruce E. Gronbeck, Douglas Ehninger, and Alan H. Monroe, *Principles and Types of Public Speaking,* 17th ed. (Upper Saddle River, NJ: Allyn & Bacon, 2010).

2. James C. McCroskey, Thomas J. Young, and Michael D. Scott, "The Effects of Message Sidedness and Evidence on Inoculation Against Counterpersuasion in Small Group Communication," *Speech Monographs* 39 (1972): 205–212.

3. American Academy of Dermatology, "ABCDEs of Melanoma Detection," 2010. [Retrieved from http://www.aad.org/public/exams/abcde.html.]

4. Paul Wilner, "Broadcast News," *Monterey County Weekly,* 27 August–2 September 2009, p. 15.

5. Cited in Clella Jaffe, *Public Speaking: A Cultural Perspective* (Belmont, Calif.: Wadsworth, 1995), 187–192. Based on a telephone interview by Jaffe with Jorgensen-Earp, as well as the latter's unpublished works.

10 CHAPTER

第10章 语言：理解信息的语言意义

史蒂芬·科尔伯特（Stephen Colbert）在其著名的电视节目《科尔伯特报道》中，与听众讨论的一个环节名为“圣言”（the word）。

目标

阅读本章并复习 www.mhhe.com/brydon7e 在线学习资源后，你应该能够：

- 阐明语言力量形塑思想的种种例子。
- 分析听众的文化、人口和个体差异，基于这些分析而选择有效的语言。
- 使用包容性和设身处地的语言，避免边缘性、概述性语言和性别歧视语言。
- 使用增强可信度的语言，避免口头限定词和语法错误。
- 使用视觉、听觉和动觉语言，提升演讲效果。
- 使用隐喻、明喻、类比和有节奏的语言，提升演讲效果。
- 演讲中变换语言强度。
- 使用具体的词句，以及连贯、简单、口语化的词语。
- 在演讲中使用过渡性短语使听众能够跟上你的演讲节奏。
- 避免俚语和冒犯听众的污言秽语。

关键概念

类比
对比
提高可信度的语言
设身处地的语言
包容性语言
语言
语言强度
语言相对假说
边缘化语言
隐喻
接收者为中心
性别歧视性语言
明喻
概述性语言（totalizing language）
语言限定词

我怎么能断定我想的是什么，直到我明白我说了什么？

——爱德华·摩根·福斯特（Edward Morgan Forster）[1]

我们不能确定，杰出的讽刺作家斯蒂芬·科尔伯特（Stephen Colbert）在西北大学上学时是否修读了普通语义学这门课程。但确定的是他懂得词语和语言的重要性，并且能够娴熟地运用它们来忽悠那些天真无知的人，“棍棒和石头会打碎他们的骨头，但语言永远不会伤害他们”。例如，他振振有词地和听众探讨美国喜剧中心频道播出的热门节目的特性，他称之为“圣言”。在《科尔伯特报道》这档节目开播时，他甚至向听众介绍了一个自己发明的词语“貌似真实”（Truthiness）。

据科尔伯特，“貌似真实”是指人们的意见是基于本能反应，而非运用论证模式所要求的推理和证据。“貌似真实”是人们本能的感觉，而不是逻辑推理的产物。因此，处于“貌似真实”状态下的某个人可能会说，“我不知道……我只是觉得我可以相信这个人”，而非“我相信他是因为他用很多例子说服了我”。

虽然“貌似真实”在2006年被梅里亚姆-韦伯斯特词典评为年度词语，但是人们是否接受这个词语，仍有待观察。这也证实了我们在本章会反复强调的一个观点，语言在交流领域中充满生机和动态。因为我们生活的世界在不断演变，所以我们选择自我表达的词语也在发生改变，相应地词语也就发生了改变。

本章将词语及语言与公共演讲的艺术和科学相联系。我们有两个层面的目标。第一，我们想要阐述人们如何使用词语和语言形塑我们所看到和想到的世界。第二，我们展示如何使用词语和语言赋予演讲生活气息，进而和听众分享你所看到和想到的世界。我们将涵盖以下主题：

- 词语和语言如何与我们所看、所想的内容相联系。
- 理解词语和语言如何帮助我们分析听众。
- 我们如何实际地运用词语，使其成为演讲的工具，让演讲更易于理解并扩大其影响力。

语言的力量

语言：
是我们进行口头交流的受规则控制的词语系统。

语言是我们进行口头交流中受规则控制的词语系统。撇开这是最基本的必需品不讲，语言还是其象征物的替代符号。举个例子，词语“椅子”并不是实物，而是实物象征性的代表。还有“爱”这个词未必表达我们与十分在乎之人的感情。这些“象征性替代物”在塑造我们对人、地方、事物的想法和感受时，有可能发挥出令人难以置信的影响力。

有大量证据表明，词语“塑造”（frame）了我们如何看待这个世界以及我们如何解释自身的经验。基于这点，想要影响我们的人会选择特定的词句，最大程度地提升我们如其所愿地理解信息的机会。如果成功地做到这一点，这些人既能塑造我们赋予词语和语言的意义，又能塑造我们对其指示物的反应方式。

举一个恰当的例子，那些政客们一再使用描述自我和界定议题的语言并非偶然，而是向咨询人员、焦点小组以及对我们这样的人调查之后的结果。

上述情况还有一个很好的例子，就是美国国会反复辩论联邦对家庭遗产征税的问题。尽管不到1%的家庭会涉及这项税收，但是随着政客和脱口秀主持人开始称为“死亡之税”，这也成为了不受这项税收影响的投票者关注的热点问题。这个术语事实上是由共和党拿着高薪的咨询顾问、《说话的力量》（*Words That Work*）一书的作者弗兰克·伦茨博士（Dr. Frank Luntz）杜撰而来的。伦茨的建议是如此有效以至于许多人错误地相信了他，并认为现在的家族最终会遭遇不公平的征税。伦茨提到这本书的副标题——“不在于你说什么，而在于听众听到什么”——“是我曾经写过的最重要的一句话”。[2]伦茨意识到语言的意义不在于演讲者的意图，而在于听众的理解。民主党人也不甘示弱，向埃默里大学的心理学教授、《政治头脑》（*The Political Brain*）一书的作者德鲁·维斯顿（Drew Weston）寻求帮助，如何塑造他们的语言。维斯顿种种建议之一是：“不要使用委婉语‘堕胎’和‘生殖健康’……自由派候选人可能会坚持说，这年代政府告诉男人和女人什么时候开始家庭生活或者追随什么宗教信仰，是非美国的行事方式，事实上，在由保守派选民和独立选民组成的焦点小组的检验中，这种论点很有效。”[3]

我们不是建议你效仿追求政治正确的人士运用语言的方式，然而，我们希望你能批判性地思考词语、句子和思想之间的关系。同时我们也希望你能根据对听众的分析认识，为演讲选择恰当的语言，继而和每一个听众成员分享你的观点。我们从一个艰巨的任务开始这个过程：评估语言在你日常生活中及其在演讲的准备和发表过程中承担的作用。举个例子，在继续学习之前，先回答“自我评估”模块中“留心运用的语言”，这些问题关注的是：（1）你如何使用语言；（2）你如何回应别人使用的语言。

如果你仔细阅读并真实地回答了自我评估模块中列出的问题陈述，那么你的总分会透露你在多大程度上意识到自己的语言是如何影响他人，以及他人的语言会如何影响你。得到的分数越高，你运用语言的察觉意识也越强。虽然陈词滥调、俚语和方言通常可以出现在朋友对话中，但是在工作面试时是不合适的。应当避免使用这些词汇或者仅仅在演讲的某种具体目标下才使用。当你适应听众和环境，从非正式语言转换到正式语言时，方能显示出你对这个事实的重视。

以接受者为中心：一个人认为他或她赋予某个单词或词组的含义即为其独一无二的意思。

你对他人语言作出的回应，也能体现你赋予语言意义是灵活还是僵化。有些人是**以接受者为中心**的——极易厌恶演讲者的语言。以接受者为中心的听众赋予语言狭隘的意义。没有咨询演讲者、其他听众，也不考虑语境如何发挥作用，将自己的理解强加在信息上。因为使用的语境和使用者生活经历的不同，语言经常会出现多种多样的意思。你可以在“值得一提”板块中阅读到这些内容。此外，演讲过程也不是一条单行道，并非只有演讲者和听众控制意义。简言之，我们对语言的细微差别了解得越透彻，我们就越能够在对话和演讲中发挥其最大效用。同理，我们对语言知道得越多，我们就越能够给观众留下印象：演讲者所阐述的内容是经过仔细推敲的。

语言与听众分析

了解到词语和语言能够表征人们的感知和经验，我们现在可以检验语言和第 5 章介绍的三种听众差异类型（文化、人口和个体）之间的关系。认识到语言和听众差异之间的联系对于有效的演讲至关重要，因为如今的听众比以往差异更大了。

自我评估

留心运用的语言

阅读下面每个问题并做出回答，记录自己是否非常同意（SA）、同意（A）、既不同意也不反对（N）、不同意（D）或者非常不同意（SD）

	5	4	3	2	1
1. 我总是很注意用于自我表达的词句。	SA	A	N	D	SD
2. 我设法避免使用攻击性的词句。	SA	A	N	D	SD
3. 我设法避免使用俚语。	SA	A	N	D	SD
4. 不使用俚语我也能表达自己。	SA	A	N	D	SD
5. 我设法不过度使用俗语。	SA	A	N	D	SD
6. 我可以轻易从非正式语言转换成正式语言。	SA	A	N	D	SD
7. 我设法调整语言以适应不同的人和情境。	SA	A	N	D	SD
8. 我可以口齿清晰、雄辩滔滔。	SA	A	N	D	SD
9. 我不反感那些使用我不认识单词的人。	SA	A	N	D	SD
10. 我不会轻易接受那些我认为有冒犯性的词语。	SA	A	N	D	SD

SA=5 A=4 N=3 D=2 SD=1

使用上述测量方式将你的分值相加。你的分数越高于 30 分（中性的），你就越宽容，并且对语言在交流中承担的作用越注意。

值得一提

语言相对性

为什么说个体的母语，要比说出的语言更加真实。因为你说的是英语、法语、西班牙语还是俄罗斯语，造成了你感知和理解世界的差别。根据**语言相对性假说**，这是文化人类学家本杰明·沃尔夫（Benjamin Whorf）在 40 年前引入的一个理论，我们的认知受到思维和语言的影响，不同的语言导致不同的思维模式。①

语言相对假说：人们的认知受其思维和语言的影响。

沃尔夫在研究美洲土著霍皮人的语言期间，形成了这一假说。他发现在霍皮人的语言中，没有词汇形容时间增量的概念，没有秒、没有分，也没有小时。因此对于霍皮人而言，从来不会出现某人到访提前或者迟到半个小时的情况，因为他们没有适用这种概念的语言。

每一种语言都有一些很难用其他语言表达的特殊概念。“有些东西在转化过程中丢失了”，这种说法并不意味着一种语言翻译到另一种语言过程中，叙述的某些实际部分消失了。而指的是在第二种语言中无法找到完全相同的意思，因此叙述的部分原始意义就消失了。

① Benjamin Lee Whorf, *Language, Thought, and Reality* (New York: Wiley, 1956).

语言与文化差异

回顾第 5 章，文化多元性是多维的，包括听众的特性，比如个人主义或集体主义、男性气质或女性气质等。了解听众身上反映出的种种文化维度，对于选择恰当的演讲语言至关重要。

例如，本书作者之一曾参加国际商用机器公司（IBM）的表彰活动，在这次活动中，前全国橄榄球联盟四分卫球员乔·泰斯曼（Joe Theisman）是发言嘉宾之一。泰斯曼的听众包括许多来自 IBM 远东和拉丁美洲分公司的人，他们大都信奉集体主义。尽管大部分北美洲的听众对泰斯曼的演讲做出了积极的回应，但并非每个人都是如此。泰斯曼的言论在日本、中国台湾、新加坡、阿根廷和委内瑞拉等地的人看来则过于自负和自夸。有位来自布宜诺斯艾利斯的人评论说：“听了他（泰斯曼）的演讲，你会以为美式橄榄球是一项个人比赛项目，是他凭借一己之力捧回超级碗的。除了‘我’之外他还懂其他词吗？”

演讲者通常根据自己的文化，选择符合他们但未必符合听众文化习惯的语言。像泰斯曼一样，他们天真地以为适合自己文化的，同样也就适合所有人的文化。这样的想法不仅是错误的，而且是傲慢自大的。

即使是司空见惯的文化选择，如称呼某个人的名字，也会受文化影响。在许多地方，如使用西班牙语的那些人，不能随意直呼陌生人的姓名，尤其是不能叫他们的名字。举个例子，某个销售人员如果直呼了自己潜在客户的名字，也许就会在无意间冒犯了客户，然而这在美国却是司空见惯的。最好的选择是问人们应当如何称呼他们，而不是先入为主地遵循“首先叫名字”这种习惯性的偏见。

正如我们在第 5 章中讨论的，格里特 · 霍夫斯泰德（Greet Hofstede）的文化维度涉及不同文化如何处理权力和不确定性等问题。

要了解这些维度如何与文化相关的事例，请参看“反思多样性：语言、文化和航班安全”。

这则广告使用丰富而生动形象的语言为滑雪者和滑雪板的人描述了下雪的情况，但对不参与这些运动的人而言就不具意义。

Courtesy Hal Riney & Partners Inc.

语言和人口差异

回顾第 5 章，**人口差异**反映在人们所属群体以及身份认同上。这包括国籍、种族和民族、性别和宗教等特征。人口差异还包括社会经济阶层、人们的家乡，以及人们所属的年代。

人口差异，在受众分析中一直很重要，如今变得更重要了。今天的大学课堂，由各种各样不同人口背景的人构成，种族和民族是听众差异的重要组成部分。

我们如何考虑这些特定种族或民族的听众，对个体有很大影响。例如，当英国人和一群说英语的墨西哥人说话时，他们需要选择适用于这些听众的恰当的语言。学者马里奥·加西亚（Mario Garcia）和鲁道夫·阿尔瓦雷斯（Rodolfo Alvarez）建议具有墨西哥血统的美国人建立多个人口群体。[4] 参考墨西哥裔美国人和奇卡诺人（Chicanos/Chicanas）两个群体。墨西哥裔美国人包含"二战"后从墨西哥移民到诸边沿州的人，如加利福尼亚州和得州的人。根据加西亚和阿尔瓦雷斯的说法，相比于那些自称美籍墨西哥人的更年长的保守人士，自称奇卡诺人的显得更年轻和好斗些。

奇卡诺人出生在 20 世纪 60 年代，在 70 年代引起人们的关注。奇卡诺人把吸收英美主流文化的墨西哥移民视为"背叛者"（sellouts）。为了区分他们和美籍墨西哥人的群体，奇卡诺人采用了特殊的行为模式，包括他们自己的密语（code words）。这份密语清单包括 vendido（背叛）和 socios（旧相识关系网），如今，这个群体的成员有时还会把对方称为 veteranos（老兵）。因此，尽管你已经试图注意民族问题的敏感性，但是在演讲中把奇卡诺人称为美籍墨西哥人是不合适的。作为演讲者，我们需要尽可能多地了解听众的语言偏好。否则，我们可能会在不经意间流失他们。

对于说西班牙语的人，他们的不同喜好也适用于其他许多人群，有些非裔美国人更喜欢被称为黑人。虽然他们出于礼貌可能不会告诉你，但是中国人、日本人、韩国人、老挝人和越南人更喜欢别人根据国籍称呼他们，而不是笼统地将之称为亚洲人。

作为演讲者，在选择语言时不能对听众的差异视而不见。我们如何提及认为自己属于特殊人口群体的人们，以及我们谈及这个人口群体时所用的语言，不仅会影响听众对演讲内容的理解，还会影响听众对我们可信度的认知。

反思多样性

语言、文化和航班安全

畅销书作家马尔科姆·格拉德威尔（Malcolm Gladwell）讲述了一个故事：航空界安全记录最差的航空公司之一——大韩航空公司如何通过改变飞机师和乘务人员的说话方式，从而使这个公司变成最安全的航班之一。[①]

1988—1998 年，大韩航空的航班被认为是最差安全记录之一的航班。其飞行的危险性高于美国航班 17 倍。美国军队甚至不允许士兵乘坐大韩航空的班机。

基于霍夫斯泰德的权力距离指数，韩国在下级对上级的顺从度中排在第二，仅次于巴西。此外，韩国的语言有六种对话等级，乘务员不敢使用熟悉或亲密的形式与飞机师对话。飞机面临危险时，这可能会导致悲剧的发生。举个例子，1997 年 8 月 5 日，大韩航空 801 客机上的机长试图在暴风雨中执行目视着陆，而没有听副驾驶的建议，“气象雷达帮助我们很多”，结果飞机撞到一座山。其实副驾驶的意思是他们正处于坠机危险中，必须从目视着陆方式切换成依靠雷达指挥方式。正是嵌入其文化中的权力差异，导致他不敢运用意味着机长操作错误的语言。事实上，他使用了所谓的“温和话语”（mitigated speech），这取决于接收者如何理解信息的隐含意思。这与西方语言具有“定向传达”（transmitter orientation）的性质相反，后者要求言说者交流时清楚明白，不要模棱两可。

这样的调查以及其他大韩航空飞机失事问题的结果是，大韩航空雇用达美航空的大卫·格林伯格（David greenberg）管理飞行操作。他制定了一项政策，要求所有机组人员精通英语并且全部进行英语培训。格林伯格决定：“大韩航空新的语言是英语……”[②]用格拉德威尔的话说，“格林伯格想要给其飞行员另一种身份……飞行人员坐在飞行舱里的时候，他们需要一个摆脱那些（文化）角色的机会，而语言正是身份转换的关键”[③]。

结果：自从 1999 年后，大韩航空公司的安全记录不再有缺点。今天，该航空公司成为世上最安全的航空公司之一。

[①] Malcolm Gladwell，Outliers:The Story of success(New York:Little，Brown，and CO.2008)，177-233.

[②] Gladwell，Outliers，218.

[③] Gladwell，Outliers，219.

2006年圣丹斯电影节的获奖影片《成人礼》(*Quinceanera*)，讲述了年轻的拉丁女孩马格达莱纳（Magdalena）在15岁生日即将来临时却意外怀孕，被父母逐出家门后迫使自己在与生长的中产阶级环境截然不同的文化背景下生存的故事。

语言和个体差异

选择恰当的演讲语言并不仅限于考虑文化和人口差异性。我们还必须考虑和评估个体差异，个体差异反映此类因素：个人对性别、性取向和宗教信仰意义的看法。例如，天主教、犹太教、穆斯林、印度教和新教的教徒不会过多地告诉我们他们所属宗教群体的成员之间的信仰差异。此外，宗教信仰仅仅是个体差异的一个元素。因此，在选择用哪种语言发表演讲前，我们还需要探索听众的其他个人信仰、态度和价值观。

举一个恰当的例子，想象一下声称自己是基督教徒的听众。这个群体的成员个体在信仰方面也格外不同。有些人认为应当把《圣经》作为上帝的启示逐字研究，另一些人认为应当隐喻地理解《圣经》。同样，正统的犹太人和革新派犹太人对宗教活动也常持有不同意见，逊尼派和穆斯林什叶教徒也是如此。提前了解这样的信息，对演讲者有效运用演讲语言是至关重要的。

技巧和策略

语言和听众差异

- 注意语言如何塑造意义。
- 考虑你如何运用语言“塑造”(frame)辩论和讨论的范围。
- 积极搜寻语言对于文化的意义的资料，而不仅仅是你最认同的意义。
- 给人口群体贴标签时要谨慎小心……不要以为有一个“通用”的词语可以适用整个民族或宗教群体内的人们。
- 如果可以，运用能够反映听众个体差异的词语和语言。

有效运用语言

假设我们已经彻底分析了听众的差异，而且发表演讲时所选择的语言确实反映了这种差异。我们现在就可以使用那些能够在听众中提升可信度以及创造高度理解的语言，来制定正式大纲。在这过程中可以遵循一些参考规则。第一条规则是使用适合修辞情境的语言。第二条规则涉及语言选择，要让每一位听众感觉都属于演讲的范畴内，这就是所谓的包容性语言，与我们即将讨论的边缘性语言、概述性语言等概念截然相反。第三条语言选择的规则是，作为演讲者，我们需要提高而非降低听众对我们能力和可信度的看法。[5]第四条规则是充分发挥语言的效用，从而让听众参与其中。第五条规则涉及重点运用帮助我们驾驭演讲，以及帮助听众理解我们想要传达的意义的语言。

使用适合修辞情境的语言

演讲的语言不仅仅要反映听众差异，还需要体现我们所面对的整体修辞情境。此外，语言还应当和我们自己所处的语言环境一致。我们已经认识到在不同语境下我们可以面对同样的或相似的听众。例如，我们向听众发表演讲，表彰一位退休的同事，这些人也是我们发表演讲反对学校行政管理机构推出的某项政策的听众。尽管听众是一样的，但是我们的修辞手法、演讲风格和实质是不同的。

同理，语言应当反映演讲目标和我们渴望实现的目标。展示读懂公司年度报告的告知性演讲所运用的语言，和主张公司更换董事会的说服性演讲所运用的语言，是完全不同的。

使用包容性语言

选择演讲所用语言的下一条规则是使用包容性语言。**包容性语言**有助于人们相信，他们不仅与社会性事件利益相关，而且在这方面也有影响力。包容性语言不会因人们的性别、种族、民族、年龄、宗教、性取向或者能力方面的原因而被排除在外。

包容性语言：
让人们相信他们不仅与社会性事件利益相关，而且他们在这方面具有影响力。

包容性语言让人们意识到自己是社会大家庭的一部分，是人们举止谦恭和文明参与公共事务的重要因素。换句话说，包容性语言不会将人们边缘化。

边缘化语言贬低人们的重要性，使其看起来似乎不那么强大、不那么重要或不那么有价值，边缘化语言还会诉诸听众有意识或无意识间持有的偏见。

此外，包容性语言也不会简单概括人们。

概括性语言是依据单一特质来界定人们，比如种族、民族、性别或残疾等。在演讲中，以下陈述便是概括性语言的示例：

“约翰是囊肿性纤维化病的受害者。”

“别忘了苏珊是离不开轮椅的。”

“霍华德的宝宝是生理有缺陷的。”

每一句陈述也许都是善意并且想要表露演讲者对有缺陷的人的同情。然而，这种陈述会引起听众对他们单一特质的注意，并且使得听众认为这个特质好像是唯一有价值的地方。他们远不止是残疾人。演讲者需要使用让人们认同人是复杂的个体这样的语言。

根据我们校园的残障支持服务中心，残障人士更喜欢以下列出的这些描述：

“约翰患有囊肿性纤维化病。”

“别忘了苏珊使用轮椅。”

“霍华德的宝宝有残疾。”

因此，请记住林肯的警告：“因沉默而被别人认为你是个傻子，要强于夸夸其谈而让别人认为你不是傻瓜。”[6] 当你对语言及其效果存在疑惑时，请咨询权威人士。

当然，并非只有残疾人会被刻板印象化。刻板印象出现在人们对某个群体做整体性的归纳，然后不分青红皂白地把这些归纳性结论套用到属于该群体的任何人身上。通常来说，刻板印象是消极的——想想关于金发女郎的笑话。不过，积极的刻板印象也可能是错误的——不是每一个戴眼镜的人都是聪明的。不能因为某人属于一个特定群体，就保证他或她就具有该群体共有的所有特质。

试举几例，不同专业、不同民族和不同性取向的人，常常是刻板语言的主体。优秀的演讲者会避免这些刻板语言。

这位运动员反驳了对身有残疾的人的刻板印象

性别歧视语言是对性别角色有成见的语言——例如，诸如“家庭主妇”和“消防员”（fireman）此类的词语。为什么性别歧视语言存在问题呢？不管有意或无意，性别歧视语言反映人们基于生理性别而对特定角色和作用持有差别对待的偏见。当学术部门的主管人被称为“主

边缘化语言：贬低人们的重要性，使其看起来似乎不那么强大、不那么重要或不那么有价值的说法。

概括性语言：仅仅依据单一特质而界定人们，比如种族、民族、性别或残疾。

性别歧视性语言：性别角色刻板印象的语言，例如主妇、消防战士等。

任”（chairman）、美国众议院的一名代表被称为“议员”（congressman）而一名空中服务人员被称为“空姐”（stewardess），哪种职业被认定是“男性”，哪种被认定是“女性”的，就显然易见了。高明的演讲者会避免使用性别歧视语言。

使用单数代词的阳性形式是一种最简单的，无意中表达性别歧视的语法。多年来，演讲者和撰稿人在涉及个人的例子中，会排除女性角色而说出类似这样的话语：“如果一个人强大，他（he）就会为自己抗争。”

如果我们在举例论述时别无选择，那么我们可以使用“两个单数代词二选一”的方法。第一，我们可以说“他或她”或“她或他”连接单数动词。第二，我们可以在一些情况下使用“她”，其余情况使用“他”。但是，这些选择都会稍显奇怪，而且都没有取悦现场每一个听众的可能。因此，我们建议第三种选择：当需要举例使演讲更生动、更有参与性和更包容性的时候，我们使用复数名词和代词。与其说，“如果一个人强大，他（he）就会为自己抗争”，就不如说“强者会为自己抗争”。

不仅仅生理性别会导致人们使用刻板印象的语言，根据性取向划分而对人们进行归类的语言也是有成见的。除非一个人的性取向和演讲主题直接相关，否则最好的选择是避免提及这个问题，因为这种表述极有可能被认为是概述性语言。毫无疑问，应该避免使用诋毁和冒犯男同性恋、女同性恋、双性恋和变性人的语言。

> **直接的语言**：缩短演讲者与听众之间心理距离的语言，同时强调演讲是一种相互作用。

最后，包容性语言是**直接的语言**；它减少人们认为彼此心理距离很远——很少或没有共同点这种感觉。还记得乔·泰斯曼（Joe Theismann）的例子吗？他使用人称代词“我”（I）实际上使他看起来离听众的距离更远。包容性语言强调演讲者和听众是一个整体而非属于不同个体的事实。例如，已故芭芭拉·乔丹在其卓著的政治生涯中，不仅使用设身处地的语言，她还使用包容性语言发表意味深长的演讲。这些特点都在“他们的演讲：我们，人民”板块中得以体现。

不要误会，包容性语言和脱口秀主持人振振有词地挖苦的那些政治正确语言是不同的。包容性语言深深基于我们在第3章介绍的伦理规范。按照伊曼努尔·康德的绝对命令来考虑包容性语言。你曾经听过有人故意说伤害你的话吗？你认为那些话是合乎情理的还是尖酸刻薄的？

我们需要在使用之前，考虑是什么动机促使我们运用这些特定的语言。我们也需要在演讲之前权衡这些语言可能带来的后果。此外，我们还要先问问自己，如果这些语言，或者类似意义的词汇用在我们身上，我们会如何理解以及作何反应呢？

我们并不是说你用语言描述人物时非得避免使用批评性的词句。我们只是让你换位思考一下，在相同情况下你会如何作出反应。

他们的演讲

『我们，人民』——芭芭拉·乔丹（Barbara Jordan）

我们致力于使芭芭拉·乔丹一直活在我们的记忆中。作为总统自由勋章的获得者、国会议员和得州参议员，她无疑是20世纪最有天赋的演讲者之一。许多专家把她1976年在全国代表大会上发表的主题演讲，作为现代社会最高水平的政治演讲。这里简要摘录她在1974年对总统尼克松弹劾辩论期间做出的一段声明：

我们，人民。这是一个值得雄辩的起点。然而当1787年9月17日这份文件完成时，我被“我们，人民”排除在外。多年来，我莫名地感到乔治·华盛顿（George Washington）和亚历山大·汉密尔顿(Alexander Hamilton)的失误把我遗漏了。但是经过修正案、解释和法院判决，我最终属于“我们，人民”这个范畴了。[①]

20年以后，乔丹被任命为美国移民改革委员会的总负责人。她曾经作为国会委员会成员之一作证，再次引用了她很久之前讲过的话：

我或许是最后一个声称我们国家完美的人。我们有这种完美的感受是因为我们立国的基本原则具有普世性——无论种族、宗教和民族血统，我们生来平等。《独立宣言》完成时，《宪法》通过时，《权利法案》添加到宪法之时，这些法律都只适用于具有盎格鲁-撒克逊血统、在东海岸拥有财产的白人男性。这些原则不适用于我。我是女人。我是黑人。不过，如今这些不证自明的原则适用于我，正如它们适用于这个房间里的每一个人一样。[②]

① “Barbara Jordan :A Passionate Voice,” Sacramento Bee, 18 January 1996, A16.

② Jerelyn Eddings, “The Coice of Eloquent Thunder,” U.S. News and World Report, 29 January 1996, 16.

图表 10.1 如何言说让人更感亲切

不那么亲近的	更亲近的
我（主格） 我（宾格） 你 他们（宾格）	我们（主格） 我们（宾格）
我认为 我的意见是 我知道	你们是否同意? 我们有多少人相信……?
告诉 展示 解释	分享 看看
对……说	和……交谈

技巧和策略

包容性语言

1. 包容性语言不因人们的性别、性取向、残疾、种族、民族或宗教认同等而对他人下定义。包容性语言使用“人类”（humankind）而非“男性”（mankind），使用“运动员”（athlete）而非“女运动员”（women athlete），使用“朋友”（friend）而非“伊斯兰教的朋友”（Islamic friend）这样的说法。

2. 包容性语言会考虑少数群体成员使用的自称语言。例如，男同性恋（gay）、女同性恋（lesbian），而非同性恋者（homosexuals），身有残疾的人（person with a disability）而非残废者（disabled person）。

3. 包容性语言具有接近性。正如你在第 10 章看到的，是关于“我们”（we）而非“我”（me），是关于“我们”（us）而非“你”（you）和“我”（I）。

使用提高可信度的语言

在第 3 章，我们讨论了道德行为和演讲者信誉认知之间关系的可信度。在此我们想强调，可信度还取决于听众是否认为演讲者对信息来源方面具有资格。演讲者清楚他 / 她在谈论的内容吗?

演讲者如何运用语言，会影响听众对其能力的认知。例如，一系列研究表明，“有力（powerful）的演讲”和“无力（powerless）的演讲”之间存在差别。[7]“无力的演讲”运用的语言特征如：不正面回答（“我有点儿同意你”）、限定词（“我可能是错的”）、犹豫（“呃”

或“嗯”）和反问句（“这是对的，是吗？”）。另外，“有力的演讲”是直接流畅的，而且避免使用上述类型的短语。包含大量“无力语言”的信息，会使听众降低对演讲者的能力和吸引力的看法，而“有力的演讲”则会提升听众对演讲者的看法。

因此，发表演讲的第三条规则是使用有力的、**提高可信度的语言**，运用提高而非破坏听众对我们能力认知的词语。提高听众对我们能力的认知需要避免**语言限定词**[8]，语言限定词会削弱演讲的影响力。

提高可信度语言：指加强而非损害听众对于演讲者能力的认知。

语言限定词：削弱演讲者言语冲击力的词句。

初学演讲的人通常不考虑语言限定词的影响就加以使用。例如，他们会这么说：

“这仅仅是我的意见，但是……”

“你们也许会不同意，不过……”

“这是我深信的，但你可能认为并非如此。”

“我敢肯定，但我在叙述中……有可能出错。”

“当然，你的意见至少和我的一样有价值。”

提高可信度语言强调演讲内容的意义。不管是发表告知性演讲、说服性演讲还是纪念性演讲，我们应当成为关于这个主题、这个人的专家。这不仅要求我们做好功课，而且需要我们选择说明事实的语言。实现上述要求而不被听众认为是一个“自以为无所不知的人”，一种方法是使用以下形式的语言。

“美国国家航空和宇宙航行局网站上的十年的研究总结得出……”

“在过去四个夏季里，我参与了……”

“我最近被认证为……”

“如已故学者卡尔·萨根（Carl Sagan）所言……”

每一句陈述都以提高演讲者信誉度的短语展开。这些话语暗示了通过研究或个人体验，演讲者对演讲主题了如指掌。我们不能夸大超出认知范畴的主张，但是我们也需要对所了解的事实负起责任。这并不意味着我们永远不能限定所说的内容。特别在说服性演讲中，证据也许会要求我们温和地提出主张。当证据仅仅支撑部分主张时，如果提出绝对的主张，则是不道德的。这也是我们在发表演讲前要对主题进行研究的另一个原因。

还有其他办法运用语言提高听众对我们能力的认可。有些最好的也是最显然易见的方法，包括使用正确的语法、发音以及词汇。尽管我们在谈话中能勉强接受含有语法错误的语言，但是在发表公共演讲中，这些错误就会像受伤的拇指一样突出、明显。

语法

不管你介意与否，语法都会影响别人对我们的看法。例如，在一个关于教育改革的演讲中，前任总统布什曾用一个有着语法错误的句子问听众。“你的孩子在学习吗？”（Is your children learning），他的意思是“你们的孩子们在学习吗？”（Are your children learning）。虽然这是一个简单的语法错误，但却成为日后人们撰写和谈论这场演讲时，记忆最深刻的部分。

我们在课堂上听学生演讲，发现最常见的语法错误是双重否定、主谓不一致，以及不恰当的俚语。

双重否定出现在当一个人想用一个否定去修正另一个否定时。在数学中，负数和负数相乘结果为正数。因此，“这里，没有人是从来不工作的”真实的意思是没有一个“从不工作”的人。那就意味着“人们都会工作”——和演讲者陈述的相反。

主谓不一致出现在当主语为复数却与单数动词形式相配合；反之亦然。要避免陈述类似“我们一个人去看电影”的句子。

最后，除非对演讲是有必要的，否则一些日常对话常用的特定表达在演讲中是不合适的。许多演讲课老师尤其反对“你知道”（you know）、“你们这些人”（you guys）和“像”（like）等词语的过度使用。听到“你知道、像、我真的是这个意思、你们这些人”等词语是令人不悦的。

关于演讲者的语法错误，这绝不是完整的清单。演讲并不像英语写作那样正式。尽管通常情况下人们不会以一个介词来结束句子，但是听到一些人说“我了解它是关于什么的”（I know what it's all about）等情况并不罕见。我们所能给出的最好的建议是，如果你有任何关于语法问题的疑问，请向知识丰富的人咨询并征求他或她的建议，或者查阅语法手册，或参考指南（style manual），如斯特伦克（Strunk）和怀特 (White) 先生所著的《文体指南》（*The Element of Style*）。

发音

发错音是很容易的，尤其是当我们遇到不常使用或曾经听别人误用过的单词。例如，“莘莘学子”这个成语你如何读的？许多人，包括一些权威人士，会发音成“辛辛学子”。（这个例子是译者自己举的，因为原文中所举的例子，翻译过来，在中文中没有实质意义。——译者注）你也许会认为注意到你的发音错误是吹毛求疵，然而当你在文化水平高的听众面前，读错字一定是让听众认为你不称职的原因之一。

发音错误，除了会削弱演讲能力以外，还可能导致其他问题。其中最显著的一点就是意思变了。例如，经常地，人们想要表达“确保”（ensure）的意思时他们说“向……保证”（assure）。“向你的孩子保证她的安全”与“确保你孩子的安全”是不一样的。“向……保证”和“确保”是两种不同的意思。

用法

另一个值得提醒的问题是用词不当。我们听到许多学生将“差强人意”用于表达不能令人满意的意思，其实这个词语真正的意思是“还不错”。我们也听到当学生真正的意思是“regardless”（不管）和“oriented”（导向的）时，他们却使用“irregardless”（不管）和“orientated”（朝向的）等单词。同理，这也许给你很挑剔的感觉，但事实并非如此。当我们听到人们用词不当时，这为我们质疑其语言以及其他方面能力的可信度，打开了一扇大门。

真实

对演讲者可信度的看法并不仅仅基于听众对演讲者能力的认知，听众还需要相信演讲者是值得信赖的。因此，演讲者需要确保他们用以论证的语言是经过实践证实的。言行不一会削弱听众的注意力，在这个 YouTube、Facebook 和《每日秀》（*The Daily Show*）盛行的时代体现得最为真切。有不少学生在简历上的自我介绍与他们在 Facebook 和 YouTube 上的行为是自相矛盾的。乔恩·斯图尔特（Jon Steward）及其同事发现，有不少政客存在“说一套做一套”的行为。

技巧和策略

提高可信度的语言

1. 避免限定词，如“我相当确定”或者“我有点儿确定”。相反，应当使用类似“我确信、我强烈地相信”，或者“我坚决相信”等陈述来坚定自己的立场。

2. 避免使用令你看似不确定的附加疑问句（tag questions）。例如，不要说，“虽然你也许不同意，但我认为这是一个问题”，而要说，“这是我们共同的问题。”避免说：“我相信我们别无选择，你认为呢？”相反地，应该说：“难道你不同意？我们已经别无选择。”

3. 不要害怕插入能给你带来专业性或者给主题带来深刻见解的经历或者训练。个人经历在听众眼中是一种有力的证据。和你的听众分享事实，“我现在已经攀岩三年了”，或者“适当的营养摄入不仅是我试图采纳的意见，也是我实践了两个疗程的行动”，或者“过去的一年是我不吸烟的第十年了”。

4. 使用熟悉的词语。我们对一个词语不熟悉时，我们更容易出现误读或者误用。如果听众对我们的词语不熟悉，尽管我们已经正确使用这个词语，他们仍无法理解我们的意思。最好的建议便是坚持使用对听众和演讲者而言都熟悉的词语。

5. 使用词典，当你采用一个在演讲中不常使用的词语时，你能够找出这个词语的外延意义与读法。有些在线词典有单词的发音读法，要注意听起来相似但实际意义不同的词语，如“截至”和“截止”，或者“临近”和“邻近”。同时，也要注意拼写和读音都一样，但根据用法有不同意义的词语，也就是同形同音异义词问题。例如，单词“切面”既能表示一种面条，也能表示一种剖面。（这些例子是译者举的，不是按照原著翻译过来的，如果严格按照英文翻译，原作者想要表达的意思在中文中达不到效果。——译者注）

6. 不要用语言玩弄真相。

充分发挥语言的潜力

语言，正如大热的纪录片《文字游戏》（*Wordplay*）所展示的一样，是心灵的食物。事实上，有越来越多的证据表明，充分发挥语言的潜力能够有效预防类似阿尔兹海默症等退化性疾病。因此第四条规则就是在演讲中充分发挥语言的潜力，在使你成为一个更好的演讲者的同时，也能让大脑汲取更多知识。

在你所能运用语言的众多方式中，我们建议你首先利用：

- 适合听众不同信息处理方式的语言。
- 能够展示或者讲述你希望在演讲中分享的内容的语言。
- 有节奏的语言。
- 能够变换演讲强度的语言。

演讲中的视觉、听觉和触觉

在 20 世纪 80 年代，霍华德·加德纳（Howard Gardner）教授提出一个观点，不是所有人处理信息的方式都是一样的。他还指出，人们是否能够按照介绍的方式处理信息，取决于信息的传递是否合乎其“优先选择”的信息处理渠道。[9]

研究表明，有些人学习课程主要靠视觉，有些人仅仅需要听，而其他人则需要专心致志投入到主题中。这三种学习方式在技术层面上分别被称为视觉型、听觉型和触觉型。演讲者应对这三种学习方式最明显的方法便是通过视觉辅助、发音清晰，或者邀请听众参与示范和其他动手实验等方式来增强演讲。然而，对于演讲者而言，有时候第一种和第三种选择有可能难以实现。

要认识这个事实，笔者和企业培训师罗莉塔·玛兰多（Loretta Malandro）曾经鼓励客户将大多数听众与上述三种不同的学习方式建立隐喻性联系。图表 10.2 提出了一些有助于听众更好地处理演讲信息的视觉、听觉和触觉词汇。

尽管我们不能从纯粹字面意义上地了解听众的成见，但是我们可以通过以下方式与视觉学习者相联系。

- 要求他们设想一个没有仇恨的世界。
- 描绘一幅种族主义的图片。
- 为他们勾画出一个实例。
- 使一个模糊概念变得清晰明了，如平权行动，从而让听众看到问题所在。

尽管我们不能让他们完全感受我们的想法，但是通过让听众去想象，我们可以与那些需要某些体验的听众相联系：

- 种族主义是什么感觉。
- 犹如千斤重担压在身上的一个问题，或者受压迫的人民如何渴望自由。

此外，虽然我们不能准确地向听众提供受虐待儿童的声音，但是通过询问听众，我们可以与听觉型学习者相联系：

- 他们是否听得明白我们想说的话。
- 想象他们生活在一个不能为自己的权益畅所欲言的世界的感觉
- 想象儿童哭泣的悲伤的声音。

目的很简单。不是听众中的每一个人都会以同样的方式，回应我们所说的内容。因此，要想最大限度地扩充听众对我们话语的接受能力，我们必须尽力使用满足其不同信息处理方式的语言表述。

图表 10.2 和视觉、听觉和触觉有关的词语

视觉词语			
聚焦	图表	看着	色彩斑斓
鲜艳	阐明	视野	瞥见
显示	颜色	灿烂	看
漂亮	看见	清晰可见	景色
预想	图画	素描	光亮
描绘	模糊	监管	隐藏
景色	偷看	清晰地	通知
清除	想象	远景	
听觉词语			
倾听	铃声	恭维	
听到	共鸣	大声	对不起
声称	喊叫	沉默	听起来
宣称	告诉	呼喊	要求
恳求	呼叫	说话	低语
称赞	断言	嘈杂的	安静
和声	表示	编管弦乐曲	询问
祈祷	噪声	演说	
触觉词语			
感觉	感到恐惧的	饥饿	接触
压力	繁重累赘的	怀疑	养育
伤害	坚定的	震惊	情感
抓住要点	紧张	重的	优美
经历	易怒的	触摸	肉欲的
渴望	有冲动的	凝结物	沉重的
等待	粉碎	激怒	难题

Excerted from TWENTY-FIRST CENTURY SELLING.©Dr. Loretta Malandro. Taught in her program “Speak With Impact”, offered by Malandro Communication, Inc., Scottsdale Arizona.

隐喻：
是一种修辞，即原本表示一事物和观念的词句用于另一场景，表明两者的相似性或对二者进行类比。例如，赛车手可能不得不与难以控制的小车进行“较量”。

展示与讲述性词汇

回应听众不同的信息处理方式的最好办法，便是将上述建议与有助于你告知听众你内心想法的语言结合在一起。例如，隐喻、明喻和类比，能够帮助听众耳闻目睹你的演讲。

隐喻在语言表述中是最有力的资源。隐喻是一种修辞，即将原本表示某一事物和观念的词句用于另一场景，表明两者的相似性或对二者进行类比。举个例子，说某个企业“正在污染环境”是一回事，说该企业“强奸了处女般的林地”（raping virgin timberland），则感觉完全是另外一回事。“自由是一扇打开的窗”或者“音乐解除了心灵和精神的桎梏”这种说法是隐喻。隐喻打破了听众对语言的

一种预期。因此，当听众可能对演讲失去兴趣时，一个短语或词语能够紧紧抓住他们的心，并且帮助他们“看见”我们试图表达的意义。

隐喻需要符合主题。例如，在大众媒体中通常运用体育隐喻描述政治辩论。因此，在争辩中表现出色的某个政治候选人“来了个全垒打”，然而不那么成功的某个候选人则“出局”了。有时候把某个绝望的候选人形容为“孤注一掷”，然而更受喜爱的候选人则被称为“处于领先地位”。要注意的是，不要混合隐喻。“他掌舵的帆船在波涛汹涌中稳住了航向并触地得分”，这听起来很奇怪。隐喻能够增添演讲的趣味和兴趣，但是运用要恰当。

明喻是比喻性语言，是对相当不同的两种事物直接进行比较的语言形式。明喻通常包括“像”或者“如同”这种词语。“像图钉一样锋利”“像小军鼓一样紧”和“像碎冰锥一样尖锐”等都是明喻的例子。通过有效运用明喻向听众“呈现”我们想要传达的意思。

明喻：
要求听者将两件完全不同的事物或对象进行直接比较，例如“我的室友像猪圈里的猪一样生活”或“我室友蠢得像块石头”。

明喻和隐喻不同之处在于，明喻是明确地进行对比，隐喻则是用暗示的方式来表达。因此，明喻在给听众做出清晰对比时是有用的。例如，关于预防性传播疾病的一场演讲可能使用类似这样的明喻，“不受保护的性行为就像用一个357口径的大左轮枪玩俄罗斯轮盘赌一样”。关于酒驾的主题，你可能会说，“酒驾的司机就像失控的火箭导弹”。

类比是一种延伸的隐喻或比喻。类比能够有效帮助听众想象你试图描述的画面。例如，在一个编写基本软件程序的告知性演讲中，我们有位学生利用烹调菜谱的一个配方，帮助听众关注其演讲内容。在另一场告知性演讲中，我们有个学生把假蝇钓鱼描述为网捕蝴蝶。

类比：
一种延伸性隐喻或明喻。例如，重建伊拉克，就如“二战”后重建德国和日本一样，就是一种类比。

在演讲中对隐喻、明喻和类比的应用仅受我们的想象力限制。此外，我们可以通过聆听其他演讲者、从小说或非小说类文学作品的阅读中获得有益的启示。

有节奏的演讲

节奏是自然秩序的一部分。我们经常能听人们讲“生活节奏”或“赛季节奏”，这也许就是我们很容易被敲锣打鼓和哼着曲调的人们所吸引的原因。在任何情况下，最好的演讲者知道一场演讲需要像跳舞俱乐部中DJ操控每一点节拍那样控制节奏。要创造节奏，演讲者通常使用押头韵、排比与重复，还有对照。

押头韵是在系列单词中，重复首个音节。你可能会想起《绿野仙踪》(*Wizard of Oz*)很喜欢押头韵，关于铁皮人是“clinking, clanking，clattering collection of caliginous junk”，关于稻草人则是："billowing bale of bovine fodder!"[10]

美国政治历史上最为著名的押头韵便是来自前副总统斯皮罗·阿格纽（Spiro Agnew），他在媒体中称对手为“否定一切的牢骚大王”（nattering nabobs of negativism）。押头韵的力量来自深入听众之心，然而风险是，如果押头韵很牵强，或许易于记忆，但却难以奏效。

排比则是“一对或一系列相关词语、短语或句子有着相似的结构”。[11]这种方式有助于听众记住关键概念，并且满足他们对于对称的期待。例如，想想杰西·杰克逊（Jesse Jackson）的话：“今天的学生可以把毒品注入静脉，或者把希望注入大脑。如果他们怀有希望，并且相信希望，那么他们就可以实现希望。他们必须知道，不是他们的天资，而是他们的态度，决定他们的高度。”[12]不仅结构相似，而且单词的节奏应用（dope-hope，veins-brains）和押头韵的应用（aptitude，attitude，altitude）都赋予了这个句子力量。

排比可以扩展到演讲要点的建构上，每一个要点的开头都用相同或相似的短语。在许多情况下，当一场演讲遵循第9章讨论的波形模式时，那就是排比结构出现的时候。当马丁·路德·金以“我有一个梦想”开始一系列演讲的要点时，他使用的就是排比结构。运用排比结构有助于让听众预计接下来的观点并且在演讲结束时记住这些观点。然而，要注意排比结构的运用是否符合演讲的规则。否则，会看起来刻意而为，过于牵强。

演讲中使用相同的词句，意在把论点阐述透彻，这种方式是重复手法。不像排比结构那样，相同的短语仅仅用于建构每个要点。可以在通篇演讲中重复一个词语或者短语，以强调演讲者想要传达的精华。如果你回顾芭芭拉·乔丹的话语，你会注意到“我们，人民”这个短语在简短的一段摘录中出现了三次，她的主题很显然是用这个来自美国宪法的短语进行演讲的。

对比：
利用对立面来进行比对，如光明—黑暗。

对比包括对立面的使用。除了给演讲添加另一种节奏元素之外，**对仗**的语言能够增添演讲语言的强度甚至紧迫性。历史上，从耶稣的宣言（Jesus' declaration）中“后来者居上”（last will be the first）到总统西奥多·罗斯福的外交承诺“说话要客气，但手中要有大棒”（speak softly and carry a big stick），这些演讲，充分地运用了对仗这种手法。

另一个关于对仗的例子是当代运用的“草鸡鹰派”这个说法。这个词通常用于形容那些倡议使用武装力量的军事政客，尽管这些人在和平年代从未参加过军事行动，在战争年代，他们参加的军事行动也很少。

语言强度

词语偏离中立的程度影响**语言强度**。语言强度沿着相对中立到高强度而变化。例如，"风味极佳"（savory）和"美味的"（delicious）比"尝起来不错"（taste good）强度更大。同样地，句子"我觉得你很迷人"远不如"你震撼了我的世界"强度大。强度高的语言比中立语言更能赢得听众的关注。我们可以使用动作性词语和幽默语言来提升语言的强度，我们也可以通过前面讨论过的隐喻和明喻来提升语言的强度。

语言强度：
词句偏离中立的程度。

行为词汇　意图使用令人兴奋的或者有行为导向的词语。例如，你认为下面这两种表述哪一个更吸引人："这个演讲深受欢迎"和"这个演讲简直绝了"？那么"他生气了"和"他发飙了"？还有"扣篮"和"碾压式暴扣对手"，或者"令人兴奋的"和"难以控制"？行为词汇和有动作用意的隐喻都能帮助听众想象你所描述的画面。

幽默　在第8章我们讨论了运用幽默语言开始一场演讲。我们在那里讨论的幽默运用准则同样适用于这里。幽默要得体，并且和演讲的主题或场合相关，还要对听众差异有所留意。

虽然幽默语言能够提升一场演讲的效果，不过并非所有演讲者都有能力运用幽默，有些人真的无法讲笑话。如果你认为自己属于后者，那么就不要让自己勉为其难了。不过，如果你习惯运用幽默这种交流风格，那么就充分发挥其优势吧。要自嘲而非取笑听众，如果合适的话，讲一个你之前已经成功讲过的笑话。如果适合于演讲主题，那么就分享你之前已经分享过的幽默故事。

对比与行动 最后一个提高语言强度的方式是整合暗示动作的相反词汇与短语。在讨论战争趋势来临之际一般用于控制人们的非理性思维时，德国哲学家弗里德里希·尼采（Friedrich Nietzsche）曾经写过，"当我们的军队与敌人抗衡时，那些糟糕的音乐和糟糕的理由听起来是多么好啊"[13]。尼采在好与坏之间的简单对照，比起任何延伸性讨论都更能体现战争的非理性。

有效地驾驭语言

最后，我们需要考虑一些有效驾驭语言的准则。包括运用利于听众理解我们信息内涵语言，并且避免不必要地疏离听众。我们会提供实现这些目标的参考标准。

界定术语

正如我们在第 4 章所讨论的，词语有外延义和内涵义。如果我们用字典查阅一个词语的定义，那么首先得到的结果便是当初字典出版时该词语约定俗成的含义。词语的外延意义也是这样。

词语的内涵义会随着时间而演变。通常地，内涵义由群体的共同目的与活动而创造。举个例子，单词“鼻子”可以指冲浪运动员的冲浪板板头，对鉴赏家而言，则可以意味着新打开的一瓶酒的扑鼻香气。

因为词语既有外延义又有内涵义，所以我们必须对与听众分享的主观含义谨慎小心。绝对不能认为我们最常赋予某个词的含义和听众所赋予的意义是一致的。那么，当你有疑问时，在演讲过程中给词语下定义对大家都有益。

小心使用口语化的词汇和习语

我们日常的对话会随心所欲地穿插着惯用语和口语化的词汇。在正式演讲和写作中使用这些词汇的意图是可以理解的。尽管如此，我们应当避免使用这些词汇。例如，演讲者的口头禅会降低听众对其能力的认知。2008 年副总统提名候选人萨拉・佩林（Sarah Palin）使用过于口语化的词汇，如“那还用说”（You betcha），成为了喜剧演员蒂娜・菲（Tina Fey）毫不留情地（许多人会说是不公平地）挖苦的笑料宝库。然而，对于听众中许多非母语者而言，这些表达可能毫无意义。

这种情况对于习语来说更为突出。演讲中的这些修辞手法也许有别具一格的用法和意义。我们也许知道某人是“坐立不安”（antsy）还是“全神贯注的”（all ears）的意思，但是非母语者可能会对这个术语和表述感到莫名其妙。因为习语也具有地域性，所以母语者也可能在这些方面感到困惑。例如，加利福尼亚州南部的人更倾向于认为“ramp”的意思是高速公路的入口或出口，然而弗吉尼亚州南部的人们听到这个单词时，更可能想到的是春天节日里的焦点——一种植物。

使用具体的语言

演讲者并不总是使用语言来启发听众。有时候演讲者会有意地使用让听众蒙在鼓里的语言。政治咨询人员会告诉记者，一个候选人宁愿说错话，也不愿说一些蠢话。军事发言人会告诉听众出现了误伤，而非坦白地承认有无辜的公民被伤害或者杀害了。当公司发言人向公众宣布，公司将“合理精简”（right sizing）劳动力时，但实际的情况是，有1000个员工失去了工作。

使用具体的语言时，我们是在帮助听众也在帮助我们自己。具体的语言要求，是使用一些能够提升听众对所要传达信息含义理解能力的词语。换句话说，具体的语言要求避免使用太抽象的词语，否则，每个听众在演讲后都会对内容作出不同寻常的解读。

最简单的使用具体语言的方法是使用听众熟知且日常使用的词语。例如，“猫”代替“猫科动物”，“鬼鬼祟祟”代替“隐密不测”，“书本”代替“巨著”，用“侮辱”代替“辱骂性言辞”。我们也可以向听众提供细节而让语言更具体。例如，与其说一个人是高的还是矮的，不如给出这个人的确切身高。与其描述某人是罪犯，不如详细描述他或者她的罪行性质或者犯罪记录。还有，与其争论某人是保守的还是开放的，不如提供这个人详细的选举投票记录。

使用口头语言

演讲所使用的语言应当更像日常对话的语言，而非书面语。因此，我们在演讲交流过程中使用的语言应当是日常对话的精练版本，并且坚持使用语法正确、发音清晰的语言。同理，我们在一场演讲中会感觉到运用缩写形式更自由一些，口头语言表述的思想和书面化的句子相似却不相同。大声朗读甚至记录一下演讲是个好主意，那么我们就能批判性地倾听、检查我们的演讲，以确保演讲听起来像是正常的交流，而不是正式地对听众讲话。

精简语言

通常情况下，在演讲中少即是多。基于此，我们认为简洁的词语和句子通常比多音节的单词和并列复合句等效果更好。“不要问国家能为你做什么，而要问你能为国家做什么”，比下面的说法听起来更易懂：

每个人都需要就自己对政府提出的要求做一些思考，这是非常重要的，与此同时，也应该思考牺牲的意义，还要思考你能够为政府以及当选领导人做些什么有利的事情。

此外，避免使用听众可能无法完全理解的专业术语也很有必要。

对一群心理学家说“认知失调”（cognitive dissonance）这个术语是没问题的，但是普罗大众可能难以理解。如果我们发现没有词语能够代替专业术语，那么我们必须用具体的语言向听众解释这个术语的意思。

使用过渡性词句

另一个有效驾驭演讲的技巧是使用过渡句，我们在第 8 章已经讨论过，我们一再强调让听众了解演讲进程非常的重要。通过个人经验你会很清楚地知道，在做演讲笔记时，如果有个老师使用过渡句提醒你方向有所变化，或者清晰地从一个观点联系到另一个观点时，你就更容易能跟上老师的进度，你需要为听众做同样的事情。

过渡性词句会告诉听众我们接下来将转换方向，这种词句同时有助于我们在演讲时联系观点。让听众了解到演讲内容的次序永远是一个好主意——“让我们考虑三个方面重要问题”——然后提醒听众我们到了哪个次序——“概述了第一个问题之后，让我们来讨论第二个问题”。

使用类似“最后”“总结如下”“总而言之”以及“在结束前”等过渡性词句告知听众，演讲即将进入尾声。如果听众认为这场演讲永无止境，他们极有可能会变得不耐烦。

保持连贯性

因为我们更习惯于使用非正式的语言，切换到演讲所要求的口头语言会有困难。学生做演讲时我们观察到的一个问题便是语言的转换，他们有时会在公共演讲的语言和非正式对话的语言中来回切换。例如，在演讲开始，他们会避免俗语也会认真清晰地发音，然而，当演讲逐渐深入且感到更加放松的时候，他们就会回到使用充斥着省略词、惯用语和俚语等非正式语言类型的状态。简言之，我们所使用的语言应当贯穿整个演讲，是前后一致的。对话形式的语气是没有问题的，不过用在街边交流的语言来对待听众则不妥当了。

避免俚语和污言秽语

我们认同这句谚语，“心存疑惑时……就放弃”。类似“老兄”（dude）和“狗”（dawg）等俚语有其使用场合。通常而言，这些地方不会是你学习和掌握公共演讲的艺术与科学的教室。如果你拿捏不准一个词的用法以及它作为俚语是否合适，请咨询你的老师！

应避免使用让人感觉到被冒犯的语言。我们不是在这里假正经，因为这些年来我们切身地感受到污言秽语是真实地存在交流之中。有些我们认为温和的词语在一些学生眼中看来，是相当无礼的。我们是如何知道的呢？因为学生们深深感到被冒犯了，以至于他们在课后告诉了我们。

除了避免俚语和不敬言语，记住要使用包容性语言，避免使用冒犯听众的概述性、边缘化和性别歧视的语言。最后，高效的公共演讲者会仔细地分析将要面对的修辞情境，使用适合情境、属于听众偏好的语言。

OLC www.mhhe.com/brydon7e
为了评估你对本章内容的了解，请访问我们的在线学习中心网站进行检测和查看其他章节辅助学习材料。

小结

尽管单靠语言无法折断我们的骨头，但是语言是强有力的符号，应当得到大家的关注。认识到这个事实，在发表演讲时请谨记以下内容：

- 语言具有象征性，还能影响知觉过程。
- 语言反映当下多种族、多民族和文化多元的听众。
- 有效的语言是包容性的，而非边缘性、概括性，或者性别歧视的。
- 有效的语言能够提升听众对你能力的认可。
- 有效的语言与听众中的视觉、听觉和触觉的信息处理方式相联系。
- 有效的语言充分利用隐喻、明喻、押头韵、类比、排比和重复等方式。
- 语言的强度包括使用行动词语、幽默、展示出对比和行动的词语。
- 想要有效驾驭语言，需要明确术语的定义、谨慎使用俗语和习语，运用具体的语言、口头表达的语言、精简语言、过渡性词句、保持连贯性、避免俚语和污言秽语。

学习成果检验：练习和实践

1. 使用包容性语言重写以下段落：

当一个演讲者开始演讲时，他首先要做的一件事是感谢这个群体的领导给他这个机会发表演讲。正如我们所知道的那样，区别人类和动物的特质便是人类说话的能力。忽略他的工作，一个男人必须知道如何清晰地发表演讲。同理，一个女人必须知道如何传授语言技巧给她的孩子们。因此，每一个演讲者都需要尽最大能力去运用语言。

2. 不用以下词语，写出五个过渡性句子：

第一（第二、第三，等）

因此

接下来

最后

总而言之

3. X公司有一本运用边缘性语言撰写的内部政策手册。作为该公司的一名员工，你认为这样的语言会给他人造成困扰，并且坚信应当改写手册中的语言。写一封信给文书组解释为什么你坚信这样的改写是有必要的，以及为什么改写手册会提升公司的形象。〔感谢玛德琳·凯维尼博士（Dr. Madeline Keaveney）提出这条练习题的建议。〕

4. 排他性语言是边缘化和带有偏见的。请给下面词语提供一种替代性的包容性语言，或者说明在什么情况下，演讲运用这些词语可能是合适的。〔改编自 Rosalie Maggio，The Bias-Free Word Finder: A Dictionary of Nondiscriminatory Language（Boston: Beacon Press，1991）〕

女演员（actress）
空姐（airline stewardess）
商人（businessman）
技艺（craftsmanship）
看门人（doorman）
女遗嘱执行人（executrix）
女神（goddess）
处理违章停车的女警察（meter maid）
母亲（mother）
鼓乐队女指挥（majorette）
无名氏女（Mrs. John Doe）
无稽之谈（old wives' tale）
女服务员（waitress）

注释

1. W. H. Auden and L. Kronenberger, *The Viking Book of Aphorisms* (New York: Dorsett Press, 1981), 238.

2. Deborah Solomon, "The Wordsmith," *New York Times Magazine,* 24 May 2009, 17.

3. Shaila DeWan and Robbie Brown, "A Psychologist Helps Repackage Democrats' Message," *New York Times,* 29 October 2008. [Retrieved from http://www.nytimes.com/2008/10/30/us/politics/30message.html?_r=1&ref=politics&oref=slogin, 10 October 2008.]

4. Earl Shorris, Latinos: *A Biography of the People* (New York: Norton, 1992), 95–100.

5. Julia T. Wood, ed., *Gendered Relationships* (Mountain View, Calif.: Mayfield, 1996), 39–56.

6. Michael Moncur, *The Quotations Page,* 2007. [Retrieved from http://www.quotationspage.com/quote/844.html, 21 September 2009.]

7. See, for example: W. M. O'Barr, *Linguistic Evidence: Language, Power, and Strategy in the Courtroom* (New York: Academic Press, 1982); James J. Bradac and Anthony Mulac, "A Molecular View of Powerful and Powerless Speech Styles: Attributional Consequences of Specific Language Features and Communication Intentions," *Communication Monographs* 51 (1984): 307–319.

8. H. Giles and J. Wiemann, "Language, Social Comparison, and Power," in *Handbook of Communication Science,* ed. C. R. Berger and S. H. Chaffee (Newbury Park, Calif.: Sage, 1987).

9. Howard Gardner, *Intelligence Reframed: Multiple Intelligences for the 21st Century* (New York: Basic Books, 1999).

10. Michael E. Eldenmuller, *American Rhetoric: Rhetorical Figures in Sound,* 2001–2009. [Retrieved from http://www.americanrhetoric.com/figures/alliteration.htm, 18 September 2009.]

11. Richard Nordquist, "Parallelism," *About.com,* 2009. [Retrieved from http://grammar.about.com/od/pq/g/parallelismterm.htm, 21 September 2009.]

12. Nordquist, "Parallelism."

13. Auden and Kronenberger, *The Viking Book of Aphorisms,* 359.

11 CHAPTER

第11章 演讲方式：促进听众参与

无论你是否认同其政治观念，不可否认的是，前任州长萨拉·佩林（Sarah Palin）是一位激情澎湃的演讲者。

目标

阅读本章并复习 www.mhhe.com/brydon7e 在线学习资源后，你应该能够：

- 说明如何使演讲方式适应现场听众和修辞情境。
- 说明何时最适合采用看稿演讲、熟记式演讲、即兴演讲或即席演讲。
- 界定非言语行为，并能将其与言语行为区分开。
- 说明演讲方式和非言语系统相互依存的规则之间的关系：

环境

外表和姿势

声音

面部表情和目光交流

手势和肢体语言

接触

时间

- 认识演讲方式中这些规则发挥的作用，包括：

调节演讲者和听众之间的相互影响

代替一个言语符号，比如词语

增强演讲者信息的言语维度

提高直观性

关键概念

符号

环境

即兴演讲

读稿演讲

熟记式演讲

非言语性行为

积极主动的演讲

自适应行为

互动区域

通常，人们做什么要比其说什么更加重要。

——爱德华·T. 霍尔（Edward T.Hall）

人类学家[1]

“那是一种罕见的微笑，其中带有永远让人感到可靠的成分，这种微笑人在一生中最多只能遇到四五回。那微笑面对过——或者说看上去面对过——整个永恒的世界，片刻之后，它便集中到你身上，带着对你不可抗拒的偏爱。它理解你的程度正是你希望人了解的；它信赖你正如你对自己的信赖一样。”[2]

美国小说家和编剧 F. 斯科特 · 菲茨杰拉德（F.Scott Fitzgerald），用上述段落介绍了其最著名的《了不起的盖茨比》这本小说的主角。这个段落传达了小说叙述者尼克 · 卡拉维（Nick Carraway）第一次见到杰 · 盖茨比（Jay Gatsby）时产生的印象。

我们用这个例子引入这一章的理由很简单。最令人难忘的公共演讲，是那些听众们认为演讲者的注意力和内容都专注在他们身上的演讲。我们遇到无数这样的情况，人们用和菲茨杰拉德相似、但没那么意味深长的语言来描述这种经历：“我感觉好像我是听众席上唯一的听众，她正在直接和我对话一样。”

成功的公共演讲，不仅能使我们思考某个主题，而且给我们留下一种印象，即演讲者努力让我们每一个人都与其演讲密切相关。然而，要做到这一点，演讲者必须认识到这一事实而且付诸实践，演讲的效果取决于他们说什么和怎样说。这一章打算对第 10 章的内容做些补充，并且聚焦于演讲方式在区分公共演讲和书面文章中发挥的作用。同时也展示发表一场演讲过程中，非言语交流发挥作用的总体效果，包括演讲前、演讲期间和演讲后你给听众造成的印象。

演讲方式与修辞情境

观看说明不同演讲方式的视频，请点击在线学习中心网页的演讲辅导，在 11 章第 1 节。

一场高效演讲绝不会只有单一的方式和风格。我们在第 1 章介绍的方法，在这里再次讨论的每一种方式，都必须符合修辞情境。这意味着你所选择的演讲方式和风格应当：

- 适合修辞情境
- 适合听众
- 特别适合你的整体沟通技巧，以及作为一位公共演讲者，你所具备的特定优势。

选择恰当的演讲方式

读稿演讲：
指完整写出一篇演讲稿然后朗读给听众听的一种演讲方式。

读稿演讲

读稿演讲是指完整写出一篇演讲稿，然后朗读给听众听的一种演讲方式。当听众需要精确的信息，或者我们的演讲会被他人引用时，最好选择这种方式。在任何时候，使用读稿演讲都会对我们的目光交流、动作和姿势有所限制。因此，如果我们必须使用读稿演讲，那么就要深入了解演讲稿。要进行反复训练以至于你不用经常低头看稿。自己用笔标注演讲稿，用下划线或者加亮的方式突出主要观点。同时，切记按编号标好页码以至于不会搞乱顺序，使用大号字体或者加倍的、甚至三倍的间距。读稿演讲的难度远大于很多人的认知，这种演讲方式的成功，取决演讲者的大量练习，把演讲稿中的语言转换成现场演讲的技巧。

电子版本的读稿演讲涉及提词器的使用。为了避免一字一句读稿的情况发生，公众人物、新闻播音员、演员，通常会使用提词器取代手写稿。演讲者能够看到演讲稿，不过听众看不到。因此，演讲者和听众的非言语交流效果更好一些。

正如所有技术一样，提词器使用技巧因人而异。例如，最佳的电视新闻播音员和知名人士，他们每天报道新闻和讨论问题时，似乎是即兴演讲而非照着其面前的稿子念的。有些人非常擅长使用提词器，以至于有时候我们可能以为他们没有使用提词器。

毋庸置疑，奥巴马总统希望自己使用提词器的效果也是这样。甚至他的支持者都批评他，无论其演讲的背景是什么，许多人都认为他明显地依赖提词器。因此，不管运用提词器的熟练程度如何，提词器的存在会潜在地削弱而不是提高演讲的效果。

熟记式演讲

运用熟记式演讲方式的演讲者会事先写好演讲稿，然后将它背熟，最后无需提示地呈现给听众。大部分听众并不期待熟记式演讲，除非他们正在看专业的演讲者，或戏剧中演员在讲台词，或一个学生正在参加演讲比赛。尽管演讲者熟记后在表面上能够自然地运用目光交流、动作和姿势，但是这需要很高的代价——演讲者可能会忘记部分演讲内容，而且这个方法对时间投入的需要，要比其他任何方法都更多。

熟记式演讲：将演讲稿事先写好然后熟背后，无需提示地呈现给听众的一种演讲方式。

如果你必须使用熟记式演讲，那么请保持结构简洁易记。比较好的一种做法是以小段的形式来记住演讲内容。从演讲开始到你目前所熟记了的内容，练习背诵，先前部分的重复记忆会帮助你在脑海中补充完整。如果你忘记了演讲的一部分，不要慌张，尝试着进行少量的即兴演讲，通常下一节内容就会浮现在脑海中了。最后，尽可能地尝试让你的演讲看起来是自然的、即兴的。

由于在发表演讲时过度依赖提词器，巴拉克·奥巴马曾被多次批评。

即兴演讲

即兴演讲：一种临时未经演练的演讲方式。

无可避免地，有时候人们会期待你用**即兴演讲**方式发表演讲——一种临时未经演练的演讲方式。这些简短演讲通常是为了回应他人让你说几句话、致祝酒词，或者在课堂或工作中对提问做出回应。没有人比你更清楚，自己在社交场合和专业场所，被邀请去演讲的机会有多大。基于这一点，我们提供以下建议：

凡事预则立。即使邀请你演讲的可能性非常小，你也应该提前准备。这是否意味着你要写出一份演讲稿呢？其实不然。基于你所处的场合简单地预想一下你会被邀请去演讲的内容，这至少会让你能够预演一下你的答复。如果你没有被邀请去演讲，那么你最好为以后这种场合突然出现要你讲几句话而做好准备吧。

有组织。即兴演讲者最令人印象深刻的是演讲内容有着清晰的结构。组织即兴演讲最有效的模式之一便是：（1）介绍你想要说的观点；（2）扩展观点；（3）概述这些观点作为结论。这与第1章介绍的“告诉他们你将要讲述的东西，告诉他们你已经讲述的内容”的顺序类似。思考这个课堂上的例子：老师问：“你怎么看暴力的说唱歌词的影响？”一个学生回答道：“关于说唱歌词的影响我有两个观点，首先，影响被夸大了。其次，绝大部分认为说唱音乐影响了暴力是对现代音乐的无知。所以我想说的是他们小题大做了。”注意这个例子，第一个句子不仅概述了即将要发表的观点，而且换一种方式重申了所提的观点。表达了两个观点后，用最后一句做总结。把这个例子和另一个假设但却非常典型的学生回答比较一下：“我不清楚……我想我不同意。这只是那一群对另类音乐持抨击态度的人的说法，这是一种生活方式，对吧？”这种回答既无组织性又模棱两可，接下来看下一条建议。

表明立场。没有人会被空洞的人所吸引。当有人问演讲者："你的观点是什么？"我们认为演讲者有义务给出答案。另外，如果演讲者尚未形成明确的观点，那么听众也许更愿意听到这个人说"等我得到更多信息，稍后回复你"，而不是对提问支支吾吾。

使用强有力的语言。强有力的语言与前面的指导方针紧密相连。回顾一下就可以知道，强有力的语言要避免使用不必要的限定词和模糊的问题。强有力的人们会这么说"我的观点很坚定"或者"我的经验使我毫不犹豫地相信……"强有力的人们不会说："我相信这是可行的，你觉得呢？"即兴演讲应该足够坚定，不要用无力的语言削弱你的权威性。

搭便车。有时候以别人对这个问题发表的观点作为演讲的开始，是一种有效的方式。搭便车的技巧表明你在认真倾听。尽管不同意他人的说法，那也承认了别人做出的贡献。例如："比尔的观点是，这种情况下要求谨慎，但是我有些原因，对此持保留意见。"你也可以说，"我来概括一下目前的一些观点，然后我会再提出我的两点拙见。"这样的过渡将听众的注意力引向你说的内容且具有结构性。

使用故事和奇闻逸事。如果你知道有个故事或者奇闻逸事对相关话题具有直接的启示作用，请尽可能在即兴演讲中以之为基础。组织文化中产生的有关人或事的典故，可以运用到即兴演讲中。有些故事和奇闻办逸事已广为人知，所以你可以应用到任何想要发表的观点中。例如，伊索寓言的真正影响力，在于每一则故事都包含了你可以应用到生活中的一些道理。许多著名的儿童故事也是如此，例如《金发姑娘和三只熊》和《喊狼来了的孩子》。

在电脑中找参考资料。即兴演讲肯定会有，只不过是时间问题。因此，我们建议学生花费一些时间上网，浏览一些专业的可以广泛应用的引语、奇闻逸事甚至笑话等网页。在这个过程中，我们也建议他们寻找一些听众熟悉的或者听起来很真实、符合他们经验的例子。

即席演讲方式

对于大多数仍在学习如何发表演讲的学生而言，即席演讲方式仍然是他们最好的选择。正如我们在第 1 章所解释的那样，发表即席演讲结合了认真的准备和自发性。可以使用简短的提示，而非一份演讲稿或者大纲。这能够使演讲者更自由地保持与听众的目光交流、姿势并适应听众的反馈。有些演讲者不用讲台，而是把纸条握在手里。（要避免双手握着纸条，因为这会限制你使用手势的效果。）

今天的听众似乎更加期待和欣赏即席演讲而非其他方式的演讲。这种演讲方式允许演讲者保持和听众的联系，也允许听众保持和演讲者的联系。听众不仅能对即席演讲的人做出回应，同时也能看到自己的反馈被演讲者重视的程度。

即席演讲通常会有一些提示形式，最常见的形式就是提示卡片。在介绍一些专业性的提示卡片的准备和用法之前，我们也想提出一些使用提示卡片的常见错误。学生有时会用十多张甚至更多的卡片写出总体的演讲大纲，而不是每张卡片强调少数几个观点。这并不是即席演讲！

也就是说，提示卡片应当被看作一种原始的视觉辅助工具，试图给你提示而不是让你照着读。如果你的老师允许使用卡片，那么在演讲的准备和使用过程中，请借鉴以下技巧与策略。

技巧和策略

准备演讲者的提示

- 使用明亮的颜色和大号的黑体字，这会让提示更容易看懂。
- 如果使用卡片，每张卡片不要多于五条或者六条的信息，如果太多信息挤满一张卡片，就会变得混乱。
- 不同的卡片或纸张写演讲的不同部分。例如，引入内容用一张，演讲主体内容用另一张，然后总结用第三张。
- 给卡片或纸张编号。在演讲时很容易会忘记自己所讲到的位置。预防这种情况发生的一种方法是给每张卡片或纸张编号。
- 内容只写在卡片或纸张的一面。把内容写在卡片的两面会增加你失去演讲方向的风险。
- 强调主要观点。正如在书中突出关键段落一样，强调你想要发表的主要观点。
- 自己用提示标明发表注意事项，这是完全合适的，例如用提示写出注意事项。再如，写下“O.H.”来提醒自己在讲到这个要点时，要展示幻灯片。
- 不要尝试逐字地写下整个演讲。这种方式只会怂恿你逐字朗读而不是以对话形式发表演讲。这条规则的唯一例外是在提供确切的引文、事实和数据时，很明显这些资料是需要写出来的。

演讲者的提示包含完整大纲中相同的要点，不同的词语旨在提示接下来的内容。从这些提示中发表演讲是需要练习的，你还需要确信你是按照原始大纲那样传递信息的。成功的演讲者在演讲前会加以练习，你应当学习他们的做法。不管演讲的组织看起来有多好，只有当演讲者演讲方式够好才能发挥效用，这就需要练习。然而练习不是说在发表演讲的前一个晚上，甚至更糟糕的是当天早上才匆匆浏览一下内容。练习意味着你需要花费大量的时间熟悉演讲，直到演讲的基本组织架构了然于心。

即席演讲也存在一些不足。比如，提示可能会限制演讲者的姿势，他们在演讲中来回挥动的双手会分散听众的注意力。最后，演讲者不能有了提示便过于随意，也不要使用大量的提示而让即席演讲变成了看稿演讲（见图表 11.1 演讲方式类型的总结）。

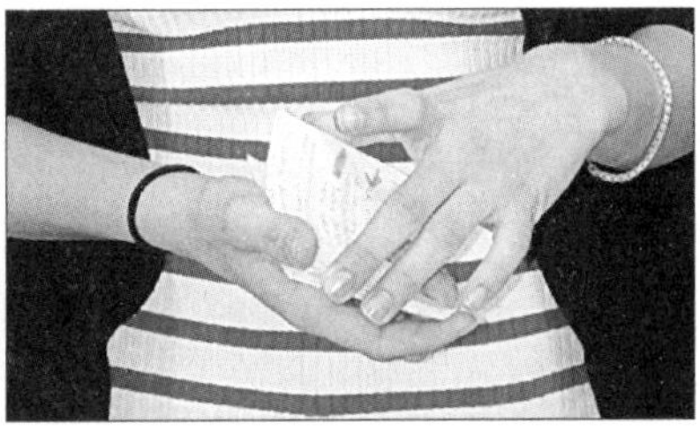

这个学生对快速参考的内容部分，在提示卡中做了强调。

情境和听众

如果你有选择的余地，那么你应当选择适合现场情境的演讲方式和风格。同时，你的选择也应反映出你了解到的听众多样性。首先要考虑演讲情境的重要性，以及在你失言或者失误之下遗漏一些演讲内容产生的潜在后果。有不少政客曾在某个情境下即兴发表演讲，远不如他们从准备好的手稿中读出来的状态。例如副总统乔•拜登，就因其不得体的即席演讲而声名狼藉。

接下来要考虑听众的预期，既要考虑情境又要考虑听众的多样性。在美国，一场非正式的、即兴的演讲方式最受期待也备受瞩目，然而这并非放诸四海皆准。例如，北欧的听众期待商业的、政治的和更高学历的演讲者，特别是以更正式的方式，发表精心准备的演讲内容。

最后还需考虑并承认这一事实，随着时代的变化，过去对听众有效的演讲方式和风格，并不一定能满足现在更多元化的听众的需求。

图表 11.1 演讲方式的优势与劣势

演讲方式	优　势	劣　势
读稿演讲	准确 精细 可被引用	失去目光交流 书面的而非口头表达的形式 容易失去方向
熟记式演讲	与听众保持目光交流 可自由移动	容易忘记 看似“录音的” 需要广泛准备 缺乏自然性
即兴演讲	自然的 与听众保持目光交流 适应情境	缺乏准备的时间 可能唤起焦虑 如果演讲者没能预料到可能的问题，或许会引起尴尬
即席演讲	准备与自发性相结合 维持目光交流 适应性 必要时措辞的准确性	提示卡片的过度使用会妨碍自然性 提示卡片的不当使用会限制姿势的影响力

非言语传播：让演讲方式发挥最大功效

非言语行为：一种无言却有声的传播体系。

非言语行为将各要素组合成一种无言但有声的传播系统。非言语行为拥有比语言行为更具意义的潜力，不过非言语行为也可能在我们努力理解所听到的词语时，引起我们的困惑。[3]

基于这种框架，一般情况下把非言语行为归为一套独立的、多功能的规则，这套规则使一般的传播尤其是公共演讲的传播，成为更稳定的表达系统。不过，在我们详细地探讨这些准则和功能之前，我们首先需要简单解释一下为什么非言语传播系统和我们第 10 章讨论的口语维度是不相似的。

“说什么”和“怎么说”的差别

回顾第 10 章，我们知道语言是我们进行口头交流的规则性文字系统。语言也是写作文章和建构完整演讲大纲的同一个系统。当我们对一条规则或者一个词语的意义有所疑惑时，我们具有向公认信息源寻求解释说明的权利，例如一个语法规则和句法指南，或者一本字典。通常而言，这并不是非言语体系的交流情况。无论是单独使用还是组合运用，少数非言语行为在不同文化之间，都具有相同的意义，这是一个事实，不过还是有例外的情况。简言之，我们想要强调一些最为重要的、区分非语言传播系统及其对应的语言体系的特征。

非言语行为是连续的

由词语组成的言语行为是离散的，这意味着可以把言语行为细分为不同的组成元素：名词、动词和形容词。这些组成元素被复杂的规则所支配，指示着你在演讲中如何将其组合成短语、从句和长句。每一个词语都可在字典中查到外延含义，必须以精准的方式安排词语来传达特定的内涵。例如，“我是开心的”这个句子必须以这种顺序排列传达它的内涵，若说“我是开心的吗”则把陈述变成了一个疑问句或者感叹句，若说“开心是我”会让听到的人觉得有些古怪。当我们以特定的顺序安排这些有着约定俗成的意义的词语时，言语行为的意义显而易见，正如这个例子一样。然而非言语行为却不是这样的，是连续不可分的。[4]

设想在演讲时你用肢体语言表达快乐的情况，听众见到的是包括整个面部表情传达出的复杂信息。脸部的肌肉收缩，影响着眉毛、嘴角，还有眼角。不像言语行为，这些无意识的动作并不能将组成元素进行拆分。比如，表情传达的信息明显与言语传达的信息不一致，并没有高度精确的语法规则来解释这些面部表情所传达的意义。

多渠道的同步使用

回到表达快乐的例子，非言语行为同时也包括了多种渠道的同步使用。[5]例如，尝试着运用单一传播渠道，比如你的嘴巴、眼睛或者双手，来传递一种情感表达，如快乐、愤怒、悲伤和困惑。即便不是做不到，你也很快就会发现这么做很困难。与此同时，你会承认，我们是同时而不是按照顺序先后来运用这些多元表达渠道的。

非言语行为的自发性

正如上述使人信服的特征一样，另一个不同的特征是，“真实”的非言语行为在很大程度上是自发形成的。除了如弗洛伊德式口误——人们无意识说出的是其想要传达的真正意思——之外，言语行为是一种有计划的行为。[6]我们会有意识地去思考我们所说和所写的话语，只是我们这么做的时候没有察觉到而已。

微笑、手势和肢体语言通常出现在潜意识的层次。换句话说，这些非言语行为是“自然形成的”。而这也是我们倾向于接受非言语行为真实地表达了说话者当下的想法与感受的原因之一。这是否意味着非言语行为永远无法用脚本控制呢？答案既是又不是。比如你可以将手势等设计成演讲内容的非语言组成部分。然而，除非你已经练习过这些动作并使其成为你整体非言语交系统的一部分，否则听众可能会认为这些手势是你精心设计的一部分，而非你当下想法和感受的真实表达。随着学习内容的深入，我们会提醒学生在演讲的时候，要避免强迫自己做出不自然的和尴尬的手势。

演讲方式和非言语传播系统规则

要记得系统是由相互独立、相互关联的部分所构成的整体。其某个部分发生变化时会导致其他部分发生相应的变化。如同它的组成部分一样，非言语传播系统有一些独立的行为规则，会对演讲的交流产生深远影响。我们对这些规则以及其他有效的演讲方式之间关系的讨论从宏观层面开始，首先关注环境，其次是演讲者的整体外表和姿态。然后我们将转向这些行为规则更为微观的层面，讨论声音、视线和面部表情、手势、动作、接触和时间等规则的重要意义。

环境

环境：
演讲的物理场所以及距离听众的实际距离。

基于我们的目的，**环境**是指演讲的物理场所以及距离听众的实际距离。物理场所和实际距离，不仅对你的演讲方式，而且对听众如何感知你的演讲，都有着不可否认的影响。

你发表演讲的房间的空间特征——如灯光、温度、舒适度和美感，都会对听众的生理和心理产生影响。[7]一个明亮的、从美学观点上采取中性色系，既不简陋也不奢华，温度为68华氏度的房间，比起一个光线暗淡、富丽堂皇、温度达75华氏度的房间而言，对整体的演讲方式效果有着截然不同的影响。在第一种环境中，演讲者和听众都很有可能是专心致志的，第二种环境事实上可能太舒适了反而使演讲者和听众心思都不在演讲的过程与内容。因此你需要相应地制订演讲计划。然而，“正式的”演讲模式适用于第一种环境，第二种环境下的演讲，你需要投入更多的精力和热情，才可能获得成功。

还有就是要考虑演讲环境的物理布局。我们曾经到过一些学生的演讲场所，房间的立柱、结构，房间内不可移动的物体等，都对他们的演讲产生了很大的影响。在这种情况下，演讲者有时候别无选择只得竭尽所能。因此，他们会比预期做出更多的调整，放弃那些可能妨碍全体听众视觉效果的视觉辅助，或者增强或放大手势的幅度。

然而，在另外一些场合，你可能有机会对演讲的房间进行安排布置。你可以设计舞台，改变讲台的位置，安排听众座位格局。面对这样的机会，有经验的演讲者会根据演讲的方式安排现场环境。使用传统演讲方式的演讲者可能会需要一个讲台，还要一个投影仪或者手提电脑，以及一个可以升高的演讲舞台。那些演讲方式不那么正式的演讲者，可能希望安排的房间，可以让他们左右移动，甚至前后移动。

互动区域：
指演讲者和听众能够进行视线交流的听众范围。

传统的、非正式的演讲方式都是有效的。然而，与传统演讲方式相符的房间布局，比起它对应的演讲方式，有两个方面的限制。第一种是**互动区域**，指演讲者和听众能够进行视线交流的听众范围（图表 11.2）。第二种则更多地考虑演讲者与听众之间的距离大小。

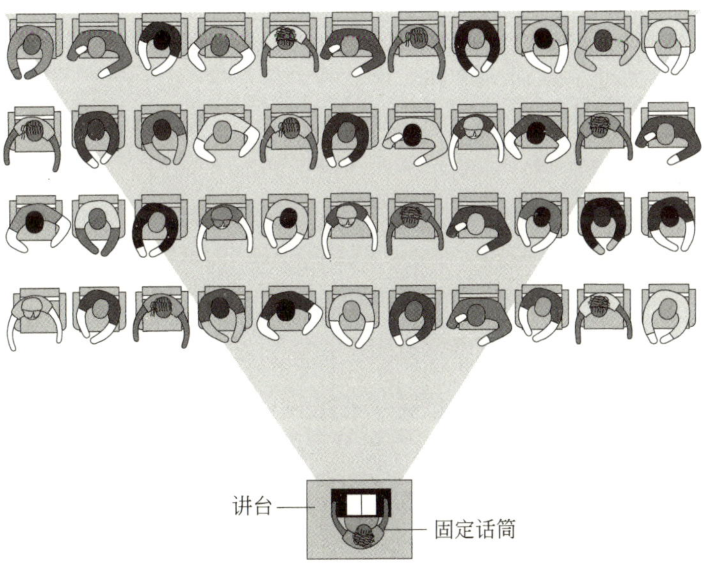

图表 11.2　传统房间设定的互动区域

人们按行就坐，而演讲者位置固定时，演讲者和听众之间的目光交流仅限于阴影区。演讲者必须移动身体，从而与阴影区域之外的听众进行目光交流。

互动区域局限于演讲者周边视觉范围之内。随着房间变大，演讲者和听众之间的直接互动会减少。为了弥补这种缺憾，演讲者有两种选择。其一，可以从一边看到另一边而改变直接的互动区域；其二，在演讲过程中，身体从一个定点移动到另一个定点。图表 11.3 说明的是第二种选择情况。显然，在一个非常大的房间里，传统的演讲方式对演讲互动区域有限制，这就意味着你别无他法，只得在某些时候忽略一部分听众。

图表 11.3 **移动改变互动区**

改变位置能够提升包容感，同时为你的演讲增加活力。

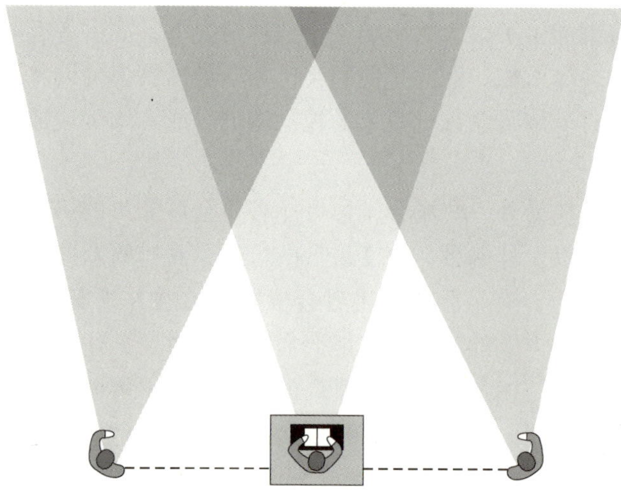

传统的演讲方式也会缺乏操控演讲者和听众之间空间距离的灵活性。一个在房间移动的演讲者能够在生理和心理上减少和听众之间的距离，而相对固定的演讲者则在减少心理距离上会有所局限。因此，对于那些喜欢固定演讲方式的演讲者，目光交流成为他们影响听众非直观性感受的主要媒介。

总而言之，演讲环境和演讲方式之间的关系是显著的。演讲环境不仅仅影响到演讲的方式，同时也影响听众对你的理解。有经验的演讲者会因地制宜地制定演讲方式，例如，面对一个“棘手的房间”，他们清楚如果想要抵达听众，就需要提升演讲方式的唤醒水平。而缺少经验的演讲者则通常扮演着演讲环境的“受害者”。他们没有对演讲的现场环境进行调查研究，而是简单地发表演讲，仿佛现场环境对演讲无关紧要一样。作为一个学习公共演讲的学生，你需要知道发表演讲的房间如何布局才是好的。因此，你也同样需要因地制宜地设计演讲方式。“值得一提：座位安排”板块中讨论的是发表演讲时，另一个需要考虑的因素。

值得一提

座位安排

空间座位安排对演讲方式和听众的理解是否有影响呢？答案是有着非常大的影响。因此，作为一个演讲者，你需要考虑演讲目的以及演讲房间的空间布局。传统的座位安排只会把关注点放在你身上。然而，U 形布局的房间，会允许听众彼此间进行目光交流。在会议桌前演讲不仅会缩小互动区域，而且还在你和听众之间设置了障碍。你认为下面这些布局中，哪一种最有可能鼓励听众进行反馈和参与？为什么？

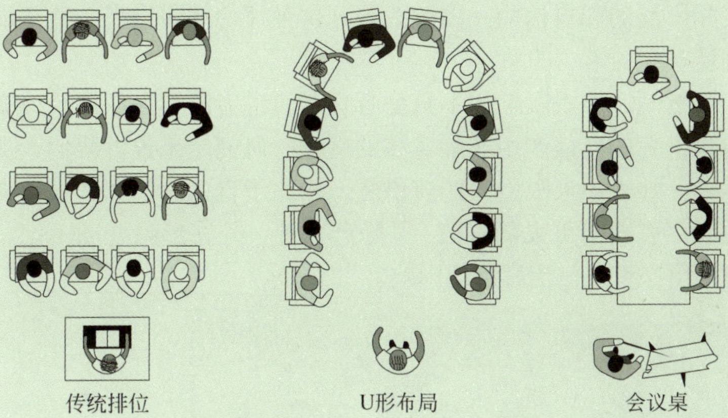

技巧和策略

演讲环境

- 提前检查你将完整发表演讲的房间。记下位置安排、讲台的可用性，还有任何你将会用到的媒体设备的实用性。
- 如果条件允许，考虑改变环境以更好地符合你的演讲目标和演讲方式。
- 预演你计划内的动作，包括任何必要的演示媒体设备的使用。
- 如果有可能，尽量把房间温度控制在 68～70 华氏度。同时，改变房间的灯光。

外表和仪态

根据传播学专家戴尔·莱瑟斯（Dale Leathers）所言：“我们可见的自我功能是为传播的意义集群而运作，这意味着确定我们是谁以及我们倾向于变成他者眼中什么样的人。”[8] 这些“他者”是一些我们与之接触的人，包括我们的听众成员。

演讲者的外表通常对听众理解其演讲内容和演讲方式有着大小不一的显著影响。[9] 演讲者永远不会有第二次机会给听众留下第一印象。第一印象很大程度上取决于外表，包括仪态、体型和身高、肤色和发色，还有服装和配饰。

公共演讲中，外表的重要性至少可用两个方面来衡量。第一个包括听众的第一印象。第二个包括人们如何通过外表而认知自己，并且感受到这种认知对个人自信和演讲的影响。

听众首先会根据外表来判断演讲者的受欢迎程度，以及与他们的相似度，这种判断会对演讲者产生广泛深远的影响。研究表明，被听众认为是有吸引力的演讲者，也会被认为是聪明的、成功的、交际广泛的和自信的。因此，受到这种评价的演讲者，往往能赢得颇受欢迎的第一印象。

然而，外表影响的不只是听众对演讲者的第一印象，外表也能对演讲者的自信产生非常实在的影响。研究结果告诉我们，那些感觉自己外表形象吸引人的演讲者，相比于自认为不那么吸引人的演讲者，表现出更大的自信。[10] 除此之外，外在形象变动不定，也会对自信心产生一定程度的影响。[11]

不恰当的着装和非言语行为，会严重地破坏听众对演讲者信誉度的看法。

商务便装适用于大多数公共演讲场合。有些公共演讲场合要求穿正式的职业装。

虽然你外表的某些因素对听众认知的影响是无法控制的，例如，体型和身高，但是你可以改善姿势、着装，花费一些精力和金钱精心装扮一番。简言之，你的着装要合乎场合。这个建议看似如此明显，然而在公共演讲课堂上却时常被学生们忽视。学生们时常做演讲，但似乎从未考虑过着装的恰当性，他们在课堂上反映出的态度，似乎在说："这只是一节演讲课。"

仪态显然和整体外表有关，仪态对你发表演讲的方式以及听众对内容的吸收，是至关重要的。人们的很多看法都是基于演讲者的外表姿势而做出的，从演讲者的自信如何到演讲者对主题和场合的重视程度。因此，你将要警惕听众因为你耷拉着脑袋、在胸前交叉双手、站着时把一只手放在臀部或把手放在口袋里等行为而对你做出不正确的结论。

因为仪态的界定因文化而异，所以没有可供演讲者遵循的一成不变的规则。尽管如此，考虑到我们在公共演讲课程开始之前对文化的认知，仍然有一些在发表演讲时想获得良好仪态而可以遵循的步骤。切记！你越是耷拉着脑袋、瑟缩着身躯，那么你就越有可能被认为是不自信的。同时谨记，仪态也会影响你发声。挺直腰杆的站姿，有利于拉伸横膈膜，还能打开空气通道，这也是歌剧演唱家时刻保持好姿态的原因之一，帮助他们最大限度地发挥声音的作用。

试想这个类比，优秀的学生会懂得学期论文的外观与其获得的分数之间的关系。通常，这是成绩分数高低的不同。因此，优秀的学生会想尽一切办法，确保他们的文章不仅符合要求，而且"看起来"令人印象深刻。

同样的情况可能体现在演讲课堂学生的外表与其所获成绩之间的关系上，不恰当的着装或者粗心的装扮永远不会为演讲加分。此外，不当着装还有可能会不必要地贬低诸如演讲者能力这种评价。尽管对于大多数的课堂演讲，我们不推荐穿正式的职业套装，但是我们建议考虑穿"商务便装"。不管男性还是女性，商务便装都包括一件翻领衬衫，或者一件毛衣，休闲裤，还有通常在办公室中穿的鞋子。恰当的着装赋予你身份地位，还能展示你对听众的尊重。

技巧和策略

发表演讲的仪态指南

- 找到中心平衡点。通常这意味着站立时，双脚分开与肩齐宽。
- 肩膀后收，收腹、挺胸。
- 抬头，精神饱满。
- 开始时双手自然垂在两侧，手掌打开，这会让你在发表演讲时更容易做手势。

声音

在我们讨论是什么使声音和指纹一样独一无二之前，我们想要再次强调这一事实，“你说什么”和“怎么说”是有所不同的。口头语言有两个维度。一个维度是内容，词语本身及其组合形成句子的方式。另一个维度是声音向听众表达出的意思。试想“我爱你”（I love you）这个句子，当你表达这个句子时，通过音高、音量和音调的变化，实际上会改变这个句子传达给他人的意思。例如，这句话可能是感性的和真诚的，这取决于说这句话时的语气。

在某种意义上，语言就像音符，声音就像乐器。在一个熟练的音乐家手里，音符如何产生出不同的声音，取决于音乐家如何运用指尖拨动琴弦。熟练的演讲者会运用声音的音高、节奏和旋律，做同样的事情。

要想更好地控制声音，你需要知道声音是如何产生以及被操控的。同时也需要知道清晰的发音在塑造声音以及让声音对听众产生意义的过程中所扮演的角色。最后，你需要接受这个事实，最好用自己的声音演讲，而不是试图模仿他人的声音。

声带中声音的产生是直接的。当你吸入空气，然后通过气管，穿过喉头、贯穿牙齿、舌头和嘴唇，依据不同的空气排放量，声带、牙齿或者嘴唇位置的变化，会造成声音的不同。例如，通过声带，浅而短地呼吸和急速地排出空气所产生的声音，和深呼吸然后缓慢排出空气的声音,效果截然不同。尽管两种声音中都是你真实的声音，但第一种情况下的声音，听起来是阴柔的，而第二种情况下的声音则是阳刚的。声音的机械控制并不如我们即将要讨论的这些声音特性更重要，这些特性包括音量、音高、音域、旋律和节拍。

音量

声音音量的大小，是演讲时排出空气量与排出空气时运用的力量两者共同的结果。例如，尝试着先不做深呼吸而大声地说话，很惊喜，是吧？有些人能够用很大的音量说话，演员或脱口秀主持人奥普拉·温弗瑞、电台脱口秀主持人拉什·林堡、演员詹姆斯·厄尔·琼斯、声音花园乐队主唱克里斯·康奈尔，都属于有这种能力的人。而声音更为柔软的人则包括演员乔治·克鲁尼、电视新闻主播黛安·索耶和歌手诺拉·琼斯。

你的音量要足够大才能被听见。然而，连续大音量地说话很有可能会刺激听众的耳朵。你需要“设计”（project）声音而不要震耳欲聋。改变声音音量的关键在于你想要给听众造成的影响，有时候降低音量能够吸引听众，但是突然间的高声却可能使听众吓一跳。作为一个公共演讲者，你需要足够大声而被听众听见。但是，基于听众、演讲房间的规模，还有麦克风的实用性，情况也会大相径庭。经验丰富的演讲者会根据这些因素而做出相应的准备。也就是说，依据场所和演讲对象，他们会相应地改变练习的音量。你也应当做同样的事情，想象自己置身于将要发表演讲的教室，面对着真实教室、同等规模的受众练习演讲。此外，当你真的在课堂上演讲时，从听众的面部表情和仪态上寻找他们对你音量的反馈。如果那些坐在课室后面的人身体前倾，或者看起来很困惑，那么你就需要提升音量。另外，如果坐在第一排的人在座位上身体后仰，也许是你声音太大了。

音高

声音花园乐队主唱克里斯·康奈尔以其强有力的声音而闻名。

声音的高低程度称为音高。唱低音部的歌手有一个较低的音调，而唱女高音的人则有较高的音调。立体音中的低音音部控制低音，高音音部控制高音。音高是音调变化的关键，高效的演讲者会通过改变音高而塑造语言的冲击力，他们可以通过降低音调使事情听起来更严肃，或者提升音调而传达一种紧张的气氛。对音高的控制，不仅取决于演讲者的技巧，同时也取决于他们声音范围的自然属性。

音域

音高的范围，从高到低，蕴含在你声音能力之内的属性称为音域。恰似钢琴有着宽广的音域，有些演讲者也有着广阔的音域，而有些演讲者就像一个低音电吉他，不管你弹奏得多好，都没有太大的音域。作为一位演讲者，需要充分利用正常的对话形态的音域。这意味着你首先需要发掘出自己音高范围的最高点和最低点。

为了了解音高和音域如何控制音调变化的范围，请录下自己的声音。开始时以正常声音背诵字母。然后每念一个新的字母便提升你的音高直到声音嘶哑为止。然后做同样的事情，只不过是以降低音调来背诵。回放录音，然后记录出当你升高或者降低音调时，什么时候声音开始嘶哑，这会给你一个听得见的关于音域范围局限的建议，还有什么样的音调使你声音听起来是最放松和自然的，然后在这个放松和自然的音域范围内，练习改变你的音高。

节奏

节奏被认为是音量、音高和音域的特征模式。也许你曾经听过某人描述别人的声音很“单调乏味”，这意味着这个人说话声音稳定地升高然后再稳定地下降，仿佛他正在和一个小孩子交谈一样。

有些演讲者使用有规律的节奏制造巨大的影响。许多福音传教士在布道时有着明确的节奏，杰西·杰克逊牧师一直是喜剧演员拿手的对象，因为他那有规律的、先振奋人心、随后停顿、最后进入低谷的节奏。和我们在第 10 章讨论过的一样，杰克逊通过运用音调的变化、频繁的押韵来增强交流效果。

音速

发出声音的速度，或者发声的快、慢，会影响听众对你的看法。音速也往往因文化之间或文化内部的不同而存在差异。例如，在美国，南部的演讲相对而言速度较慢，而东海岸的速度则相对较快。如果你将来自南部的杰夫·福克斯沃西和来自新泽西的乔恩·斯图尔特的演讲声音做些对比，结果就显而易见了。

音速会发生变化，因此你在演讲时需要正确判断语速快慢的问题，过快或者过慢都会让听众失去兴趣。过度急促的语速会被认为是紧张的标志，过度缓慢的语速则会暗示演讲者没有做好准备。研究表明听众倾向于把演讲者的能力和中等的语速相联系。[12] 然而，另一些研究者则提出这种效果的上限，意思是过快的说话速度，会造成事与愿违的后果。[13] 此外，如果听众感觉到演讲语速和他们自己的相似，那么他们则更可能认为演讲者是擅长社交、极具魅力的，还能够遵从他们的要求。[14] 最好的建议是适度地改变演讲语速。这不仅能迎合听众个体不同的偏好，还能提升演讲内容的整体效果。

你的语速同时也会被停顿影响。有时候短暂的停顿能够传达更多信息给听众。在一个至关重要的词语和短语前停顿，有助于抓住听众的注意力。在你发表了一个重要观点之后，停顿能够让这个观点渗透入心。在谨慎地使用下，停顿是一种有效的修辞手法。同时，停顿比用真实的发音做出的停顿，如“嗯”（um）、“啊”（uhs）和“你知道”（you know）等词填补空白的效果更好。最好的控制类似这些不流畅发音的方法是多加练习，直至让其成为演讲的一种习惯为止。

清晰发音

如果你期望听众理解你演讲的内容，那么你需要清晰地发音，这指的是你声音的独特性。你也许曾经沮丧地听过别人讲话时含糊其辞的发音。发音常见的一个问题来自以不同声音连读或遗漏词语。测试你发音的一个比较好的方法是记录你演讲的音频，然后带着批判去倾听。如果你发现存在发音问题或者其他系列问题，那么最好能够参加声音和发声训练的课程。有时候影视喜剧院系为表演者提供的声音课程，会对你有所帮助。严重的发音问题，最好是寻求演讲的病理学家的治疗。不过，对于大部分公共演讲课的学生而言，仔细运用技巧、加强练习和放慢语速，是让听众理解演讲信息的关键。

在第 10 章我们强调了正确使用语言的重要性。这里是重申这一事实的好地方。当你在练习清晰发音时，确保你同时发音正确。

正如我们在第 10 章所言，误读会降低听众对演讲者能力的认知，这是真实的，不管误读的是某个专业术语还是某个人或地方的名字。类似“血管瘤”这样的医学术语会使发音最清晰的演讲者舌头打结，类似墨西哥的卡卡西特拉，或者著名橄榄球明星特洛伊・波拉马卢这个名字的姓，也会造成同样效果。

对于某些词语，正确的发音应当和字典相近。此外，有些在线词典（诸如 www.howjasy.com）让你输入一个词语然后听它的发音。然而，类似我们所举的例子中出现的术语和名字，字典就无能为力了，所以咨询专家的意见很有必要：内科医生、中美洲的权威专家和有着陌生姓氏的人，否则，你可能在这些地方栽跟头。最好在你计划演讲的日子前提前咨询。除非正确的发音已经成为一种习惯，否则你无法确保你能如预期那样，正确地发出这些术语的读音，需要不断重复和大量地练习，才能在演讲中正确自如地说出这些术语。

归根结底，判断你声音品质和演讲方式质量之间的关系，取决于上述声音特征运用的和谐性。音高、音速有自己的重要性，不过，是其与音域、节奏等一起发挥影响，才是最重要的。

用你自己的声音演讲

记住这些声音的特质后，让我们专门把目光转向你自己的声音。你是否满意自己发出的声音，你的声音是否完善了整个演讲？不管你如何回答这个问题，作为一位演讲者，发现自己声音的重要性，就如一个作家在创作时发出自己的声音一样重要。我们有充分的理由建议你找到自己的声音，当我们建议公共演讲课的学生在演讲中，充分利用他们的声音的时候，他们往往把这看成是必须让自己的声音达到近乎完美。理想的声音，更多的被认为是电视或电台工作者的声音。

我们并不鼓励你去模仿游戏节目主持人、新闻主播，或者音乐类节目主持人所发出的声音。相反，我们鼓励你以自己的声音去实践：例如，录下你有意传达不同情感的声音，然后自己去认真地听，反复练习这个过程，这样的练习有助于你听出自己声音的优点和不足。在这个过程中，你需要真实地感受自己的声音但不必过于严苛。可能存在这种情况，你认为你所听见的和别人听见的是截然不同的。最后，承认这一点，尽管它很重要，但是你的声音只是整体演讲中的一个组成元素。不是所有的演讲者都有惊艳的“嗓音”，例如，《今日秀》（*the Today Show*）的主持人马特·劳尔和《早安美国》（*Good Morning America*）的主播罗宾·罗伯特都魅力十足，但是他们的音色却难以用丰富多彩来形容。此外，如果你聆听一些高薪的励志演说家，你可能会发现他们也存在这种情况。我们大多数人其实都未充分发挥声音的潜能。而真正重要的是，我们是否愿意下必要的苦功夫去改变这种情况。

技巧和策略

改善你的声音

不管你乐意与否，人们都会依据其听到的你声音的品质而对你这个人下判断。我们希望自己的声音让人感到舒服，如果你认为你的声音还存在许多需要改进的地方，以下技巧能够帮助你。

- 放松：通过检查发音器官的拉伸情况，可以解决你声音方面的多个问题。鼻音、尖锐刺耳的声音、尖叫声以及过快的语速，通常是由紧张和压力造成的。我们在第2章讨论的放松方式，同样可以减缓紧张和压力对声音造成的影响。

- 声音的变化：记录自己的音频。如果你因为监听自己的音频记录，发现声音变化有必要更大一些，挑选出你欣赏其声音特质的某人，反复聆听这个人的声音。然后尝试让自己的声音与那个人的声音变化相适应。运用录音机重复这一过程。
- 请人聆听：找一位朋友监听你演讲的音量。当你说得太轻了，让你的朋友在你视野范围内竖起食指。使用这个信号来提高你的音量，目的是让你的声音更容易被听到，即使听众在教室的后面。

眼神和表情

虽然如今运用网络摄像技术，我们可以看见在线交流的伙伴，但是许多电子邮件和网络聊天室用户，仍然使用类似笑脸这样的表情（或符号），以增加信息的情感。设计的这种符号近似于正常对话中，人们会运用目光和表情所传达的内容。

眼睛被誉为心灵的窗户。那么，理所当然的是，在发表演讲中，很多人也相信目光接触是最重要的变量。目光连接了演讲者和听众，同时也让他们彼此了解更多的信息。

重申一下，在美国主流文化中，人们通常使用目光接触来判断：

- 一个人是否有能力
- 一个人是否可以信任
- 一个人是否平易近人

能力和守信是衡量演讲者可信度的两个关键要素：也就是认为一个演讲者的可信程度。一般而言，演讲者和听众的目光接触越多，就越会认为演讲者是值得可信的。因为可信的演讲者很有可能对听众造成更大的影响，所以演讲者尽可能多地和听众维系目光接触，是很有道理的。

目光接触同时也能从心理上减少实际距离。我们在一定距离时形成和保持友善的目光接触会让我们彼此感觉“更直接”，目光接触也有助于让人们看似富有魅力，更愿意展开对话。恰如能力和可信度一样，目光接触显而易见是让演讲者受益的举动。

演讲者需要和听众进行目光接触还有另一个原因，目光接触是听众反馈的一种重要信息源。例如，在北美洲，听众会使用目光接触让演讲者知道他们参与的程度，演讲者则可以根据这个反馈来做决定，是否有必要修调整演讲从而提高听众的注意力。

确立了目光接触在演讲中的重要性后，让我们来讨论一下如何最优化目光接触效果。首先，要认识到无法伪装目光接触！人们知道你是在直接地看着他们还是仅仅看着他们的头顶上方。其次，有些目光接触比压根没有目光接触要好得多。不过，理想程度上，你在演讲时看着听众成员中的个别听众，效果最好。这种类型的目光交流会让公共信息人性化。通常情况下，人们认为目光交流意味着把听众作为一个整体，开始用目光扫视坐在中间的人，然后转向那些坐在右边或者左边的听众。恰恰相反，有效的演讲是让房间里的每个人都感觉到你仅仅在对他或者她一个人说话。

当辅以恰当的面部表情时，目光交流能够发挥最大效用。例如，目光和表情能够传达开心、惊喜、恐惧、愤怒、厌恶、轻视、悲伤或兴趣。同时，目光和表情还能修正任意一种非言语情感表达的强度。[15]

正如你可以运用比喻来影响语言的强度，你也可以运用目光和表情来强化演讲。大多数情况下，你以这种方式增强所说内容的时候，是有意或无意识地这么做的。例如，当你变得愤怒时，你的面部肌肉变紧，眼睛同时会缩小。坏消息的传播者会通过目光和表情加以强调。

你同时也可以运用目光和表情，保持中性地传达信息。根据对你自身情况的分析，你知道至少有一些听众成员是不认同你的观点

你能辨认出这些面部表情的意思吗？

的。设想你被邀请在一间教室内做一次说服性演讲。如果你的话题是真正有争议的，那么你可以合理地预测到，不是每一个听众成员都会同意你言说的一切内容。虽然你无法赢得全部听众的心，但是你也不想与任何人疏离。因此，你或许希望通过目光和表情中立地表达一些更有争议的话题，期望引起大家的共鸣。

在某种意义上，你用目光和表情传递给听众的信息，会决定你能从听众那儿获得的预期反馈。措辞强烈的争论，连同着目光和表情所传达的同样强烈的情感，会引起那些与你意见不合的人同样强烈的感受。另外，使用面部表情和目光来表达中立意见，能够提升你从听众中获得积极反馈的机会。在位于加利福尼亚州的帕洛阿尔托城，当人们考虑禁止城市委员会成员在会议上使用面部表情来展示其否定意见、沮丧，或者厌恶某条规则时，面部表情和视线的作用发挥到了极致。然而，好意并不总是催生好政策。这条规则是不可行的，因为压抑内心深处潜在感受的非语言表达是不可能的。此外，这条规则违反了第一修正案赋予该委员会成员的权利。[16]

结尾之时，请记住，我们这里给出的建议是以北美的行为规则，特别是商界的行为规则为基础。请别忘记，很多文化不赞成北美人看重的持续集中的目光交流。例如，许多亚洲文化的成员，将这种目光交流看作粗鲁的甚至怀有敌意，演讲者和观众都应该牢记这一点。作为一位演讲者，要认识到当国际学生表现出不自在或不回应你尝试进行的眼神交流，这可能是其文化作用的结果。作为一名观众，你应该认识到你预期的目光交流，可能与在演讲的国际学生的行为规则不符合。[17]

技巧和策略

运用目光和表情

- 演讲时总是面对听众。若非绝对必要，不要背对听众。
- 开始演讲前和听众进行目光交流。保持目光交流，直到与房间里所有听众成员注视的目光相遇。
- 避免和一个人过多地目光交流；例如，你的老师。
- 不要害怕用面部表情去表达。

手势和动作

你曾经听说过“不同的人有不同的风格”这句话。没有什么例子比与演讲主题相关的手势和动作更适用于这种说法了。虽然前总统罗纳德·里根（Ronald Reagan）在演讲时既不做手势也不怎么移动，但是他以“伟大的传播者”而著称。因此，在我们讨论演讲时应当做多少手势和动作这个话题前，我们想要说：在你成为一个公共演讲者时，手势和动作应该优雅地反映自然动作。我们更宁愿看到演讲者是以少量的手势和动作，真正地补充日常对话的交流风格，而不愿看到他们强迫自己多做手势以及在房间内多做移动等行为。

手势可以帮助演讲者表达观点。

如同目光和表情的情况一样，手势和动作也能够用来加强或者缓和语言信息的情感影响。例如，作为**情感展示**的许多手势，也就是说手势是看得见地传递感情。你在解释一个问题多么重要时，把双手放在心脏位置，便是一个例子。所以，握紧拳头、手掌向上摊开双手，或者轻拍一边脸颊，都能表达同样的意思。

触摸

自适应行为：
用于调节紧张情绪的非言语行为；例如，摸自己或用手抓讲台一角。

触摸，这是迄今为止最亲密和加强非言语情感的维度，至少在两个方面可以影响你的演讲方式。[18] 第一个涉及**自适应行为**，是一种演讲者无意识下所做的分散注意力的触摸行为。

在激动的情形下，人们会无意识地频繁触摸脸、头发，或者衣服，就如他们频繁地触摸一些容易触摸到的物品。他们会紧紧握住椅臂、在桌面上转动手指、指尖在眼镜框外沿移动，或者拍讲台的桌面，仿佛那是一个康加鼓，他们出于无意识而做了这些动作。

公共演讲是振奋人心的，因此演讲能够激起这些自适应形式的触摸行为。此外，这些行为可能不必要地干扰了听众对演讲的注意力。拽着耳垂、摩擦外上臂，或者晃动着口袋里的硬币，无益于你发表演讲。用双手手掌重拍讲台，或者双手摇来摇去，也都有害无益。

第二种触摸方式会影响你演讲涉及的其他人。在某些时候，你的演讲很可能涉及其他人。企业培训师在涉及听众参与的告知性演讲中花费大量的精力，同样的说法也适用于销售经理、老师、律师和公共关系从业者。非常频繁的接触在这些场景中发挥了作用。有时候可能就像和某人握手一样而重要简单。其他时候，触摸也许包括搀着别人的手给他以指引、轻拍某人的背部，甚至给出更多的表示认可信号的触碰。与此同时，必须避免可能被认为不恰当的接触。例如，有大量广泛报道学校老师被控对学生做出不合适触碰的事例，事实上，令人讨厌的触碰便是性骚扰指控的缘由。

时间

最后要考虑的与演讲相关的非言语准则是时间。正如作家迈克尔·温图拉所写：

> 时间是我们生活的媒介。存在内在时间——我们对时间节奏的感受因个人的不同体验而有所差别；还存在强加的时间——社会组织自身严加管理的时间，有着明确规定和期限的时间，很大程度上是由工作和商业结构了的时间。[19] 时间结构很大程度上是由工作和商务决定的。

首先，时间因人而异。研究证实了很久以前我们就存在疑惑的情况。每个人都有一个内在的生物钟，不仅能够调节我们的睡眠时间，同时也能在我们醒着的时候让我们表现最佳状态。有些人从清晨到十点左右，有些人在中午时间，还有一些人是在深夜，状态表现最佳。人们的一般状态是这样，公共演讲更是这样。在我们醒着的时候，有一些我们演讲状态达到顶峰的周期，取决于我们个体的生物钟。我们中大多数人都能从自己的经验中得知，我们在一大早或者傍晚的时候迷迷糊糊。在可能的情况下，尽力将演讲时间安排在你知道你的状态最佳的时段。

时间还会从其他方面影响你的演讲，作为演讲者面临的时间限制会对你演讲形式造成影响。如果你试图覆盖太多的材料，时间限制也许会催促你快速地演讲。相反地，如果你发现可以在最低时间限度内，完成所安排的演讲，那么，你也许需要放缓演讲的速度，以符合时间要求。为了戏剧性效果，你适时地讲个笑话或分享一个故事时,时间也会对此有显著影响。所有艺人都会让你看到,如果“时间到了”，任何一种技巧都无法成功。

因为掌控时间的规则因文化而异，以多快或者多慢的速度发表演讲值得我们深思。相对快速的演讲风格在纽约市可能很受欢迎，然而在南部或西南部城市，采用这种速度，听众可能会认为这意味着你“没有多少时间”了。反之，缓慢的演讲速度，会让一些听众误解，甚至可能惹怒那些受快节奏文化影响的听众。

在北美洲文化中，准时还是迟到，不仅对演讲而言，就是在一般情况下，都会影响你的可信度。准时的人会被认为是高效的、彬彬有礼的，这两种感觉都会影响人们对演讲者能力和可信度的看法。那些经常迟到的人给人一种散漫马虎的印象，不会考虑听众的时间需求。对同学和老师而言，情况也是这样。

非言语准则在演讲中的功能角色

鉴于前面的概述，我们现在可以探讨在演讲时，非言语规则扮演的特定功能角色。它们是：

- 调节演讲者和听众间的交流
- 替代诸如词语或短语等言语符号
- 扩大演讲者信息的言语维度
- 增强直观性

调节交流的相互影响

先前我们讨论了如何重置环境或者进行移动而改变互动区域——演讲者和听众能够最大限度进行目光交流的范围。在这里我们想要讨论演讲者和听众的非言语行为，能在多大程度上调节演讲的相互影响，从而实现演讲的总体目标。

所有传播交流的主要机制都受到反馈的调节。与对话中的情况不同，演讲者和听众交流进程中的反馈，是由非言语行为主导的。除了极少数特例，通常都是由目光交流、面部表情、肢体语言、手势和动作以及声音等非言语行为作为传播媒介。演讲者要明白从听众中寻求什么，如何运用演讲技巧来掌握听众的反馈，具有同等重要性。

在高度个人主义的文化中，比如美国，演讲者大部分时候可能只专注于听众成员个体的反馈而忽视了听众整体成员所呈现出的意义和重要性。[20]如果演讲者把听众的反馈理解为消极的话——例如，两三个听众在位置上身体向后仰而非向前倾，面部表情和视线看似心不在焉或单调乏味的，或者正在做我们视为“告别行为”的动作（扫视课本或者把提示材料塞进书包）时，这一点尤其正确。因此，个别听众可能会对我们的演讲造成巨大的、不具代表性的影响，使我们产生莫名的焦虑，往往加快演讲的速度甚至犯错。

我们在乎少数而非大多数听众反馈的行为倾向，既不符合集体文化演讲者的实际体验，又不合乎逻辑。作为演讲者，我们需要研究寻求整体听众的反馈，不应该让少部分人的回应影响我们说什么和怎么说。我们必须承认这一事实，不过没有一劳永逸的方案。

我们也有能力调整听众的反馈。我们只需要认识并精确地理解他们的反馈，然后对演讲做出相应的调整。我们可以改变演讲的语速、声音的紧迫性、与听众更靠近一些、和一些漫不经心的听众进行直接的目光交流，并使用手势来提示听众举手回答我们的提问。演讲中的这些行为变化不一定就能保证合乎听众的偏好，不过，技巧娴熟的演讲者运用这些变化时，你会惊奇地发现，其作用可谓立竿见影。

手势有助于调节互动的走向。

替代言语符号

你是否见过艺人和政客高举双手示意，试图让听众掌声停下来？他们这么做，是使用一种非言语提示作为言语行为的替代品。

一个标志，比如“和平”，可以代替言语信息。

在很多情况下，这些非言语提示比言语提示更加恰当和有效。例如，当一个人在你演讲时讲话，你用冷冷的目光直接注视他，比礼貌地叫这个人安静，对演讲造成的干扰更少。此外，耸耸肩膀、伸出摊开的双手、挑挑眉毛，比用实际言语表达你正被一些事情困惑，更能清楚地传达你的感受。

标志：
指能够代替词语来表示某种含义的非言语标志。

最佳公共演讲者的演讲，通常有着丰富的标记。**标记**是一种非言语行为，能够直接翻译成语言，还能够取代它们。[21] 例如，一般都能明白的一种手势，当某个人把一只手举起的同时，拇指和小指向外伸展，其余手指弯曲，靠近耳朵边，这表示“打电话给我”。标记通常符合以下标准：

1. 标记对听众具有特殊意义。
2. 演讲者有意识地运用标记以刺激意义。
3. 标记可以很容易地翻译成几句话。

强化信息

非言语行为承担的第三种也是常见的作用是强化演讲内容。你可以通过补充性的非言语行为增强你的演讲内容，如那些与你演讲内容相反的非言语行为，或那些用于强调你演讲内容的非言语行为。简单的，比如用微笑补充你想要向听众传达的内容。再举个例子，相比于用言语表达谢意，不如向观众投以大方真诚的微笑，后者表达的情感比前者更为强烈。当你想吸引听众注意力时，和听众成员中的个别人进行目光交流，能达到同样的效果。

有一种不那么常用的强化演讲内容的方法是，非言语行为与你演讲的字面意思相反。你告诉听众你是多么地尊敬辩论对手时你却眼神漂移，这会让观众怀疑你对对手的真情实感。你也可以用声音来反驳你的话语，就如许多演员在饰演莎士比亚戏剧《恺撒大帝》中马克·安东尼这一角色时所做的那样，在安东尼对恺撒发表悼词时，他用充满讽刺的声音来传递这句台词“布鲁特斯是一个高尚的人”。当然，安东尼的真正意思是指布鲁特斯绝对不是一个高尚的人。

最后，你可以通过重复句子的非言语行为来强化其言语含义。在演讲中使用手指来提醒听众，你将从第一个要点过渡到第二个要点，或者在总结中提醒听众你的演讲主体包含三个要点，这些动作非常有效。

增强直观性

增加你和听众之间直观性感受的非言语行为，在演讲方式中更加有效。直观性涉及人们对彼此心理距离是靠近还是疏远的感受，还有他们认为彼此平易近人的程度。[22]

一般来说，人们渴望彼此间的直接性，因为被认为直接的人也会被认为是友好的、平易近人的、令人兴奋的、愿意对话的，人与人之间的关系是温暖的。

因为公共演讲一般出现在演讲者和听众之间的实际距离随意设定的场景中，所以演讲者必须从心理上拉近与听众的实际距离。至少有两种方式可以做到这一点。第一点，我们在第 10 章中花了很长篇幅讨论过的，包括使用直接的语言，第二点则是以更多非言语行为增强演讲的直接性。

使演讲更直接、简单、高效的方法是通过非言语渠道传播。目光交流就是完美的媒介。虽然人们被实际空间距离所分隔，但目光交流能够为他们的心理距离搭建沟通的桥梁。例如，最出色的公共演讲者一般会让你有这样的感觉，似乎他的视线、他的声音，都正在对你，而且仅仅对你一个人说话。

然而，目光交流不是你唯一能提高和听众之间更大的直接性的媒介。同样，直接性也可以通过诸如微笑等面部表情、以对话的而非屈尊俯就的语气，以及站在讲台旁边或前面而非看似躲藏在讲台后面这些非言语行为来加以提升。

采取积极的方法

了解这些非言语行为的本质和功能角色后，应该有助你形成积极的而非被式的演讲方式。采取**积极的演讲方式**意味着演讲者要尽可能多地主动预计和控制变量，而不是简单地做出反应。被动的演讲就像一位只会回击的拳击手。这种等待观望的态度绝非拳击手的冠军相，这种态度甚至成为经验最丰富的演讲者的梦魇。下面的指南可以有助于你确保自己的非言语行为是改进而不是干扰演讲。

积极的演讲方式：考虑那些主动的可预期的和可控制的可以影响演讲方式的变量。

技巧和策略

积极的演讲方式指南

1. 掌控演讲环境。不论何时何地你发表演讲，你有责任确定现场环境符合你的演讲风格和目的。这意味着在预定演讲日期之前，你得去检查并且调整现场环境。检查座位格局以及是否有必要重新安排。检查灯光，包括开关在内，如果你需要让房间变暗的话。检测设备的可用性，包括投影仪、屏幕、视频显示器，还有电脑。在检查的时候，如果你计划要用，确保自己懂得操作这些设备。如果要使用麦克风，确保你已经用它预演过，并且做了周密的音效检查。

2. 排练。除非你对演讲内容了如指掌，否则你永远不会对演讲感到得心应手。如果你在演讲时必须"刻意回想"演讲内容，那么这就会妨碍你用非言语行为补充演讲的效果。如果你对演讲的熟悉已经到了它成为你的习性，那么你的面部表情、手势和动作都会成为内容的自然延伸。因此，背诵演讲内容，可以为积极的演讲方式打下基础。

3. 注意形象。作为你的信息的媒介，得体的着装是最容易提升听众对你第一印象的方式之一。以下这些着装可能对你的演讲造成的影响：贴住头皮的棒球帽、你偏好的宽松短裤，或者说你最喜欢的T恤。

4. 自然地做手势。录制一段你练习演讲的视频。检查你的手势。它们是不是看起来很做作，还会分散你演讲的注意力？

5. 为演讲计时。如果可能，你要在视频中多次进行计时。记录时间以及演讲时所要传达给听众的情感的推进速度。同时，提醒自己，练习时间很可能比你在听众面前发表演讲的时间更长。

6. 避免自适应行为。在演讲中，注意避免挠弄头发、拉拽手指、扳动指关节、舔嘴唇和藏起双手等自适应行为。类似这些自适应行为会唤起听众他们身的关注，并且削弱对你能力和自信的看法。在演讲之前，清空裤子口袋里的零钱和钥匙，然后把铅笔和钢笔放在桌子旁边。

发掘个人风格

参加一节公共演讲课并不是参加一集《改头换面》（美国一档真人秀节目——译者注），我们所有人都有一种个人"风格"，这是随着我们一生所学而演化的交流技巧。我们的目标是帮助你形成个人风格，并且根据公共演讲的要求在现在或将来做出调整，这包括探究出你在发表演讲时能发挥功效的个人风格，以及调整可能会妨碍你大放异彩的风格元素。

不管演讲者的技能和现场的修辞情境如何，不存在一种最佳的演讲方式。有些演讲者演讲时充满活力，极具朝气。他们可以在演讲时驾轻就熟地控制自己的面部表情、自由地做手势，还会优雅地移动。另一些演讲者则面无表情，不过仍然有着良好的传播效果。正如我们在自我评估板块里推荐的“评估你的个人风格”环节，根据对你而言最为自然的状态去塑造自己的演讲风格，而不是模仿不适合你的风格。

自我评估

评估你的个人风格

绝大多数人都拥有自己的交流风格。阅读以下陈述并回答，同时记录你对相应观点是持强烈同意（SA）、同意（A）、中立（N）、不同意（D）还是强烈不同意（SD）的态度。

1. 我觉得人们认为我单调乏味。	SA	A	N	D	SD
2. 我觉得人们认为我很有趣。	SA	A	N	D	SD
3. 我认为我有点内向。	SA	A	N	D	SD
4. 我运用面部表情表达我的想法和感受。	SA	A	N	D	SD
5. 我试图对他人隐瞒自己的真实感受。	SA	A	N	D	SD
6. 我经常做手势。	SA	A	N	D	SD
7. 我认为我能给人们留下深刻的印象。	SA	A	N	D	SD
8. 我不喜欢冲突。	SA	A	N	D	SD
9. 我想成为一名演员。	SA	A	N	D	SD
10. 我更乐意别人先打开话题。	SA	A	N	D	SD

第 1、3、5、8 条和第 10 条陈述和那些谨慎地与他人沟通并且避免争吵的人相关。倾向于同意这些说法的人，一般情况下比倾向于同意第 2、4、6、7 和第 9 条说法的人，更少地使用非言语行为展示自己。后者反映了在非言语行为表现上相当富有激情的人。

归根结底，最优秀的演讲者是那些能够根据修辞情境得心应手地调整演讲风格的人。这种灵活性通常是随着时间和练习而演化，要泰然面对自己。举个例子，那些勉强运用自己面部表情和手势的人，效率都很低，因为通常会认为这样一种强迫性的方式是“千篇一律”和虚假的。

小结

你可以选择如何以最好的方式发表演讲。然而，底线是你需要选择适合于现场修辞情境、听众，还能增强你作为公共演讲者整体的交流技巧和长处的演讲方式。

- 有四种演讲方式可供演讲者选择：读稿模式、熟记式、即兴和即席演讲。
- 演讲者一般使用提示来发表即席演讲。
- 非言语行为是无语言的，却非沉默的交流体系。
- 不同于语言，非言语交流是持续的，同时使用多种传播媒介并且是无意识的。
- 影响演讲方式的非言语交流系统具体规则包括环境、外表和仪态、声音、目光和表情，手势和动作、触摸和时间。
- 非言语交流行为在发表演讲过程中发挥着重要作用，包括调节演讲者和听众之间的传播交流、替代诸如词语和短语等言语符号、强化演讲者的言语维度和提高直观性。
- 我们鼓励演讲者采用有效的演讲方式，并且发掘自己的个人风格。

学习成果检验：练习与实践

1. 请你观察在课堂外的一位演讲者，并且记录该演讲者（a）改变互动区域，（b）离开讲台，（c）做手势的次数。在 1 到 10 范围内，10 在最后并且作为最高评判标准，在这个范围内对演讲者的每一项进行排序。比较并且讨论你和其他学生的观察和排序的结果。观察是否呈现出某种演讲模式。

2. 请你复印“自我评估”板块中的内容，填写个人风格测量题。下一次你演讲时，请课堂中两位听众就其如何看待你的演讲方式等方面来填写这些测量题。将他们的结果与你自己的评估结果相比较。他们是否同意你的结论？如果他们不同意，探讨他们对你演讲方式的看法和你自己的看法之间有何不同，同时也探索一下你是否能够分离特定的非言语行为，这些非言语行为可能有助于你解释看法不同的原因所在。

为了评估你对本章内容的了解，请访问我们在线学习中心网站进行检测和其他章节辅助学习材料。

3. 在 1 到 10 的量表范围内，作为一位听众，在理解演讲者的非言语行为方面，你的自信程度如何？使用同样的测量标准，作为一个演讲者，你有多大的自信可以让听众理解你的非言语行为？如果你对这两个问题的回答与大多数人的回答的一样，你就会注意到一种差异。相比于听众的理解能力，我们通常对自己的理解能力更自信。非言语行为传播研究表明，相比于我们的实际能力，我们所有人对自己在非言语行为的解码能力方面更加自信。这个研究同时也表明，就非言语行为的解码而言，我们对诚实的而不是虚伪的演讲者的分析，尤其如此。事实上，我们中的大部分人，对欺骗行为的解读都很差。在课堂上和其他人讨论这个研究对演讲者和听众之间交流的种种影响。

4. 让一个人在你背后松散地绑住你的双手，或者你自己在背后紧握双手。现在，站在教室前面，尝试着向听众指明从你站立的位置到你确切的住所之间的方向。从这个令人沮丧的练习中，可以学到关于非言语交流和传播关系的什么启示？请说得具体些。写下至少三个启示，然后与同学一起分享。

5. 非言语规则的不同、以及演讲风格和模式的不同，在跨文化语境中很常见。选择两个到三个北美洲主流的非言语行为准则——例如，目光交流、打手势和时间。采访一个非你本土文化的学生或者教职工，在他或者她的文化语境下，这些交流行为之间有什么不同。总结你的发现并写出一篇小短文。

6. 解释为什么手语是一种言语行为，即使不发声；而声音在音高、音速和节奏等方面的变化属于非言语行为。

7. 解释为什么非言语行为是连续的，同时是应用多种交流渠道和无意识的，这些特征又是如何与演讲运用的语言相区别的。

8. 回顾采取积极演讲方式的六条指南。在你下一次演讲之前，制订一个计划，至少使用这些指南中的三条来改善演讲技巧。

9. 请一个同学在你下次演讲中应用练习 1。事后和该同学讨论他或她对演讲的观察与整体演讲效果之间的关系。

10. 你会如何描述你的公共演讲风格？是活力四射的还是轻描淡写的？是正式的还是非正式的？请你的一些同学选择五个形容词来描述你的演讲风格。将他们的描述与你自己的描述相对比。如果你充分利用这个练习，极有机会知道在演讲时他人对你演讲方式的直观印象，然后你便能运用这些印象来精炼演讲风格。

注释

1. Edward T. Hall, *The Silent Language* (Greenwich, Conn.: Fawcett, 1959), 15.
2. F. Scott Fitzgerald, *The Great Gatsby* (New York: Charles Scribner & Sons, 1925).
3. Peter A. Andersen, *Nonverbal Communication: Forms and Functions,* 2nd ed. (Long Grove, Ill.: Waveland Press, 2008). See also M. L. Knapp and J. A. Hall, *Nonverbal Communication in Human Interaction,* 6th ed. (Belmont, Calif.: Wadsworth, 2006).
4. Andersen, *Nonverbal Communication: Forms and Functions,* 3–29.
5. Andersen, *Nonverbal Communication: Forms and Functions,* 3–29.
6. Andersen, *Nonverbal Communication: Forms and Functions,* 3–29.
7. R. Sommer, "Man's Proximate Environment," *Journal of Social Issues* 22 (1966): 60.
8. D. Leathers, *Successful Nonverbal Communication: Principles and Practices* (New York: Macmillan, 1986).
9. K. E. Lewis and M. Bierly, "Toward a Profile of the Female Voter: Sex Differences in Perceived Physical Attractiveness and Competence of Political Candidates," *Sex Roles* 22 (1986): 1–11.
10. L. A. Malandro, L. Barker, and D. A. Barker, *Nonverbal Communication,* 2nd ed. (New York: Random House, 1989).
11. Benedict Carey, "When All You Have Left Is Your Pride," *New York Times*, 6 April 2009.
12. George B. Ray, "Vocally Cued Personality Prototypes: An Implicit Personality Theory Approach," *Communication Monographs* 53 (1986): 266–76.
13. Richard L. Street and Robert M. Brady, "Evaluative Responses to Communicators as a Function of Evaluative Domain, Listener Speech Rate, and Communication Context," *Communication Monographs* 49 (1982): 290–308.
14. David B. Buller and R. Kelly Aune, "The Effects of Speech Rate Similarity on Compliance: An Application of Communication Accommodation Theory," *Western Journal of Speech Communication* 56 (1992): 37–53.
15. P. Ekman and W. V. Friesen, *Unmasking the Face: A Guide to Recognizing Emotions from Facial Expression* (Englewood Cliffs, N.J.: Prentice-Hall, 1975). See also P. Ekman, W. V. Friesen, and S. Ancoli, "Facial Signs of Emotional Expression," *Journal of Personality and Social Psychology* 39 (1980): 1125–34.
16. Nicole C. Wong, "Palo Alto May Relent–It's OK to Frown," *Sacramento Bee,* 18 April 2003, A6.
17. Andersen, *Nonverbal Communication: Forms and Functions,* pp. 42–44, 84.
18. Stephen Thayer, "Close Encounters," *Psychology Today* 22, No. 3 (1988): 31–36. See also A. Montague, *Touching: The Significance of the Skin* (New York: Harper & Row, 1971).
19. Michael Ventura, "Trapped in a Time Machine With No Exits," *Sacramento Bee,* 26 February 1995, C1.

20. A. Timothy Church, Cheryl A. Anderson-Harumi, Alicia del Prado, Guy Curtis, Junko Tanaka-Matsumi, José Valdez Medina, Khairul A. Mastor, Fiona White, Lilia A. Miramontes, and Marcia S. Katigbak, "Culture, Cross-Role Consistency, and Adjustment: Testing Trait and Cultural Psychology Perspectives," *Journal of Personality and Social Psychology*, 95, no. 3 (September 2008): 739–755.

21. Andersen, *Nonverbal Communication: Forms and Functions,* 31–54.

22. Andersen, *Nonverbal Communication: Forms and Functions,* 31–54.

12 CHAPTER

第12章 演示媒体的运用

演示媒体，比如视觉辅助工具，帮助演讲者“说明”以及“讲述”。

目标

阅读本章以及学习 www.mhhe.com/brydon7e 在线学习资源后，应该能够：

- 定义和说明演示媒体尤其是视听媒体的重要性。
- 说明试听媒体如何有助于传达信息。
- 指出能够直观刻画而非仅口头说明性的内容。
- 熟悉各种媒体，能够针对特定的演讲选择适当的媒介。
- 描述并应用基本规则来构建和运用演示媒体。
- 体现出能够构造和运用诸如 Microsoft PowerPoint (PPT) 等演示软件的能力。

关键概念

音频媒体
条形图
活动挂图
流程图
线形图
组织结构图
投影片
圆形分格统计图表
演示媒体
视听媒体

眼见为实。

——无名氏

电脑辅助演示仍可出现人为错误。

无论你信不信，笔者仍然记得没有电视机的时代，没有智能手机、互动视频游戏以及诸如 Facebook 等在线社交网络的世界。在如今这个比我们年轻时更加视觉化的世界，借助适当的媒介来配合视觉辅助：
观众认为有助于演讲者传达信息的材料，包括海报、幻灯片以及计算机视频等。

公共演讲变得更加重要。如今，观众更希望从视觉上体验到更加直观的演示，无论是讲座、商业报告抑或是公共演讲。此外，观众们希望演讲者能够借助十年前闻所未闻的最新的视觉媒介来增强演示效果。

本章主要讲述了视觉辅助的相关内容，如平面海报、投影片以及幻灯片和视频等电脑化工具，还包括听觉性辅助工具，如数字录音。原则上，视觉工具旨在用来辅助言语和非言语上的沟通和交流，这点是公认的，无论我们偏爱怎样的信息获取渠道。

我们首先探讨一下视觉工具如何帮助我们传达信息；其次介绍最适用于视觉上进行直观展示而非仅仅口头表述的内容文本；再次，列出了演讲者能够运用的各种媒介，同时对于选择合适媒介的标准进行了说明；紧接着探讨了演示媒介的构造和运用的基本准则；最后一部分，将单独对广泛使用但误用的演示工具——PPT 进行详细描述和说明。

如果在词典上查找“medium”一词，会发现它的定义是“一种沟通的渠道”；如果查找“media”一词，它的定义则是“medium”的复数，表达的是各种沟通渠道的意思。因而，演示媒介则是增强五官感觉的传播渠道。

视觉如何有助于传播

演示媒介：
增强五官感觉（触觉、视觉、听觉、味觉和嗅觉）的传播渠道。

点击在线学习中心网站 12.1 部分的演讲教学链接，观看一部分介绍演示媒介在公共演讲中角色的视频。

视觉辅助工具能够从多方面帮助我们传达信息，而最重要的几点则是：（1）传达演讲的组织架构；（2）直观解释演讲内容；（3）简化口头表达；（4）充实强化口头表达的内容。

传播内容的组织

根据经验，我们发现学生喜欢在课堂上引入视觉媒介，因此我们运用幻灯片来达到以下目的：（1）预览讲座的主题和内容；（2）针对讲座内容提供简单的纲要，便于学生更好地理解；（3）视觉上以实例进行说明，帮助我们更好地传达信息，同时有助于学生更好地理解。但是，我们并没有直接以 PPT 来代替讲座。

在第 1 章初次提到演讲组织架构时，笔者引入了过渡词语和提示过渡的概念，随后谈到让听众了解演讲者演讲进度的口头词语，如“现在我们开始进入下一个本人希望分享的话题”。本书要谈论的则是利用视觉辅助工具来达到同样的目的。

人们发现对于所听和所见的东西如果有个直观的图表则更容易关注和记住。直观的图表也有助于演讲者紧紧围绕主题，控制其演讲节奏，同时不用依赖笔记。因此，即使是一些字幕梗概这样直观的工具也同时对演讲者和听众有用。至少，可以让听众的思绪随着演讲内容展开而不至于跟不上，同时也可以让演讲者集中注意力在当前任务上。

由于正常支票太小，这些学生使用放大版的支票来庆祝其筹集到的慈善资金。
乔治·罗杰斯摄

图解口头言说的词汇

非语言的手势常被用来辅助表达我们所希望表达的意思。视觉辅助有着相同的功能和作用。当手势也无法精确传达意思时，视觉工具便可起作用。你是希望朋友为某件事情的发生地点画一张路线图还是仅仅从口头上告诉你如何到达那儿呢？演讲也是同样的道理，一张直观的图表相对于单纯的文字，更容易描述某个位置或地点。

不同的视觉媒体可以对言语信息进行有效说明。相比于言语和手势的解释，展示人体或内耳部分模型，使演讲者所要表达的信息效果更好。同样的道理，当演讲者能够出示可用且恰当的实物对内容进行解释时，也同样能够达到更好的效果。

一般来说，越是抽象和不熟悉的事物越需要借助视觉媒体进行直观说明。当你准备谈论一个听众所不了解的话题时，仅仅靠手势是不够的，直观的媒介能够让这些主题更具体从而更易于为听众所理解。

简化口头表达

在演讲或听他人演讲的过程中，你可能遇到过仅用口头表达会显得特别复杂的内容，这些内容需要更加直观地表现出来。当然，这是许多告知性演讲面临的问题。如不借助视觉媒体，要想充分解释 DNA 的结构近乎不可能。这并不是说用话语无法传达该主题的复杂性，而是说话语不适合这个任务。如果通过海报或幻灯片轻而易举地就能让听众理解，那么何必设法用口头解释而让听众难以理解呢？

充实口头表达的信息

最后，视觉媒体往往可用来实现多种效果。例如，它们可能直观地诠释你所讲的内容，同时也更充分地体现主题。我们有个留学生在做一场有关墨西哥传统的告知性演讲时，她穿着传统民间服饰从视觉上体现其演讲主题；有个印度尼西亚的学生在做关于其本国手工艺的演讲时，同样也穿了一件蜡染花布裙。

有个来自洛杉矶的学生，准备了一系列的视觉媒体来补充关于徒步阿巴拉契亚山道的演讲。他用可见的、多彩的地形图，用干粘贴技术贴上很多同样装裱好的彩色照片在黑板上，创建了一幅很大的路线图作为背景。此外，他首次展示徒步时所用的背包。在谈及徒步之地、徒步所见以及所需的衣服和装备时，这些视觉媒体既能够起到直观说明的作用，同时也能完整地传达出其演讲主题。

虽然视觉媒体可能有多重功能，但是这里描述的有助于你确定哪种功能最有可能服务于你的目的。在选择最合适以及最有助于达到演讲目的的视觉媒体时，应谨记这点。

选择合适的内容

哪个更好？实物图片还是实物本身？答案当然是视情况而定了，要看你的主题和目的、修辞情境（包括演讲的实际环境所面临的各种限制），还要看你打算和听众分享的内容和性质，以及你对于各种演示媒体的使用技巧。

在综合考量语境各种要求之后，可以重点着眼于演讲内容和可供选择的演示媒体之间的关系。某些信息相对来说更适合于视觉媒体。问问自己“用什么方式可以最好地传达你所想要向听众传达的内容”？要回答这个问题，考虑下列各种可视信息，在你的安排下，哪些尤其适用于当时的演示媒介。

图解和图示

有时，一幅示意图或图纸可能比照片更适用。示意图能够很好地展示实物的细节部分。例如，一支手枪的剖视图可用来解释其各种功能部分，不像真枪那样，示意图不存在合法与安全性的问题。在第 1 章中，我们就利用一张示意图，诠释了“传播交流”这一抽象概念。

图表和图形

演讲中往往在数字方面需要有具体的形象化展示。例如，近来不同专业毕业的大学生起薪范围或不同职业的平均工资等信息，最好以直观的方式来进行解释和说明。而图表和图形在这点上尤其奏效。描述统计类信息特别有效的三种图表和图形分别是：饼状图、线形图和条形图。

饼状图

饼状图是一种圆形的图表，被分为若干部分，每部分根据其占整体的比例以扇形大小体现出来。从图表 12.1 中可以看到，两个扇形部分分别代表了个人健康资金来源以及支出方式。饼图的优点是，可以大大地简化和说明总体的相对比例部分。

饼状图：
通常用来显示已知数量比例的图形。

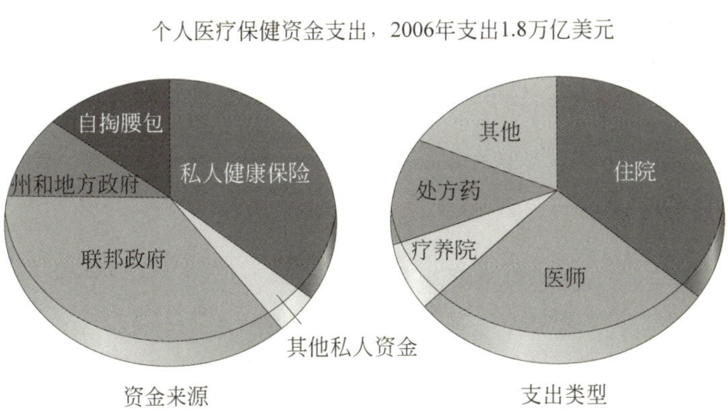

图表 12.1 这些饼图可以帮助我们展示健康保健费用的来源以及它们是如何支出的

资料来源：CDC/NHS, Health, United States, 2008, Hyattsville, MD, 2009. Figure 19.

图表 12.2 线形图用于显示随时间而产生的变化情况

资料来源：CDC/NHS, Health, United States, 2008, Hyattsville, MD, 2009. Figure 15.

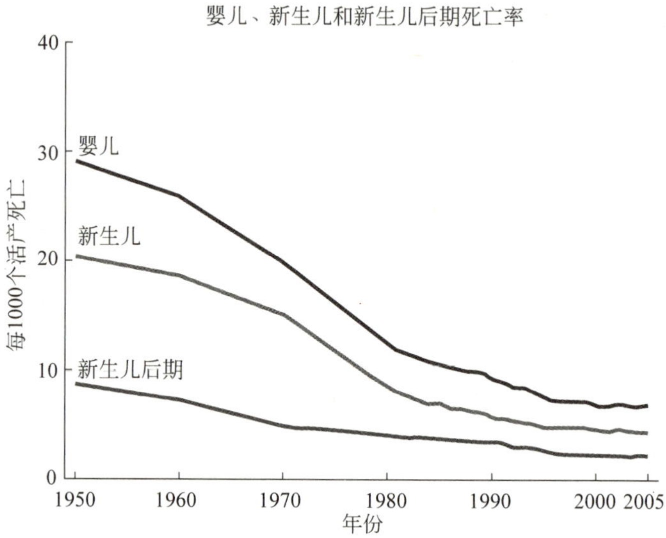

线形图

线形图：
显示一系列点之间（比如多个时间点）数值数据线性关系的图形。

虽然饼状图适合体现比例关系，但线形图则以连点成线的形式呈现数值数据。借助线形图来表示因时间而产生的变化非常方便。例如，图表 12.2 表明了近半个世纪以来美国婴儿死亡率的下降。运用三条不同的线表现出该时间范围内新生儿、婴幼儿及新生儿后期死亡率的下降幅度。在演讲中，用这种图形突出变化趋势和关系时非常有用，比如有关收入和教育年限之间的关系。

条形图

条形图：
用于并列比较数据的图形。

条形图运用横向或竖向的条状来表示各种数据，如图表 12.3 所示。将两个或多个条状进行分组或对其进行颜色标示，可对两个或多个组别进行比较。例如，图表 12.3 所示的条形图，显示了不同年龄的人进急诊室的病因状况。由图表 12.3 可看出，胸痛是 65 岁乃至以上人群进急诊室最普遍的原因，而腹痛则是 18～44 岁这一年龄群体看急症最常见的病因。

组织结构图

组织结构图：
说明等级关系的图形。

组织架构，包括权力系统，可以用图表 12.4 所示的组织结构图来表示。这种结构图在商业、工业和政府组织中较为有用。由于此类图表能够提供组织结构信息，因此经常会在新员工入职时用到，同时在递交给股东的年度报告中也经常会用到。

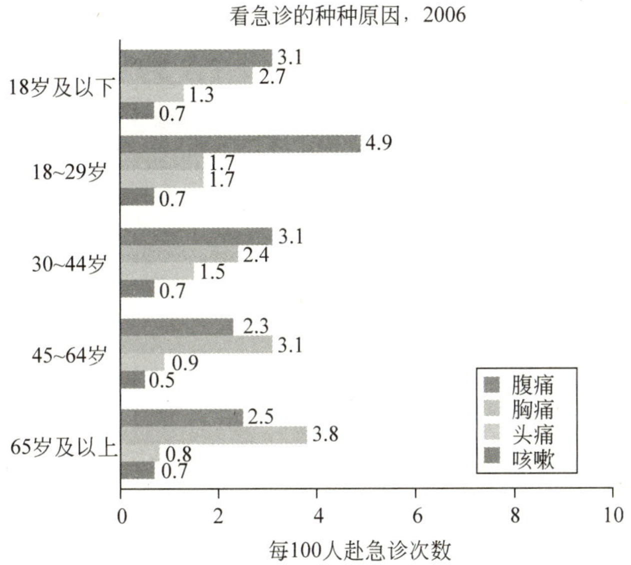

图表 12.3 条形图有助于直观地比较数据

资料来源：CDC/NHS, Health, United States, 2008, Hyattsville, MD, 2009. Figure 22.

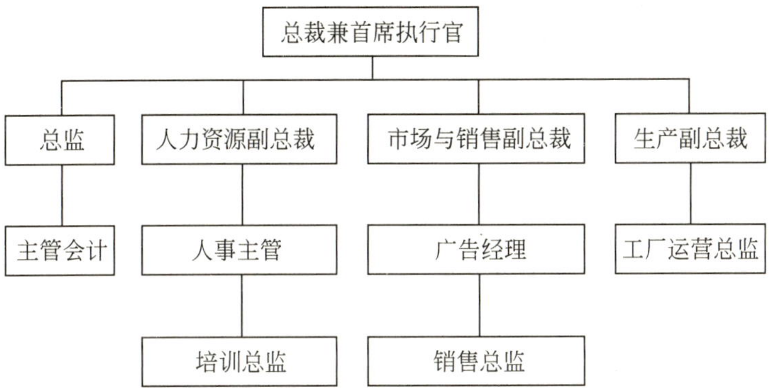

图表 12.4 组织结构图

流程图

流程图是用文本框和箭头来表示某流程各步骤间关系的图表。换言之，流程图显示流程的执行过程。例如，可参考图表 12.5 中构建的流程图，描述演讲稿准备的必要步骤。

流程图：设计一幅图形，说明空间关系或事件序列的过程。

地图

无论演讲者是描述某区域的空间布局，某城镇高风险十字路口抑或是两个敌国间存在争议的边界，一幅地图有助于听众明确方位。地图还经常被用于说明地理区域之间的差异和趋势。如图表 12.6 所示的地图，有力地说明了美国不同地区之间医疗保健开支存在的差异。

图表 12.5 演讲稿准备步骤流程图

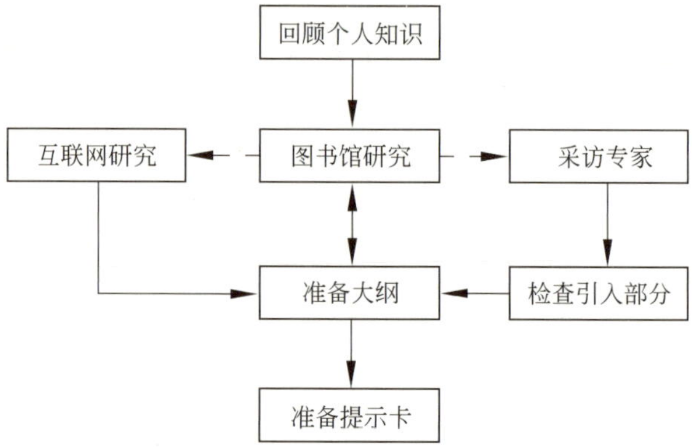

图表 12.6 地图可以有效且直观地显示区域性差异。这幅地图表明东北部和遥远的北部医疗保健支出最高，而西南部最低

资料来源：CDC/NHS，Health，United States，2008，Hyattsville，MD，2009. Figure 20.

2004年人均个人医疗保健开支

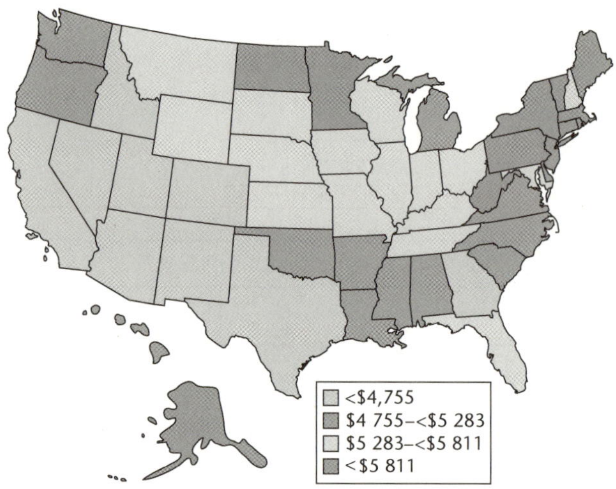

大纲和分项要点

最简单、有效地直观表示组织架构的方式之一是概括出主要的点，有时可以用列表的形式罗列出来。例如，图表 12.7 是笔者在教学生如何更好地设计 PPT 时，预览的幻灯片。这样可以帮助听众知道到哪儿了，并且给听众一份关注讲座内容的路线图。

实物

某些情况下，演讲中所谈及的实物刚好是你需要的。事实上，这也许是能够表达清楚的唯一方式。第 341 页所示的学生是一个养蜂人，他带了一小盒蜜蜂（紧紧地密封着）到班上来辅助演示其相关的演讲内容。如此一来，观众不仅亲眼见到了蜜蜂，那嗡嗡声更是让他的演讲栩栩如生，这种传播效果是任何其他的视觉媒体达不

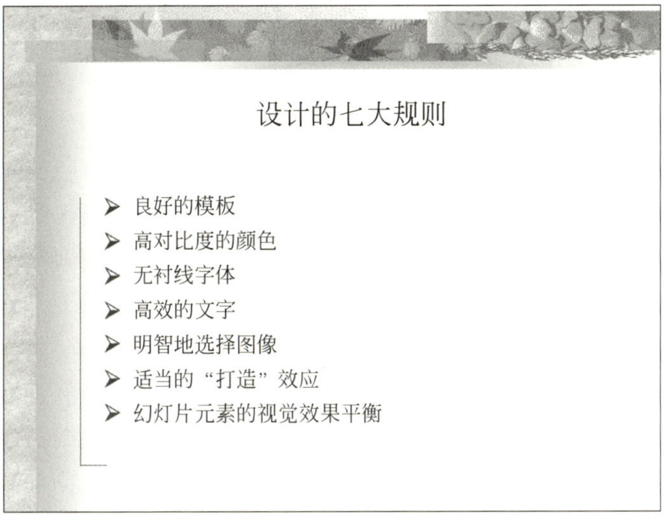

图表 12.7　分项要点

到的。

利用实物辅助演讲需要记住的关键是确保其易于被听众看到，并且合乎情境。在进行有关合理地保养车辆的主题演讲时，将车开进教室是不可能的，但是你可以用机油和机油滤清器来强调其对于车辆正常行驶的作用。

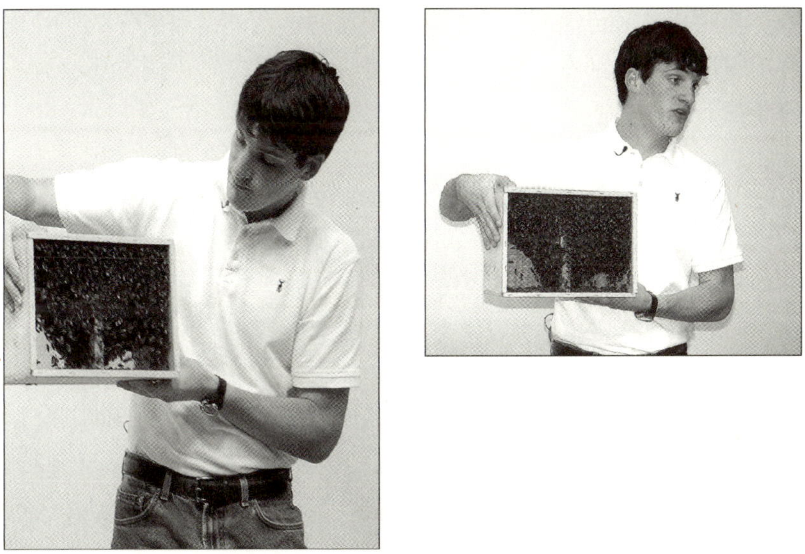

这位演讲者在关于养蜂的演讲中使用真正的蜂巢来描述

在将实物带到教室前，确保事先征得导师的同意。运用不合适的实物会产生问题。每个学期，我们都有学生不仅仅演讲关于枪械方面的主题，还可能会随身带一把枪作为视觉辅助。我们还有不少学生希望与其他同学分享自己对于红酒的钟爱，甚至还会带些他们最喜欢的红酒到教室来。显然，在校园，枪支是禁止入内的（除允许校园巡逻警察携带枪支外），酒精饮料也同样如此。因此，我们要求学生事先告诉我们其演讲主题以及打算用到的所有实物。

照片

有时，一图胜千言。你不妨利用自己的图片库或其他渠道得到的图片来对某一实例加以说明，或用来突出自己想要表达的观点。为了达到这种效果，图片必须清晰可见。大多数情况下，图片需要足够大以便让教室后排的听众也能够看得见。

例如，在下图所示的追悼会上，借助投影仪和屏幕使每个人都能看到被悼念者在世时的照片。数字影像可导入 PPT 中，然后用液晶投影仪或显示器予以展现。如果没有投影仪，可选择其他方式将照片分享给大家观看。例如，可放大底片，然后将其粘贴在海报上。也可放大照片，将其复制到幻灯片上。

使用幻灯片也会有问题。要达到清晰的效果，35mm 的幻灯片需要特定的投影仪和屏幕。但问题是，幻灯片必须在光线较暗的房间内播放，这样的光线妨碍了观众对演讲者的观察。同时，也会让演讲者成为配角，却让幻灯片成为焦点，这是我们坚决不希望发生的结果。

我们强烈反对将照片互相传阅着看。在你演讲时，大多数观众不会看照片，而传递照片也会分散注意力。此外，如果你的照片连前排座位上的人都看不到的话，也是一种无效之举，同时还给人一种准备不充分的感觉。

为了让每个人都能看到照片，追悼会上采用了投影仪和屏幕。
乔治·罗杰斯摄

模型

当实物或照片无法使用或是无法达到目的时，可能需要用到实物的三维模型。我们有个学生演讲的话题是美国常见的蟑螂。将活蟑螂带进教室至少会引起一股紧张的气氛。然而，她巧妙地设计了一个蟑螂的大模型，并且一直藏在盒子里，直至在她揭示自己的演讲主题时才适时地打开。她的演讲不仅传达了丰富的信息，而且令人愉悦，同时她运用模型将主题诠释得充分而生动。另一个学生演讲的话题是用假蝇钓鱼。将一只苍蝇绑在实际的钓鱼线上，观众肯定看不清楚，但是他用晾衣竿和纱线设计的大比例模型则非常完美。

选择合适的媒介

无论演讲需要用到照片、图表、图形、图示还是简单的纲要，演讲者都有若干种演示媒体可供选择。在探讨 PPT 前，我们首先来看最传统、最普通的演示媒介：黑板（或白板）、硬纸板、活动挂图、投影片、传单、录音录像等。

黑板和白板

黑板或可擦拭白板有时候对于记录简单的信息是有用的。例如，可以在黑板上快速地记下电话号码、地址或一些关键字词。但是，仅仅依靠这些作为唯一或主要的视觉媒体，不大明智。首先，你在板上写字时，你必须背对观众，一旦内容稍长，就可能妨碍你与观众正常的视线交流。

总之，黑板对于大多数演讲者来说功能有限。可擦拭的白板有个优势：其白色背景以及彩色笔相对于传统的黑板或绿色板来说，用起来更有趣。但是，你仍然需要背对观众且中断视线交流才能使用。

硬纸板

硬纸板是学生演讲时最常用的工具。字迹清晰明了的硬纸板可有效提高听众对演讲主题的响应热度。相反，字迹潦草的纸板不但会影响演讲者的可信度，而且易分散演讲者的注意力。

硬纸板非常适合视觉媒介初学者。你可以在硬纸板上画图表，可以在上面附上图解说明、照片及地图。但是，无论如何运用硬纸板，注意纸板的结构以及演讲时的合理使用。

与其他任何演示媒介一样，硬纸板应具有其不可或缺的独特功能。尽量让其看起来较为正式和专业。这并不是说需要雇个平面设计师之类的，但的确意味着应该充分利用一些基本原则：

- 用彩色笔加说明、图解或者图表
- 文本中的字母和数字采用涂布印法
- 用彩色纸板时，确保纸板颜色与字体颜色呈鲜明的对比
- 选择非常坚固的纸板，最好带泡沫夹心层的
- 条件允许时尽量使用画架

质地脆弱的纸板容易在演讲过程中不合时宜地发生卷曲或倾倒现象。纸板应放在画架上，高度应确保所有观众都能看见。最后记住，在讲到纸板上的话题前应将纸板盖好，随着演讲的进行，逐步揭示各话题点。当使用完硬板后，要么使用下一个预先准备的画板，要么将其盖好收起来，否则会分散听众的注意力。

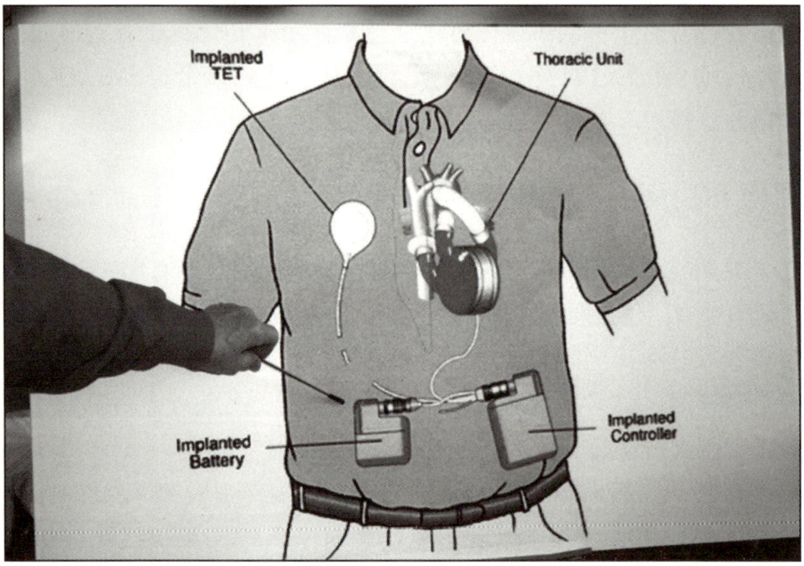

该图附在纸板上，演讲者用指示棒将听众的注意力集中在特定的区域。

活动挂图

> **活动挂图：**
> 用来预览演讲大纲或记录观众中产生的信息的较大写字板。

活动挂图分为两种：一种基本上就是事先准备好的文字；另一种则用于记录参与者产生的想法。尽管如今不像以往那么普遍，但商业研讨会中仍然会使用活动挂图。一般来说，演讲者提前将要分享的信息记录下来，然后随着演讲的进行逐步予以揭示。为了控制演讲的节奏，演讲者可能会在前后话题点之间用白纸隔开，以便于听众能够继续思考前面的话题。活动挂图有助于你达到演讲目的吗？它们有时会显得比较笨重，尤其是对于还不习惯使用的人来说。有

时候比较难翻页面，需要你暂时脱离与观众的视线交流。此外，使用活动挂图时，最好书写正楷字体，简洁明了。

如果必须用活动挂图来写字或画图，确保纸张足够厚，书写时不会渗透到下一页。此外，最好在演讲前将活动挂图准备好。

投影片

投影片：可以被投影的可视资料。

从某种意义上来说，投影片就是借助光源投影的塑料纸板。因此，投影片对于使用者的要求与硬纸板相差无几。投影片仍然用于讲座和课堂讲演中，其优势在于成本低，准备简单，使用时无需调暗光线。演讲者可边讲边写。因此，对于希望在演讲中按顺序提供信息的演讲者来说较为适用。例如，数学老师通常会用投影展示如何解方程。许多教室和商业会议室设有投影仪，但通常还是应事先确认是否有可正常使用的投影仪，还应提前了解该设备，因为很可能对于其操作方法不大熟悉。

投影片有许多优点，但并非所有的演讲者都会合理运用。尤其是老师，经常在上面写写画画，或容纳过多的信息，让人眼前模糊一片。演讲者也可能无意中站在投影仪前或投影仪与画面屏幕之间而阻挡观众的视线。最后，演讲者通常会犯的错误：无影像时投影仪仍亮着，或演讲完毕后仍继续投影。从这方面来说，听众有点飞蛾扑火般的感觉。他们很难将注意力从投影对象上转移开来，即使屏幕上只有一片白光。永远记住，不用投影仪时将其关掉。还应确保在演讲内容过渡期间也应将其关闭，或为即将涉及的内容留下悬念，直至慢慢揭示开来为止。我们谈到的硬纸板使用原则同样适用于投影片，即在演讲时需要注意投影片的结构以及合理使用。

音频

音频媒介：可用来增强演讲效果的声音渠道，如源自某著名演讲家的录音。

音频媒介，如CD或MP3等，可用于复制声音，将其纳入演讲内容。我们课堂上所有的笔记本电脑都有Apple iTunes，这种软件允许我们添加音乐或演讲片段供学生们听。我们经常谈到马丁·路德·金如何使用重复法来影响其听众。只需要点击一下鼠标，iTunes便能让学生立即听到路德·金对于此法的熟练运用。此外，如果室内有网络，还可以直接在线播放音乐或音乐片段。

演讲中是否需要运用音频媒介取决于两个因素。毫无疑问，首先你必须确定运用音频可以让演讲效果更好。我们很幸运，可信手拈来音频软件和技术，完善我们的演讲。不过，也不是非得这么做。其次是你能否娴熟地运用音频媒介，否则可能会起到相反的作用。

视频

视频媒体来源包括磁带、DVD、迷你DV或诸如YouTube等网站。视频被越来越多地用于公司聚会、政治会议、法庭及教室等演示场合中。在演讲中要想有效地利用视频，既需要技术支持，也需要一定的悟性。只有当演讲的环境和设备适于播放视频才可选择这一媒介形式。另外，只有当你对设备的使用比较了解或有后备人员能够提供所需的视频，才可考虑使用它。

演讲初学者往往不会考虑到演讲过程中使用视频需要注意的细节，仅仅因为他们有条件使用视频媒介（如播放设备和显示器）便直接决定使用视频媒介，而忽略了事先思考以下细节：

- 事先插入字幕，包括监测音量
- 灯光
- 播放工具与观众之间的距离
- 引入、播放以及将视频与演讲内容连接过渡所需要的时间

如果演示过程中有用到电脑且能够连接互联网，那么引入视频无疑会非常方便。PowerPoint允许在演讲稿中插入超链接，这样便可直接进入视频页面。例如，我们最近听了有关Mac与PC的一场演讲，中间插入了苹果网站上一支非常熟悉的广告。YouTube是视频短片的重要来源，可利用相应的软件建立超链接或将其下载到电脑上。但是，永远记住在演讲前，先利用现场设备实地预演一下演讲的内容。例如，我们亲眼见到过两位德高望重的传播学者尴尬的一面，他们打算在演讲过程中播放的视频短片用我们学校的电脑无法播放，尽管在他们自己的设备上毫无问题。另外，记住网站有时也会崩溃。依靠外部视频资源很可能会出现问题。因此，借助电脑进行演讲或演示时有个备份计划才可万无一失。这点将会在下一章节更具体地加以探讨。

幻灯片（PowerPoint，PPT）

制作PPT时如需帮助，请登录我们的在线学习中心网站点击PowerPoint教学链接。

关于PPT，我们首先得说这是经常会用到的办公软件。事实上，我们的许多学生都开始认为教授讲课时就应该用PPT并且将其放在网上。我们很清楚地知道还可以利用其他诸如苹果公司Keynote软件等电脑演示软件程序。但是，鉴于微软的幻灯片的广泛使用现状，我们将主要探讨此款最为常见的演示软件程序。对于演讲者来说，幻灯片不仅是一个宝贵的工具，如能恰当使用还可从中切实地获得

很多乐趣。

大约15年前，我们开始在课堂上布置作业要求学生使用PPT时，我们大多数时间都花在了幻灯片的创作技巧上。如今，大多数学生上大学前就已经了解如何利用软件来创造可视化演示文本。不过可惜的是，他们往往缺乏的是在演讲过程中有效利用PPT的技巧和方法。而且不仅仅学生如此，无论何时当问及学生老师使用PPT时的感受体验，他们通常都会认为老师们也未能很好地运用幻灯片。因此，本章目的并非是传授制作幻灯片的技巧，而是如何利用幻灯片来辅助演讲演示的原则和方法。

PowerPoint是一种工具，与黑板、投影片或纸板没什么区别，使用者需要恰当地加以运用才能发挥其功能。鉴于此，我们总结了7条有效设计PPT的原则：（1）选择合适的模板；（2）采用高对比度的颜色；（3）选择无衬线字体；（4）使用有效文本；（5）选用常见的图像；（6）运用合适的播放效果，如动画；（7）追求视觉平衡。[1]

值得一提

PPT滥用成灾

过多地使用PPT与滥用其他任何工具一样——是致命的，至少对于你的观众来说是令人厌烦的。即使在商业演示中，某些企业的领导也会告诉下属适度地使用PPT。①以下列出了需要避免的PPT常见误区：

* 幻灯片页数过多。我们见过有些PPT文稿每几句话成一张幻灯片。这样一来，要想保持口头演讲的内容与幻灯片显示的内容同步是不可能的。
* 幻灯片细节过多。尽量只显示关键词、词组及图表，避免完整的句子。我们看到有些演讲者几乎把要讲的内容一字不落地显示在幻灯片上，让我们觉得只看幻灯片就可以了，似乎根本不需要演讲者。
* 太多让人眼花缭乱的效果。PPT的特效功能可能很“炫”，但不一定有用，如果特效太多，可能会影响演讲者本身的发挥。
* 演讲者自身关注得太少。有时候演讲者忘了正常的演讲技巧，因为其全部精力都投入到幻灯片上了。无论你使用的是什么视觉媒体，归根结底还是演讲者本人的呈现效果最重要，演讲者是演讲的根本所在。

* 不需要时仍使用 PPT。并非每次演讲都需要幻灯片展示。想象一下，婚宴敬酒时使用幻灯片完全不合情理。确保必要时才使用 PPT。如果不需要，果断放弃。

[①] Joe Downing and Cecile C. Garmon, "Teaching Students in the Basic Course How to Use Presentational Software," Communication Education, 50 (2001): 218–29.

良好的模板

PPT 最强大的功能之一就是提供许多有趣和漂亮的模板——基本设计可让幻灯片看起来比较专业。但不幸的是，许多模板同样会充斥太多令人精力分散的杂乱或浮夸的画面元素。例如图表 12.8 和图表 12.9 所示的两个模板。从这两个模板可看出，前者可让观众的注意力集中在演讲内容上，而后者则可能会分散注意力。

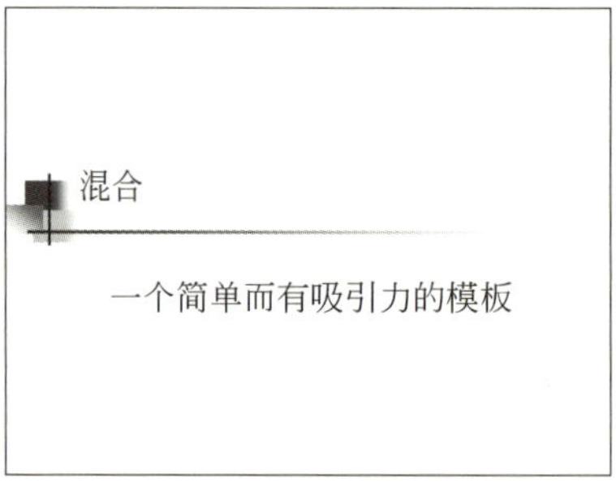

图表 12.8

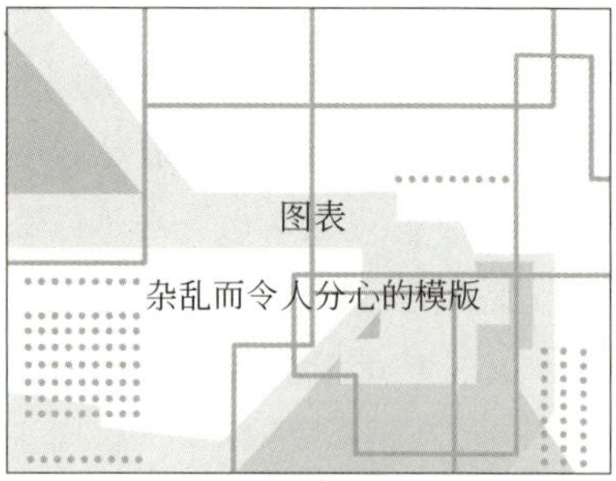

图表 12.9

高对比度色彩

色彩对比度很重要，观众可清晰地分辨出背景和前景。另外，还应注意有些观众患有某种程度的色盲，例如，无法分别红色和绿色，这点也很重要。图表 12.10 和图表 12.11 说明了色彩差别。还需要考虑室内光线和投影仪的分辨率等。据我们了解，黑色背景亮色的字在明亮的室内经投影后，屏幕上可能什么都看不到。而使用浅色背景和深色文字则不会有这种结果。因此，如果不确定房间的亮度，为安全起见，最好采用浅色背景加深色文字。

图表 12.10

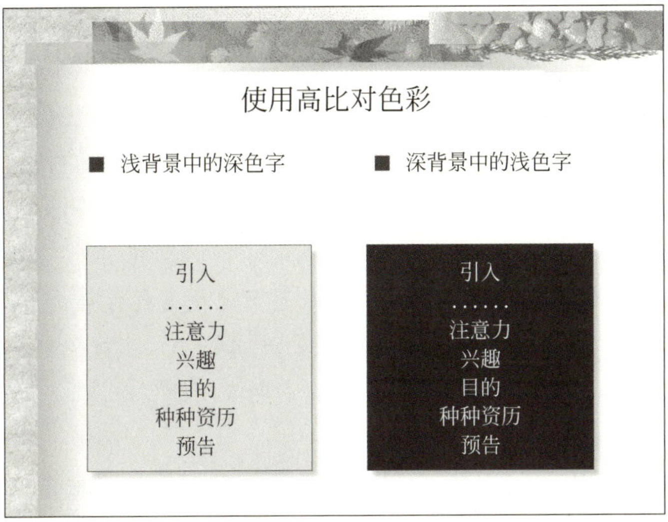

图表 12.11

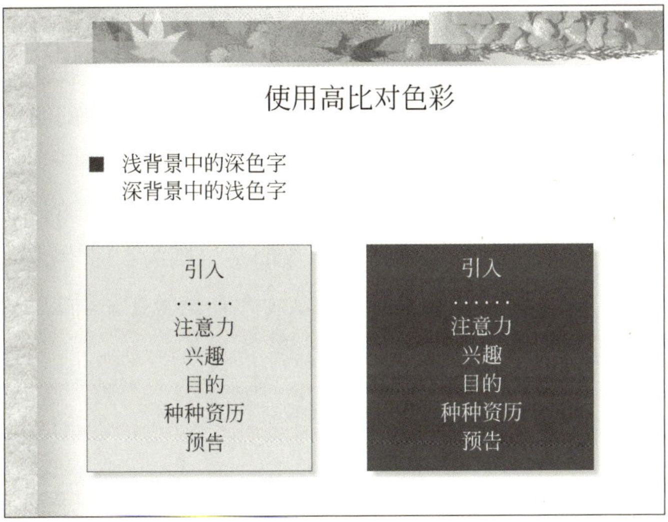

无衬线字体（Sans Serif）

饰线字体即为我们通常在打印页面上看到的字体。Times New Roman 及类似的字体从页面上来说最美观。但是，投影时，其宽度（笔画很细）让文字很难被看清。因此，我们建议幻灯片采用无衬线字体，如 Arial、Geneva 以及 Tahoma。

高效的文字表达

或许你们从未听到一个演讲，整个过程观众都是看着屏幕上通篇的演讲文字稿，而我们却实实在在地经历过。事实上，我们参加的是一个由杰出客座教授所做的讲座，其间他转身背对观众，阅读屏幕上一大段一大段的文字。这样导致的结果是，不仅与观众失去视线交流，而且他的口头表达已变得无关紧要，因为每个人都能自己从屏幕上读取文字。幻灯片上所列出的要点应该由几个字组成，只是体现信息的要点而已。除非直接引用他人的表述，否则幻灯片中没必要使用完整的句子和段落。因此，不是用项目符号点写着这样的内容：

- 在创建幻灯片时，一定确保采用高对比度的色彩，否则观众可能会看不到幻灯片上的内容，尤其是那些患有色盲者。

幻灯片上的内容应该是项目符号点后简明地写着：

- 高对比色彩

因此，按照列出的要点，作为演讲人，你需要提供丰富的细节。事实上，我们将 PPT 文稿放在网上也有担忧，其中之一便是：如果我们按照文本简单扼要为原则，那么不上课而只是依靠 PPT 文稿的学生很可能会错过许多细节。当然，这也是演讲的意义所在。听众需要听到我们口头表达的内容，而不仅仅是读幻灯片上的文稿。

最后一点，每张幻灯片应至少保持有 25 个字。字体的大小控制也很重要。标题字号应为 44 号，要点的字号则为 32 号或以上。因为如果字体减小到 28 号或以下，观众（尤其是坐在后排的观众）可能会看不清幻灯片上的内容。

明智地选择图片

PPT 自带各种剪贴画，大多数观众都很熟悉。如果演讲人仅限于使用 PPT 自带的这些图画则不会得到经验丰富者的高度认可。在这个拥有图片搜索引擎（如 Google）的时代，即使没有数码相机和带拍照功能的手机，要找到能够充分说明演讲稿的照片也不是什么难事。例如，有个学生在演讲有关她的家乡——巴西时，她将自己收集的大量美不胜收的图片呈献给观众，效果令人咂舌。如在 PPT 出现以前，她可能需要在黑暗的房间里将幻灯片原原本本地呈现给观众，才能达到这种效果。如今，演讲人如果想展现或告诉观众什么内容都可以非常容易地实现，只要确保所有的图片适当放大到让所有观众都能看到，但也不能无限地放大到模糊状态。另外，谨记要用自己的照片或公用图片（由政府机构提供的）或你获取了使用授权的图片。最后，确保选用的图片能够在演讲时所用的电脑上显示出来。例如，Mac 用户将网上的图片直接保存到 PPT 文档后，会发现当使用 PC 播放时，图片变成大大的红色 X。原因是 Mac 将图片保存为 QuickTime 格式，而 PC 可能无法显示这种文件。最保险的方法是首先将图片保存为 JPEG 格式，这种格式几乎所有的电脑都可以识别。然后，可以将图片插入 PPT 文档中，这样 PC 和 Mac 都能够识别。如果演讲时，需要使用现场电脑而非你本人的电脑，我们能给出的建议是："如有疑虑，果断弃用"。

适当使用"自定义"效果（动画）

使用幻灯片等视觉媒体时，我们建议根据演讲的进度逐步揭示各要点，这样可防止分散观众的注意力，作为演讲人，你也可以控制演讲的节奏。这点对于 PPT 同样适用。除非有其他不可避免的理由（如幻灯片预览页面列出文稿所涵盖的主要内容），要确保将幻灯片做成动画效果，使你可以根据要谈论的内容逐步揭示各要点。此外，要确保使用的动画效果简单快捷。例如，尽量避免使用慢拍动画，如螺旋、爬行和旋转，而应使用快节奏的动画效果，如渐隐、渐现和立现。关掉音效，除非对于你的演讲很重要，否则会让观众和老师不悦。

视觉平衡

尽量做到视觉平衡，这点很重要。这就意味着需要避免大量的无信号区或空白的空间，也不要用布局不均匀的幻灯片。此外，在布局各项内容时应确保可读性和清晰度。根据房间配置和光线的亮度，幻灯片底部的文字有时很难看到，因为前排的人头可能会阻挡人们的视线。因此，不要将重要的信息堆在幻灯片底部。如果不能在一个页面上很好地安排，最好新建一页幻灯片。

技巧和策略

PPT 的关键要点

- 简洁扼要。字数越少往往越好。所有视觉媒体（包括 PPT）的目的是组织、说明、简化和充实你的演讲。如果出现取代或反客为主的情况，就没有达到其应有的效果和功能。
- 明确目的。经常问问自己，幻灯片是否能够使得演讲的效果更好？如果不能立即肯定，果断弃用吧！

- 预演。我们绝不能不经预演便使用幻灯片。无论我们认为自己准备得多么充分，实际操作时，往往会发现动画效果并未如预期那般有效，文本上的超链接无法激活打开，或电脑显示器上看起来很好的画面，但在教室的屏幕上却看不到。
- 确保文件格式与你所用的软件兼容。最近，微软升级了办公软件（Word，PowerPoint，Excel 等），格式也变了，文件保存格式以 X 结尾，如 .ppt 替换成了 .pptx。但并非所有的电脑都安装了最新版软件或装有转换文件的程序。一定要检查电脑上用于演讲的文件格式。否则，当投影到屏幕上时，会出现错误提示，这样你花费数小时制作的幻灯片也无法呈现出来。必要时，新程序允许你将文件保存为诸如 .ppt 等旧格式。
- 备份！常听到学生抱怨他们因为课堂演讲没有按照计划进行，所得分数是不公平的，永远都是“电脑的错”。直到他们毕业后去企业公司上班，才意识到这种借口是不成立的，所以在学校我们同样不会给予认可。我们必须备份文件。将文件保存在 U 盘里面，同时将其发送到个人邮箱。如有需要，还可以将幻灯片打印出来，随时都可以将其变成投影片。最后，由于我们演讲的根本宗旨是：幻灯片只是起辅助作用，而非完全替代演讲，如果没有任何媒介可用，我们应做好借助笔记（不用幻灯片或任何视觉媒体）完成演讲的准备。

演讲人在演讲前检查PPT。

幻灯片的演示

决定性的考验并非在于你所制作的 PPT 本身的质量，而是你能否有效地利用其获得更好的演讲效果。因此，本章列出了以下几点规则来帮你更有效地使用 PPT，让它真正地充实、完善演讲本身。

以观众而非幻灯片为焦点

演讲者往往将目光锁定在幻灯片上而非观众身上，这会分散听众的注意力而且违反了重视视线交流的文化规范。要避免这种弊端有些简单方法可运用，如将幻灯片打印出来（PPT 提供打印功能），直接看笔记，而不需要回头看屏幕。这和演讲者作即兴演讲时的操作是一样的。

使用遥控装置

如果教室里的电脑没有遥控鼠标来控制幻灯片，你可以花 30 美金买个带 USB 接收器的遥控,这种接收器几乎能插到任何电脑上。笔者所用的遥控还带有其他功能，如激光棒和屏幕退出按钮。这样可避免在整个演讲过程中演讲者都必须站在电脑旁边的情况。

谨记最好不要站在屏幕前用手指向幻灯片，如下图所示，这样会阻挡观众的视线，并且投射在屏幕上的阴影也会分散听众的注意力。相反，用遥控激光指示棒则不会对观众造成视线上的阻碍，同时你也能够集中注意力讲解屏幕上的内容。此外，暂退按钮也很重要，通常来说，PPT 并不会包含到所有要讲的内容。当讲完一页幻灯片还没准备好跳到下一页幻灯片时，如果不恰当的幻灯片仍然停留在屏幕上，会分散听众的注意力，而关掉投影仪也不可行，因为重新启用需要数分钟之久。

这个演讲人违反了使用演示媒体时避免站在投影仪和屏幕之间的基本原则。

如果你没有遥控装置，还有一种方法是让一个同学站在电脑旁边，然后按照你的提示播放幻灯片。你也可以插入空白或黑色幻灯片，这也可以实现暂退按钮同样的功能。如果没有激光指示棒，可以直接用语言描述，表达你想强调的内容，不需要指向幻灯片。例如，可以说“请大家注意一下左下角的照片”。

避免让幻灯片主导整个演讲过程

我们发现在许多演讲过程中，当点击 PPT 超链接播放两分钟的视频短片时，演讲者只能很尴尬地站在旁边。记住，演讲是最主要的。如果要播放视频或音频，那么尽量简短一些。视频往往可以用语言描述。例如，我们有一个学生在探讨足球的各种策略和技巧时播放的是世界杯短片。她关掉声音，然后以大众可以理解的术语，对视频做了解释说明。因此，足球赛的视频充分地完善了她的演说，而仅仅用语言来解释是相当困难的。这正是运用视觉媒体（无论多复杂）的正确方法。

指导原则

影片制作人不可能在收到剧本后就拿起相机开始拍摄，他们首先会列出一系列故事情节，然后开始选定分镜头和荧幕表现。虽说演示媒体对于演讲来说可能很重要，但首先学习能够教你轻易掌握基本图表设计原则的媒介更为重要。因此，我们鼓励学生在制作投影片或 PPT 前，学习一下如何制作和使用完整的硬纸板。我们教给学生的硬纸板展示技巧同样适用于投影仪和 PPT。鉴于此，笔者想以创作视觉媒体（从活动挂图到 PPT）的七项基本原则来结束本章内容。

- 夯实媒介准备工作
- 尽量简单明了
- 保持一定的视觉效果
- 合理的布局
- 充分使用色彩
- 如存有疑虑，果断弃用
- 提前准备

夯实媒介准备工作

校园设有媒介制作中心，在这里，学生们可以寻求有关如何制作专业媒体（包括上面所述的各种媒介）的帮助。平面设计、教学技术以及媒体专业者是该中心的工作者，他们与有需要的学生分享如何制作海报、投影仪、PPT 等演示媒体，以及音频或视频剪辑等。我们鼓励学生充分利用这种有益的教育服务。

如果你们的校园也设有类似的服务，考虑充分将其利用起来。如果没有，向当地的专业公司请教如何以最低成本制作专业的演示媒介。此外，大多数从事设计工作的人都可以给予你宝贵的建议，并且可以提供投影片等媒介样本，即使你不需要他们的服务。

尽量简单明了

普遍存在的问题是，往往在视觉媒体中放太多信息。我们甚至看到有人直接从杂志上剪下一页然后复制到投影片上。有些学生为了节省几美元将两三个论点放在同一个纸板上。这些做法都会降低可视媒介的呈现效果。在这个随时随地充斥着信息的时代，往往越精简越好。我们给出的建议是，尽量保持可视媒介简单明了。

技巧和策略

使用单词和数字

- 每页只限定一个论点
- 每行字数不多于 6 个
- 每页不多于 6 行
- 使用简短、常用的单词和数字
- 图表尽量简单明了，易于被听众理解

使其明显可见

如果听众无法看到媒介上的内容，同时又不听你演讲，他们会睁大眼睛试图看清或问邻座的人屏幕上显示的是什么内容。

技巧和策略

提高可见度

- 在演讲过程中不要妨碍观众投射到媒介上的视线，如果用 PPT，则使用遥控设备；如使用纸板，可使用指示棒。
- 确保媒体界面能够被所有的观众看到。在用硬纸板、图片时借助画架，使得每个人都能看到 PPT、投影片。同样，投射到屏幕上时也应该考虑到足够的高度。
- 在设计幻灯片和投影片时，注意一下其播放环境。例如，当室内为水平地板且屏幕放置位置较低时，前排的人头会阻碍后排观众的视线。如果你预计到会出现这种问题，一定确保在幻灯片底部留下空白。

合理布局

一个整洁有序、前后一致的布局是有效视觉界面所必需的。由电脑程序生成的可视媒体（如 PPT）的优势之一是这些视觉媒体自身设有模板，根据不同的演讲目的可设计出有效的布局。这也是缺乏经验的演讲者喜欢用它们的原因之一，尽管他们还不能准确地加以运用。

技巧和策略

信息和图表布局

- 将图像置顶，确保可见性达到最大程度
- 通过加黑、下划线或使用截然不同的颜色突出重点
- 预留上下左右页边距，顶部边距大于底部，左右两端边距相同

使用色彩

适当地使用色彩有助于听众集中注意力理解和记忆你的演示内容。在考虑如何使用颜色及其在视觉媒体中扮演的作用时，可遵循以下几点：

- 使用红、黄、蓝三原色——事实证明这三种颜色能达到最强的视觉冲击力。
- 使用对比色（同时也是互补色）让观众能够清晰地看见媒介上的内容。假如使用白色背景黄色字迹，基本上是看不见的。
- 使用较浅的彩色背景色，只要信息易读即可。彩色背景从视觉上让人感觉更舒心。
- 杜绝色彩杂乱无章。例如，避免使用红色显示利润部分的同时使用黑色显示亏损。

有疑虑时，果断弃用

按照前文所述，这条原则应该不难理解。正如我们反复提到的，只有当演示媒体确实能够为你的演讲增色时才应该用到它们。纸板、投影片或 PPT 无不如此。经常问问自己，新增加的图形或文字对于实现演讲目的是否是必须的。如有疑虑，可考虑删除这些图形或文字。

提前计划

墨菲定律告诉我们，任何计划都是有漏洞的（请参考“值得一

提：重新审视墨菲定律”）。只有傻子才会在未经准备的情况下运用媒介。至少应考虑到我们平时向学生强调的这些建议。

值得一提

重新审视墨菲定律

要做到100%的充分准备（应对一切未知）是不可能的——最多只能预测问题，给出可能的应对方法。以下列出了你需要准备的若干事宜（都是笔者曾经遇到过的）。

问题：设备（录音机、耳机等）的电池已用完。

方案：事先检查设备，携带备用电池。

问题：没有投影仪或电脑，即使你已经预定过一套。

方案：事先打电话确认预定信息，如可能，现场检测一下设备。

问题：投影仪的灯泡烧坏了。

方案；大多数投影仪有备用灯泡，事先确认一下放在哪了。

问题：幻灯机（影片放映机，DVD播放机等）不能正常工作。

方案；同样，事先确认是否完好无损，如故障发生在预料之外，你需要用口头描述幻灯片上的内容。笔者记得，曾经有个演讲者干脆站在空白屏幕的前面，假装在放幻灯片，然后极其详尽地描述了幻灯片上的内容（“正如幻灯片上显示的”）。结果是，这一令人扫兴的场景立刻变得幽默而愉悦。

问题：你的视觉媒体界面杂乱无章，上下左右颠倒或甚至有缺失。

方案：预防为主，治疗为辅。演示前检查、再检查。如果遇到这种问题，尽量不要惊慌。在寻找缺失的内容时，可以讲点笑话缓解气氛；如果实在无法找到，直接口头描述幻灯片上的内容或跳过这部分。

问题：用于演示PPT的电脑坏掉了，或投影仪无法正常工作。

方案：一定要备份。例如，我们通常会复制PPT上的内容，备份投影片。

问题：使用视觉媒体演示的过程比想象中用时长得多。

方案：首先，要常常练习用视觉媒体演示，这样可以了解到底需要多长时间。其次，如果是多个步骤同时演示，则事先将各步骤理清楚。

记住：发生在你身上的事情总有人曾经遇到过。大多数听众对于演讲者明显有过充分准备但却碰到不可控制的技术困难时是持有同情的心理。同时，对于临时准备相信墨菲定律的人，观众不会同情的。记住“墨菲只是一个乐观主义者”。

技巧和策略

演示媒体的运用

演讲开始前：

- 检查房间和设备。
- 条件允许时，现场检查演讲时要用到的设备。
- 演讲前几分钟再次检查演示媒体。例如，应确保纸板、投影片或幻灯片按照正确的顺序放置。
- 预留足够的时间用于安装和拆卸。

演讲过程中：

- 避免干扰——覆盖或删除可视教具，投影仪不用时应关掉。
- 避免妨碍观众的视线。
- 允许观众有充足的时间（至少10秒）消化处理信息，然后移除视觉材料。
- 面向观众，而非视觉媒体。

小结

OLC www.mhhe.com/brydon7e 为了评估你对本章内容的了解，请访问我们在线学习中心网站进行检测和其他章节辅助学习材料。

如果使用得当，视觉媒体及其他演示媒体很可能会决定一次演讲的成功。如果使用不当，则对演讲的效果有害无益。

- 将演示媒体想象成能够增强感官的事物，从而强化信息。
- 视觉辅助工具具有传达演讲的组织架构、直观解释演讲内容、简化口头表达以及充实口头表达内容的功能。
- 根据内容选择合适媒体；例如，利用饼状图及条状图等视觉媒体来显示数据信息。
- 如果合适的话，在依赖需要自己创建的视觉辅助前，可以先考虑掌握实物和模型的使用。
- 在创建幻灯片时，记住以下7条基本设计原则：

（1）选择良好的模板；（2）采用高对比度的颜色；（3）选择无衬线字体；（4）使用有效文本；（5）选用常见的图像；（6）运用合适

的播放效果，如动画；（7）追求视觉平衡

- 演示 PPT 文稿时，面向观众而非幻灯片；使用遥控装置，避免让幻灯片取代演讲者的主导地位。
- 遵循规则。视觉媒体应保证简单、明了、易读且生动。
- 谨记演示媒体可充实你的演讲，但绝不可能取代你的角色达成目的和目标。

学习成果检验：练习与实践

1. 查看校园或当地的复印店，看哪里可以制作黑白投影片、彩色投影片、可放大照片。

2. 找出校园哪个地方设有投影仪，以及谁能回答如何操作等相关问题，学习如何开或关、如何聚焦以及当灯泡烧坏时采取什么措施。

3. 在《今日美国》或本地报纸上找出条形图、饼状图、线形图和路径图，并说明每种视觉工具是否适用于某个演讲。从简明、大小和可见度、布局以及颜色上对其进行评估。

4. 联系大学校园计算机中心，看看有什么服务可有助于你为演讲准备电子图表？如果你拥有或可以用到计算机，找计算机经销商或查询软件目录并找出至少三种能够在你计算机上操作的图表演示程序。

5. 考虑以下演讲情景：有关印象派思潮运动的告知性演讲；有关你拜访过的国家的告知性演讲；有关美国移民系统的说服性演讲；有关乘坐火车、飞机或汽车的愉悦性演讲。哪种视觉媒体最适合于每一种演讲类型，以及为什么呢？

注释

1. This section is based on William Earnest, *PowerPoint: The Rules of Design* (CD-ROM), McGraw-Hill Higher Education, 2000.
2. Joe Downing and Cecile C. Garmon, "Teaching Students in the Basic Course How to Use Presentational Software," *Communication Education* 50 (2001): 218–29.
3. Several of these suggestions are taken from Minnesota Western, *Visual Presentation Systems* (Oakland, Calif.: Minnesota Western, 1988–1989).

第四部分

公共演讲的语境

PART FOUR

13 CHAPTER

第13章

告知性演讲

教师每天都在运用告知性演讲的种种技能和原则。

目标

通过阅读本章及www.mhhe.com/brydon7e上在线学习资源，能够：

- 解释告知性演讲和说服性演讲之间的关系。
- 讲解如何让告知性演讲适合于各种不同学习风格的听众。
- 说明在课堂、工作及生活中应如何运用告知性演讲。
- 准备一个吸引观众、适宜得体、易于理解且内容丰富的告知性演讲。
- 准备包含解释、说明、展示或介绍过程、概念和技巧的各种告知性演讲。

关键概念

易于观众理解
适宜观众的
观众参与
告知性演讲
学习风格

不会工作的人，就去教书；不会教书的人，就去教体育。

——伍迪·艾伦[1]

伍迪·艾伦半开玩笑说教书育人者只因在“真实世界屡屡失败”才不得已而为之，这个观点极其具有欺骗性。事实上，许多人，尤其是教学评论家都认为该观点几乎与每位为人父母者（也曾试图教子女开车、打网球或演奏某种乐器）的经验相悖。教学，从真正意义上来说，不仅需要对某课题或技能的熟练掌握，还需要具备将技能传授给他人的能力。

本章着重阐述告知性演讲。告知性演讲的内容无论是讲解某个过程，还是描述某一系统，抑或是展示根据演讲者所提出的意见，人们预期能够获得的利益，演讲者与公众之间的交流无疑是与有效教学的过程相似的。

告知性演讲时，演讲者为观众带来新信息或对已有的信息提出新颖的观点。换句话说，告知性演讲主要是以公众学习为目的。高效的告知性演讲者需要掌握若干技巧，包括：

- 理解告知性演讲和说服性演讲的关系。
- 理解告知性演讲和听众分析（包括学习风格多样性）的关系。
- 学会如何在教室、工作场所和社区中做告知性演讲。

告知性演讲：
向听众提供新信息或关于原有信息的新看法的过程。

- 使告知性演讲吸引听众参与、适合于听众、易于听众理解且潜在地丰富听众的生活。
- 在解释、指导、展示或描述性演讲中做到理论联系实际。

告知性演讲和说服性演讲

尽管告知性演讲和说服性演讲总是被人们区分对待，但两种演讲目的之间的关系却让人感到困惑。有人认为两者是截然不同的：告知性演讲旨在教育，而说服性演讲旨在改变思想和行为。其他人则认为告知性和说服性演讲之间的界限越来越模糊，甚至已发展到可交替互换的程度。

本章我们的立场基于一个简单的前提。除非设计的告知性演讲能够明智地确保内容不会让听众从左耳进右耳出，这样发表告知性演讲才有价值。举个例子，如果关于骑单车、滑冰或滑雪期间戴头盔的告知性演讲，没能促使听众认真地思考演讲的内容，那么这次演讲有什么用呢？同样地，有关定期使用防晒霜等健康防护措施的一些告知性演讲，如果对听众没有任何激励价值的话，那又有什么作用呢？

我们不希望将告知性演讲和说服性演讲的关系完全看作一分为二的，而是希望能够将二者作为连续统一体来思考（如图表 13.1 所示）。

图表 13.1 说服性演讲的信息连续性

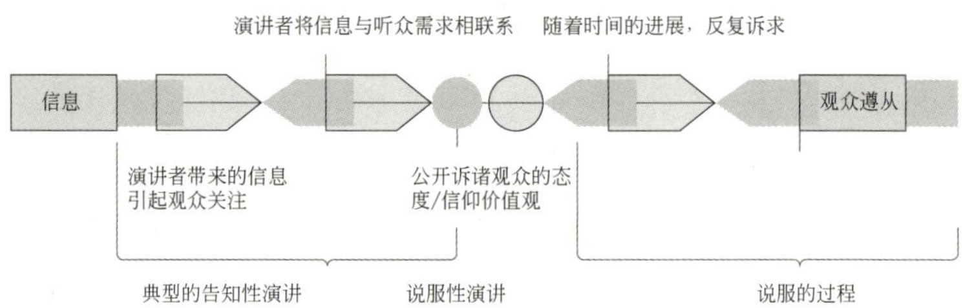

连续体的一端是知识，另一端是行为。鉴于这种连续体的两极，由非常可信、有魅力的演讲家发表的一场动人的演讲。更常见的情况是，说服是随着时间的推移，是一系列相互依赖的信息构成的一个过程。在所谓的现实世界中，这个过程是一项运动，始于某个人或某个机构向人们提供的旨在刺激他们的信息。然后，这些信息作为一个基地，某个更具体的、影响人们的说服运动得以建立其上。

与此同时，我们认识到，主要倾向于说服的信息往往表达在语言信息中。举个例子，信息式广告（informercials）旨在将其设计成好像是节目主持人正在向听众提供“教育服务”，主题无论是减肥还是宠物在地毯上便便了。当然，演播室的设备以及带有特定感情的诉说是一种策略，以令人信服的方式诱使容易“上当受骗”的人们购买产品。

选择演讲主题时，你需要意识到，仅仅称某样东西信息很翔实，并不能保证内心抵制说服性信息的观众会毫无保留地接收。因此，在你选择告知性演讲的主题之前，一定要问问自己，你的最终目标是告知听众其需要的事实和信息，还是意在影响人们的态度和行为。主要侧重于目标是影响人们的态度和行为的演讲，以说服性的方式发表演讲更适当。如果对主题的适当性存有疑问，我们的建议永远是问问你导师的意见。

告知性演讲与听众分析

鉴于迄今为止我们在本书中给出的建议，应该毫不奇怪的是，我们希望你在准备告知性演讲时，得仔细分析听众。选择主题时，显然你需要考虑观众的个体、群体和文化构成，确定一个具体的目的并组织一篇告知性演讲。然而，我们不会反复讨论目前对你而言显而易见的内容，但希望再次重视观众中可能出现的多样化的学习方式。

并非所有人都是按照线性或“逻辑”方式进行思考的。有些人通过阅读便能够吸收信息，而有些人则需要亲耳听到或看到才能吸收进去，还有些人需要依靠实践才能够最大程度地学习到知识。优秀的公共演讲者能够意识到这些区别，并依此尽量地吸引各种不同风格的听众。

当然，有多种有效的方式对人们的**学习风格**[2]进行分类，例如以下所列：

> **学习风格：**
> 人们思考、学习新信息和技能的方式差异。

- 语言听觉型：通过听讲来学习。
- 言语视觉型：通过亲眼所见来学习。
- 数值听觉型：通过听取数值来学习。
- 数值视觉型：通过亲眼所见数值来学习。
- 听觉—视觉—触觉混合型：通过倾听、观看以及实践组合来学习。
- 独立学习型：一个人独立学习。
- 集体学习型：与他人一起协作学习。
- 口头表达学习型：通过口头告知他人而学习。
- 书面表达学习型：通过书写而学习。

有效的告知性演讲需要适应各种不同的学习风格。这位老师让其中的一位学生参与到讲解活动中。

教师每天都面临着各种不同的学习风格。许多老师采用多种组合方式——个人和集体协作、书面及口头作业、纸质及其他视觉材料——旨在适应课堂上不同学生多样化的学习风格。在做告知性演讲时，你也可以这样做。

由于时间和资源的限制，要对每一位听众偏爱的学习风格进行评估是不合理的，不仅不现实，而且也没必要。但确实可以尝试一下借助多种现有的传播渠道来适应听众多样化的学习风格。海报、投影胶片或 PPT 可从视觉上强化口头表达的效果。演讲后分发讲稿可帮助视觉型学习者回顾之前的演讲内容，这样一来有助于听众尽可能地利用各种感知来消化接收到的信息。如果演讲的某些内容能够为观众亲眼看到、亲耳听到甚至能够触摸到，那么信息被吸收的概率会大大提高。

例如，我们有个学生进行按摩减压相关主题的演讲时，通过指导同学按压某些部位，使听众能够通过触感来理解主题内容。有些演讲者则利用听众的味觉来传达信息。我们时常会布置学生做些关于特色食物的演讲，他们便会带些试吃样品给听众品尝。我们也有些学生演讲时会让听众参与小组练习，以便更好地理解他们所谈论的主题——例如，有个学生事先向同学展示了瑜伽动作，要求听众简单地模仿他的动作；有个盲人学生在演讲时，有时会将房间调暗使视力正常的学生在听演讲时，能够更好地体验她所经历的感觉。

贯穿一生的告知性演讲

告知性演讲很可能是你一生中都会遇到的公共演讲形式，其中的一个主要原因是告知性演讲被用于多种场合，包括教室、工作场所以及社会生活等。

课堂上的告知性演讲

大学课堂上有两种历史悠久的传统——学期论文和口头报告。虽然大多数学生都了解一篇优秀的学期论文的要素，但许多学生不了解一篇卓越的口头报告内容与告知性演讲之间的联系。

一篇口头报告基本上也算是一场告知性演讲。因此，如果运用告知性演讲的要素，无论是形式上的还是实质上的，你的口头报告都会比其他同学更精彩。

将口头报告当作告知性演讲来对待，有以下若干优势：首先，为你的报告提供一个组织框架；其次，能够让你充分意识到，应该将听众的背景和学习风格都考虑进来；最后，促使你思考报告中的信息与导师及同学的相关性如何。

工作场所的告知性演讲

无论你打算以何职业谋生，很有可能需要做告知性演讲。并且，当你的职业生涯越成功时，需要做告知性演讲的概率也越高。尽管你可能没必要对许多人进行演讲，但很可能会需要对一起共事的同事或领导进行演讲。

虽然你可能不认为工作演讲时，会有人对你进行评估，但许多公司往往会根据这些“小小”的展示来评估你是否适合晋升到领导层或更高职位。此外，无论你的职业道路如何，你每一步的晋升都意味着，需要做告知性演讲的场合，只会越来越多而不是更少。

社区场合的告知性演讲

对社区成员进行告知性演讲，至少可以合理地期望你具有两种身份：作为雇主代表或作为关心公众事务的公民。无论是私企抑或是公有制的企业，都比较注重自身在当地的社会形象。民意调查显示，公众越来越怀疑私营企业的行为动机，而对公共机构的行为也是愈加不满。因此，这些组织会更多地加入服务性团队，如国际扶轮组织、群众组织或因公众事业而组织起来的公民团体。

有些企业设有公司推销员的岗位，较大的集团甚至会成立一个专门的公关部门。但是，许多企业逐渐希望管理层的每位成员都能代表公司的社会形象进行告知性宣传。事实上，诸如 IBM 的私企集团以及刑警或消防部门等公共机构，甚至可能会将社会服务能力列入其管理层职业能力要求中。因此，如果现阶段你认为以后的职业属于低调默默无闻型，以后或许并非如此。

最后，或许有一天你希望或需要以一个普通公民的角色发表告知性演讲。如果你所在的地区有有线电视，那么市议会现场很可能会通过电视传播开来。当锁定这一频道时，你会发现许多普通市民都可能在这些会议上发表告知性演讲。主题可能涉及方方面面，如新型房屋建设的环境影响，以及学生宿舍吵闹声给周围居民带来的不利影响等。看过一些演讲展示之后，你最终可能会发现很少有演讲者有过专业的公共演讲培训，因为有过专门培训的人很容易被认出来。

并非本门课一结束，你就不用进行公共演讲了。事实上，如笔者所述，你应该意识到现在才刚刚开始。

有效告知性演讲的关键因素

鉴于告知性演讲贯穿于人的一生，你可能会认为人们应该更擅长这种演讲。但是，像笔者这样年龄的人也会经常被一些无聊的讲座、政策宣讲或培训会议整得昏昏欲睡。那么，到底是什么原因让一些本来以为主题会很单调的演讲，事实上如此有趣和激励人心，以至于越发想要了解更多？而又是什么原因导致一些演讲从头冷到尾？是因为：（1）演讲者；（2）主题；（3）信息；（4）我们的观念；（5）以上所有因素？既然公共演讲是一个相互依存的系统，答案当然是以上所有因素。

过去数十年的研究表明，听众对于信息的感知程度及了解的欲望，在很大程度上取决于信息的相关性、适宜性、可理解性以及潜在地丰富生活的程度。[3]

听众参与

只有引起人们注意的信息才是有价值的。与其他任何演讲一样，告知性演讲需要**听众参与**。世界历史上充满了各种伟大的创意、探索和产品却没有被人们接受的例子，正是因为未能引起人们的关注。因此，你首先需要确保演讲主题和内容能够吸引听众参与进来。

听众参与：
在告知性话题与演讲中吸引听众的注意力。

新颖性是保持新奇和激励人心的关键，对于引起听众的兴趣非常有效。正如植物具有趋光性这一特点，我们人类也具有趋向刺激性的一面。植物一直将自己朝向太阳来进行光合作用，我们也本能地趋向于新的刺激源。

尽管单靠新颖性不足以撑起一篇告知性演讲，但是却一定能够使演讲更为有效。研究证明，对于新颖事物的感知更进一步加强了听众对于信息的选择性接触、选择性注意和选择性保留。人们总是倾向于寻找、关注和铭记新颖的信息。在告知性演讲中充分利用新颖性最有效的方式是，选择一个对于听众来说比较新奇的主题。不熟悉的主题比随时可见的话题总是更能引人注意。但是，不能将新颖性与晦涩生僻混为一谈。例如，会计用的计算机软件对于大多数听众来说都是一个比较冷门的主题，但这种软件能够为我们节省所得税，则不失为一个新颖的主题。

另一种可利用新颖性的优势是在创建信息内容的过程中，尽管根据以往的经验法则架构一篇可以让听众预测随之而来的内容，但这并非是一条不可更改的原则。有时出奇制胜不失为一种有效的方法。例如，作家有时候会采用倒叙的方式。同样地，一个娴熟的演讲者也会以结束语开篇然后追溯缘由。

告知性演讲发表方式的新颖性，也能让你获得优势。例如，听众通常比较适应位置相对不动的演讲者，而运动可能给演讲增加必要的新奇性。此外，第 11 章所述的发表方式的非言语动态，有助于在演讲中引入新颖性，而第 12 章所述的某些媒体也具有同样的作用。

最后，对于能够完全参与到某个告知性演讲的听众来说，他们需要发现其中的乐趣所在。例如，在参观某国家公园时，最引人入胜的体验便是能有一个知识渊博的导游陪同，告诉我们一些从未听到过的奇文轶事，正如导游杰克·彼得斯在“值得一提：寓学于乐板块中指出的”。

听众适宜性

听众适宜性：
信息主题和演讲符合听众的信仰体系。

尽管新颖性可能一开始更吸引听众的注意，但是你所分享的信息还需要与听众认为的场合相适应。如果你的主题脱离听众，那么听众也会将你的话当成耳边风。

本书开篇时，笔者讲到传播是一个感知过程，具有选择性。从根本上来说，人们会选择有感知的信息进行理解。**听众适宜性**是指听众对信息的感知与其信仰体系——包括他们的态度、信仰、价值观以及生活方式的相容性。演讲者在选择主题以及构建其告知性演讲内容时，往往忽略了适宜性的考虑。

思考一下，你将如何准备一篇针对两组截然不同的听众群体而进行的有关干细胞研究的告知性演讲。第一组听众主要是来自阿尔兹海默症、帕金森氏综合症以及糖尿病患者的家庭成员；第二组听众是宗教团体的成员，相信生命始于受孕的那一刻。第一组很可能希望胚胎干细胞研究能够治疗其挚爱的人；而第二组则可能会反对此类研究，因为可能会导致其人生信仰的毁灭。同样的一篇演讲在两组听众中会引起截然不同的反响。面对第二组听众，你需要申明演讲的本意并非是抨击其根深蒂固的宗教信仰，可以在演讲中加入诸如以下所述的内容：

“我充分理解到对于许多人来说，干细胞研究这一议题会引起伦理上的担忧，我也注意到这些担忧。”

“现在让我们暂时抛开宗教观念，让我客观描述干细胞研究的潜在价值。”

“无论你如何看待这一话题，我希望大家能够站在那些刚刚获知自己的小女儿被诊断出糖尿病，可能一生都要靠胰岛素来维持生命，且随时可能面临致命综合症的父母的角度，来看待这个问题。”

关键点在于：提供的信息可能与听众成员的世界观格格不入时，如果能以认同其观点的前提进行演讲，也可能使其接受演讲的内容。

值得一提

寓学于乐

思考优胜美地国家公园的导游杰克·彼得斯谈论自己作为告知性展示者的经历：

我像之前的许多人一样，只因一次到优胜美地国家公园参观闲逛后，最终却在这儿生活和工作。我的经济学学位并没有让我具备一位导游的素质，所以我的培训从基础开始。首先我听别人讲，有时候模仿其他导游的讲解，直到形成我自己的叙述风格和信息内容。在我的工作中，作为交流工具，形式与内容经常共担同等重要的作用。如果游客亲自联系你，那么你怎么介绍材料，他们会更容易接受并更多地保留你提出的信息？一天结束之时，必然会问的问题是“你喜欢这次旅游吗？”而不是“你学到了什么？”就像大家都知道的，学习和娱乐不必相互排斥。

交流的重要性应该不言而喻。交流得越好，我们对世界的了解会越好，最终，我们对自己的认知也会更好。因此，拿起麦克风，让我们自由自在地行动吧！

杰克·彼得斯：“学习和娱乐的演讲”，承蒙许可转载。

优胜美地导游杰克·彼得斯

听众可理解性

听众如果无法掌握信息内容，便不可能从中获益。**听众可理解**的告知性演讲是那种听众即刻就能理解其内容的演讲。举个例子，假设你是一名生物专业的学生，希望向听众展示人类基因组绘图。你会使用专业术语吗？对于刚学习演讲的学生和一批生物化学专业的高年级学生，你会采用同样的方式方法吗？当然不会吧。

听众可理解性：无论内容多么复杂，听众都能理解。

研究表明，让听众失去兴趣的最快方法是将演讲主题复杂化。在进行告知性演讲时，你不需要规避复杂的话题。事实上，这些话题很可能让听众觉得新奇，也让你更有兴趣研究下去。目标在于将复杂的问题简单化，使其通俗易懂，激发兴趣。

运用类比或对比，是降低演讲复杂程度的一种有效方法。例如，在解释某个复杂的流程时，可将其与普通的流程进行比较。再如，我们认识的一位统计学家一直无法让学生们真正理解典型抽样的概念——选择少量的人群（假设 400 个）来做研究，然后将研究结果应用于整个抽样群（假设 10000 个人）中。最后，他发现了一个比拟的方法，最终让 95% 的学生都能够深刻地理解到其意思。

有多少人在体检时抽过血？好吧，抽了多少，一小瓶，两小瓶？在看医生时，她告诉你们血液样本表明你体内的胆固醇含量非常高，虽处于正常范围但仍然太高或者刚好适量？你相信她吗？为什么？他们并没有对你体内的所有血液进行检测。

视觉辅助材料对于降低复杂性也是有用的。例如，笔者想起来有一篇复杂的关于碳分子的演讲，演讲者借助一个拼装式玩具模型来展示分子的模样,他还运用比喻的方法,将分子比拟为一个“碳球”,让听众从视觉上直观地看到分子的形状。

要确保演讲主题和内容易于理解的最后一个方法是，将观众不太熟悉的术语明确地予以界定。例如，假设你听到一篇有关牛绵状脑病的演讲，除非演讲者向你解释这就是大家所熟知的疯牛病，否则你很可能会不理解并且就此失去兴趣。采用首字母缩写词或字母代替关键词的演讲，甚至更晦涩难懂。例如，一篇名为 BSE（如果听众并不知道这是疯牛病的首字母缩写词）的演讲最令人困惑。此外，针对该疾病无论采用什么术语，都需要进行更充分的解释，说明这是一种中枢神经系统变质性失调的慢性病。

丰富生活

在你开始准备第一次演讲所需要的工具时，我们提到过与听众相联系的重要性。如果他们想听这次演讲，他们必须清楚地了解为什么你讲述的内容符合他们的利益。

当我们与听众相联系，我们实际上在宣告“我演讲的主题和内容可以潜在地丰富生活”。丰富生活可以表现为对一些主题的看法更明智或能够改善行为表现的种种建议。不要认为自己有个好的想法，别人也一定会认为这个想法很好。历史上好的想法、观念、技术和方法数不胜数，但却未能引起公众的任何注意。不妨研究一下埃弗雷特·M. 罗杰斯的经典著作《创新的扩散》（*The Diffusion of Innovations*）中的两个例子。[4]

如果你研读过科学历史，可能会记得由于缺乏维生素 C 而引起的坏血病，这是长期困扰着航海生活水手们的严重问题。早在 1601 年,就已发现维生素 C 可有效防止坏血病。但是,却远在 200 年之后，英国舰队才将这一发现运用于其航海事业中，而又过 75 年之后商业船只上才有维生素 C 资源可用。

但是，我们不必追溯到 200 年前来进行实例证明。我们以预防性健康行为为例，最近我们时刻都能接收到旨在帮助我们健康生活的资料信息，尽管这些信息到处可见，并且传播者都保证只要我们不吸烟、坚持锻炼、注意饮食就一定能够更加健康，寿命更长，但是成千上万人仍然视若无睹。

千万别以为听众会意识到可以从演讲中获益或者有助于其职业能力的提升。或许，你会突然发现，你的听众与预期的刚好相反。以你已经经历过的大学课堂为例，无论是哪个科目，大多数大学教授都认为他们所传达的信息对于每个学生来说，都是必须具备的知识能力。他们坚信如此，从而很少花时间让学生信服好好上课听讲，对于他们来说是很有益且重要的。

这种疏忽有时无关紧要——例如，如果该堂课是学生的专业课程时。学生听讲是因为他们知道他们“必须学习”老师所教的内容，无论授课方式如何。但是，如果是专业之外的必修课程，他们很少会这样想。计算机科学专业的学生会抱怨“我为什么需要修读艺术史课程”，而化学专业的学生也不禁会问：“为什么我还需要上公共演讲课程？”

正如老师们有责任将其课程与学生们的职业抱负联系起来一样，演讲者对于听众有着同样的责任。仅仅让听众认为其传达的信息具有相关性或适宜性是不够的，他们所传达的信息——演讲内容——还必须能够丰富和充实听众的生活。

本章以大纲列出的埃弗雷·摩根关于蜜蜂和养蜂业的演讲表明，蜜蜂对于我们日常食物的1/3都有着不可或缺的作用。他不希望听众将蜜蜂视为讨厌的害虫，而是希望听众学会欣赏蜜蜂是如何造福于人类的。

将理论运用于实践

既然我们已经阐述了向听众传达信息的一些原则，现在是你自己准备告知性演讲的时间了。本章提供了一些有关如何进行告知性演讲的可操作性建议。我们探讨了向听众传达知识的五种方法：阐述流程、解释概念、指导说明、演示证明以及描述说明。演讲过程中可能用到多种方法。方法几乎无法穷尽。尽管如此，以上五种是思考如何将告知性演讲的原则应用于实际演讲的有效方式和方法。

演讲：解释某个流程

在告知性演讲中你可能希望达到的主要目的是说明某一流程。严格上来说，流程是一种持续的过程和现象，无明显的开端或结尾。自然科学上也有众多的流程实例，例如光合作用、侵蚀作用和渗透作用等。由于真实的流程过程是复杂的，且往往无法被我们察觉，对于它们的解释需要演讲者真正的创意。至少，你必须将这些过程细分成段，以便听众更好理解。如果解释该流程需要特定的词汇量，你还需要对术语进行解释说明。由于流程作用也可能是隐形不可见的，你可能还需要制作一些与该过程近似的视觉效果。

要想更好地理解告知性演讲对某个流程的解释，请点击我们在线学习中心网站，找到13.1部分观看特雷弗·摩根关于蜜蜂的演讲。

流程说明的关键是为观众找到适当的补充语言工具以及可视媒体。这包括寻找最好的类比、隐喻和明喻来启动。然后借助投影仪这种静态视觉材料或动画PPT等动态视觉材料抑或实物来进行补充说明。可参考“他们的演讲：告知性演讲大纲——蜜蜂和养蜂业”板块摘录的特雷弗·摩根解释的流程。

演讲：解释某个概念

尽管不像流程说明那样复杂，解释概念的演讲要求演讲者对概念的慎重选择。概念是指具有共同属性的某类实物的抽象象征。例如，“球”这个词也是一种概念，可指橄榄球、篮球、足球、高尔夫球、网球、棒球及排球等。尽管尺寸和目的不同，这些球类至少具有一种共同的属性：圆形。

解释某个概念的关键是描述区别于其他概念的本质属性。民主与共和有什么不同？

特雷弗·摩根

他们的演讲

告知性演讲大纲示例

蜜蜂和养蜂业

特雷弗·摩根

具体目的：探讨不为大多数人所知的蜜蜂和养蜂业的另一面

引入

注意演讲者是如何吸引注意力，同时与听众建立联系的。

1. 富有冲击力的开场 / 与观众建立联系

举手示意：

有多少人不喜欢，甚至是害怕蜜蜂的？

2. 主题句：由于大多数人不太了解蜜蜂，使得蜜蜂的形象比较负面，我希望能够改变这一局面。

以上三点式架构能够清晰地得以预览，而且易于听众跟随。

3. 预览：下面将探讨蜜蜂的类型、品种和授粉

正文

1. 要点：蜜蜂主要分为三种：蜂王、雄蜂和工蜂。

A：蜂王：

演讲者提醒自己使用视觉辅助材料。

（1）一个蜂群内所有蜜蜂的首领（视觉辅助材料）；

（2）如果没有蜂王，蜂群无法正常生存；

（3）比工蜂的寿命更长；

（4）在蜂巢内的主要职责是产卵——每天3000只卵；

（5）只会螫其他的蜂王——从不叮人类，多刺。

B. 雄蜂：

（1）唯一的雄性蜜蜂——无刺；

（2）一生中仅飞行25次左右；

（3）主要功能是与蜂王交配；

（4）非常懒。交配过程结束后，工蜂将其螫死，因为其已经不再具有生产价值。

C. 工蜂：

（1）蜂巢的动力厂；

（2）完成所有的工作，执行蜂巢内的所有功能作用；

（3）无法产卵的未充分发育的雌性蜜蜂；

（4）它们有花粉筐，用来授粉（Morse，1975）；

（5）它们不会单独行动——而是集体行动。

（过渡：现在你了解了蜜蜂的三种类型，下面将探讨蜜蜂的品种）

2. 要点：蜜蜂的种类有成百上千种。

A. 有非洲蜂、意大利蜂、爱尔兰蜂、南斯拉夫蜂等，但是我将重点介绍两种蜜蜂。

B. 非洲蜂：

（1）产自非洲，后涌入美国；

（2）非常凶狠，通常是集体涌现袭击；

（3）非洲蜂不能活过加利福尼亚北部的冬天。

C. 意大利蜂：

（1）在意大利非常普遍的蜜蜂；

（2）相对于非洲蜂而言非常温和（视觉辅助材料）。

（**过渡**：既然了解了两种不同品种的蜜蜂，下面将介绍授粉这一主题）

3. 要点；蜜蜂授粉非常的重要

A. 蜜蜂在农作物受粉过程中扮演了最重要的作用

B. 毫无疑问，蜜蜂作为授粉者相对于作为蜂蜜生产者来说，对人类有着更为重要的宝贵价值

C. 我们有将近1/3的食物源是直接或间接地依赖于蜜蜂授粉的庄稼（Root，1983）

D. 花粉传播的两种主要类型

（1）花蜜授粉；

> 演讲者不仅引用了他的来源，而且他在说到这一点时，还举起了那本书。

> 演讲者运用了清晰明了的过渡语句。

> 此时，演讲者举起一个装有5000只蜜蜂的盒子。

> 强调了该主题对于我们日常生活的重要性，并且引用资料说明。他指着那本养蜂圣经的书。

（2）雄蕊花粉传到雌蕊上。

结论

1. 总结：现在我们了解了：

A. 蜜蜂的种类

B. 蜜蜂的品种

C. 授粉

2. 富有冲击力地结束：下次在宿舍或汽车里看到蜜蜂飞来飞去时，不要打它，记住蜜蜂是多么地重要，放它走。

结束语直接与听众联系起来。

参考文献

Africanized honeybee range in U.S.(picture).(n.d.). Retrieved from http://www.stingshield.com.

Morse，R.(1975). Bees and beekeeping. New York: Crnell University Press.

Root，A.(1983). The abc and xyz of bee culture. Ohio: A.l. Root Company.

美国是一个共和国，但大多数人将其视为一个民主国家。一篇优秀的告知性演讲不仅需要解释其原因，还应指出区分共和国和民主国家的具体属性和特点。

在选择解释某个流程或概念的演讲的主题时，注意所选主题应与听众具有相关性，在他们的理解范围内，并且在有限的时间内你能够解释清楚。虽然相对论高度相关，但要想在 5 ~ 10 分钟的时间内将其解释清楚，是非常困难的。

确保你的主题和内容在听众的理解范围内，这点尤其重要。根据上文所述，降低复杂度的一种方式便是使用类比。参考以下乔纳森的演讲片段中对于类比这一手法的运用：

我说过，我是一个好人，开朗、阳光。是的，我确实是个残疾人。我天生患有成骨不全症，这种疾病的存在使我全身的骨骼脆弱不堪。你曾经有过碰落玻璃的经历吗？结果如何？碎了。而我的骨头正如玻璃一样会破碎，这也是我为什么告诉他人在抱我时要像呵护水晶一样地呵护我。

将骨头比喻为玻璃这一简单的类比，让听众立即明白了我们平时闻所未闻的疾病。乔纳森的目的是介绍自己同时介绍自己的残疾状况——这也是他的听众需要了解的信息内容。

与解释流程的演讲一样，解释某个概念可能需要视觉上的辅助。想象一下，某位创业者在向一些潜在的投资人解释一个新网站的概念时，如果仅仅依靠文字，你觉得她会有多成功呢？

在大学期间，不管是在公共演讲课上还是另一个场合，你一定也会被要求向大家解释某个事物。同样地，在职场上，人们经常需要进行解释说明，从某个新产品理念到上一季度销售不理想的原因等。运用可理解性原则有助于你提升解释力。

演讲：指导

告知性演讲也可用来指导观众，关键在于提供能够为观众加以运用的新信息，或对于现有的信息有新的剖析视角。现代教育理论强调可观测的行为目标，即在听到指示说明后，通过回答相关问题或参与到某些活动中，学生们应该表现出对该主题的掌握。

让听众参与进来对于指导性演讲很重要。除非演讲内容中包含有新信息或对于听众来说有全新的观点或视角，否则你只会让听众扫兴，因为他们都早已了解你所讲的内容。例如，有关如何骑单车或如何整理箱子不大可能给听众提供新颖的东西。但是，即使是新话题，也可能被大多数人认为无关紧要。例如，有关如何给雪橇涂蜡的演讲内容对于有经验的滑雪者来说是早已司空见惯的，而对于非滑雪者来说又是无关痛痒的。

因此，指导性演讲的关键是提供新颖且相关的信息，或至少能够给观众提供一个新的视角，也就是说，利用主题的新颖性来吸引观众，同时指出信息的吸收能够让生活更充实和丰富。

值得一提

推销员

无论男女，推销员的最终目标都是说服我们订购他们所推销的产品，而往往正是他们对产品的展示吸引着我们的注意力。尽管多重录音和后续剪辑让他们看似即兴的宣传和展示看起来完美无缺，但事实上并非总是如此。有线电视多个频道出现之后，使推销员们及其推销的产品成为每周 7 天、每天 24 小时的广播现象，在此之前，只有少数几个在州博览会、跳蚤市场和旧货交换会前，在真正的观众面前做现场演示。他们加入可以在切片、切块或使污渍和异味消失方面大显身手的大联盟队伍之中，正如真人秀《推销员》所展示的，只有少数最优秀的人，才具有这些技能。

资料来源：有史以来一流的电视购物节目明星。WalletPpp.com.2009. http://www.walletpop.com/specials/profiles-of-tv-product-pitchen, 9 November 2009.

比利・梅斯永远都是最成功的推销员之一。

演讲：演示如何做某事

演示性演讲与指导性演讲密切相关，但演讲者实际上是向观众演示如何操作。而且，好的演示性演讲能够让听众按照演示的步骤亲手操作，无论是演示演讲期间还是演讲结束后，都能够尝试操作。

在电视商业广告或购物频道（如 QVC）上可发现较好的演示性演讲实例。例如，电视推销员比利·梅斯通过展示 OxiClean 等各种产品而知名度大大提升，其财富值也急剧增加。你可以参考“值得一提：推销员”板块中以展示产品为生的人们的例子。

演示演讲者需要提供足够的信息给听众，让他们能够单独操作，或提供一些能够获得进一步指导的信息，以便开展实际操作。例如，没有人单凭听一次演讲或一系列演讲就能掌握空手道，空手道动作的展示能够激起听众的兴趣去寻求指导。事实上，许多武术馆会去学校以及公共场合做演示以吸收新学员。

选择演示性演讲的主题时应谨慎，全面考虑。几分钟内不可能充分展示一个复杂的高难度任务，甚至可能会让人们错误地认为他们根据演讲的内容知道如何去操作而事实上却不会。例如，很少有人仅仅看一眼演讲者所做的展示便能够做心脏复苏术。在确定是否能够做到之前，我们需要多加练习（或许可以在真人大小的模特身上进行尝试）。但是，另一种救生技能——海姆利克氏操作法，也往往成为演示演讲的主题，在短时间内即可学会。

演示性演讲的关键在于精心地策划。晚间娱乐节目以娱乐的名义故意对这类观点进行了讽刺。如果你计划在演讲中演示某个过程，这需要用心演练。此外，事先准备演讲的各个步骤是有用的。看电视上的各种烹饪展示，洋葱已经切好，面粉已经筛过量好，成品样本也唾手可得。你也不想在测量材料或筛面粉时，打消了观众的兴趣吧。提供一份文字菜谱作为视觉材料，可以节省很多时间，并且让听众集中注意力观摩演示过程。简言之，演示性演讲需要精心地准备。

烹饪教学要求手把手的演示，如图所示为西班牙某烹饪学校的教学实践。

此外，确保演示内容准确无误。如果误导了听众，便会得不偿失。

根据演示的内容，你甚至还可能邀请裁判坐到听众席上。因此，一定确保你能够在既定的时间内准确地展示整个操作过程。

最后，确保展示过程对于听众来说是清晰可见的。有关做寿司或折纸手工的演示性演讲乍听起来很有趣，但是除非对展示过程进行放大以便所有的听众都能看到，否则演示寿司的做法或手工折纸的操作并不见得很好。

演讲：描述

告知性演讲的另一方式是描述说明。利用视觉材料能够明显增强描述性演讲的效果。不仅视觉材料有用，你可能还希望提供针对特定主题的文字描述。例如，以下为简尼·丽思对于米奇老鼠这一经典角色的描述：

> 米老鼠的形象设计：圆圆的头部、椭圆的鼻子、圆形的耳朵。当米奇转头时，各个部位看起来都是一样的。它圆润的身体，细长的腿，穿着大大的鞋子，使它看起来就像一个穿着爸爸鞋子的小孩。

从这一描述中是不是可以想象出米奇的样子了？可见，视觉语言对于有效的描述说明至关重要。

图表 13.2 列出了每一种告知性演讲主题的实例。

图表 13.2 告知性演讲可能涉及的主题

演讲：解释某个流程，例如：	演讲：解释某个概念，例如：
• 气候变化 • 氢气如何给汽车提供动力 • 太阳能电池板如何将光能转化为电能 • 西尼罗病毒是如何传播的 • 紫外线是如何导致皮肤癌的	• 信用卡收费及其如何累积 • 一种艺术：例如，印象派 • 某疾病的特性：例如，黄斑营养不良 • 复利以及小额投资如何随时间增值 • 和声
演讲：演示	**演讲：描述**
• 动手种植药草 • 填写 EZ1040 所得税表格 • 飞钓 • 进行心脏复苏术 • 准备最喜欢的美食 • 滑雪时适当地采取保护措施	• 里约热内卢游记 • 曾经见过的最难忘的人 • 机场安保人员的软弱导致抢劫者劫机 • 优胜美地国家公园的美妙风光 • 奥林匹克运动（如体操）的评说
演讲：指导如何做……	
• 减少碳排放量 • 选择匹配各种食物的最佳红酒 • 维持健康的体重状态 • 提高汽油里程数	• 减少染上流感的风险 • 识别酗酒的症状 • 改善睡眠习惯 • 更有效地学习

一个残酷的事实

尽管我们将告知性演讲分为上述五种类型，实际上告知性演讲往往不止包含一种。例如，指导性演讲也需要说明、描述以及流程、概念、实践展示等。

技巧和策略

告知性演讲

在组织告知性演讲时，你需要做到下列各点：

- 使用能够吸引不同学习风格的听众成员的词语。
- 运用技巧，使演讲更能让听众参与、适宜于听众、易于听众理解且能潜在地丰富其生活。
- 确定演讲的目的是解释某个概念、某个流程，还是指导、展示抑或描述说明。
- 通过运用合适的视觉辅助材料将可观察性最大化。

最后的忠告

如果可以用一个词来总结优秀的告知性演讲和失败的演讲的差别，那就是“热情”。你对演讲主题的热情以及听众从中感受到的愉悦感是无法替代的。热情具有感染性。当你精力充沛时，听众很容易感受你的热情。显然，这一事实提醒我们：告知性演讲的成功取决于你精心挑选并用心研究过的主题！

小结

为了评估你对本章内容的了解，请访问我们在线学习中心网站进行检测和其他章节辅助学习材料。

告知性演讲是向听众呈现新信息或在现有的信息基础上提出新观点的过程。

- 学习是告知性演讲的目标。
- 告知性演讲和说服性演讲是统一体的两端。
- 在告知性演讲的言语和非言语内容上反映出听众不同的学习风格是很重要的。
- 在教室、工作场合和生活社区中，告知性演讲很普遍。
- 告知性演讲成功的关键是：听众参与、适合听众、易于听众理解并能潜在地丰富听众的生活。
- 告知性演讲可用于解释、指导、演示或描述流程、概念和技能。

学习成果检验：练习和实践

1. 针对某个熟悉的主题列出一个简单的演讲概要，然后说明如何让演讲适应于以下不同的学习风格：语言听觉型、语言视觉型、数值听觉型、数值视觉型以及听觉—视觉—触觉混合型。

2. 选择至少两个主题，分别进行说明性、指导性、演示性以及描述性演讲。某些主题是否自然而然地归为一类？是否有其他主题可能用于多种类型的演讲？

3. 你喜欢哪种学习类型？可登录 http://www.engr.ncsu.edu/learningstyles/ilsweb.html 参与“学习风格问卷调查”。

注释

1. Woody Allen, *Good Reads,* 2009. [Retrieved from http://www.goodreads.com/author/quotes/10356.Woody_Allen.]
2. P. Friedman and R. Alley, “Learning/Teaching Styles: Applying the Principles,” *Theory Into Practice,* 23 (1984): 77–81. Based on R. Dunn and K. Dunn, *Teaching Students Through Their Individual Learning Styles: A Practical Approach* (Reston, VA: Reston Publishing, 1978).
3. Michael D. Scott and Scott Elliot, “Innovation in the Classroom: Toward a Reconceptualization of Instructional Communication” (paper presented at the annual meeting of the International Communication Association, Dallas, Texas, 1983).
4. Everett M. Rogers, *Diffusion of Innovations* (New York: Free Press, 1983).
5. Jonathan Studebaker, “Speech of Self-Introduction: Who Am I?” The full text appears in Chapter 1.
6. Jennie Rees, “Informative Speech: Mickey: A Changing Image,” California State University, Chico, 1992.

CHAPTER 14

第14章 说服性演讲

动物权益保护团体往往将其说服性信息，建立在对受众强烈的情绪诉求上。

目标

在阅读本章以及浏览 www.mhhe.com/brydon7e 在线学习资源后，应能够：

- 描述复杂思维过程和劝服之间的关系。
- 叙述恰尔蒂尼（Cialdini）的影响力原则。
- 描述传输理论。
- 描述如何评估包括受众多样性与制约性在内的修辞情境对说服性演讲的重要性。
- 描述说服性演讲旨在实现的种种目标。
- 界定品格诉求、理性诉求和情感诉求。
- 识别和控制对于演讲者可信度和相似度的种种看法。
- 运用适当的组织方案构建说服性信息。
- 解释合理地展现两方面说服性信息，并构建一则两方面说服性信息。
- 展示如何运用一级、二级以及三级数据作为说服性演讲的证据。
- 展示如何将特定的说服诉求类型与受众成员的情感相联系。
- 解释激烈而得体的语言如何能促进说服。
- 解释个性特点如何调节说服性演讲的效果。

关键词

采纳
品牌化
改变
品质
胜任能力
详尽可能性模型
气质
第一级、第二级、第三级数据
灌输
理性诉求
情感诉求
说服性
强化
来源可信度
传输理论

几乎可以说品格是最有效的说服方式。

——亚里士多德[1]

说服：
演讲者影响受众成员想什么或做什么的过程。

说服不便宜啊。例如，企业及其广告机构可能会花 2 亿美元试图说服 2010 年美国橄榄超级杯球赛观众一如既往地忠诚，或更换产品，或仅仅是记住其公司的名称。这些钱是否都花得物有所值呢？不一定！仅仅依靠花费大量的金钱，并不能达到预期的说服效果，这个目标的实现具有相当大的难度，甚至可能与我们正常的想法南辕北辙：我们会觉得面对的是理性和逻辑。

本章聚焦于一般的说服以及公共演讲具体的说服。我们首先从在当代生活中的说服过程如何起效的三种不同视角开始，然后回过来阐述修辞场情境，在确定通过一场说服性演讲，希望实现的具体的目标之前，认真分析受众的必要性。最后，我们将这些信息与构建说服性演讲稿的过程相结合，包括：

- 发挥作用的受众认知维度
- 设法应对受众的认知维度
- 组织说服性演讲稿
- 确定达到说服目的可能选择运用的说服诉求类型
- 注意两种具体的个性特质在说服性信息的效果中发挥的作用

说服实践

合法不一定合乎道德。对于说服实践而言，尤其如此。法院已解释了“宪法第一修正案”：建构和传播有意歪曲的事实或过分夸大事实的说服性信息（匿名的或归因上的误导），这种方式可能是合法的。作出的主张或者是虚假的，或者印刷的字号如此细小，或者画外音说得如此之快，以至于听众不会注意到，也是合法的。即使在适当的条件下，让人们相信很离谱的言论或卑鄙的行为，也可能是合法的，但这并不意味着是正确的。因此，运用本章介绍的信息，你可以成为更有说服力的传播者和演讲者，但这个事实不应该成为你为所欲为的通行证。

理性：
演讲者向受众提供其言语信息的证据。

据说，关于说服性演讲的学术研究，很大程度上要归功于 2000 多年前亚里士多德提出的修辞原则。亚里士多德及其众多追随者都认为，**理性**诉求，也就是演讲者提供逻辑证明，是说服的必要条件，因为听众成员会利用批判式思维原则来决定是否接受相关信息。第 15 章将会探讨批判式思维，包括详细审查演讲者论点逻辑以及支撑其论点论据的质量。

详尽可能性

从个人经验来看，应该可了解到，亚里士多德等人的理论观点在实践中并不一定可行。人们不但不会因为演讲者信息中包含的逻辑证据而被说服，相反地，在“选择”相信的内容时，还会选择忽略这些逻辑证据。相关的极端实例不在少数。例如，有些人至今仍然否认犹太人大屠杀，还有人相信“9 • 11”事件应归咎于美国政府。

为了解释说服经常看似不合逻辑的事实，社会心理学家理查德 • 佩蒂（Richard Petty）和约翰 • 卡乔波（John Cacioppo）创建了关于说服的**详尽可能性模型**（ELM）。[2]EML 不仅在心理学家中获得了极大的反响，在传播研究学者中亦如此。

佩蒂和卡乔波指出，对于演讲主题和说服性信息，听众成员往往采取两种信息处理路径：（1）中心路线；（2）边缘路线。当演讲主题是听众成员所关心的，很可能会采取中心路线。佩蒂和卡乔波也坚持认为，中心路线可让演讲者的说服性信息对听众产生长远的影响。

详尽可能性模型：阐述听众成员为何仅在某些场景（而非其他场景）下运用详尽思考过程的说服模型。

相反地，当听众认为演讲主题及其蕴含的信息不相关、不重要或混乱不清时，则会选择边缘信息处理路线。图表 14.1 对两条途径进行了描述，笔者希望通过实例来对两种路径进行简要地解释。

中心信息处理路线

图表 14.1 最左侧标识出说服性演讲，向右依次是听众以及向其开放的两种可能性理论主张：第一，听众具有倾听的动机并且能够理解所听取的信息内容；第二，听众缺乏动机或不愿意或不能够理解演讲。如满足第一个条件，则符合图表 14.1 顶部所示的中心处理路线。考虑一下医助自杀类演讲，如听众关注该主题或认识某种绝症患者，很可能希望全面而细致地了解修订法律以允许医生帮助绝症患者了结生命方面的赞成与反对意见。

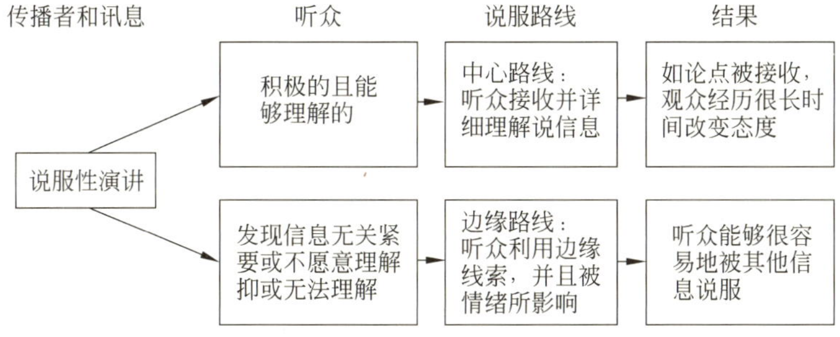

图表 14.1 详尽可能性模型中说服的两种路径

摘自佩蒂，R.E.& 卡乔波，J.T.（1986）的《传播与说服》（纽约：施普林格出版公司）。承蒙作者许可转载。

当听众遵循中心路径处理信息时，证据和推理是演讲内容被接受还是被拒绝的最重要的基础。演讲主题并不能保证那些遵循中心路径的听众就会被说服。如演讲者对演讲的研究和论证粗制滥造，事实上听众很可能会拒绝接受演讲者所传达的信息，因为他们对于该主题已经做过批判性思考。因此，如果你选择的主题内容旨在让听众遵循中心信息处理路线，则必须确保有理有据且有案例支持。如果你确实是这么处理的，那么听众更有可能被说服并相应地实施行为，而将来听众改变态度的可能性就更低了。

边缘信息处理路线

图表 14.1 底部的示意图阐明了边缘信息处理路线。对于边缘信息处理路线，听众或认为演讲内容及主体与自己无关，或认为难以理解，抑或毫无兴趣。对此，佩蒂和卡乔波认为演讲者最好将短期说服作为最佳目标。例如，你的演讲目的是让同学们签一份请愿书，要求学生会宣告认可前校友目前在中东服役所作出的贡献。如果在演讲期间，你还提到，尽管自己坚决支持学生会采取所有必要的措施保护这些已毕业校友的福利，但是你也认为那些对服役校友们不利的论据，既没有逻辑性也无说服力。结果很可能是，班上的所有同学都会在请愿书上签字，但是对于你个人披露的信息方向无动于衷。

简言之，详尽可能性模型清楚地表明了听众在演讲说服过程中的积极作用。这种积极作用体现于:（1）认为你的演讲主题关乎其需求;（2）了解并能深入理解你所传达的演讲信息;（3）根据其现有的知识及信仰来集中处理所提供的信息的性质和品质。

恰尔蒂尼的六大影响原则

相反，社会心理学家罗伯特·恰尔蒂尼认为，说服过程往往是由一时情感所驱使的，与理性思维几乎无关。[3] 恰尔蒂尼相信，精心制作的信息提供的证据以及理论依据对人们的影响，还不及利用历经数千年进化的人们条件反射的信息的影响。与佩蒂和卡乔波不同，恰尔蒂尼认为无论是旨在短期抑或长期性说服，这点都适用。

有大量研究可支持恰尔蒂尼的主张。更重要的是，我们大多数人对于恰尔蒂尼的理论原则以及所给出的实例都能产生共鸣。因此，恰尔蒂尼能够成为世界上最杰出的说服性研究专家，并且是一位成功的演讲者，其听众甚至包括跨国集团的 CEO 以及多个国家的元首，这丝毫不令人奇怪。恰尔蒂尼指出，在日常生活中，具有核心影响力的说服的六大原则是：(1)承担义务；(2)互惠性；(3)社会支持；(4)喜好；(5)权威性；(6)稀缺性。

承担义务

最有力的说服方式之一呼吁听众承担义务。2001年“9・11”事件巨变后，成千上万的美国人去义务献血。即使当血库挤满了献血者，人们还是承诺当血库需要更多的血时他们会义无反顾地再来。当人们在说服性演讲的作用下作出较小的承诺后，心理学上的一致性原则将会起作用。心理一致性原则使我们坚持保有这种承诺所应有的态度、信仰和价值观。当呼吁人们坚守承诺时，如写一封信函、主动请愿或签署一份请愿书，那么人们的态度、信仰以及价值观都可能与其承诺的性质一致。有些情况下，态度转变前便已经采取行动，与说服目标的正常顺序相反。

互惠性

“投桃报李”这句话体现了互惠性原则。在说服性演讲中，基于互惠基础的呼吁是有效的一种方式。参政候选人通常会承诺对持支持态度的选民给予回报。例如，拟定某立法提案、支持某特定法案或为其支持者谋利。

说服性演讲中，另一种互惠性原则的存在方式是演讲者呼吁听众给予回报。例如，校友返校期间，校长可能会呼吁校友给予财政支持。措辞往往是这样的：“昨天学校培养于我，今天我奉献于学校。”

互惠性呼吁往往是有效的，因为人们很小就有礼尚往来的意识和处事原则。因此，当人们收到某个承诺或被要求偿还收到的某物的时候，会条件反射似的予以相应的回馈。

社会支持

基于社会支持的诉求归根结底是以数字说话的，人们倾向于认为，如果足够多的人说是这样，那么就一定是这样。产品广告总是标榜自己的产品是“同类中最畅销产品”，旨在说服消费者他们的产品是最好的。研究发现，人们更可能被大量数字支持的诉求所说服——也就是跟随潮流。从某种意义上来说，他们把社会支持作为论据而予以接受。

喜爱

基于喜爱的诉求在说服活动中的运用很常见。例如，政治候选人会争取赢得电影和音乐领域的明星们为他们的说服性演讲站台。设想是，如果某个明星很受欢迎，那么一般的情况是，这个明星支持的候选人也会受到欢迎。受欢迎是广告主运用的重要元素，他们聘请著名人士作为产品的代言人。这些名人不一定是与该产品相关的专家，但是他们却被公众所喜欢。因此诸如科比·布莱恩特以及勒布朗·詹姆斯等明星为某汽车租赁公司或信用卡品牌代言，其目的就是希望公众同样喜欢该公司或品牌。

勒布朗·詹姆斯等明星代言人对于产品热销非常有效，因为他们广受大众喜欢。

权威性

研究发现，人们倾向于遵循他们认为具有权威性的个人或机构。这些权威性的人物或机构包括执法者、神职人员以及各种联邦机构，比如军队。因此，希望鼓励一群保守的天主教徒反对干细胞研究的演讲者，在诉求过程中可能会选用教皇等字眼作为诉求手段。同样地，某个政治家面对的是退伍军人时，可能依赖于军事英雄的支持，从而在选举中赢得观众的投票。

稀缺性

稀缺性诉求的运用主要是基于供求关系法则。经济学中的格言是，当需求超过供应，商品的价值就增加。因此，稀缺性原则也是基于相对价值之上的。与互惠性、权威性以及社会支持原则一样，人们不由自主地相信物以稀为贵。有关环境类的说服性演讲往往将稀缺性作为诉求的基础。例如，当演讲者告诉观众，世界上的热带雨林正以惊人的速度消失，人们会认为热带雨林的生态效益具有更高的价值。

重申一下，在说服性演讲中诉求手法的运用，应视演讲目标和听众而定，并非所有的听众都愿意立即做出承诺或认为必须礼尚往来。有些听众拒绝跟随潮流（社会支持效应），或者即使喜欢某代言人但也会否决其所传达的信息，有些听众则不相信权威，也有些人不会因为供应短缺便轻率地决定购买某商品。因此，选择合适的诉求方式来传达说服性信息，既是一门科学，也是一种艺术。

传输理论

此外，还有一种影响路径，主要是由具有前瞻性思维的沃尔特·费舍尔（我们曾经的导师）提出的。记得第7章中，费舍尔相信大多有效的公共演讲，包括说服性演讲在内，都利用了讲故事的艺术和原理，提得更为频繁的是费舍尔最新思想——**传输理论**。[4] 传输理论的最基本原则是，有效的说服性演讲能够让听众觉得自己就是演讲者所分享的故事当中的人物。例如，看看这幅图，这是科罗娜啤酒广告活动的广告牌。该场景邀请观众将自己置身于热带沙滩，想象着沐浴在温暖的阳光下，同时品尝着清凉的柠檬味科罗娜啤酒。传输理论学家认为，这幅图特别引人注目，并非是由于提供了科罗娜啤酒优越于其他品牌的逻辑证据，而是因为听众能够很容易地置身于这个场景中。因此，在说服性演讲中，不应仅仅依靠你选择的案例作为依据，还应构建一个故事情节，让听众认为自己在该故事中发挥着作用。

传输理论：
观众深深地被某个故事所吸引，以至于让观众置身于故事之中，可导致听众在现实中信仰（及行为）的转变的理论。

概括来说，我们鼓励演讲者在准备说服性演讲时，运用一个或多个上述理论和观点。笔者认为，每种原则都有优点，而且事实上也有相关的定性和定量研究支持这一观点。最后，笔者强烈希望演讲者思考一下如何协调运用每种原则，当然前提是你和你的导师认为这种方法可行。

科罗娜啤酒广告牌旨在将观众“运送”到所描绘的场景当中。

修辞情境

无论你决定如何运用上述观点，听众被说服的可能性首先取决于他们对演讲主题、演讲包含的基本问题以及演讲者的想法和看法。因此，你别无选择，只能回归到我们在第 5 章中介绍的一个问题，即你对于观众与演讲主题的关系了解得怎样？而这些信息又能提前告知你，听众对于演讲主题和你打算传达的内容的接受度如何？在确定具体的目的之前，让我们简单回顾一下听众多样性以及你不得不考虑的限制性条件。

高效的演讲者必须使其演讲内容适应于不同背景下的听众成员。

文化、人口以及个体差异性

通常认为克洛德·列维 - 斯特劳斯是提出文化意识促进人类进步的最重要的人类学家，他既非文化相对论者，也非大多数社会群体认为的格格不入的文化维护者，他是当之无愧的结构主义者，善于确定且有效地运用文化共同点。[5]

与其试图发现然后适应可能影响说服性演讲的每一种不同点，笔者建议大家密切关注克洛德·列维 - 斯特劳斯的例子，找出你和听众的共同点并且加以利用，以达到互利互惠的目的。

约束条件

更深入地了解受众多样性时发现的共性和不同点，会让你更加明白：你的演讲主题和暂定的目的，存在真实的和可能的种种限制性条件，你想要表达的内容与听众希望听到的内容可能相距甚远。无论演讲者针对其说服性演讲提供怎样出色的证据，总会有人不愿意听取甚至歪曲演讲内容和修辞场景来迎合自身的偏好。这也是为什么政客们竭尽所能地创造以下场景：听众成员需事先经过挑选或其选民对他 / 她将要传达的演讲主题和说服性信息已经有所偏向。同时，这也是电台来电者的意见在电台真正播出之前，必须经过主持人筛选的原因，比如保守的拉什・林博或前自由电台脱口秀主持人、现任美国参议员的艾尔・弗兰肯都是如此。筛选者仅仅希望保留那些能够强化主持人的观点或在不让主持人尴尬的前提下为节目增色的人。

确定说服的目的

说服性演讲能够并且往往会达到不同的目的。例如，初次演讲或说服性活动开始时，其目的可能仅仅就是形成一种强有力且持久的印象，也即所谓的**品牌化**。每年，企业花费亿万美元试图维护其品牌或创建一个新的品牌形象（当某产品或实体需要获得品牌识别时）。例如，日本丰田公司并没有在现有的品牌上增加新的豪华车型，而是创建了一个全新的品牌——雷克萨斯。2002 年，丰田采用同样的方式成功地推出了赛扬汽车。从公司到摇滚乐队等各种组织，在努力从其他竞争性品牌中脱颖而出时，采取了多种不同形式的品牌化策略。还有一些更为大众所熟知的策略，包括在电视或电影中植入产品广告，或邀请名人为产品或服务代言，抑或在网络上进行病毒式营销。

品牌化：
对于某名称、公司或产品形成一种持久印象的过程。

一旦人们对于某个理念、某种做法或某个产品形成具体的印象之后，接着第二种说服目的很可能是：**采纳**。例如，一家企业的产品已经给人们留下深刻的印象，除非人们实际购买这种产品，否则也会走向破产。同样地，旨在预防性健康实践的健康传播活动，除非人们愿意尝试，否则也是失败的。

采纳：
消费者决定忠诚于某产品、行为或理念。

说服性演讲的第三个最常见的目的是正**强化**。正强化利用回报来提高态度和信仰的力度，从而产生良好的行为。父母经常用到正强化的方式，在成长过程中，你可能经常会听到这句话："考试成绩好的话就会给你买……" 强化的方式旨在提高演讲者所希望达到的某结果的可能性。因此，政客们承诺对支持他们的选民给予回报，广告商承诺购买其产品的人能够享有更好的生活，而一些宗教人士也会告知其信徒，坚持某些信条能够获得永生或更好的因果报应（因缘）。

强化：
强化态度、信仰、价值观以及行为所给予的奖励方式。

灌输：
让人们的信仰体系抗拒反向说服论据中所采用的技术。

与强化密切相关的是**灌输**，在第9章讲述双面驳斥组织模式时曾提到过。[6] 正强化仅仅是为了强化态度等，而灌输的目的是使信念抗拒改变。就灌输来说，演讲者首先会强化听众对于演讲主题赞同与否的态度，然后告诫听众，他们的态度可能会被那些持相反观点的人攻击。最后，演讲者切实地提到观众能够预料到的对立的论点，并且向听众提供驳斥对立论点时可以利用的论据。正如为人们接种疫苗，对某疾病形成免疫力的生物过程期间所生成的抗体一样，演讲过程中的灌输是为了使听众能够从心理上形成对反向说服的抵抗力。

针对儿童的禁毒类信息通常是一种灌输手法，给出拒绝嗑药的有力理由，比仅仅让其“说不”更有效（参考“值得一提：禁毒教育真的有效吗？”）。如此一来，孩子们在遇到同侪压力时，即可运用这些“言语抗体”来维护其拒绝嗑药的行为。

改变：
替换或更改态度、信仰和行为。

最难以达到的说服目的是让人们彻底**改变**或大幅改变其态度、信仰以及行为。健康传播研究表明，人们会习惯性地抵制变化，即使这种变化是有利的。因此，演讲者希望改变听众是相当困难的任务。经历过说服性演讲的人往往通过长时间和系统性的活动，慢慢地达到改变或更改听众态度或行为的目的。因为根据专业性和经验来说，仅仅通过一次演讲便想要达到这种说服目的，不仅天真无知，而且具有误导性。

值得一提

禁毒教育真的有效吗？

还记得小学时的禁毒活动吗？这还只是众多反吸毒教育活动的一部分。反吸毒教育活动随处可见，从禁止滥用药物教育（Drug Abuse Resistance and Education，DARE）到红丝带周，目的都是向年轻人灌输拒绝毒品的意识。每年该类活动经费达几十亿美元，仅加利福尼亚州每年花在禁毒教育上的经费就达4亿美元。为了确定此类项目是否物有所值，加利福尼亚州教育厅委托加利福尼亚大学伯克利分校研究顾问协会，研究该州的禁毒教育活动。历时三年的研究于1995年完成，结果却相当具有争议性，教育厅甚至拒绝公布研究结果，1997年终于在学术期刊《教育评估和政策分析》上将其公开，结果令禁毒教育者大为吃惊，只有15%的学生认为禁毒教育具有说服力，而被调研的5000名学生中近乎70%的人要么持中立态度，要么对该类教育活动持负面意见。

该研究报告的主笔乔尔·布朗指出："这些活动不仅无效，对于许多年轻人来说甚至起到相反的作用。"学生对这项活动比较典型的评价是："我不认为让某人拿着红带喊着'远离毒品'就能够让他拒绝嗑药。"相反，许多学生称赞那些艾滋病患者所作的演讲，因为可以清楚地表明"你也很有可能患上这种病"。

然而，布朗的研究也不无批判者，包括拒绝接受该研究结果的加利福尼亚州教育厅，认为"存在严重的缺陷"。不过事实上，在过去数年来嗑药的年轻人数量确实有所上升，尽管在反毒品教育活动上每年花费数十亿元。

如果在小学和初中期间你经历过这种禁毒教育活动，你认为这些活动的有效性如何？这些让年轻人拒绝毒品诱惑的活动，对你和你的伙伴们是否有说服力呢？如没有，如何才能让它们更具说服力呢？

资料来源：Peter Hecht, "School Anti-Drug Programs Bashed," Sacramento Bee, 19 March 1997, A1, A12.

受众看法

前国务卿科林·鲍威尔被广泛认为具有很高的可信度。

从理论角度来看，即便我们对说服目的所做的工作已经达到了最佳，对修辞情境也做了全面而彻底的分析，我们的任务还远远没有完成。我们还必须考虑观众可能对我们产生的看法，以及我们如何设法将受众的感知有利地运用于我们的说服。幸运的是，跨越多个世纪的理论和研究告诉我们，必须谨记两组受众看法，这两组看法对我们达到说服目的的可能性，具有压倒一切的影响，无论是试图创建一个品牌，促进采纳某种做法，灌输或强化现存信念，还是促使观众接受改变。第一组集中于亚里士多德的概念：气质及其当代分支——信息来源的可信度。第二组集中于听众和演讲者之间相似性的感知。

精神气质和信息来源可信度

精神气质：
听众对于演讲者可信度的判断。

来源可信度：
听众愿意相信演讲者的程度。

胜任能力：
听众对演讲者在演讲主题方面学识渊博程度的看法。
品质：
听众对于演讲者的信誉的看法转移到了演讲者做出的主张上。

受众对演讲者的最初感知会粉饰随后而来的一切内容。演讲者的**精神气质**是听众判断其可信程度的最重要的因素。亚里士多德认为，精神气质是演讲者整体心理构成的中心和内在部分。他还说，演讲者的精神气质是成功说服他人的基础，就是本章开篇引用的那句。

现代传播学研究者已经证实了亚里士多德对于精神气质重要性的思考。如今，学者们采用“**来源可信度**”这一术语，描述受众对于演讲者可信度的感知。[7] 这是听众给予的而非演讲者天生具有的一种品质。

研究人员表明，可信度由两个主要因素组成。尽管研究人员对此措辞不同，不过听众对于演讲者可信度的两种感知，可归结为**胜任能力**和**品格**。[8] 这两者是维持精神气质看法的必要条件。要想让自己可信，不仅在演讲主题上，要让听众相信你具有足够的知识和能力，而且你的为人和品格也要让人觉得是可靠的。

由于可信度是说服的基础，对于听众来说较为陌生的演讲者，首先需要在听众之间树立起自己具有能力、也可靠的感知。例如，在公共演讲课上，学生对你的了解很可能只是停留在表面。因此，如果你在演讲主题上有特殊的专业技能或直接体验，务必让听众知道。如果对演讲主题有过深入广泛的研究，也有助于让听众欣赏你所获得的最新的技巧和能力。口头引用事实、统计资料以及专家话语，能够让听众知道你对演讲主题有很好的把握。要评估自己对来源可信度的感知，可查看“感知来源可信度”的自我评估表。

相似度

听众回应演讲者及其演讲的第二个非常重要的感知维度，是相似性。根据经验，当听众感知到你与他们越相似，他们越会将你理解为更具人际吸引力。原因并不难理解，人们怀疑那些与自己感觉不同的人。他们认为，一个外人怎么能了解他们的需求以及当地社区的需求呢？

当然，只要我们开口讲话或表达出观点，以外表论相似性的感知方式便会逐渐消失。地方方言和口音会影响到根据外在相似性所感知的结果，而一个人对措辞或俚语的运用也同样如此。在假设存在相似性之前，最好事先和一部分听众进行交谈。即使是有关兴趣爱好和消遣方式等轻松的交谈内容，也可从中了解到他人的文化、人口统计学方面的情况以及个人的好恶。

最后，尽管演讲者可以强调或利用听众与自己之间的已知的相似性，但是演讲者还应确保自己在演讲主题上的专业性，要比大多数听众成员略微或适当地高一些，这点也是至关重要的。研究发现，我们往往不太愿意听取那些对演讲主题的了解还不如自己透彻的演讲者。这不是意味着需要说一些诸如“我了解得比你多”之类的蠢话，而是说要让自己在听众眼里显得可信。

自我评估

感知来源可信度

下面量表可测量对某个来源可信度的感知。你自己将其填写完成或让其他演讲者填写。也请记住，你对自己可信度的看法，可能与耳闻目睹你演讲的其他人的看法不一致。

专业	不专业
胜任的	不胜任的
权威的	非权威的
可信的	不可信的
好的	坏的
公平的	不公平的

每个刻度分7个等级，距离褒义词最近的为7分，距离贬义词最近的为1分。前三个项目是对能力的评估，后三者是对品质的评估。分数越高，表明胜任能力和品质越好。

管理受众感知

先说坏消息：在极少数情况下，演讲者可能被迫得出结论——观众对其可信度和相似性的看法，会让观众拒绝聆听其演讲，更不用说仔细考虑演讲者有说服力的演讲内容了。不过好消息是，在你的演讲场合下，鉴于你和同学们之间的关系，这种可能性极小。但是，这也不能成为你演讲前、演讲期间以及演讲之后忽略受众感知的借口。

演讲前

开学第一天，就能对同学之间相互感知到的相似度进行评估。根据你的外表、你在班级中的评论以及之前的演讲，可以肯定地说，同学们对于你的文化、人口统计学方面的特点、个人背景等与他们的相似程度，已经有了一些概念和理解。

对你可信度的感知也同样如此。恰如在“现实世界中”一样，当你走向全班同学开始你的说服性演讲时，同学们会根据对你能力和品格的了解，感知你的可信度。无论你给听众留下的可信度如何，这时都会调整听众的意向来聆听你的演讲。

为了一开始就能吸引注意力，希望你能尽量注意在演讲前让听众感知到你们足够的相似度和可信度。而这不久或很久的将来，可能与在学校时又是不同的一番景象。然后思考一下，你在演讲前听众如何感知你，当你演讲时，他们的感知可能产生巨大的变化。

选择去听某次演讲的听众很少会对演讲者怀有敌意。他们的选择往往反映出他们感知到自身与演讲者的相似度，以及演讲者具有很高的可信度。选择去聆听演讲，听众许下某种承诺，这使得他们很难在演讲过程中或演讲之后，去质疑自己的选择是否是正确的。

演讲中

更典型且更相关的例子是，听众对于演讲者的感知尚未完全形成，或者演讲者和演讲内容明显违背了听众的预期。就第一种情况而言，演讲者有机会分享自身的相关信息，以建立自己与听众的相似度，如有时候会提到“和大家一样，是因为有了关爱自己的父母和优秀的老师，才有了现在的我”。更重要的是，演讲者通过分享与演讲主题相关的自身经验和资历，并且提供可靠的证据支持自己的主张，还能够有机会确立自己的可信度，如“过去四年来，我和像你们一样优秀的人才一起共事，发现了多巴胺在男女相互吸引中所起到的重要作用”。

演讲者通过策略性地挑战听众的预期，而应对其对于相似度和可信度的感知。演讲者可揭示有关其自身生活但鲜为人知的事实，这些事实不仅与听众的相似，还纠正了原本听众对于演讲者背景的假设性认知。

演讲后

当演讲内容更进一步地提高了演讲者在听众面前的可信度时，演讲者不应就此骄傲自满。正如初始可信度会因为糟糕的演讲而大打折扣一样，你在演讲过程中树立的可信度也可能会被否定。想想许多政客在演讲时道貌岸然地指出有必要建立一个道德感更强的国家，以至于乔恩·斯图尔特不得不将某政客的演讲录像与新闻发布会录像并置播出，在新闻发布会期间该政客就婚外情或招嫖向自己的家庭和全体选民道歉。永远谨记，感知的可信度是动态可变的。树立起可信度之后，还需要不断地加强维护。以下列出了维护可信度的一些建议和意见。

技巧和策略

演讲者可信度

- 扪心自问听众对于你的可信度的认知程度，你的课堂行为是否会降低其他同学对你可信度的感知。例如，迟到、随意打断他人讲话、轮到自己演讲时没做好准备以及胡拼乱凑起来的演讲，都可能降低同学们对你能力和品质的评价。如果你的行为因为这些原因而受影响，则势必需要更努力地挽回自己的可信度。
- 在演讲场合穿着得体。说服是一个严肃的过程，因而也该相应地需要严肃对待。
- 将与主题相关的自身特别经历或专业知识纳入演讲内容，这些信息有助于提高听众对于你能力的认知。
- 运用证据来支撑你的观点和言论。你所提供的事实和逻辑论据有助于提高你的可信度。
- 运用非言语工具来吸引听众的注意，利用第 11 章所述的有效演讲的特点。
- 运用强有力的语言（研究表明，强有力的语言与说服效果相关），如第 10 章所述。
- 运用包容性的语言（如第 10 章所述），确保所有的听众都相信自身与你的说服性演讲主题存在相关性。

非言语传播方式的补充作用

最后，记住说服性演讲内容与演讲方式密切相关。即使之前与听众没有任何交集，一旦他们意识到你以及你的作用时，便会开始“打量你”。因此，在演讲前，思考一下你的非言语交流方式对于观众认知的影响是非常有利的。例如，在首次面对听众时，你的外表、姿势以及面部表情，都可能让听众偏向性地聆听你的演讲内容。

毫无疑问，在进行说服性演讲过程中，非言语上的交流将加强或改变听众对于你的初次印象。因此，印象管理并非在你开始讲话时即可终止。

构建说服信息

如上文所述，你整体上的说服效果事关你对修辞情境的理解、你被如何感知以及这两者与说服性信息本身的相互作用。因此，下文将从以下方面着手：（1）说服性演讲内容的组织架构；（2）选择呈现单面信息还是双面信息；（3）信息中采用的证据类型；（4）信息中情感诉求的作用；（5）信息中运用恐惧诉求的特殊情况；（6）说服性信息中需要注意的措辞问题。

组织架构

我们首先从演讲内容的整体框架着手。演讲内容的组织架构必须适用于你的说服目的和修辞情境。例如，听众群体的构成可能需要你采取某种更合适的组织模式。

在第 9 章，我们介绍了演讲内容的若干组织方式。其中有五种组织模式尤其适合于说服性演讲：门罗的激励序列（Monroe's motivated sequence）、问题—解决、核心议题、比较优势、双面驳斥。

门罗的激励序列是一种 5 步组织方案，包括关注、需求、满意、形象化和行动。由于最后一步是行动，因此这种模式尤其适用于呼吁听众采取行动的演讲。与所有优秀演讲的标准一样，此种模式以吸引听众注意力为着手点。与问题—解决模式一样，该类演讲在提出解决方案（满意）前分析问题（也即需求）。但该模式还进一步要求听众在满足需求后进行想象，然后呼吁他们采取相应的行动。

问题—解决这种组织模式从危害性、重要性和原因对问题进行分析，然后提出一种可行且有利的解决方案。许多说服性主题是关于我们个人或社会所面临的问题，演讲者通过探讨问题，可提高听众的兴趣，但应尽量避免提出听众可能否决的解决方案而打消听众的兴趣或让其产生敌意。关于应将青少年视为成年人的一场演讲，如果开篇就提到父母群体的来信中讨论日益恶化的黑帮问题，相比于开场即呼吁将 14 岁当成 18 岁的成年人来严肃对待，前者获得关注度的可能性更高。

核心议题模式运用四大主题——问题、责任因素、解决办法以及成本，鼓励人们对政府政策或自身生活作出改变。例如，一篇关于移动电话的演讲，可能会提出开车时打电话发生车祸的风险性更高等问题。责任因素可能是由于司机注意力分散，而不仅仅是一只手握着电话。因此，解决问题的根本办法，不仅仅在于要求立法规定开车时要使用手机的免提功能（在纽约和加利福尼亚州已通过），而应让法律规定在驾驶期间禁止使用一切电话。这种解决办法可能需要花费更高的执法成本，也可能给司机带来一些不便，但是相比于可以挽救生命，还是值得的。

比较优势组织模式可能最适合你的说服性演讲。上文提到过，说服人们彻底作出改变是非常难的。尽量不要试图说服人们彻底摒弃某种行为方式而采取另一种行为方式，应直接列出在某种行为基础上作出简单改变就可以获得的比较性优势。例如，要求立即戒烟的结果可能只能停留在口头上，而要求慢慢地脱离烟瘾则可能带来完全不一样的结果。逐渐戒烟的比较性优势包括：不会发生像突然戒烟后的强烈不适应症状，同时睡眠质量也能够提高。因此，对于某些主题，演讲者运用比较性优势的组织模式，相对于关键议题的组织模式更容易获得成功。

最后，适合于说服性演讲的组织模式还包括双面驳斥模式，具有争议性的话题尤其适合采用这种模式，听众可能对于该话题的对立面已有或将来会有比较深入的了解。第 9 章提到过，该模式包括以下内容：(1)引入主题和论点；(2)出示支持论点的论据；(3) 承认否定观点的存在；(4) 驳斥这些对立观点；(5) 重述支持论点的观点和证据，并给出结论。

无论你选择怎样的组织模式，都需要遵守一些结构原则。首先，将最有力的观点证据置于开篇或结尾，不要在演讲过程中一语带过。研究表明，在某些情况下，人们对刚开始听到的内容记忆最深刻，而在其他情况下则是对最后听到的内容记忆最为深刻。无论怎样，最好的资料数据不要放在中间，否则不会给人留下深刻的印象。

其次，当听众群本来就怀有敌意或态度冷漠的时候，将最有利的材料置于演讲开篇尤其重要。否则，你还未来得及提出重点，听众已经毫无兴趣了。

信息面向

一旦确定了说服性演讲的整体组织架构，你需要确定如何根据说服目的来组织你的观点和论据。除了对论点做精心有效地排序，同时别忘了承认存在对立观点。过去，在这方面的研究结论不一致，但是如今，研究表明双面性的说服性演讲比单面性的说服演讲更有效。[9]

单方面的说服性演讲仅提供支撑你的论点的证据，而双面性说服演讲还简要地陈述问题的对立观点并加以驳斥。例如，假设你希望听众认同毒品战争是失败的这一观点，在标准的单面说服性演讲中，你可能仅仅提出自认为对听众有效的证据和诉求方式。而在双面演讲中，你还会提出更多内容。在陈述自己的论点之后，还会表明对立方会说什么，并将自己对这些观点的回答亮出来。当然，这并不意味着你摒弃了自己的观点，而是承认对立观点的存在，然后指出对立观点的不足所在。你只是告诉听众，有些理性的人不支持你的观点，并向听众提供这些人反对你观点所用的论据类型，然后你进一步地以论据驳斥这种例子或表明不管其论点如何，总体上你提出的观点更为可信。

双面性演讲不仅比单面演讲更具说服力，研究还表明运用双面演讲还具有其他两种优势：双面性演讲能够加强听众对于演讲者可信度的感知，并且能够让听众更加排斥对立观点，因为演讲过程中同时驳斥了对立观点相关的论据。

证据与说服

除非在演讲前观众对于你的信任度是无懈可击的，否则对演讲进行精心地组织，是说服性演讲获得成功的必要但不是充分条件。你还需要出示能够支持你的观点的证据。传播学者约翰·雷纳德最近的研究表明，不能忽视说服过程中证据的作用。[10] 报告中表明，“他对证据说服效果的研究历时 50 年之久，结果表明，证据对说服影响非常强大”。[11] 下面是他的一些最重要的研究发现。[12]

证据断言是指人们的判断和意见，而非演讲者的。当信息来源能够被识别且具有合理性，运用证据断言最为有效，单靠“提高身份”（name-dropping）并不具有说服力。

报告包含事实信息，这些描述了参与者或观察者见证过的事件，只有当报告是可信的、具体的且能够为听众所理解的，才最具说服力。同时，报告者的资历也应向听众解释清楚，这点也非常重要。

统计数据往往在短期内不是特别具有说服力，虽然从长远来看，效果可能更好。在采用统计数据之前，应列举出特定代表性实例。说明统计数据是如何采集而来的也很重要。研究表明，当实例和个人经历与统计数据之间存在矛盾时，人们更倾向于选择相信实例。

信息来源可信度——发表说服性演讲的演讲者的可信度与证据的说服力之间有着重要的关系。尽管为听众高度信任的演讲者不一定需要纳入大量的证据，但大多数演讲者还是需要采集足够的证据支撑自己的观点。无数实例表明，合理有效地利用证据，可提高听众对于演讲者可信度的看法。正如上文所提到的，感知到可信度，可以提高演讲者成功说服听众的可能性。

还有一项高度类似的研究结果表明，最具说服力的证据来自于听众成员认为高度可信的信息来源。研究的整体结果表明，高质量的证据比低质量的证据更具说服力，尤其是对于演讲主题利益相关者、逻辑推理能力较强者、对演讲主题感兴趣或中立者以及教育水平较高者来说。

在演讲中，你首先需要选择运用可以获得的三种基本类型证据，即：一级、二级和三级数据。[13]

一级数据基于个人的经历。例如，因接受教育而改变命运的人，向高中生谈在校读书的意义，即为一级数据资料。这种资料不仅具有逻辑力量，还有助于提高演讲者的可信度。**二级数据**是指专家证词类的证据。例如，人们对全球变暖的研究进行辩论时会引用与该课题相关的教授、公职官员以及其他专家人物的言论，这就是二级数据。**三级数据**是指基于事实和统计数据的论证资料。例如，每年怀孕少女的数量和发生性关系时不采取任何防御措施的青少年百分比，即为三级数据。

一级数据：
基于个人经验的证据。

二级数据：
基于专家言辞的证据。

三级数据：
基于事实和统计数据的证据。

当然，不同文化对于证据和推理的重要性的要求有所不同。正如“反思多元化：文化与说服”板块所指出的，西方文化最为重视的是合理性。

反思多元化

文化与说服

从社会角度来说，我们重视那些更可能形成正确的信仰而非错误的信仰、生成大量正确的论点和论据，且能够以较高的效率实现的推理过程。根据大众经验，我们意识到某些推理方式比较有效，然后将这些推理方式内化并用作评估传播者及其演讲信息的模板。

有些文化相对于其他文化更重视推理。西方文化更倾向于重视理性论据，并且对任何有瑕疵的观点都持怀疑的态度。恰如罗德尼·A. 雷诺兹和迈克尔·伯贡指出的：“逻辑解释往往有回报。”①相对于北美文化，诸如日本等其他一些文化则强调传统和权威性。在一个重视理性的文化系统里，说服者必须至少经过推理或累积证据才可能获得成功。②

① Rodney A. Reynolds and Michael Burgoon, “Belief Processing, Reasoning, and Evidence,” in Communication Yearbook 7, ed.

Robert N. Bostrom (Beverly Hills, Calif.: Sage, 1983), 88.

② John C. Reinard, Foundation of Argument: Effective Communication for Critical Thinking (Dubuque, Iowa: W. C. Brown, 1991), 171.

技巧和策略

运用证据

- 运用可信的证据支持你的观点。
- 确保告知观众信息的来源以及为何能够在演讲中予以引用。
- 在引用统计数据之前举出特定的实例会更加有效。
- 可视化有助于听众消化统计数据。
- 如果听众不认为你高度可信，运用高质量的证据可提升他们对于你的可信度的看法。
- 如果你的个人经历与演讲主题和说服目的有关，加以强调和运用。听众对于个人经历更能产生共鸣，因此一级数据能够成为强有力的证据。
- 在运用二级数据时，尽量使用较为知名的专家提供的言词证据。
- 在整个演讲过程中，尽量平衡一级、二级和三级数据。
- 最后，运用观众易于记忆的证据，尤其是在演讲开始和结束时。

情感诉求和说服

虽然我们认为说服完全是一个理性的过程，演讲者通过出示有力的证据支持自己的言论，听众做出相应的回应，但事实并非就是如此。公共演讲者有时会利用情感诉求以达到目的。听众也同样可能会让情感战胜理智。

然而，情感诉求也并非永远处于正统劝服性的话语范围之外。例如，尽管亚里士多德强调逻辑，但他同时也认可情感在说服过程中的作用。他也清楚地了解，正如现代研究人员屡次证明的：人们不仅仅会被冰冷的逻辑所折服，同时也可能受到情感诉求的影响。**同情**是指演讲者在听众群中所激发的一种情感状态，用于达到说服的目的。

同情：
演讲者为了达到说服的目的而在听众群中激发的情感状态。

亚里士多德在其有关说服的著作中，提到演讲者为达到说服的目的而可能激发的种种情感状态，包括生气、恐惧、友善、害羞、遗憾、冷静、自信、敌意、友谊、痛苦、无耻和妒忌。[14] 演讲者有时会选择诉诸听众本身的情感状态或基本信仰。由于从小形成的社会性条件反射，人们往往以一些具体且可预测的方式回应某些信息。逻辑证据旨在让听众进行批判式思考，而情感诉求旨在激发未做批判性思考的听众给予响应。

从本质上讲，情感诉求并非是不道德的，但不道德的说服者可能会滥用这种方式，尤其是恐惧心理。

通过恐惧而激励

常识告诉我们，我们的行为有时是恐惧使然。例如，我们遵守法律是因为我们害怕犯法可能会带来的惩罚。但是研究表明，对于说服性演讲，恐惧心理所带来的驱动力是有局限性的。无论你的目标是鼓励人们驾车时系上安全带，还是展示你如何防止牙龈病，抑或是说服人们让其相信每个人都需要一把枪来自卫，研究结果表明：能够激起适当恐惧心理的说服性信息，比高度恐惧的说服性信息更有效，而当演讲者能够帮助听众采取一些清晰明了的步骤减少恐惧，则效果更佳。[15]

从图表 14.2 可看出，恐惧与说服效果之间的关系犹如演讲焦虑和表现之间的关系（如第 2 章所示）。当听众群被激发的恐惧感开始提升时，说服效果也同样会提高。但是，过度的恐惧心理会降低说服效果，因为可能会导致听众否定或反对。通常来说，当演讲者激起高度恐惧时，听众的反应可能会是“这永远都不可能发生在我身上”。因此，许多公益宣传活动利用适度的恐惧感来激励积极的行为，如拒绝吸烟、安全性行为以及利用医学来控制高血压等。“即使不为自己，为了你所爱的人”之类的口号正是如此，这条说服性信息由美国心脏协会提出，旨在告诫患有高血压者需要考虑，如果不能有效控制血压会给生者留下多大的痛苦。该信息即含有一种温和但有效的恐惧感。恐惧本身并非是一种不道德的说服方式，适度地运用恐惧以实现合乎道德的某个目的，恐惧感只不过是你决定如何诉诸观众而选择的一种方式罢了。

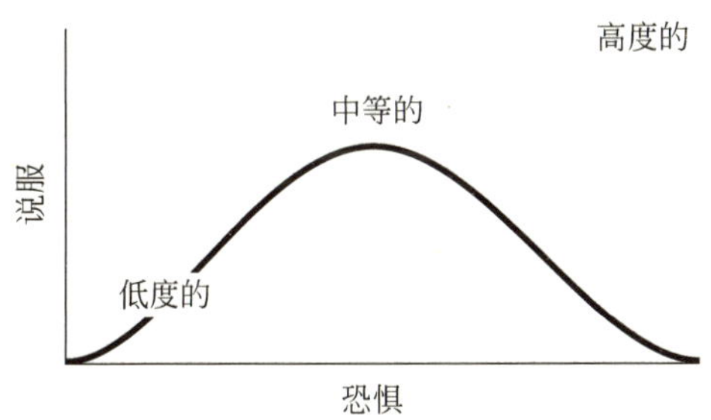

图表 14.2　恐惧诉求和说服力之间的关系

当听众所感受到的恐惧感开始增加时，说服效果也开始提升。但是，过度的恐惧心理会降低说服效果。

语言

我们用了一整章的篇幅来说明演讲中语言的应用，因此也不会忽略其对于说服性信息的重要性。但是，我们仍然想要强调一个事实，即语言对于演讲的成功具有显著的作用，必须依据演讲者构想的修辞情境进行措辞。例如，构建说服性信息的语言强度，可以提高也可以降低演讲成功的可能性。如果你最初在听众中很好地确立了可信度，那么运用令人回味的话语以及比喻手法，可能有助于增强说服效果。许多认同比尔·马赫的人对马赫不拘小节地使用一些猥琐字眼也会积极回应。喜欢拉什·林博的人，对于其将女性主义和纳粹这两个词捏合而构建的新词“女权纳粹”，也作出了同样的回应。

但是，当演讲者尚未以高度可信的形象出现在听众面前时，需要避免采用高强度的语言或激起强烈的情感。原因很简单：这有违听众的期望，并且很可能成为听众的关注点而让听众忽略了其他更为重要的演讲内容。

听众成员的个性

我们已多次强调了听众多元化的重要影响，在此希望强调演讲准备过程中需要考虑的另一有关听众成员的因素——个性特点。个性特点是人们长久的行为表达方式，个性特点成就了我们的独特性，尽管我们可能会与其他人共享某些特点。

个性特点往往会影响人们之间的交流效果，包括演讲者和听众成员之间的效果。让我们看看几种人格特点，目前这些特点是调查说服性过程研究的重点。

自我效能

笔者在第2章探讨演讲焦虑时介绍了自我效能。我们提到，首先演讲者必需相信，如果他们想要及时控制演讲焦虑，其实是有方法可循的。同样地，急于跟随说服性信息中所包含的建议的听众，必须由衷地相信他们也同样有相关的工具和途径来做到。演讲者不能仅仅告诉听众要戒烟、更好地保护环境或成功实现这种目标，这样是不可能达到说服效果的。

例如，在小学和初中聚焦于改善最不受欢迎的学生状况的研究，屡次证明了这一点。除非首先说服学生让他们相信，他们能够从老师和父母那儿获得必要的工具和支持，来克服其所面临的障碍，否则改变学校或学校体系本身是不会产生多大差别的。

冒险精神

多年以来，我们听过许多敦促听众走出“舒适区”、勇于冒险的说服性演讲，相关主题包括皮艇漂流运动、攀岩以及将 10% 的学生贷款投入到共同基金或股票中。你可以从经验中得知，人们对于风险的看法不同，有的认为是无可非议的，有的甚至认为是令人愉快的。不过，说服研究者对冒险感兴趣的原因是，研究者总是发现听众的冒险历史传达了说服性信息，而信息的影响其实较小。例如，夏冬季世界极限运动会期间的广告反映了勇于冒险的听众（其目标群）的生活方式，这些广告都具有高冲击力的视觉效果、跳格剪接、重金属音乐以及言语措辞犀利等特点，如果广告运用了语言的话。

不过，你不必精通这个冒险精神和说服性信息关系的例子。美国各大院校针对高风险行为都发起过说服性活动，其中最为突出的是豪饮和不安全性行为。

无论我们讨论冒险精神还是自我效能，其意义在于能够将之运用到你现在或将来面临的修辞情境中。像这些个性特点只是你在试图构建说服性内容以达到说服目的时，应该考虑的另一因素。

一个可行的实例

在结束本章前，希望大家能够学以致用。请参考“他们的演讲：美洲学校”，你会发现凯瑟琳·莫特写作及发表的演讲非常具有说服力。请通读演讲内容，然后思考以下问题及本章所给出的相应讨论。

- 演讲是基于什么说服性策略，比如是详尽可能性模型、恰尔蒂尼的六大影响力原则，还是传输理论？
- 演讲主题是否适合于凯瑟琳的听众——主要来自各专业的大一、大二学生？
- 她的说服目的是什么？
- 通过凯瑟琳的演讲，你认为听众对她有怎样的看法呢？
- 最后，她的演讲是否体现了我们对于说服性演讲内容特征的描述，包括合理的内容架构、论证和 / 或情感诉求？

点击我们的在线学习中心网站，进入第 14.1 节，查看凯瑟琳·莫特的演讲视频。

他们的演讲

凯瑟琳·莫特

说服性演讲实例

美洲学校

凯瑟琳·莫特

两个星期了。你去上班，你打开付你薪水的支票账单，你发现又该交那些讨厌的税款了。别误解我，我很赞成交税款的。税款有些用于图书馆，有些花在医院，甚至有些用于我们的学校了，我们学校一部分资助就来自加利福尼亚州的税收。然而，有些税款却用在了非法的政府开销上，其中之一就是美洲学校。

今天我要告诉大家美洲学校的历史，美洲学校给整个拉丁美洲带来的种种问题，还会告诉你保留美洲学校开张在法律上意味着什么，然后还会告诉大家为什么需要关闭美洲学校。

美洲学校如今位于佐治亚州哥伦比亚的本宁堡，这是一所美国军事学校。这所学校旨在从美洲中部和南部招收士兵，训练他们美国军事战术。根据美洲学校观察组（the School of the Americas Watch），这是一个美洲学校观察团体，根据这个观察组网站上的资料，美洲学校建校59年以来，从智利、萨尔瓦多共和国、危地马拉、洪都拉斯、尼加拉瓜等不同国家，招募了60000多名士兵。现在你们亲自想一想，继续想，时间到了。你们都清楚的，这些国家不都与军事独裁、酷刑、违反人权密切相关吗？根据拉丁美洲工作组（Latin American Working Group）的观点，这绝不是巧合。许多大屠杀、政治暗杀以及其他违反人权的事件，都是美洲学校的毕业生干的。举个例子，1980年大主教奥斯卡·罗梅罗的暗杀，还有导致90万人死亡，对不起，是900人死亡的萨尔瓦多大屠杀，一周的酷刑之后，数以百万计的人被美洲大学的毕业生杀害了。

罗伊·布儒瓦连同其他很多人聚在一起并且说了，这是错误的，一定有什么情况，有些事情就是讲不通，我们需要对此深入调查。因此，他们去了美洲学校，要求信息透明，也就是他们希望看到培训手册，美洲学校采用的战术。他们想要看看究竟发生了什么事情，所以他们成立了美洲学校观察组。

1996 年 9 月，他们最终找到了希望得到的东西——透明度。美洲学校公布了该校的士兵培训手册。而按照拉丁美洲工作组引用的五角大楼的说法，也就是美国国防部，声称“六份手册，共有 1169 页，其中要么包含的信息不符合美国政策，要么其解释不符合美国政策”（Declassified，2009）。当前，这些违反美国政策的条款包括酷刑战术、非法审问战术、非法的心理战，军民之间也无任何区分界限。因此，美洲学校的毕业生能够随便出去谋杀和拷打平民，因为在军队人员和平民之间，没有任何区别对待。如果你们进入 SOAW.org 网站，你们可以查找这些段落，这个学校真正的手册，而且当你们认真阅读这些手册时，你们会发现这个学校所教授和传递的内容，实际上是相当恐怖的。

2001 年，美洲学校改名为 WINSEC，这个名称代表着西半球安全合作学院。改名的一个原因是教育手册公开后，美洲学校的公众形象非常糟糕。即便这些手册内容公开后，学校都没有关闭。美洲学校及其教育手册在整个拉丁美洲都造成了极其严重的破坏作用，违反了许多国际和国家的法律，我会从国家的法律也就是美国的法律方面，然后是国际法律方面，向大家介绍。

例如，《权利法案：第八修正法案》指出，我引用一下：“不得要求过多的保释金，不得处以过重的罚金，不得施加残酷和非常的惩罚”。我刚刚查证过，酷刑即属于残酷和非常的惩罚。美洲学校是建立在美国土地上的美国学校，是不能违反权利法案而传授这些酷刑战术的。

从国际法来看，联合国《世界人权宣言》第 5 条规定，我引用一下：“任何人不得加以酷刑，或施以残忍的、非人道的或侮辱性待遇或刑罚”（The United Nations，1948/2008）。现在，不仅美国属于联合国，美洲学校培养出来的战士也都来自于联合国的成员国，因此，他们必须遵循联合国政策，包括联合国《世界人权宣言》。正如第八修正法案一样，美国学校不可以教授违反联合国政策的内容。

再来看看《日内瓦公约》。我了解到《日内瓦公约》的内容非常多，因此并没有将《日内瓦公约》通读一遍，而是进入 www.genevaconvention.org 网站，这样可以更便捷地了解《日内瓦公约》。根据该网站上的内容，我引述一下：“《日内瓦公约》禁止酷刑，国内冲突造成的受伤士兵，被占领区的平民，国际冲突、国内冲突中的平民，都是如此。”（Society of Professional Journalists，1996）根据《日内瓦公约》，所有国家必须遵守《日内瓦公约》，无论是其签署国，还是像联合国这类机构,所有国家都必须在《日内瓦公约》指导方针之下。同时，《日内瓦公约》明确地声明,美洲学校向士兵传授的酷刑和战术，是违背《日内瓦公约》的，属于战争罪行。

尽管确认了美洲学校传授的是战争罪行、酷刑战术，甚至法院都已通过法案试图将其关掉，然而并没有关闭。其中一个主要原因，是一种爱国情结。通常来说是不应该关停军事学校的，因为这是不爱国的表现。事实上，“天佑本宁堡”这个团体是设法维持美洲学校正常开张的主要推动者和捍卫者。如果你们进入这个团体的网站，会发现维持美洲学校正常开张的所有原因等相关信息，而首要原因便是爱国情结。事实上，每年都有人在本宁堡门口聚集抗议美洲学校，但是“天佑本宁堡”团体都会骑着声音巨大的摩托车和自行车，在本宁堡四周一次又一次地游荡，试图阻止抗议者到达本宁堡门口，同时让自己制造的噪音盖过抗议者的抗议声。因为有25000多名抗议者，所以几百辆摩托车是不可能穿过抗议者的，然而，这个团体仍然企图这么做，他们确实这么干了。

如果你询问任何参与过抗议美洲学校活动的人，他们都会告诉你，这根本不是爱国主义的问题。我们非常爱国，我们坚决遵守宪法、《世界人权宣言》《日内瓦公约》，关掉这所学校，你还是非常爱国的。因此，到目前为止，尚未找出任何清晰明确且令人信服的证据，证明为什么美洲学校需要保持开张。

美洲学校长期以来，违背了国家和国际法律（从第八修正法案到《日内瓦公约》）。尽管试图关闭美洲学校的议案已提交到国会，然而国会尚未通过，还是因为所谓的爱国主义情结。然而，在国会最后一轮通过法案的会议上，通过法案关闭这所学校仍差6票。我们希望的是，既然民主党成员占国会规模更大了，国会应该更加民主，我们最终是能够将美洲学校关闭的。然而，只有当人们都关注此事时，才可能出现关闭学校的结果。请大家联系议员，获取信息，并尝试推动政府将美洲学校关闭。因此，我强烈恳请大家登陆美洲学校观察组网站soaw.org，了解问题，阅读这个学校的教学资料，然后联系你们的代表尽量将其关闭。事实上，此刻这里有一份请愿书，希望人们签名后递交给奥巴马总统，让美洲学校关闭掉。

恰如马丁·路德·金说的："任何地方的不公正都是对所有公正的威胁。"因此，停止不公正现象，关掉美洲学校吧！谢谢！

参考文献

About GBFB(n.d.).Retrieved form www.godblessfortbenning.com

Declassified Army and CIA manuals(2009). Retrieved from www.lawg.org

Society of Professional Journalists(1996).*Geneva Conventions:A reference guide–torture& war crimes.*Indianapolis:Eugens S.Pulliam National Journalism Center.Retrieved form http://www.genevaconventions.org/

The united Nations(1948/2008). The *Universal Declaration of Human Rights.* Retrieved form www.un.org

United States Constitution–Bill of Rights(1791).Retrieved from www.law.cornell.edu

What is the SOM?(n.d).Retrieved from www.soaw.org

注：该篇演讲摘自一个演讲视频（时间：2009 年 5 月 15 日；地点：加利福尼亚州立大学）。

策略

该说服性演讲的主题并不常见，它直接针对某个军事机构进行了批判，而该机构此时还享有众多的支持率。因此，凯瑟琳在引起听众的关注和兴趣的同时，还能够帮助听众成员了解，她针对的是一个处于国防边缘地而非国防中心的组织，这是最重要的。我们认为，凯瑟琳的目标是采用详尽可能性模式中的中心信息处理路线。你同意吗？

修辞情境分析

凯瑟琳演讲的引入部分，笔者相信她一定了解听众未必和她一样对美洲学校持愤怒的态度。在她努力将演讲主题和目标与听众相联系的时候，她尽力从经济利益关系着手，指出听众缴纳的税款被用于值得质疑的军工企业。

说服的目的

笔者再三强调，说服过程是一项持久活动，不是一蹴而就的事情。单一的演讲瞬间就让人们行动起来，这种现象仅发生在电影或被时间摧残的混乱记忆中。凯瑟琳的目的是鼓励听众登录美洲学校观察组的网站，在申请关闭美洲学校的请愿书上签名。她在演讲中还强调了此前在国会审议中，立法关闭美洲学校的努力仅以6票之差落败，面对新的行政当局，反对意见获胜的概率可能会有所提高。

听众感知管理

很明显，某种程度上凯瑟琳必须利用自己的演讲，在听众面前为自己树立可信度。尽管她与听众之间有足够的相似度，并且他人对她的初始印象很好，但这并不能自动保证她有足够资格谈论美国外交政策和国际法，这需要她在演讲开始、中间和结束时充分运用证据加以证明。

说服性信息

凯瑟琳的演讲可运用多种组织模式，比较直接的包括第9章介绍以及本章再次提及的核心议题和问题—解决组织模式。凯瑟琳引用了美洲学校的支持者（对立方）的话，即“你不能关停一所军事学校，那是不爱国的表现”。她声称关闭这所学校是爱国的，因为这么做完全符合宪法、《联合国人权宣言》和《日内瓦公约》的精神，与此同时，她更进一步分析了支持美洲学校继续开张下去的某些言论，而这些言论反而有益于她的论点，这让她的演讲更加有效。

不仅如此，在她的整个演讲过程中，各种不同证据的运用有力地支持了她的可信度以及说服诉求。凯瑟琳主要运用的是二级数据和资料，引用了多种不同的权威来源，包括人们的亲身经历、诸如联合国等被认可的国际组织以及关于人权的国际条例等。同时，她还运用了三级数据，例如，引用了诸如在美洲学校训练过的萨尔多瓦军官与大主教奥斯卡·罗梅罗的暗杀之间证据充分的联系。

鉴于她在该主题上的充分调研，她在演讲时能够诉诸听众的情感也是毫不意外的。例如，她的说服性描述充满了情感饱满的字词，包括“酷刑战术”“大屠杀”“暗杀”和“战争罪行”等。

不仅作为研究的主题，而且作为演讲者的某个实际目标，没有一场演讲能够充分诠释出说服的丰富性。笔者希望通过这个实例，使你更加重视对于演讲主题的热情、精心的准备以及听众分析，这样你发表的说服性演讲就能够影响听众，进而实现说服的目的。

小结

说服过程既具有多面性，同时具有挑战性。在以下理论中可发现有三种不同途径实现说服效果：

- 详尽可能性模型
- 恰尔蒂尼的六大影响力原则
- 传输理论及其说服的叙事方法

修辞情境影响说服效果，包括：

- 听众
- 限制性条件，如道德规范、时间和地点

说服性演讲的五种常见目的是：

- 品牌化
- 采纳
- 强化
- 灌输
- 态度、信仰和行为的改变

观众对你的看法将影响你说服的成功性：

- 可信度（精神），基于能力和品质的种种看法。
- 对于相似度的感知同样可加强说服力效果。
- 演讲时的非言语传播在演讲之前、期间和之后都可影响听众对你的印象。

说服性演讲的组织模式包括：

- 门罗的激励序列
- 问题—解决
- 核心议题
- 比较优势
- 双面反驳

呈现议题的双面而非单面信息，说服性演讲更有效。

在说服性演讲过程中运用证据，包括：

- 人证（一级资料）
- 专家言论（二级资料）
- 可查证的事实和统计数据（三级资料）

诸如恐惧等情感诉求可增强说服效果，但必须谨慎且合理地运用。

措辞激烈但合理的语言有助于促进说服。

为了评估你对本章内容的了解，请访问我们在线学习中心网站进行检测和其他章节辅助学习材料。

诸如个人效能以及冒险精神等个人特质，也对说服力演讲的效果有所影响，并且在组织架构演讲内容时应将该因素考虑在内。

学习成果检验：练习和实践

1. 假设你的演讲主题是公民自由与国家安全，你将如何改变你的说服性演讲以达成以下五大说服目的：品牌化、采纳、强化、灌输和改变？根据该主题的可能听众以及各场景下可能面临的限制性条件，这些目的又有着怎样的差别？

2. 选择一个演讲主题，根据本章所探讨的六大影响力原则（互惠性、相似度等）构建诉求实例。

3. 考虑以下主题：（1）预防艾滋病；（2）预防蛀牙；（3）系安全带的重要性。根据适度的“恐惧”诉求，为每个主题构建一篇简单的演讲稿。你认为什么程度（低度、中度和高度）的恐惧诉求，会降低说服效果而导致听众拒绝接收你的演讲内容？你认为恐惧诉求达到怎样的程度会导致这些演讲主题变成不道德的？

4. 根据本文给出的评估和增强可信度感知的意见和建议，列出能够让你的说服性演讲主题值得信任的具体因素，然后说明你将如何运用这些因素来维持听众对于你可信度的看法。

5. 报纸的各种社论通常是说服性信息。为了提高你辨认所运用的诉求类型的能力，选择全国知名的作家，诸如乔治·维尔、大卫·布鲁克斯或艾伦·古德曼等发表在近期专栏中的文章，标注出你认为专栏作家所采用的诉求方式，批注这些诉求是旨在激发情感还是激起原始信仰，最后，标注出被诉求激起的情感或信仰。

注释

1. Aristotle, *Rhetoric,* trans. W. Rhys Roberts (New York: Modern Library, 1954), 25.
2. Richard E. Petty and John T. Cacioppo, *Communication and Persuasion: Central and Peripheral Routes to Attitude Changes* (New York: Springer-Verlag, 1986).
3. Robert Cialdini, *Influence: The Psychology of Persuasion,* 4th ed. (New York: William Morrow, 1993).
4. Melanie Green and Timothy Brock, “The Role of Transportation in the Persuasiveness of Public Narratives,” *Journal of Personality and Social Psychology* 79 (2000): 701–721.
5. Larry Rohter, “Claude Lévi-Strauss’s Two-Part Harmonies, ”*New York Times,* 7 November 2009. [Retrieved from http://www.nytimes.com/2009/11/08/weekinreview/08rohter.html?_r=1&ref=weekinreview.]

6. William J. McGuire, "Inducing Resistance to Persuasion: Some Contemporary Approaches," in *Advances in Experimental and Social Psychology,* ed. L. Berkowitz (New York: Academic Press, 1964), 191–229.

7. Sarah Trenholm, *Persuasion and Social Influence* (Englewood Cliffs, N.J.: Prentice-Hall, 1989).

8. Carl I. Hovland, Irving L. Janis, and Harold H. Kelly, *Communication and Persuasion* (New Haven: Yale University Press, 1953); James C. McCroskey, *An Introduction to Rhetorical Communication,* 5th ed. (Englewood Cliffs, N.J.: Prentice-Hall, 1986); David K. Berlo, James B. Lemert, and Robert J. Mertz, "Dimensions for Evaluating the Acceptability of Message Sources," *Public Opinion Quarterly,* 33 (Winter 1969–1970): 562–76; Kenneth E. Anderson, *Persuasion: Theory and Practice* (Boston: Allyn & Bacon, 1971). For a useful chart comparing various researchers' terms for these key components of credibility, see John R. Wenburg and William W. Wilmont, *The Personal Communication Process* (New York: Wiley, 1973), 145–47.

9. Mike Allen, "Meta-Analysis Comparing the Persuasiveness of One-Sided and Two-Sided Messages," *Western Journal of Communication,* 55 (1991): 390–404.

10. John C. Reinard, "The Empirical Study of the Persuasive Effects of Evidence: The Status After Fifty Years of Research," *Human Communication Research* 15 (Fall 1988): 3–59.

11. Reinard, "The Empirical Study," 46.

12. This summary of findings is abstracted from Reinard's excellent book *Foundations of Argument: Effective Communication for Critical Thinking* (Dubuque, Iowa: W. C. Brown, 1991), 125–27.

13. James C. McCroskey, *An Introduction to Rhetorical Communication,* 7th ed. (Needham Heights, Mass.: Allyn & Bacon, 1997).

14. Aristotle, *Rhetoric.*

15. Irving Janis, "Effects of Fear-Arousal on Attitude Change: Recent Developments in Theory and Experimental Research," in *Advances in Experimental and Social Psychology,* vol. 3, ed. L. Berkowitz (New York: Academic Press, 1967), 166–224.

15 CHAPTER

第15章 批判性地思考和演讲

有线电视主持人，比如福克斯新闻频道的格伦·贝克和 MSNBC 的基斯·欧尔柏曼，被批评使用修辞激怒观众而不是告知观众。

目标

在阅读本章以及浏览 www.mhhe.com/brydon7e 在线学习资源后，应该能够：

- 解释言语攻击和推理论证的区别。
- 运用图尔敏推理模型评估论据的有效性。
- 识别并驳斥常见的论证谬误。

关键词

诉诸人身	错将关联当因果关系
循环论证（回避问题实质）	不根据前题的推理
支持	因果颠倒
批判性思维	
歪曲证据	伪推理
谬误	限定词
错误类比	反驳
假两难推理	与事实不相干的论点（障眼法）
根据	滑坡效应
成见效应	刻板印象
轻率的归纳	攻击事实上不存在的观点
夸张法	无支持的断言
鼓动性语言	言语攻击
令人误解的统计数字	证明

对问题议而不决胜过决而不议。

——约瑟夫·儒贝尔[1]

有线电视新闻频道扩增的意外后果之一便是没有足够的“真实新闻”来满足每周7天每天24小时循环播放的需要。因此，播出政治言论的时间相应增多了，这种节目相对于告知观众当天所发生的新闻轶事，更能激起听众的愤怒感。这些“政治论坛”的主持人和嘉宾对公民参与和社会参与进行了不点名地讽刺，推崇模糊思考，同时对于那些胡诌瞎侃的人，给予不合理的重视。宾夕法尼亚大学安纳博格公共政策中心的教授凯瑟琳·霍尔·贾米森指出：

修辞正日益变得尖锐起来，越来越歇斯底里和夸张。人们开始认为讽刺对方、过分夸大对方的威胁是无可厚非的，习惯性地认为这就是我们谈论政治的方式，不再认为这是讽刺和妖魔化。[2]

让事情更糟糕的是，人们从这些广播节目中吸取到的反面经验同时用到网络上。结果，任何能够上网的人不仅能够传播有线电视节目中的误导性信息，还会促进和加强其所含的误导性论点的传播。

本章表明，我们所有人都需要对所创建的论点进行批判性思考，同时还需要将批判性思考的技巧运用于针对我们的真论点和伪论点。笔者强调了批判性思考对演讲者、听众和公众的重要性，指出了耳闻目睹的大众媒体中的言语攻击和公民社会中必需的合理论证之间的差异，介绍了一种有助于大家构建与评估合理论证的论证模型，以及使用这种模型鉴别若干种站不住脚的论点。

批判性思考：
运用准确证据和有效推理来做出合理推断的过程。

批判性思考与演讲交流

批判性思考是运用准确证据和有效推理来作出合理推断的过程。批判性思考技巧对于演讲者和听众都非常有用。作为演讲者，对论点进行批判性思考是构建可靠论据并应用到与听众交流的第一步。作为听众，了解批判性思考的过程有助于避免被乍看上去合理但实际站不住脚的论据所迷惑。此外，批判性思考的重要性不仅仅局限于演讲者和听众的即时需求。

当我们运用必要的工具对某论点的优劣进行逻辑剖析时，我们会了解到这些工具能够揭露真相，即我们在与他人意见不一时，自己经常会出现不合理推论的过错。在某种意义上，批判性思维能力和应用能力是我们成为关心社区民意和文明的相互影响决策者的必要素质。

言语攻击 VS 推理论证

公众参与需要文明用语。文明用语不应与“政治正确”混为一谈。民众需要对重要话题和问题的合法意见分歧公开地进行表达和辩论。我们针对这些问题所做的种种决策往往得益于这个过程。

言语攻击性：
攻击争议性观点与己意见不同之人的身份。

然而，表达合理论点然后在公共论坛中进行辩论，这种辩论不应与在政治脱口秀节目中常见的言语攻击性行为相混淆。在《建设性论证》（*Arguing Constructively*）一书中，传播学学者多米尼克·因凡特将**言语攻击性界**定为一种性格特点。[3] 此外，他强调其研究成果揭示了具有言语攻击性的人们，试图利用嘲笑的而非合理论证的方式来表现自身在辩论中的优越性。一般情况下，言语攻击者会对对手进行人身攻击而非攻击其论点。

毫无疑问，相对于自己运用合理论证驳斥他人的观点而言，将某人视为自言自语的白痴或非人类几乎毫不费力。这也无需进行批判性思考。在我们探讨批判性思考和构成某个合理论证的种种要素之间的关系时，请记住这点。

言语攻击行为可能导致敌意的产生，妨碍人们进行理性思考。

一种论证模型

构建可靠论证

那么合理论证与令人质疑的论证之间有什么区别呢？为了更好地回答这个问题，请参考“他们的演讲：针锋相对——上大学还是不上大学？”它主要截取自两个学生的演讲（提出了对立的观点）：攻读大学学位。在读完这些片段或浏览其在线演讲后，笔者会展示如何帮助你回答这个基本问题。

他们的演讲

针锋相对——上大学还是不上大学？

格雷格·沙佛是我们公共演讲荣誉课程的学生，他在演讲中激起了关于“即刻退学”的严肃讨论。听众都是优等生，一般人可能会认为这些学生理所当然要上大学，但有些学生却表示，这场演讲确实让他们对自己的选择三思而后行。另外，从我们这儿刚毕业的一个学生，阿俊·布希却在他的演讲中表达了“全心全意攻读大学”这种相反的观点。附录有完整的讲演稿，在线学习中心也有这两场演讲的视频。

即刻辍学吧

我认为不如将攻读本科学位的四年中所花费的金钱、时间和精力，更好地投入到其他用途或计划中，因为对于许多人来说，读大学不仅是一项不划算的经济投资，而且对他们今后的事业也未必有利。

格雷格·沙佛

首先，我们来探讨一下上大学是否是一项物有所值的投资。我们可能都认为大学毕业生比高中毕业生挣的钱要多得多。这是毫无争议的，我也不会在这对这一事实进行辩驳。然而，仔细查看数字，却并非总是如此。例如，仅一个公立四年制的大学平均花费为 76000 美元。对于任何一个理智的人来说，这都是一笔数目不小的金钱，尤其是我们这个年龄段的人。我们大多数人的学费和住宿费，都是由父母或政府承担的抑或是二者共同承担的，这些费用还只是入读公立大学所需的。入读私立大学或比较优质的大学，花费会更多。

此外，40 年后，大学毕业生比高中毕业生平均每人约多挣 400000 美元，这是个不小的数目。然而，如果你仔细计算一下，时间达 40 年之久，事实上回报并没有那么高，回报率大约为 4.42%。假设你每年将 76000 美元进行有效的股票投资组合，你可能会获得 6% 或 7% 的回报率，这还是保守的数字。相比之下 4.42% 的回报，金额并不高。此外，你还得考虑这只是平均水准。能够挣这么多钱或更多钱的每个学生一定会对应一个能够挣这么多钱或更少钱的学生。每个成功的工程类学生或物理专业的学生，都会对应有一个挣钱较少的哲学或艺术历史系的学生……

这里是一些著名辍学者的情况（参考图表 15.1）。从我们入读小学第一天开始，我们便被灌输一种固有的理念：要成功就必须上大学。你必须努力学习，至少需要获得学士或硕士学位才能算是成功。我这儿有一份从未进入大学、中途辍学或辍学若干年后再返回学校的成功人士的名单。在这个名单上，你会发现有政治家、企业家、商人、演员、艺术家等。这恰好说明，一个人无论其是否获得了大学学位，只要有抱负、有决心、有自制力就能够获得成功……

雇主越来越看重具有实际工作技能的人，他们寻觅的是具有人脉关系以及具有职场经验的人，而很多毕业生刚离校时并不具备这些我们必须用到的技能。在实际的工作环境中，我们必须确保自己能够做出贡献……

令人震惊的是，每年 200 万名新生中约 40% 的人无法在四年内完成大学课程，他们需要 5 年、6 年甚至 7 年才能获得学士学位。也就是说，每年他们又会产生 10000 ~ 20000 美元的债务。更令人惊奇的是，入学的新生中有 45% 的学生永远都毕不了业，无论他们花多长时间，这是很恐怖的。认真想想，如果你上学 5 年或 6 年，钱花完了，却永远都拿不到学位，花去的时间和精力未能给你带来任何值得夸耀的东西。令人恐惧！我们必须清楚我们正在做的是什么……

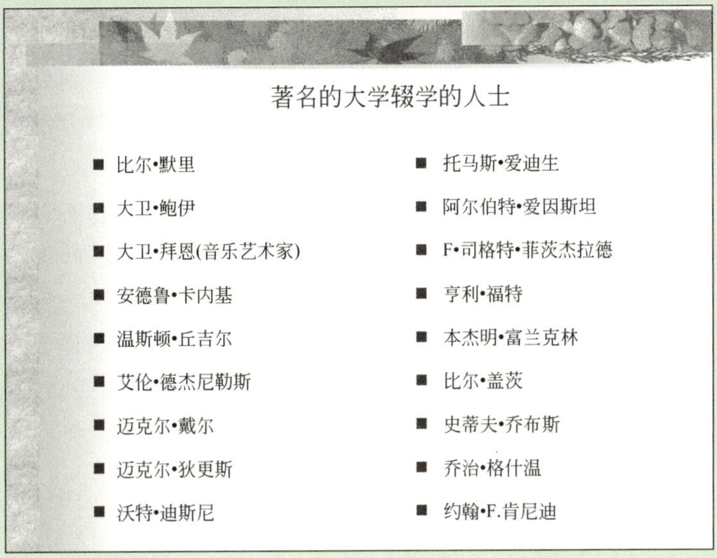

图表 15.1 格雷格·沙佛在演讲中，用这张幻灯片说明许多富有且著名的人士都曾经是辍学者

全心全意攻读大学

……首先，上大学的代价是什么？到底需要多少钱？好吧，我们查询一下 College Board.com，上面的内容是这样的：平均来说，一所四年制的私立大学每年需要 25000 ~ 26000 美元。那像加州州立大学奇科校区这样的四年制公立学校呢？每年大约 6000 ~ 7000 美元。那像初级学院这样两年制的大学呢？可能就 2000 ~ 3000 美元的样子。看到这里的等级层次吗？其实有许多余地——可以花费许多钱也可以节省许多钱，主要看我们自己。

但是，以初级学院为例，格兰迪克斯和佩纳在 2005 年做了一项研究。你知道结果是怎样的吗？在进入四年制的学校前，如果去了初级学院，获得学生贷款的概率仅为其他学生的 1/3。这只是一个思路。

阿俊·布希

那么问题是，如果我能负担大学学费，会得到回报吗？是否值得呢？下面就来讨论这个问题。《纽约时报》的大卫·莱纳德在2007年做了一项研究，结果是这样的：高中毕业生平均每年大概有27000美元的收入。我们继续来看，大学辍学生平均年收入为33000美元。如果完成了大学学业，平均每年可挣47000美元。如果取得了学士学位，在此基础上再增加20000美元。另外，我自己根据2008年10月劳动局统计数据做了若干项统计。结果表明，获得高中文凭的学生中，一开始便能找到工作的仅占27%。但是，大学毕业生中，55%的学生能够找到工作。别忘了，如果获得大学学士学位便能增加20000美金的收入，因此收支开始平衡了……

我们来看看学位对于我们意味着什么，是真的有用吗？你可能听到过这些评论。例如，我的学历事实上与我的工作并不挂钩。我的专业与职业没有任何关系。但稍等一下，西雅图华盛顿大学告诉我们什么呢？它告诉我们，学历是怎样的并不是特定的，除非你是工程专业或医学专业，抑或其他具有更高技术含量的专业。但是一般的专业，如社会科学和人文科学本身是比较笼统的，这样能够让我们做更多种类的工作，创造更多的就业机会，让我们的思维更开放……

在结束前，我还想谈谈最后一种说法，或许你们已经听到过很多次了。你不用上大学也可以变得富有，对吗？你不用上大学也可以出名，是吧？知道吗？我用谷歌搜索了一下。确实有个网站collegedropoutshalloffame.com，你是对的，我不会加以粉饰。是的，你不用上大学也可以变得富有，你也不用上大学便能出名。不过，财富和名誉这些标准，真的是我们期望的评判成功的标准吗？你不希望因为拥有知识而学会如何待人接物，如何自我实现？为知识而学习，难道不应该是这样的吗？

要观看格雷格·沙佛和阿俊·布希的演讲视频，请点击在线学习中心网站，并找到15.1和15.2部分。

这些演讲无论是内容还是演讲方式，都远高于平均水平。但是我们如何知道格雷格和阿俊提出的论点是否合理呢？格雷格引用的那些异常成功的大学辍学生（如图表15.1所示）具有代表性吗？或者他所举的例子都是异常值，这个术语是马尔科姆·格拉德威尔用来描述非一般人的词汇。[4] 同样地，统计学家告诉我们，平均值往往具有高度的误导性，那么我们又如何知道阿俊用来支持其言论的统计数据来源是否可信呢？

此类问题是论证模型的完美延续，即许多大学课堂会用来解释合理论证与逻辑性有误论证之间的区分。哲学家斯蒂芬·图尔敏提出的基本模型特征是由三个相互依赖的部分组成。[5]首先是论点，第 7 章对此的定义是演讲者希望听众接受的结论。格雷格和阿俊有关大学教育及其价值关系的对立性言论正是其论点。

其次是支撑论点的**论据**，即我们通常所接受的术语“**证据**”。格雷格将比尔·盖茨和史蒂夫·乔布斯作为支持自己论点的证据。而阿俊则运用了教育和薪资关系的统计数据类证据支持自己的论点。

证据：
演讲者支持某个论点的证据。

图尔敏模型的第三个部分，也是最容易混淆的部分被称为**论证**（**warrant**）。这是演讲者论点和支撑其论点的证据之间的关系。尽管这些联系可能很明显，演讲者往往将其蕴含在字里行间而非直接告诉听众；但结果造成论点与支撑论点的证据之间的关系并不总能被听众感知到。

论证：
证据与乱点之间的联系。

支持、限定和反驳充实了图尔敏的论证模型。**支持**是一种证据，但是与直接支持某个论点的证据所承担的作用不同。支持支撑着论点和证据之间的证明关系。支持能够让这种证明关系在听众头脑中更清晰明了。例如，通过选择那些最为明显和富有的大学辍学生，格雷格规避了问题的实质，即他所引用的实例是否能广泛运用于普通的大学生。很明显，这需要更好的证据来支撑其证明关系。例如，他也许需要证明像盖茨和乔布斯的经历，对于许多不是特别知名但在职业生涯中获得成功的人士，也同样适用。

支持：
直接支撑某种证明关系的证据。

构成图尔敏完整模型的第二部分是**限定词**，指出了论点真实准确的可能性。因为在论证过程中，相对于绝对性，我们以可能性而提出论点，效果更好，所以演讲者在论证过程中承认不符合论点的特例是有利的。毫无疑问，在格雷格和阿俊的演讲中，你可以发现许多用得比较好的限定词实例。

限定词：
表示论点成立的可能性水平。

最后，实践中鲜少看到完美的论证。除了通常限定我们论点的许多合理证据的错综复杂部分，还有很大可能存在**反证**，也就是手头的或可追查到的那些至少可以部分地驳斥我们观点的证据。在第 9 章和第 14 章中我们提出且强化了这样的事实，即在说服性演讲中，组织并呈现信息的双面性是很好的想法。不是忽略听众实际会出现的对立论点，而是敦促学生利用这些论点的优势。这样一来，不仅可以提高听众接受其论证的可能性，还向听众灌输了今后他们有可能听到的类似反驳性观点。

反证：
某个论点的特例或驳论。

运用图尔敏的论证模型

伪推理：
第一眼看似合理，但论证过程存在谬论，因此是不可靠的。

谬论：
某论点，先前的推理无法保证该论点被接受。

根据图表 15.2 所描绘的框架结构，我们可以运用图尔敏模型来检测我们自己或他人论证的合理性。为此目的，我们首先需要了解**伪推理**。伪推理一般会让人第一眼认为某论证是合理的，但是当人们以批判性的思维细加琢磨时，会发现这种论证是基于谬论之上的。哲学家布鲁克·诺埃尔·摩尔和理查德·帕克将**谬论**定义为“某论点先前的推理无法保证该论点被接受”[6]。换句话说，谬论是指论证中的证据无法证明某个论点，或证据与论点之间的证明关系存在缺陷。

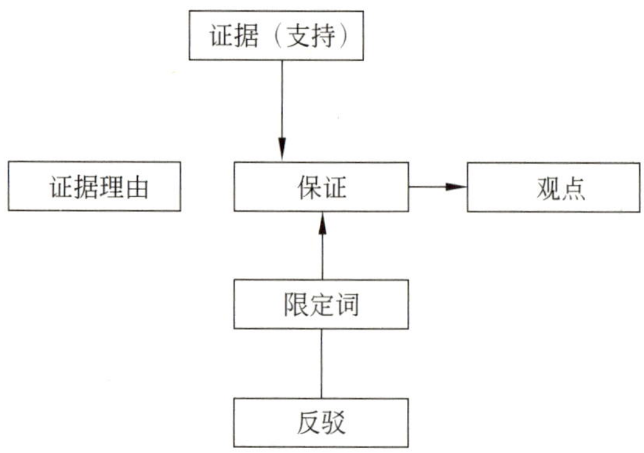

图表 15.2 图尔敏论证模型

Toulmin, Stephen Edelson, INTRODUCTION TO REASONING, 2nd Edition.©1984.Reprinted by permission of Pearson Eduocation, Inc, Upper Saddle River, NJ.

伪推理所基于的谬误与批判性思维正好对立，与笔者所列举的教室内外提高论证质素的实例也不同。因此，批判性思维要求你学会识别人们试图“证明”自己观点时，最常见的谬误类型。

与证据相关的谬误

根据第 7 章和 14 章所探讨的内容，有力的证据是合理论证的必要条件。根据以往的经验来看，我们在构建或评估论证时，采用的证据必须具有相关性、代表性，且数量上必须足够。所举实例应具有代表性。引用的事实来源应可靠、可证明、可追溯，且与其他既定事实保持一致。统计数据应基于某代表性或特定的抽样检验并且由某可靠的官方机构所公布。如统计数据是基于某项调研，那么其实施的内容和方法需同时予以明示。如果采用的是某专家言辞性证据，那么也需要明示能够确定该专家可信度的资历。此外，任何有可能对该专家观点抱有偏见的信息也必须予以公开。解释说明性内容应清晰准确、直观明了。任何叙述性内容也都忠实于事实。在这方面，演讲者和听众往往会犯的三种错误，包括无根据的断言、扭曲性证据和误导性统计数据。

无根据的断言

无根据的断言是电视和电台脱口秀节目权威人士的家常便饭。无根据的断言是指没有任何证据支撑的论点。例如，格雷格和阿俊都对雇主希望雇用的员工类型进行了说明，但是两人都未对这些论点提供任何可检验的来源。此外，除非他们能够证明，而不是简单地声称自己在该主题上的高度专业性，听众没理由将其论点作为证据而接受下来，相反，听众会认为这只是他们自己的观点而已。

无根据的断言：没有任何证据支持的某个言论。

扭曲性证据

证据很容易被扭曲，尤其是在数字时代更是如此。如今图像可用技术操作，不相关文件和出版物可被随意剪辑粘贴，并以看似可靠且有效的邮件形式传递出去。

扭曲性证据通常是显著地省略或篡改证据原初意图的结果。与无根据的断言一样普遍。例如，我们经常会看到某些电影广告从300字的影评中，仅截取某位影评家对该电影三言两语正面评价的那一小部分。

扭曲性证据：显著地省略或篡改证据原初意图。

与很明显禁不住批判性思考的无根据的断言不同，人们很难发现蓄意篡改甚至完全捏造的证据，尤其是当认为其来源可靠时。因此，如果你考虑采用或接受证据，需要确保有追踪其真实性的种种必要工具。

有些网站上列出了比较典型的扭曲性证据，如安纳堡公共政策研究中心赞助的 factcheck.org 以及都市传说网站 Snopes.com。例如，Snopes.com 揭示了一个虚假引用，声称甲骨文公司创始人拉里·埃里森在耶鲁大学典礼的演讲中告诉毕业生说，他们是“失败者”，浪费时间攻读学位。事实上，埃里森并未做过此类演讲，这只是讽刺作家安德鲁·马拉特为 SatireWire 网站撰稿时杜撰出来的。[7]

误导性统计数据

误导性统计数据：不完整的或基于错误数据基础上的数据。

在第 7 章，我们介绍了可用于支撑论点的各类数据资料。统计数据经常是不合理论证的源泉。**误导性统计数据**往往是不完整的或基于错误数据基础上的数据。我们不需要重复数据资料的各种验证类型，但希望大家注意一种特别繁杂的数据操作形式——误导性的平均值。

尽管格雷格和阿俊屡次引用诸如大学花费和毕业生相对于非毕业生收入的平均值，但他们的统计数据并不全面。例如，他们都没有告诉我们这些大学的“平均”花费是如何计算得来的。格雷格告诉我们上四年制的公立大学的平均花费是 76 000 美元。阿俊则倾向于引用四年制公立大学一年的花费，即 6000 ~ 7000 美元 / 年，四年则为 7000 × 4=28 000 美元，并非 76 000 美元，肯定有地方出错了！

问题是两位演讲者都未告诉我们这些平均花费到底包括哪些消费项目。我们怀疑格雷格引用这些数据时将住宿费、书本费以及学费都算进去了，无论是公立抑或是私立大学。而阿俊则可能仅包括学费。像苹果和梨一样，二者没有可比性。

不可否认，你可以在他们的演讲中找到其他未经充分说明的统计实例，或者相互之间没有可比性的论据。因此，问题的关键是，作为演讲者你需要对自己引用的统计数据作出解释，作为听众时同样要求其他演讲者也这么做。

与论点相关的谬误

有时候谬误是论点本身固有的特性。本节所讨论的两种谬误主要集中在论点与演讲主题的相关性上，以及这些论点是否从本质上能够自我证明。在自己的演讲中或聆听他人演讲时，我们要警惕这些谬误。

障眼法

有时也被称为“**烟幕弹**”，即在争论中引入不相干的论点来转移注意力。最常见到公共问题类的辩论涉及与事实不相干的论点。举个例子，美国历史上多次用到且充满感情的掩饰性论点——对社会主义的指控。例如，那些自我利益受到国家公园系统相关立法威胁的人，不希望听到任何保护国家伟大奇迹的论点或大自然的野生生物正以惊人速度消失的相关论点。结果，他们将辩论转到资本主义相对于社会主义的优劣上了。

障眼法（烟幕弹）：在争论中引入不相干的论点来转移注意力。

20 世纪 40 年代有关社会安全性的辩论、20 世纪 60 年代有关人权和医疗体系的辩论，以及最近有关医疗改革的辩论，多次采用了这种障眼法。在这些事件中，反对这些提案的人试图从两种对立性的经济原则而非立法事项的角度来定调。

循环论证

另一种常见的谬误是运用论点本身来证明其真实性。**循环论证**，有时也被称为“回避问题实质”，是指论证过程中无法证明任何事情，因为论点所需要的证据是唯一的支撑证据。请看以下来自国家级多栖专栏作家乔治·维尔的话语：“明智的人都会同意这样的观点，即不对全球变暖采取立即行动的话，人类就没救了。”为什么接受这种论点？“因为那些不同意这个观点的人一定是不明智或不聪明的”。[8] 尽管像这种清晰明了的循环论证很少见，但归根结底，许多论证仍然在规避问题实质。于是，无论任何时候当你开始某项论证或听他人开始声称“所有真正的爱国者都……”或“只有蠢人才会相信……”这种言论时，就要注意了。

循环论证：论证过程中无法证明任何事情，因为用于证明论证的论据正是论点本身。

与证明相关的谬误

上文提到过，证明是指将证据和论点联系起来的逻辑关系。尽管证明关系对于听众来说是显而易见的，不需要予以明确表达出来，但我们鼓励学生在这方面谨慎。这就意味着我们在构建论证论据时需要提供证明支撑，并且在听他人论证时要求证据支撑。

当人们假设某论证中的论据非常明显，已不需要支撑性证据时最易出现伪推理。例如，联邦政府的赤字开支是不好的现象，这点几乎是神圣不可侵犯的论据。不过许多知名的经济学家会认为赤字开支是好是坏取决于不同的场景。例如，在提到当今的经济衰退和若干海外战争时，诺贝尔奖获得者保罗·克鲁格曼写道，“事实上，我们能为后代所做的最坏的事情是现在不能过度地出现大规模赤字开支”[9]。永恒的赤字开支可能不是好事情，但在经济困难以及战争时期，赤字开支可能也是必须的。

不同类型的证明提供证据和论点之间关系的方式有不同。最为常见的五种证明类型包括权威、归纳、类比、因果和担保。每种证明类型都具有特定的劣势和薄弱点。学会识别这些薄弱点有助于我们确定某种证明关系是否令人质疑。如果是，则应要求演讲者提供支撑性证据来表明这种证明关系是可靠合理的。

权威性证明

当运用权威性证明时，我们其实是在说某论点值得相信，因为我们所认为的权威人士说过该论点是真实准确的。有些人倾向于不带任何质疑地接受所谓具有合法权威性的人和机构所提出的论点。权威性证明受制于专业性、合格性、可信度、公正性以及可靠性的检验。

在笔者出生的年代，我们仍然信奉 20 世纪 60 年代中期第一次听到的口头禅：质疑权威。简单来说，对权威进行质疑或礼貌性地要求其提供支撑论点的证据不是一件坏事，尤其是当我们发现自己会不由自主地认为其观点反映了我们自身的观点时。记住第 14 章提到的恰尔蒂尼的隐含性警告，即看似或听起来具有权威性不代表其就是专家。

在论证中运用权威性证明时，听众很可能不熟悉证据来源的质量。因此，你需要提供支撑权威性证明的证据，例如，运用诸如第 14 章所描述的技巧来支持信息来源的可信度。

与权威性证明相关的缺陷有两种：首先是给予权威人物或机构过高的可信度，其次是论证中更加重视的是权威的人格外表而非论证的可靠性。

光环效应

光环效应：
假定你就是因为喜欢和尊重某个人，无论他或她所说的是否是真实的。

光环效应是爱屋及乌的结果，这在第 14 章讨论过。如果我们喜欢某个人，可能会更容易受其影响。此外，高度喜欢可能让我们即使违背自身利益或无法进行更好的判断时，仍然甘于受到其影响。例如，在政治选举期间或之后，光环效应往往会发生在我们所支持的公职人员身上。光环效应甚至会延伸至其在职期间或一生。例如，相对于其支持者和拥护者的怀念，历史学家对于肯尼迪和里根总统的批判性要高得多。如果不相信，可以尝试着搜集一下民主党或共和党黄金时期的演讲，你会发现肯尼迪或里根的灵魂或形象并没有显得很突出。

无论潜在的原因如何，喜欢他们的人对于他们的言辞应给予合理的可信度。例如，我们喜欢詹尼安·吉劳法罗的单口喜剧节目。她是一个很好的喜剧演员，但是这并不代表她在外交政策上也是专家，也不能说明她可以在有线电视或脱口秀节目中有同样出色的表现，因为她经常会在这些节目上武断地表达出自己的意见。我们并不是说她的观点一定是错的，而是说她作为喜剧演员的名誉和形象，不能说明她比一般民众在讨论外交政策时，就更专业或更有资格。

人身攻击

人身攻击，即“对人不对事”。将矛头指向人而非其论证的合理性是权威性证明最常见的谬误。在辩论中，如果你的对手根据你提出的论点来攻击你的人格，这就是一种人身攻击。

人身攻击：
攻击的是人而不是他或她论点的合理性。

这种谬误一般就是直接的人身攻击，但有时更加不利于合理的推理。在这方面有些人能够如“避雷针”般集雷火于一身，如电影制作人迈克尔·摩尔和演员亚历克·鲍德温以及拉什·林博和比尔·奥莱利。我们听鲍德温的诽谤者说他是虐童者并且还打老婆。艾尔·弗兰肯则骂拉什·林博是个肥胖的大傻瓜，而且他在书中也是这么称呼拉什的。无疑你可以想到更多的实例。我们在第3章以及本章都再三强调过，礼仪修养在如今的公共话语中，是越来越罕见的一种品格。人身攻击性论证只会降低公共对话的效果。

技巧和策略

对权威性证明和相关的谬误进行评估时应询问的一些问题

- 该权威人士是所讨论领域的专家吗？
- 演讲者充分证明了权威的资历了吗？
- 该权威人士值得信任且足够公正吗？
- 该权威人士有可靠的信息吗？

归纳性证明

每当听到或看到民意调查结果时，你都会根据所提供的部分样本民意来推测整体的民意。演讲者也同样如此。他们会根据特定数量的实例和统计数据来推测出一般结论。例如，格雷格·沙佛试图利用一些知名人士来证明大学学位并非是成功的必要条件。当引用的实例不能代表全局整体时，就会出现该证明类型最常见的谬误。

无论是作为演讲者还是听众，检验标准都是一样的，即相关性、充分性、代表性、过度概化和反面例子。

轻率的归纳

轻率的归纳：
支持归纳的实例太少或支持归纳的实例不具有代表性而出现的谬误。

轻率的归纳分两种情况。一种是用极少的实例来支撑结论，另一种是运用不具代表性的实例来支撑结论。但是我们如何确定所举实例，既保证数量上的充分性又保证具有代表性，从而避免以上谬误呢？我们再来看看格雷格的演讲和论证。第一个检验标准：所引用的案例是否与其论点有关？除了那些后来又返回到学校完成学业的人，格雷格所列举的名人确实都辍学了。那么第二种和第三种检测标准呢？是否有足够的实例来支撑他的论点，并且这些实例是否具有代表性呢？总体上来说，格雷格所引用的 18 个人——数量上并不具有绝对优势。此外，其中很多都是演艺人员（比尔•默里、大卫・鲍伊、艾伦・德杰尼勒斯）、作家（菲茨・杰拉德）或艺术家（乔治•格什温、沃特•迪斯尼）。这些都不算是一般的职业道路，且一般人都是以失败告终，无论他们是中途辍学还是完成了大学学业。

那么格雷格是否避免了过度概化呢？这个可能智者见智吧，但是可以确定的是他归纳得有点笼统。根据最后一条检测标准，这点尤其明显：是否有显著的反面例子？答案当然是肯定的。关键是需要确保概括的结论或程度合理有根据。如果格雷格注意到这点，那么他的论证可能会更合理和完美。

技巧和策略

评估归纳时应该询问的一些问题

- 证据与论点相关吗？
- 有足够的证据证明该论点吗？
- 证据足够具有典型性吗？
- 避免了过度概括了吗？
- 存在种种显著的反面案例吗？

应用归纳的证明

如果确定某归纳性结论是准确的，我们可以将其运用于某特定的事件当中，并且就该事件可以得出某些有效的结论。事实上，我们每天都在做着这样的事情。例如，我们每天都遵守着特定的交通规则，在十字路口遇到红灯时停下，步行穿过公路前左右看一下，在斑马线上车让行人。

在上述交通案例中，运用人人都信任的一般法则才可保证交通顺畅，但是在将确立的归纳应用于特定的人群或更复杂的议题时，我们需要谨慎。应用归纳的证明受以下几个方面的制约：可运用性检验、例外性、实证性和可分类性。注意一下由于不适当的陈词滥调和假两难推理导致的谬误。

刻板印象

归纳确立的应用最易出现的证明谬误是不适当的**刻板印象**，即认为某大范围内都适用的准则也同样适用于该范围内的特定成员。以我们的学生和朋友乔纳森•史蒂倍克(第 1 章提到过)为例，他成年后大半辈子都教育学龄儿童，不要对残疾人形成固定的刻板印象。

刻板印象：
即认为某大范围内适用的准则也同样适用于该范围内的特定成员的谬误。

丹妮卡・帕特里克有效地突破了某些通常只限定于“男性”运动领域中的女性作用的刻板印象。

假两难推理

另一种归纳性法则运用时易出现的常见谬误是**假两难推理**，即暗示接近真理只有两种选择的归纳性结论。真两难推理需要证明在某件事情上我们仅仅有两种选择。真两难推理很少见。以下是我们当地日报接到的电话内容然后以特稿报道出来的内容。

假两难推理：
有多重选择的时候，归纳意味着只有两种选择。

他们应该打击虐待儿童的行为

我想与反对堕胎者对话。他们那么希望阻止堕胎行为并且愿意花时间付诸行动。那为什么就不能花同样的时间来阻止杀害儿童的父母只受到轻微刑罚这种现象呢？[10]

From “Tell it to the ER” in CHICO ENTERPRISE-RECORD, 13 March 1992, P.2A.

毋庸置疑，反对堕胎行为并不排除反对虐待儿童。因此致电者制造了一个并不存在的两难选择。像这样极端的实例经常发生在具有高度复杂和不确定性的争论或辩论中。在这种情境下，人们倾向于将争论议题过度简单化。有时这确实是为了使议题在可控范围内的无意之举。但是，对于有些貌似对我们的观点感兴趣的研究，其目的却在于引诱我们相信我们只能“赞成或反对”堕胎、医疗改革、创造就业机会、环境、清洁能源、商业或移民改革。这不是那么简单的，不是吗？

技巧和策略

评估归纳应用时应该询问的一些问题

- 归纳适用于所有可能的情况吗？
- 归纳存在例外情况吗？如果是这样，具体的案例是属于一个例外情况吗？
- 归纳是被证实的吗？
- 特定实例清楚地处于具体的归纳范畴之内吗？

类比性证明

基于类比性证明的推理论证认为，由于两类事件在某些已知方面相似，因此在一些未知领域也是相似的。这些论证方式被称为比较，更普遍的说法是类比。战争是一种常用的类比。例如，近半世纪前提出的向贫困开战、反毒品战争等，这些类比说法今天仍然在用。

此处的问题不在于，类比对于连接支撑性证据和论点之间是否有用，而是做出的论证与类比之间是否很恰当。简单来说，我们来看看，证明关系所使用的一般类比形式，以及误用类比时会导致怎样的谬误。

横向类比声称两种不同的例子是相似的。例如，许多人将 2001 年 9 月 11 日与 1941 年 10 月 7 日（珍珠港被炸日期）相比较。这当然是一种横向类比——二者都属于外敌在美国本土发动的袭击（夏威夷当时还不是一个州，但袭击事件发生时属于美国领土）。

另外，形象化类比是一种用于提高演讲有效性的语言工具。形象类比明显旨在寻找两种被比较物的共性或相似性，但是没人可合理地说服它们真的很像。“‘9·11’事件就像冷不丁地被打一样”这句话并没有将两件同样的事情进行横向比较。在第一事件中，有成千上万人死亡，整个国家就像陷入战争一样。第二事件中，受伤的是受害者的自尊心。形象比拟并没有什么不好，可以给整个演讲锦上添花，但是不如横向类比那样能够直接构成证据，因为这样的论证缺乏逻辑力量。

强效的类比需要满足两个重要标准。首先，被比较的事物之间的相似性需要超过不同点。其次，两者的相似性而非不同点应与所提出的论点最相关。

错误类比

比较性证明最常见的谬误是**错误类比**。将两件本身不具有可比性的事物当作同类事物加以比较。例如，我们有次不得不进行一场校园辩论，有位著名的管理者和退休教授声称，我们学校的公共演讲必修课应予以取消。在多次公共讲坛上，该课程的批评者都声称，“学生从 2 岁开始学会说话。他们真的需要一门课程来专门学习这项已经练习了 16 年多的技能吗？”

错误类比：
将两种不同的不具有可比性的事物进行比较。

你应该已经从本堂课了解到，不能将说话与演讲做类比。公共演讲兼具艺术性和科学性，而且 2000 多年来一直是严肃学术研究的重点。同时，几十年来的调查研究显示，在企业最希望员工掌握的种种技能当中，公共演讲一直都排在前列。

技巧和策略

评估比较或类比时应该询问的一些问题

- 只有横向类比才能作为证据使用吗？
- 相似性多于不同点吗？
- 相对于不同点，相似性是不是与论点具有更多的相关性？

因果关系证明

基于因果关系证明的推理认为某种原因可能产生或已经产生某种结果。我们时刻都会采用这种自然的推理形式。众所周知，考试前我们熬通宵临时抱佛脚，第二天早上会非常疲惫，以至于注意力根本无法集中。因睡眠太少而导致一种效果，却与我们期望的用心考试的结果相反。我们可以根据某种已知原因推测一种预期的结果，或者从一种已知的结果反推某种可能的原因。以第一种推论模式为例，“人类导致全球变暖”这一命题的反对者认为烧油会增加大气中二氧化碳的含量，从而导致全球变暖。另外，人们能够从已知的结果推论出可能导致这种结果产生的原因。反对全球变暖观点的人，往往认为地球在逐渐变暖，但是鉴于史前时期就已经开始变暖，如今变暖趋势主要应归咎于自然循环。

可以成功且具有说服力地做出因果关系论证。例如，有相当多的证据表明，烟草对人类身体有害，几乎没有科学家会争论该产品的有害性。因此基于这些专家和科学研究的演讲者必须具有充分的证据。通常来说，如果演讲者可以借助专家言词及科学研究结果，则最好采用因果论证方式。

因果证明有以下几种检测标准：首先，事件的因和果相互之间必须具有合理的相关性；其次，需要排除导致事件结果的其他原因，而同一原因所导致的其他结果须予以认可；最后，我们应避免仅仅因为一个事件在另一事件之前发生，就认为它们具有因果关系。因果证明最易出现的两种谬误，包括基于事实寻找原因（即事后比较）和所谓的滑坡效应。

事后归因

事后归因：（事实之后的结果，因此，事实即为原因）认为发生于其后者必然是其结果。

因果推论性的证明往往会陷入**事后归因**或发生于其后者必然是其结果（指一种普通的逻辑上的谬误）。我们本地的报纸再次提供了这种谬误的实例。在某次加利福尼亚州干旱结束后，报纸上刊登了一封来信，写信的人声称，干旱最终得以结束要归功于帕拉戴斯小镇人们的虔心祈祷，甚至将这些人称为“上帝的精灵”。我们并非有意贬低任何信仰，但是很明显干旱总会在某个时刻结束。就因为这个小镇人民祈祷后下雨了，并不能说明干旱结束就是因为小镇人民的祈祷。简单来说，一个事件紧随另一事件发生，不能证明二者之间具有因果关系。

滑坡效应

滑坡效应：认为所发生的某件糟糕的事件，将自动导致一系列同样不理想事件的出现，尽管行为与预测的事件之间没有关系。

从某已知原因推理到预期的结果这种类证明，很容易出现**滑坡效应**谬误，即一种不好的事件会自动导致一系列同样不理想的事件。这种现象经常被称为“多米诺效应”，经常被用在反对毒品合法化、降低喝酒法定年龄、同志权利以及为所有美国公民提供保障性健康医疗等争论中。

那些反对先前提案的人，将滑坡效应想象得几乎到了荒唐的地步。例如，20世纪60年代通过的医改方案并未像一些人声称的那样，最终导致公费医疗的结果，但是具有讽刺意味的是，许多受益于该法案的人，居然用同样的论点反对2009年政府赞助的健康计划。然而，这并不意味着没有滑坡效应这一现象的存在，尤其是当一个人的健康告急时更是如此。在医院葡萄球菌感染可快速导致一连串的不良结果，包括器官衰竭，并最终导致死亡。

技巧和策略

评估因果推理时应该询问的一些问题

- 该原因与所声称的结果相关吗?
- 该结果存在其他可能的原因吗?
- 相同的原因是否会导致其他一些结果?
- 因果事件发生的时间序列是否有误(事后归因谬误)?

征兆性证明

运用征兆性证明关系的推理,指的是从可观察到的现象而推断出某种未能观察到的现象。例如,如果你发高烧、咳嗽且呼吸困难,医生可能会推测你患了流感。尽管可能需要取些样本做检查以确认诊断,但大多数医生可能会直接开些抗病毒类的药物,如特敏福等。

可靠的征兆并不总是容易找到。在检验征兆性推理时,问问这些征兆在过去如何可靠。医生过往的经验使其能够区分流感迹象及其他类似病症的不同。第二个检验方法是查看相冲突的迹象。尽管咳嗽和发烧都可能是由流感所引起的,但是其他症状可能会指向一个截然不同的原因,如肺炎。最后,你需要确保不会将纯粹的巧合或因果关系相混淆。

错将相关当作因果关系

指示性推理最容易出现的谬误是**错将相关当做因果关系**。相关只是表明两件事情同时发生,与其发生的原因无关。阿俊和格雷格都认承认完成大学学业与更高的收入相关。两人似乎都认为存在一种因果关系。尽管格雷格质疑了额外的收入是否值得所花费的成本和时间,但他似乎并没有否认,总体上大学毕业者一生中所挣得的收入确实要更高些。

错将相关当做因果:认为因为一物是另一物的征兆,所以它们是因果关系。

然而,两位演讲者似乎都没有考虑到,他们可能错将相关当成因果关系了。可能那些本身拥有更多的钱、家庭背景关系更好、才华更高的人,正是那些最有可能上大学的人。大学毕业或许与高收入相关,但原因可能与预期和其他变量以及社会经济状态相关。来自高收入家庭的学生或许更可能完成大学学业,而不是完成大学学业可带来更高的收入。要了解这点,唯一的方式是对来自同样的社会经济背景的学生进行抽样分组,然后进行比较。一组上过大学,另一组没上过。如果两组之间的收入有差距,那么你就有合理的理由来推测其中的因果关系。

技巧和策略

评估指示性推理时应该询问的一些问题

- 这些征兆能够可靠地得出结论吗？
- 存在冲突性的征兆吗？
- 有没有错将相关当做因果关系？

与限定词相关的种种谬误

正如上文强调的，限定词表明了某论点成立的可能性水平。有些论据几乎可以确定是真实的，而其他论据却没有这么高的肯定性。很少有演讲者承认他们的论据只是基于一种可能性，但是了解演讲者的论点真实性水平到底有多高，对于决定是否按照该论点来行为处事是很重要的。取决于论点的性质，一个限定词可能会造成很大的不同。例如，在某刑事审判中，声称被告有罪的言论必须是基于“高度合理的怀疑”——作为论点的限定词。因此，在审判长能够判定某人有罪前，必需要求高度的肯定性。然而，在民事案件中，审判标准则是“证据优势”。也就是说，如果被告确实无理对待原告的可能性更高，那么判决将有利于原告。由于所需要的证明程度不同，有些在刑事审判中无罪的人在民事法庭上仍然可被起诉。

我们需要了解听众期望证据的证明程度。正如公共演讲其他各方面一样，推理取决于是否对听众有完整透彻的分析。作为听众，我们应该明确在接受论点前需要了解其支撑性证据的证明程度。限定性推理出现的许多谬误是由于夸大或扭曲肯定程度所导致的。其中较常见的谬误是运用鼓动性语言和夸张的语句。

鼓动性语言

鼓动性语言： 激起强烈情感和负面反应的语言。

激起强烈情感和负面反应的语言被称为**鼓动性语言**。根据听众的具体特点，我们认为的中性语言可能事实上带有强烈的情感隐含意义。在本章开篇时，笔者引用的有线电视和电台脱口秀节目充满了鼓动性语言实例。诸如“死亡陪审团”和“共和党希望你尽快死掉”[11]等词句，都表明双方政治光谱下都可能会犯下这种谬误。

当然，有效的说服通常需要生动、强烈和富有表现力的语言，如第 10 章所示。但是生动的语言和歪曲推理事实的“鼓动性”语言之间存在一种细微但重要的界限。不过，需要重申的是，这其中并没有一成不变的规定。演讲者和听众需要判断力评估所运用的语言。

夸张

夸张是对论点的夸大。运用夸张手法的人没有合理地限定声明范围，而是夸大论点。当拳王阿里称自己是“最伟大的人”时，也许能有效地吸引人们的兴趣和关注，但这也绝对夸大了自己的英勇和才能，尤其是他根本没有将其言论限制在拳击圈内。其他夸张性的术语包括“超级明星”“最伟大的”和“杰作”等。这些词语让人看起来感觉“明星”“伟大”或“具有影响力”还不够力度。夸张会导致语言影响力降低、论点过度膨胀以及温和语言的贬值。

夸张：
论点的夸大。

避免仇恨性语言成为理性探讨争议性论题的必要素质。

与反驳相关的种种谬误

反驳是提供论点的某个例外情况或直接反驳论据。例如，阿俊试图反驳格雷格论据的基本条件——成功的衡量标准是财富和名利。他指出：“是的，你可以不用上大学就可以变得富有。是的，你也可以不用上大学而出名。但是富有和出名这些衡量标准，真的是我们希望的判断成功的标准么？”格雷格却试图反驳大学是学习的最佳场所这一言论。他指出，“如果你不知道自己对什么感兴趣，如果你不知道热衷于什么，花些时间想清楚吧。在大学花这么多时间突然发现自己这么久以来所学的知识是不值得的”。因此，两个演讲者都对大学角色的普遍看法进行了反驳。

反驳本身也可能是有缺陷的。如演讲者为了更轻易地反驳对手，而对对手论点的分析是错误的，这个时候就可能产生谬误。

“稻草人”谬误

“稻草人”谬误：所做的驳斥针对的是错误陈述的论点。驳斥的是构造出来很容易击倒的论点，而不是真正的论点。

当有人试图通过虚构论据来反驳某个论点，就会出现**“稻草人”谬误**。注意不要将其与合法的两面性演讲混淆起来，两面性演讲是准确描述对方观点然后进行反驳。而**“稻草人”谬误**则是故意歪曲对方观点使之看起来荒谬至极。

攻击事实上不存在的观点的论证明例，在有线电视民意节目中很常见，即错误陈述对方的观点，如完全掌控平民生命的法西斯、不惜一切赚取金钱利益的资本主义者等。

不当推论：不合逻辑的推论

直到现在，我们依然认为论证的每个环节都可能会出现谬误。当然，我们也必须从整体上来看待论证。即使证据是真实准确的，证明关系是可信的等，不合逻辑的论证仍然是谬论。因此，我们最后探讨的是不当推理的谬误。

不当推论：根据其前提做出的推论不合逻辑。

不当推论是指根据其前提条件所做的推理不合逻辑的论证。用图尔敏术语来说，论点、证据和支撑论点的证明之间不存在逻辑联系。下面以某人打给报社的电话为例：

难怪福利如此受欢迎

我想感谢于1月28日将两只黑色小蝶犬遗弃在高尔夫球场上的人。到底是怎样不负责任的人才会让他人去为这些狗安个家？人们居然不为自己的行为负责任而让他人去擦屁股，真是令人惊奇。难怪这么多人都在接受社会救济。[12]

From “Tell it to the ER” in CHICO ENTERPRISE-RECORD, 16 February, 1992, P.2A. Reprinted by permission of Chico Enterprise- Record.

除了认为接受社会救济的人都是不负责任的偏见以及声称“每个人都在接受社会救济”的夸张言语之外，该言论中，证据（两只狗被遗弃在高尔夫球场上）和论点（这种不负责任的行为是接受社会救济人群的症状）之间毫无关系可言。

你可以回顾一下“值得一提：伪推理：谬论”中的内容。希望大家可以经常温故一下。尽管谬误及其形成的伪推理过程可能对于你来说是无害的，但是它们能够并且确实不利于公民参与，还可能会产生错误的判断，进而对我们不可缺少的生命、自由和追逐幸福的权利产生负面的影响。

值得一提

伪推理：谬论

与证据相关的谬论

无支持的断言：没有任何证据支撑的某个论点。

扭曲性证据：显著地遗漏或改变证据从而改变了其本来的意图。

误导性统计数据：不完整或基于错误数据的统计数据。

与论点相关的谬误

障眼法：在争论中引入不相干的论点来转移注意力。

循环论证（窃取论题）：是指论证过程中无法证明任何事情，因为是利用论点本身来证明。

权威性证明相关的谬误

光环效应：爱屋及乌，如果我们喜欢某个人，就会倾向于相信他们所说的话。

人身攻击，即“对人不对事”，将矛头指向人而非其论证的合理性。

与归纳确立的证明相关的谬误

过度概化：支撑结论的实例太少或不具代表性。

与归纳应用证明相关的谬误

刻板印象：认为某个较大范围内适用的准则也同样适用于该范围内的特定成员。

假两难推理：当有不止两种选择时，暗示接近真理只有两种选择的归纳性结论。

与比较（类比）性证明相关的谬误

错误类比：将本不具有可比性的两件事情加以比较。

与因果关系证明相关的谬误

事后归因或发生于其后者必然是其结果，即因为一个事件发生在另一个事件之前便认为第一个事件必定是第二个事件发生的原因。

滑坡效应：认为所发生的某件糟糕的事件，将自动导致一系列同样不理想事件的出现，尽管行为与预测的事件之间没有关系。

与征兆性证明相关的谬误

错将相关当做因果关系：认为某件事情预示着另一件事情的发生，所以二者是因果关系。

与限定词相关的谬误

鼓动性语言：激起强烈情感和负面反应的语言。

夸张：对论点的夸大。

与反驳相关的谬误

"稻草人"谬误：所做的驳斥针对的是错误陈述的论点。驳斥的是构造出来很容易击倒的论点，而不是驳斥真正的论点。

其他谬误

不当推论：是指根据其前提条件所做的推理不合逻辑的论证。

小结

为了评估你对本章内容的了解，请访问我们在线学习中心网站进行检测和其他章节辅助学习材料。

推理和批判性思维在构建可靠论据和倾听他人论证时都扮演着重要的作用。

言语攻击是指攻击争议性观点与己意见不同之人的身份。

某个论点的理由是由支撑论点的证据所构成。

与有缺陷的证据相关的谬误是：

- 无根据的断言
- 扭曲性证据
- 误导性统计数据

论点可能包括以下谬误：

- 障眼法
- 循环论证

将论据和论点连接起来的证明关系是通过：

- 权威
- 归纳
- 应用归纳
- 比较
- 因果
- 征兆

支撑是一种支持证明性关系的证据，当听众对论据不熟悉或不相信其真实可靠时，支撑性证据尤其重要。

与归纳确立证明相关的一种谬误是过度概化。

与权威性证明相关的谬误是：

- 光环效应
- 人身攻击

与归纳应用性证明证相关的谬误是：

- 刻板印象
- 假两难推理

与比较证明相关的一种谬误是错误类比。

与因果证明相关的谬误是：

- 事后归因
- 滑坡效应

与预兆性证明相关的一种谬误是错把相关当做因果关系。

限定词表明了论点的可能性水平，与限定词相关的谬误包括：

- 鼓动性语言
- 夸张

反驳性谬误是指某论据的例外情况或对论据的直接反驳。常见的一种反驳性谬误是“稻草人”谬误。

不当推论：是指根据其前提条件所做的推理不合逻辑的论证。

学习成果检验：练习和实践

1. 找一篇公开辩论，如博客文章、给编辑的一封信、一则政治广告或产品广告，抑或一篇社论。确认其论点以及支撑性证据。是否清晰地展示了证明关系？如不是，确定文中所暗含的证明关系。如有证据，那么有哪些可支撑这种证明关系？论点是否充分？是否存在反驳该论点的证据？是否存在谬误？

2. 在出版物中找出以下各类论证案例：权威、归纳、推论、比较、因果、果因和征兆性证明。哪种论证模式最具逻辑性，哪种逻辑性最弱？按照本章所列出的推理检验方式回答问题。

3. 从电视、网络、杂志、报纸或电邮等媒介上挑选一则广告。至少识别出广告内所运用的三种谬误，用自己的语言阐述每种谬误。根据广告中存在的具体谬误实例，阐述这些实例为什么是谬误。最后，复制这则广告并突出其谬误，然后附在你的论文后面。

4. 分析格雷格·沙佛和阿俊·布希提出的支持和反对上大学的论证。附录中有其完整的演讲稿，演讲视频可登录在线学习中心 www.mhhe.com/brydon7e。你是否在这些演讲中检测出什么谬误？哪位演讲者给出了最强有力的论据？他们是如何进一步强化论证的？写一篇简短的论文或做一次简短的演讲，来表明你的结论和观点。

注释

1. Joubert Quotes, *Brainy Quote*, 2009. [Retrieved from http://www.brainyquote.com/quotes/quotes/j/josephjoub377081.html, 13 November, 2009.]
2. "TV, Radio Talkers Shaping Political Discourse in U.S.," *The News Hour with Jim Lehrer* (transcript), 4 November 2009. [Retrieved from http://www.pbs.org/newshour/bb/media/july-dec09/talkers_11-04.html.]
3. Dominic A. Infante, *Arguing Constructively* (Prospect Heights, Ill.: Waveland Press, 1988).
4. Malcolm Gladwell, *Outliers: The Story of Success* (New York: Little, Brown, & Co., 2008).
5. Stephen Toulmin, Richard Rieke, and Allan Janik, *An Introduction to Reasoning*, 2nd ed. (New York: Macmillan, 1984).
6. Brooke Noel Moore and Richard Parker, *Critical Thinking*, 5th ed. (Mountain View, Calif.: Mayfield, 1998), 476, italics added.
7. "Questionable Quotes: Oracle of Truth," *Snopes.com*, 24 September 2007. [Retrieved from http://www.snopes.com/quotes/ellison.asp.] You can read the original satirical piece at http://www.satirewire.com/news/0006/satire-ellison.shtml.
8. George Will, "No Climate for a Change Treaty," *Chico Enterprise-Record*, 8 November 2009, 5A.
9. Paul Krugman, "The Conscience of a Liberal: Crowding In," *New York Times*, 28 September 2009. [Retrieved from http://krugman.blogs.nytimes.com/2009/09/28/crowding-in/.]
10. "Tell It to the ER," *Chico Enterprise Record*, 13 March 1992, 2A. Reprinted by permission.
11. Jonathan Allen, "Grayson, GOP Wants You to Die," *Politico.com*, 29 September 2009. [Retrieved from http://www.politico.com/news/stories/0909/27726.html.]
12. "Tell It to the ER," *Chico Enterprise Record*, 16 February 1992, 2A. Reprinted by permission.

16 CHAPTER

第16章

课堂之外的演讲

这门课仅仅是你公共演讲生涯的开端。

目标

在阅读本章以及浏览 www.mhhe.com/brydon7e 在线学习资源后，你应该能够做：

- 一次介绍性演讲
- 致贺词或获奖词
- 做纪念性演讲
- 娱乐性演讲
- 婚礼祝酒词
- 开展电梯游说
- 应对问答会议
- 领导或参与小组讨论
- 意识到群体思维症状并采取措施以避免之
- 有效地参与小群体的分组讨论
- 认识到公共演讲对职业发展的潜在好处

关键词

议题
电梯游说
悼词
小组
团体迷思
专题讨论会
获奖致辞
纪念性演讲
介绍性演讲
赞誉性演讲
娱乐性演讲

你将注意力投向一只塞满香料（sage）的火鸡，现在你要注目的是吃饱了火鸡肉的圣人（sage）。

——威廉·麦克斯韦·威廉·埃瓦茨（1818—1901）
美国政治家，感恩节晚餐后的演讲[1]

《龙穴》(*Dragon's Den*)要求竞争者在风险投资人面前进行游说以获得项目基金。

你可曾看过《龙穴》的剧集？该节目首先在英国播出，现在有美国版的电视真人秀节目，致力于帮助投资人和企业家实现伟大梦想。该节目遴选参与者并给予他们向风险投资组推销自己的概念或产品的机会，使他们有希望获得必要的资金而开展下一步计划。

《龙穴》节目展示的是曾经一度局限于好莱坞的公共演讲类型。你向手握权力者推介一部电影或电视节目的概念，获得"通行证"而使之成为现实。但是如今，对于每个希望自己的观点被采纳的人来说，无论是某新款智能手机的内部提案、营销该手机的策划方案，还是手机投放市场后衡量客户满意度的方式方法等，都有必要掌握推销艺术。

像其他事物一样，演讲者和听众之间的交流正在悄然间发生着变化。虽然我们敢说公共演讲将一如既往地是我们实现某些重要风俗和礼仪的主要媒介，但是如果说前面 15 章介绍的内容和技巧永远无需修改以适应我们不曾预期到的修辞情境，这是骗人的。

本章有双重目的。首先，我们希望强调这样一个事实：这本书及你就读的课程，已开始让你具备一种能力，来应对将来可能面临的被要求发表演讲的挑战，无论你是开心、心满意足，还是受胁迫甚至是悲伤之时。其次，我们希望证明，相同的技巧会有助于你迎接超越常规演讲范围的挑战，无论是你需要做一次有效的"电梯游说"，还是在工作中需要领导一个团队。

值得一提

婚礼祝酒词

虽然40%的人表示对公共演讲有恐惧心理，但是可能被邀请发表婚礼祝酒词持有恐惧感的人则占到97%，这个事实的潜在原因之一是，婚礼祝酒词往往是未经排练且未经深思熟虑的即兴演讲，鲜有例外。婚礼策划人黛博拉·麦科伊在其《世界上最难忘的婚礼》一书中对此有所描述，包括伴娘不太流利的祝酒词以及伴郎讲述的更适合单身派对的黄段子故事。

简单来说，糟糕的祝酒词让新娘和新郎蒙羞是不可原谅的，对于伴郎或伴娘而言，尤其如此。祝酒词的目的在于让新婚夫妇脸面增光，而不仅仅是博众人一笑。

以下是发表得体且让人记忆深刻的祝酒词的一些建议：

1. 向新婚夫妇了解他们希望你怎么做。
2. 了解入席嘉宾，考虑他们的年龄、教育水平以及经历等多样性。
3. 如果可以选择的话，与婚礼策划人进行交流。
4. 尽量让祝酒词显得简短、甜蜜以及让婚礼令人难忘。
5. 准备，包括构思一个合适的故事、趣闻或庆祝婚礼的话语。
6. 排练。
7. 说完祝酒词之后再打开香槟。
8. 讲话时口齿清晰且大声有力，确保所有人都听得见。
9. 面对新娘和新郎，但同时确保不要背对客人。
10. 邀请客人与你“一起”祝酒。

资料来源：J. Freedom du Lac，“Burnt Toasts: Bad Taste Seems To Be Rigueur At Many Weddings.” The Sacramento Bee. June 17，2003，E1–2.

仪式和特殊场合的演讲

无论世界如何改变或者我们交流的工具如何演变，公共演讲的一些特定仪式和具体风俗，是不会突然从修辞景观中消失的。你可能不需要发表旨在让听众娱乐的演讲，但是某些公共演讲的仪式和特殊场合你是不可能都避开的，从看似简单实则不易的简短的祝婚礼祝酒词是我们将面对的最普通的演讲之一。

酒词到更具挑战性的赞美词，等等。关于前者，我们提供了一些有用的技巧，请参考“值得一提：婚礼祝酒词”。

正如本书屡次强调的，任何成功的演讲首先需要对修辞情境进行分析。对于仪式和特殊场合的演讲，更是如此，无论你的目的是为了纪念或庆祝新婚夫妇、介绍嘉宾或领奖人、优雅地领奖或感谢大家聚集在一起庆祝你的成就。设想一下在工作时，要求你介绍一位特邀嘉宾，一家服务性俱乐部比如扶轮社，或者介绍你参加大学兄弟会或者女生联谊会的某位代表等，这种看似容易、简短的演讲。

介绍性演讲

介绍性演讲：
介绍即将登台演讲者情况的简短演讲。

介绍性演讲应简短，将舞台留给即将出场的演讲者或特约嘉宾。一般来说，你和听众都清楚这种场合的意义所在。要想在这种场合不出差错，需要事先对演讲者或嘉宾的背景足够了解，以便做出适当的介绍。介绍性演讲旨在满足两大目的，首先是引起听众的注意力和兴趣，其次是引起或增强听众对演讲者或嘉宾可信度的感知。如果不了解这个人的平生传记，你是不可能达到这些目的的。因此，通常来说，被介绍的人或发邀请函的人会事先给你提供这个人的背景信息，如某人的简介等，你可以运用这个人的某些信息来引起听众的兴趣，同时树立演讲者或嘉宾的可信度。

我们屡次发现，本来比较善于介绍的人忽略掉了这些信息。事实上，在很多场合中，演讲者承认缺乏准备，告知听众他/她并不十分了解受邀嘉宾的情况，或者根本就不熟悉，导致最后只能通过朗读嘉宾的简介尴尬地进行介绍，这简直是不可原谅的！此外，这种行为会让参加者同样感觉到尴尬，首先是引荐者。事先确保熟悉一下嘉宾的简介。如果没有嘉宾的信息资料，想办法找到。了解一下其简介当中的亮点，以便临时进行介绍，让人感觉你是真心实意的！

技巧和策略

介绍性演讲指南

- 简洁。听众是来听演讲者说话的，而不是引荐者。一到两分钟的介绍足以满足大多数演讲情景了。对于稍微冗长或正式的演讲情景，介绍时可以适当长一些，但是无论如何都不应超过演讲者演讲时间的10%（例如，一个小时的演讲，介绍大约在6分钟）。
- 别抢了演讲者的风头。尽管你可能希望让听众简单了解接下来要注意听的主题，但不能深入演讲主题的实质性内容。再次强调一下，听众希望听的是演讲者对于该主题的观点，而不是你的。你的职责是为即将上来的主菜开胃，而不是提供饭前点心。
- 准备充分：事先与演讲者配合好。最好向演讲者或其代表讲明你作为引荐者的身份，看是否有需要特别强调的点，是否有哪些事情是演讲者避讳的。有些演讲者甚至会预览一下你的推荐词或给你提供一些书面建议。

颁奖致辞

一篇好的介绍性演讲要素同样适用于颁奖致辞。**颁奖致辞**是为授予个人奖项荣誉而做的简短演讲。尽管听众通常对获奖者已有所了解，但也不尽然。因此，你可能需要将领奖者的生平（包括奖励的目的）与听众的生活衔接起来。为此，你必须确保不仅非常熟悉荣誉获得者，还应对听众的构成有足够的了解，以便于预测这两者相互间的熟悉程度，从而将听众与获奖者最恰当地联系起来。

颁奖致辞：为授予个人奖项荣誉而做的简短演讲。

获奖致辞

有些场合下，作为被关注的对象，我们必须以一种既优雅又得体的风度予以回应。许多体育专栏作家和播音员，在听过迈克尔·乔丹加入国家篮球协会名人堂时的获奖感言之后都认为，最伟大的篮球运动员在两方面都有失手。恰如一位作家所写，“这不是名人堂演讲，完全是一个会跳的书呆子在学校餐厅拿着托盘的样子。他有责任对自己的历史地位、过去和现在的运动员生涯做出说明，但是他却让每个人都失望了”。[2]

获奖感言：为获得的奖项或荣誉而表达感谢的演讲。

获奖感言表达对颁奖方以及对获奖人取得成就有所帮助的人表

示感谢，例如，亲朋好友或同事等。在许多文化中，让自己过多地成为关注中心，被认为是一种不好的风格，尽管非言语类传播的有关研究表明，自发地表达出一种骄傲和自信可能是无意的。我们许多人都了解这种规则。即使如此，我们生命中总会有时候情不自禁地让自己成为焦点和中心。例如，当我们在公共场合被单独提名获得认可或奖励时。对于有些人来说，这让人有点尴尬。一方面，他们知道自己需要接受这种认可或奖励，以表达对颁奖方的敬意。但另一方面，他们不希望表现得似乎在期待这种认可或奖励，而且还需要事先准备好演讲词。因此，很多时候，他们没有做好准备，最终在表现得非常谦卑的同时说话就有点结巴。大多数听众希望听到他人在发表获奖感言时，既形象优雅又发音清晰，即使很明显是事先做好准备的。良好的表达方式并不说明我们很自以为是或巧舌如簧。

一篇好的获奖感言应符合四条标准：第一，必须简短且符合具体场景所给的时间范围，因为你可能是若干被认可的人之一；第二，必须真诚地发自内心。听众能够从演讲者非言语行为中，轻易地辨别出你的感激之词是否真诚；第三，应对颁奖方表达感谢；第四，应让人产生好感。人们往往喜欢那些同样喜欢自己的人。让听众感觉被喜欢或具有魅力是一件非常值得花精力去做的事情。

我们就不再重复一篇有效的演讲稿应具备的所有特征了，请大家直接复习演讲的有关内容并加以运用：开场有力，将演讲主题与听众需求联系起来，加入合适的内容，然后结束演讲，为听众留下正面且难忘的印象。

纪念性演讲

纪念性演讲：
呼吁关注某个人的崇高或所纪念的人、或强调某个场合的重要意义。

纪念性演讲与获奖致辞略有不同，通常是围绕着重要文化事件而展开，例如国家历史转折点或集体牺牲事件等。值得重温的著名实例包括葛底斯堡演讲（Gettysburg Address）的文字稿和罗纳德·里根的演讲视频——纪念诺曼底登陆50周年纪念日，这天是第二次世界大战期间，美国士兵强攻诺曼底开始将法国从纳粹德国解放的日子。

我们很少人能有林肯或里根总统曾拥有的演讲平台，但这并不表明我们不会遇到这样的场合：需要对某事件或某个生命仪式发表纪念性演讲。成年子女需要在其父母50周年结婚纪念日上发表纪念性讲话，就像父母们需要在其子女婚礼上发表纪念性演讲一样。

议员约翰·麦凯恩加入其他前战争被俘人员中，准备为已退休海军中将威廉·劳伦斯发表悼念致辞，劳伦斯也曾是越南战争被俘人员。

悼词：
通常在某人去世不久后所做的纪念其过世的一种演讲。

在某些方面最重要但往往又是我们害怕的纪念性演讲是**悼词**，通常是在某人过世后不久所发表的演讲。致悼词自古以来就是一种礼仪，在大多数文化中是一种重要的习俗。撰写悼念辞可能挺令人费劲的，但对于生者来说可能又非常振奋人心。举个例子，当厄尔·斯宾塞伯爵在为其妹妹——威尔士公主戴安娜致悼念词时，他怜惜地说她是“同情、责任心、美丽大方的化身，她是天底下无私的象征，为地位卑贱者赢取权利奔走之人，一个跨越了国籍界限的英国女孩，一个本身毫无阶级观念的自然高贵者，一个在过去一年以来证明自己无需皇家头衔却能继续创造神奇的精灵”。[3]

娱乐性演讲

娱乐性演讲：
通过表达观点而愉悦受众的演讲。

据说伟大的英国演员唐纳德·沃尔菲特弥留之际，有个年轻的演员对他说：“唐纳德爵士，您这一生赢得了无数成功与声誉，死亡对于您来说一定很不好受。”而唐纳德的回答却成为了经典，“死亡很简单……喜剧是真难”。[4] 创造幽默感不简单，而这又恰好是娱乐性演讲需要达到的主要目的之一，有时也被称为“餐后演讲”，因为娱乐性演讲往往是餐后进行的。**娱乐性演讲**并非简简单单是讲一连串的笑话或一段喜剧独白，而是通过幽默来表达所需表达的意思。并不是每个人都具有幽默感，自我意识可能是需要考虑的最重要的标准。

在考虑这种演讲前，回答以下问题：你认为自己幽默吗？或者：你有理由相信一般人都会认为你很幽默吗？假设答案是肯定的，那么进行娱乐性演讲时需要满足一切有效演讲所必须满足的标准，首先应该对情境和听众进行一个完整的分析。

乔恩·斯图尔特主持2006年奥斯卡颁奖典礼。

主题

每年华盛顿记者团都会宴请美国当届总统，而每年组织者都会邀请一个人来做餐后演讲，例如，克林顿执政期间由唐·伊姆斯做餐后演讲，布什执政期间是史蒂芬·科尔伯特，最近一次宴请奥巴马总统时，则邀请了旺达·塞克斯来做演讲。

以前每位演讲者都会设法冒犯其中一位听众，这点或许你已不会感到很惊讶。唐·伊姆斯和克林顿总统的关系并不友好，因为他的演讲中多次影射了克林顿与白宫实习生莫尼卡·莱温斯基的绯闻。虽然史蒂芬·科尔伯特的讽刺更理智些，但是对于布什智力的讽刺并未能取悦听众席中的共和党人。而旺达·塞克斯的演讲第一次引入了种族调侃，却同时激怒了听众席中的白人和黑人。

你需要注意娱乐性演讲所选择的主题。最好选择那些自身有大量经验或很熟悉的主题，如何将这种经验之谈得体地传达给听众，也需要多加考虑。例如，匿名戒酒互助社全国代表会议的主讲人，可以在某种程度上预测，自嘲在酒精作用下他们会做的蠢事，与听众产生共鸣。但是如果是在母亲反酒驾全国代表大会上还能这样讲吗？在确定某主题是否合适或者相对于特定场合和听众来说是否忌讳时，我们需要依据常识来作出判断。

组织模式

一般来说，娱乐性演讲不需要严格遵守第 9 章所述的特定的组织模式。如果要说比较适合娱乐性演讲的组织模式，那就是叙事性演讲了。讲故事，正如许多有才华且高薪聘请的职业演讲者所表现出来的那样，非常适合娱乐听众。有了熟悉的开篇、情节发展到结束，演讲者和听众都能了解演讲的思路和方向。

我们在第 14 章也提到过，叙事性演讲具有将听众运送到故事场景中去的潜力。克里斯·洛克能够把故事讲得这么好，正是因为他让听众有身临其境的感觉，无论他们关注的是父母教育、爱人争吵或每天所发生的点点滴滴。许多其他的喜剧表演者也是这样的，如杰夫·福克斯沃西，他的演讲也非常受欢迎，因为我们可以在他的叙述中对号入座。

幽默来源

我们认为幽默的事情可能你不觉得幽默，因为一个人感觉好笑的幽默点可能另一个人感觉不到。例如，最近针对那些自认为很保守的大学生做了一项研究，结果表明这些学生认为史蒂芬·科尔伯特所说的话是需要严肃认真对待的。[5] 所以，我们不打算讨论选择什么样的内容或什么样的演讲方式比较好笑。以下列出了一些（不是全部）人们总结出来的带有娱乐性质的传统幽默点。[6]

- 夸张。威尔·法瑞尔和亚当·桑德勒靠夸张演绎为生，在他们演绎的角色中，如法瑞尔对小汽车司机里基·鲍勃的描绘或桑德勒刻画的高尔夫球场的古惑仔，都很好地说明了夸张所带来的幽默感。
- 不协调性。正常情况下两个物体根本不可能衔接起来即为不协调性。例如，金·凯瑞和平时不苟言笑的杰夫·丹尼尔斯在电影《阿呆与阿瓜》中的搭档组合本身是不协调的，但正是这种奇妙的组合使电影更好笑。如果凯瑞是和其他戏剧界的演员搭档的话，可能效果就没那么好了。
- 挑战权威。取笑权威人物是一种传统而普遍的幽默方式。马特·斯通和特雷·帕克靠从父母、老师、自以为是的影星、宗教教徒、政客、脱口秀主持人以及联邦政府官员身上截取笑料而取得不小的财富。但是除了逗乐我们之外，攻击权威人物也正是因为这些人物的虚伪。《居家男人》（*Family Guy*）制作人赛斯·麦克法兰、《弱智与丧门星》（*Beavis and Butt-head*）的迈克·贾德，以及所有电视动画之教父的讽刺，《辛普森一家》（*The Simpson's*）的马特·格勒宁，都同样如此。
- 讽刺。如能巧妙利用，讽刺也是一种传统的幽默方式（尤其是讽刺对象为权威人物时）。大卫·斯佩德、丹尼斯·利瑞和路易斯·布莱克都能巧妙地运用讽刺，比尔·马赫也同样如此。讽刺性幽默的缺点是许多人不懂得其中的幽默所在，反而与刻薄的厌恶感相混淆，尤其是当讽刺对象是个让听众怜悯的人，这时听众相信讽刺的语气是非常不公平的，从而产生事与愿违的结果，尤其听众是教育或其他水平不高的人群时。

- 反讽。在迈克·贾德的电影《蠢蛋进化论》中，其叙事前提非常简单：无论是现在还是将来，聪明的人比笨人生更少的小孩。而贾德描述的未来则出现了反讽的味道：蠢人一族那边垃圾成堆，但是结果却让终极格斗冠军当选为美国的总统。
- 自嘲式幽默。对于听众来说，最欣赏也最安全的幽默形式便是演讲者将自己作为取笑的对象。自嘲式幽默不仅避免了与所讽刺的权威人士相关的听众疏离的风险，还能让著名的成功人士看起来很寻常，拉近与听众之间的距离。当演员乔治·克鲁尼和布拉德·皮特允许自己在科恩兄弟的电影里面被描绘成笨蛋时，他们实则让观众感觉更亲切。名人堂四分卫主帅特里·布拉德肖在加利福尼亚州萨克拉门托演讲时，运用的自嘲式幽默便是很好的例子。当时，布拉德肖出席一个商业领袖论坛，突然发现台下都是些其他杰出人物，包括科林·鲍威尔，这时他打开话匣："我实在没明白为什么会被邀请作为今天的演讲嘉宾，我是靠着双手帮人擦屁股来谋生的。"[7]
- 演讲方式。幽默感来自演讲内容和演讲方式的结合。例如，两个人讲同一个笑话，只有一个人会让听众发笑。面无表情的演讲对于某些演讲者来说可以取得较好的效果，但对于另一个人来说却可能是灾难性的。换句话说，娱乐性演讲没有一种特定的适用风格。

将技能运用于其他场景

古代文明中公共演讲的崇高地位，一直对今后的相关演讲研究具有不可磨灭的影响。因此，研究和教授公共演讲的人，往往将演讲主题和实例局限在生活中最大的修辞竞技台上，比如，政治。我们尝试着避免给你留下这样的印象：有效的演讲模式可能只出现在最大的人生舞台上。我们希望再一次向大家强调，我们侧重的技巧在日常修辞场景下是多么的普遍和重要。

电梯游说

电梯游说：
旨在介绍和激起关于某个概念、产品或实践的兴趣的30秒到3分钟的演讲。

电子邮件对我们交流以及构建信息的语言方式，都带来了巨大的改变，而短信对于交流和语言组织方式的影响可能更大。对这些影响性质的争论才刚刚开始，短信对于人与人之间交流的节奏和周期的影响，至少有一点是不可否认的，即开始、结束都在眨眼之间。

在最短的时间之内表达清楚观点这一趋势，在**电梯游说**中体现得尤为突出。电梯游说是一种公共演讲形式，取名缘由是演讲所花的时间相当于进出一部电梯所花费的平均时间。对于300字以下的演讲内容，**电梯游说**的理想时间是30秒，向听众展示一种概念、产品或活动使之对其有个大概的了解。这种演讲形式兴起于互联网时代，主要讲给天使投资者和风险投资家听，使他们能够在最短的时间内听到最多的方案，以便筛选出其认为最具潜力的方案。无论是好是坏，电梯游说成为许多企业的标准演讲形式，尤其是在当今这样的信息时代。

庆幸的是，以前30秒的演讲时间被延长了，因为事实是，在一分钟以内是不可能对一份有价值的提案作出正确的判断的。试想一下，1776年7月出席大陆会议的代表们聚集在费城，告诉托马斯•杰弗逊让他在30秒内将独立宣言解释清楚，或者法兰克林•德拉诺•罗斯福让爱因斯坦在30秒内解释核聚变及其对第二次世界大战的意义，会是什么样子。

一分钟、两分钟、三分钟电梯游说具有一些共同特征，包括需要回答六大基本问题：

1. 概念、产品或服务是什么？
2. 这种概念、产品或服务可满足什么需求？
3. 收益模式是什么？
4. 团队由哪些人组成？
5. 竞争对手有哪些？
6. 你的竞争优势在哪？

一份有效的电梯游说的关键是简短，但内容又必须足够充分以确保概念、产品或服务的本质和重要性能够让听众理解。开口所讲出的每句话都必须具有高度的影响力，并且与每个听众的自我利益高度相关。

电梯游说的目标是引起足够强的听众兴趣，使你能够继续下一步。通常这也意味着为了更好地理解你所讲述的概念、产品或服务，听众会想问你一些问题。观看过《龙穴》剧集的人都知道，对你所提出的概念、产品或服务的价值，听众也可能问一些有挑战性的问题。

应对问答环节

不仅仅是成功的电梯游说，许多演讲后面会紧跟问答环节。以下列出了一些应对演讲后问答环节的指南：[8]

- 如果事先没做安排，在演讲开始时声明演讲结束后会设置安排问答环节。除非已别无他法，演讲期间绝对要避免听众提问题，因为可能会导致你无法控制的局面。当听众得知他们在演讲结束后有机会提问题时，他们会带着这些问题听你演讲。
- 了解演讲内容之外的相关知识。如果安排问答环节，你需要了解演讲范围之外的内容。如果可能出现怀有敌意的听众，最好事先对最难的问题有所准备。
- 当不能听清观众所提的问题时可请提问者重述一遍。如果你是带着麦克风讲，那么很可能听不到听众所提的问题。重述问题不仅能够让他人也听清楚问题，还允许自己有思考答案的时间。如果听众所提的问题比较烦琐、富有敌意或不够精练，试着以中性的语言或更简洁的方式来重述问题。
- 直接回答问题，用事实支撑答案。这需要你精心准备，但是，如果你不知道答案，直接照实回答。你也可以承诺稍后会获取事实和答案，反馈给提问者。最好是承认你不知道答案，而不要随意回答最终却被证明是错的。
- 看情况抽选不同的听众提问。千万不要让自己陷入与某一位听众辩论或争论的局面。坚持给每个听众提问题的机会。抽选室内不同角落的听众，让每个人都觉得自己有提问的机会。
- 简洁。回答问题时尽量简洁有力然后继续下一个问题。过度冗长的回答可能让听众感觉无聊，并且让那些同样希望提问题的人失去耐性。
- 如合适并且在可控范围内，宣布问答环节即将结束。当意识到听众已经开始出现骚动，所问的问题也开始出现重复，或者所限定的时间已接近尾声时，直接宣布还有一到两个提问题的机会。
- 如在问答环节还有机会，重述你的演讲观点，并对关键点进行总结。这是你再次强调演讲主题的最后机会。看情况，你还可以在演讲过后抽出时间进行会后讨论。

富有争议的电影制片人迈克尔·摩尔在回答听众的问题。

小组讨论

一位高效的公共演讲者所具备的技能，还可适用于你现在或将来可能隶属的专项小组。一个**小组**通常由三个或更多的人组成，这些人意识到彼此的存在、共享小组形成的目的，并参与到传播交流中。

小组：
由三个或三个以上的人组成，这些人意识到彼此的存在，共享小组形成的目的并参与到传播交流中。

小组的优势同时也可能成为弊端。举个例子，当某项集体任务分配给小组的时候，通常是希望团队协作能够比单个人独立完成工作更有效。但实际上经常发生的却是，小组成员以此作为借口，逃避不理想的结果和责任，诸如未能解决分配给小组的问题。在学校小组活动中，你就可能知道一两个小组成员，最终却承担了整个小组应该承担的任务。

小组会议在各行各业都普遍存在。

鉴于此，构建和发表一篇优秀的演讲所需要的总的技巧，对小组成员解决问题、实现目标和按要求审慎地分享结果时，具有重要的参考价值。在总的技能中，最重要的技能包括批判式思考的能力、了解修辞情境以及局限性条件，以及分析小组成员间文化、性格和个人特质之间的不同点。小组成员也必须知道如何就所分配的任务进行重要的研究，并且能够支持作出完成任务的决定。

领导以任务为导向的小组

除了定义松散的各种社会小组之外，企业、教育和政府机构几乎不存在无领导小组。小组组长可由经理指派或小组内部选举产生。不管怎样，名义上的领导根本不是领导。

尽管领导风格千差万别，不过小组组长应从知识和能力上推动小组成员的进步，满足这一要求，即意味着向有效领导迈进了一步。将角色和职责分配给小组成员后，并不一定意味着他们会互相配合。要想让小组成员服从安排，组长必须被认为是有能力且值得信任的。

领导者必须主动促进小组进程的安排，例如，从 A 点移到 B 点，包括设定议程、保持面对面的沟通和交流、提出探求性的问题、总结进度和从一个议项到另一个议项的过渡等。组长通常会在下次会议之前，确定会议的时间同时将各成员的任务和职责分配出去。最后，所有的小组成员都必须尽量避免愚蠢的群体思维。

设定议程

议程：
确定小组单次会议以及整体项目的目的和方向。

一个小组如不设定议程则可能会失败、功亏一篑或事倍功半地完成任务。**议程**确定小组单次会议以及整体项目的目的和方向，可包括问题的界定、制定出解决问题的种种必要步骤以及衡量可能性的解决方案所需确定的标准。然而议程也可以很简单，只是确定小组在某次会议中需要探讨的话题的先后顺序。但是，无论其涵盖的范围如何，一个好的议程可体现出小组为解决问题所进行的批判式思维过程，其对于小组成功的重要性正如合理的组织模式对于演讲成功的重要性一样。此外，一个好的议程可能或经常是按照第 9 章所述的某种演讲模式进行组织的。

让小组专注于任务

如果小组成员会面，仅仅是由于上次开会后任务尚未完成的直接结果，那么会是怎样的一种状况呢？当小组成员未能及时完成其任务或不专心地完成任务时，面对面互动的质量也会相应地大打折扣。在“现实世界”中，领导者有义务让小组成员专注于每次开会后所分配的任务。曾经浪费时间让小组无法按照既定计划进行面对面交流工作的某个人，应该感谢真正的小组领导人，他并未在分配的会议时间内胡乱应付，而是将问题直接地摊开在明处。

试探性的提问

领导者可以并且应该利用多种类型的问题，来调查小组成员各自能够带来怎样的贡献。最重要的四种问题分别是对信息、解释、建议和程序的询问。例如，就信息问题而言，可要求小组成员针对他们上次所分配的研究作出报告。解释性问题旨在寻求澄清和说明，可引导受访者对研究结果进行扩充性说明，包括未揭示的灰色区域。由于领导者的影响力来自小组成员对其可信度的看法，领导者纳入小组成员的意见是个不错的主意。例如，领导者可寻求建议，如下一步该怎样或如何弥补小组调查问题的漏洞。除非小组成员也相信这些意见征询会有可能得到严肃对待，否则领导者最好不要征询小组的意见。最后，程序性问题具有多重作用。例如，假设小组陷入困顿或单个小组成员拒绝放手某个问题，而小组其他成员已经略过了该问题时，那么询问小组成员是否继续前进，这既是一个问题也是一种建议。

总结过渡到其他阶段

正如我们针对演讲所提出的，总结和过渡性词句非常有用。有时，这种指示性的词句可以清晰地表明小组在往某特定的方向靠拢。尽管可能不是每个人都同意这个阶段，但作为领导人，你必须对那些大家都同意的阶段进行总结，从而确定哪些事项还需要进一步探讨。同样地，领导者有责任确保小组达成共识并且所有的观点都经过充分的曝光和辩论。例如，设想一下，当林登·约翰逊总统决定投入成百上千支部队去越南参战时，国防部部长后来承认这是一场打不赢的仗，如果能认真听取其内阁反对者的意见，那么事情的结果会不会是完全不同呢？[9]

为下次会议设置议程

如果小组任务还未完成，下一步行动是协商好下次会议的时间和地点、期间小组各成员需要完成的任务以及下次会议的议程事项等，这些都需要精心完成，粗糙敷衍是不可取的，即使小组成员已经明显表现出准备离开会议的情绪。

避免群体迷思

群体迷思：
一种思维模式，团体成员具有高度的凝聚力，过于相信自己的道德优越感而拒绝接受来自外部的批评，以至于他们失去了自己的批判性思维能力。

无论你是一个小组的领导还是认真履行自己职责的小组成员，我们都必须告诉你，即使是最齐心协力的小组也可能会陷入**群体迷思**中而不得自拔。[10] 事实上，群体迷思是不合理推论的结果，并且经常出现在具有高度凝聚力的小组中。

可削弱小组成员进行批判式推论能力的群体迷思有 8 种征兆：

1. 小组团队无懈可击的幻觉。
2. 不可置疑地相信小组的道德优越感。
3. 集体理性化。
4. 以刻板印象或以高人一等的态度对待小组外的成员。
5. 顺从的压力。
6. 自我审查。
7. 达成共识的错觉。
8. “观点卫士”，即在异议观点中与领导者保持意见高度一致的人。

权力集团也可表现出相当明显的群体迷思症状，这在历史上尤为突出且意义重大。群体迷思的受害者从最亲近的顾问到重要政府机构的顶级部长以及强大国际集团的执行官不等。以下列出的是具有历史性重要意义且陷入群体迷思的团队情况：美国航天航空局发射的“挑战者号”航天飞机的遇难，尽管制作了该航天飞机的固体火箭助推器的工程师建议最好不要发射“挑战者号”。“深水地平线”漏油的问题是英国石油公司及其分包商作出一系列错误决定所导致的结果。最后，设想一下布什政府的高级顾问告诉过布什总统，在萨达姆被推翻一年后伊拉克将实现经济上自给自足。这些案例以及其他许多现实案例，都是忽略批判性思维最终陷入群体迷思症状而带来悲剧性的结果。

鉴于世界权力集团如此容易陷入群体迷思中，我们假设自己领导或参与的小组对于该现象并无免疫力，这样才够安全。因此，运用本书所示的有助于避免群体迷思的技巧和策略，是有利于自身利益的。

技巧和策略

避免群体迷思指南

- 扮演故意唱反调的角色，同时鼓励他人也这么做。
- 如果你是小组的领导者，小组成员对你持感激和依赖的态度，向他们寻求意见，但避免过于偏向于自己的观点。
- 吸引组外专家来表达反对性的观点。
- 邀请外部完全独立的小组来解决问题。
- 鼓励而非阻止持异议者。
- 不要陷入冲动的决定。

专题讨论会

专题讨论会是为了听众的利益临时组成的讨论小组。在专题讨论中，与演讲一样，小组需对讨论的主题有个清晰的纲要，并且小组成员需要做出充分的准备。专题讨论的优势在于它既是有准备的同时也是即兴的。成员对他人的观点应自由地给予评论、提出问题，同时在整个展示过程中公开地讨论问题。

专题讨论会：为了让听众受益而临时组成的讨论小组。

专题讨论要求小组领导者扮演演讲的调解人。调解人召集小组成员，并确保讨论按计划进行。希望对他人的陈述进行评论的人，需要得到调解人的认可和批准。相对于一般的小组成员的讨论，专题讨论更正式。

大多数专题讨论也提供机会让听众提出问题。即当小组在针对纲要进行讨论时或在专题演讲接近尾声时，会专门预留问答环节。

专题讨论的纲要和演讲大纲相似，但是，需要做一些更改。以下是针对吸二手烟等主题所给出的专题讨论纲要。

Ⅰ. 介绍讨论主题和小组成员。

Ⅱ. 吸二手烟是否有害？

Ⅲ. 为避免吸入二手烟可做哪些事情？

Ⅳ. 什么原因导致这些努力的结果不理想？

Ⅴ. 针对公共场所吸烟可推荐哪些新规定？

比尔·梅恩获得了最高荣誉的演讲认证，演讲出场费约为6500 ~ 9500美元。他的客户遍布全国，被认为是专业演讲者前3%。

理论上，每个成员都应就每个主题给出意见，而不是让一个成员准备每个话题。专题讨论应为真实的讨论，而不是一系列个人的演讲陈述。

将公共演讲作为一项事业

还有一种演讲类型我们决定留在本章及本书最后提出来，即付费演讲。例如，如果你有时间去拜访国家演讲者协会，你会发现一个大多数人想都不敢想的世界。每年美国公司以及代表每种职业道路的成千上万的国家和地区协会，花费百万美金邀请演讲嘉宾为员工提供告知性或娱乐性演讲。有些收费类演讲者是因为他们丰富的人生和成就，但是大多数付费类演讲者对于你来说，可能完全是陌生的，其中之一是里克·里格斯比博士，在“他们的演讲：志在产生影响的演讲”中精选了他的演讲。

他们的演讲

里克·里格斯比博士

志在产生影响的演讲

里克·里格斯比博士是里克·里格斯比传播公司的总裁兼首席执行官，也是里克·里格斯比教会事工的创始人。里格斯比博士平均每年参与200多次演说，其多元化的听众分布广泛，大到来自财富榜500强企业，小到出现在世界各地的教堂。他是全国守信活动精心挑选的一位演讲者，并且在教堂为全国足球联赛众多的球队服务活动中做演讲。作为一名曾获殊荣的得克萨斯州农工大学传播学教授，里格斯比博士一直担任农业学校足球队的牧师一职。我们邀请他谈谈作为一位公共演讲者，其受到的培训和经验对他的生活产生了什么样的影响：

充满激情、言辞有力并且令人信服的演讲能力，在激励人们的同时，也会给你提供一生的机会。我职业上的成功取决于我有能力做到演讲精准、富有力量和权威性。你也可以如此！

作为一名励志演说家，每一次上台我都必须是最好的状态。我不能忍受一般状态或还可以。我必须是鼓舞人心的、激发兴趣的、令人振奋的、知识渊博的、打动人的和可信的。换句话说，我必须产生影响……而不只是一个印象而已。

我很早就了解到修辞的价值，意识到通过应用语言、语气、时间安排和意图，我可以激起力量让人开怀大笑、哭泣或思考。我从旧金山海湾区的街头走进了大学的教室，在那里，我正式地学到了丰富的修辞传统。我爱上了交流的过程以及通过演讲力量对人们的生活产生潜在的影响。

我受到的教育让我获益良多——第一份令人兴奋的工作是在北加州担任电视新闻记者。最后，我入读我的母校——加州州立大学奇科分校的研究生院，获得了硕士学位，随后我在俄勒冈大学学习并获得了博士学位。（我在高校任职20年之久，主要向学生讲述交流的力量和阐述口语如何构建和维护生活的方方面面。）

作为我自己的专业演讲组织的主席，我汲取一切交流的经验教训，以确保我处于巅峰状态。我每年要参与超过200场的活动，而且要负责为为数众多的演讲者进行培训，因此塑造有效交流的艺术就显得尤为重要。没有希腊的苏格拉底、柏拉图、亚里士多德以及加州州立大学奇科分校的布莱顿和斯科特这些老师，我就不会有今天这样的成就！

30年的演讲学习和实践的职业生涯，让我知道如何运用语言来拉近我与听众之间的距离，从而创造一个更有利于倾听和学习的融洽环境。我知道如何实现修辞的双重性——让演讲既能入脑又能入心。最重要的是我知道如何吸引观众，无论是50人还是5000人！

说服艺术是一种可习得的行为。如果你愿意学习，准备你的演讲并练习技巧……总有一天你会发现自己站在成千上万人面前演讲，赚取数百万元！准备好了吗？你还在等什么呢？继续阅读吧，你会学会如何运用有影响力的言语去翻越阻挡你前进的崇山峻岭！！！

“志在产生影响的演讲”，作者：里克·里格斯比博士。承蒙许可转载。

赠言

不久前我们参加了一个职业论坛会，由杰出的毕业生为在校生进行演讲。他们代表的是各种不同的职位，涉及商业、行政部门、教育、工程、娱乐以及科学等领域。尽管我们没有期待很多传播学毕业生会谈及公共演讲在其职业成功中所扮演的作用，但他们的演讲确实获得了很大的反响，这点让我们很欣赏。他们毫无例外地让学生们知道无论毕业后有着怎样的打算，都应抓住一切机会学习公共演讲课程。

这些毕业生强调了我们的经验之谈。成功的大学毕业生早晚会挣脱他们在校时所学的领域或规划的职业道路，售货员成为销售经理、计算机工程师成为执行总裁、剧作家成为编剧协会的高级职员、生态学者成为生态说客，这一变化和转折点前后的主要决定因素正是公共演讲艺术。

小结

为了评估你对本章内容的了解，请访问我们在线学习中心网站进行检测和其他章节辅助学习材料。

各种礼仪活动以及特殊场合造就了不同种类的演讲，包括：

- 介绍性演讲
- 颁奖致辞
- 获奖致辞
- 纪念性演讲
- 娱乐性演讲

你所形成的一般公共演讲技能，可以轻而易举地用于某些特殊场合，甚至小的群体交流和专题讨论会中。

电梯游说是一种越来越普遍的非常规性演讲，时间一般为 30 秒到数分钟之内，主要用于提出某个概念、产品或服务。

成功的电梯游说及其他演讲类型在完成之后，可能还有一个问答环节，要求演讲者做额外的准备工作。

群体领袖和成员往往借助许多同类型的公共演讲工具和技能。团体领袖和成员的任务包括：

- 设定议程
- 让小组专注于任务
- 试探性地提出问题
- 为下次会议设定议程
- 避免群体迷思

专题讨论会与群体及演讲有相似之处，涉及演讲的多个元素，有必要基于场合和听众的分析研究、信息组织、有效的演讲方式和合理的推理。

公共演讲事业不仅能够让人获得成就感，还不失为一种赚钱的好方法。

学习成果检验：练习和实践

1. 你最好的朋友即将大婚，邀请你在婚礼上说几句，准备祝酒词。还可为结婚纪念日、洗礼仪式和受戒仪式或成人礼准备类似的祝福词。

2. 想象你的某位同学获得某特殊奖项，写一份颁奖词。

3. 搜集若干用于获奖词或颁奖词开场或结尾时可用到的经典语录或轶事。你可以在许多网站上发现专门列出这些语录的，包括我们最钟爱的 www.brainyquote.com。此外，你还可以查找无数相关的刊物，例如：

Clifton Fadiman, ed., *The Little Brown Book of Anecdotes* (Boston: Little, Brown, 1985).

Edmund Fuller, ed., *2,500 Anecdotes for All Occasions* (New York: Avenel Books, 1980).

James B. Simpson, ed., *Simpson's Contemporary Quotations: The Most Notable Quotes Since 1950* (Boston: Houghton Mifflin, 1988).

4. 提名演讲可造就也可毁掉被提名者当选的机会。提名演讲比你想象的还要普遍。诸如兄弟会或妇女联谊会等社会型俱乐部、商业或职业协会等，都存在或需要提名演讲。在另一张纸上列出并解释提名演讲的基本特点，然后看能否找到一份满足你标准的提名演说实例，用荧光笔标出符合的演讲实例，并将自己的分析与同学们一起分享。

注释

1. Edmund Fuller, ed., *2,500 Anecdotes for All Occasions* (New York: Avenel Books, 1980), 135.

2. Adrian Wojnarowski, "Jordan's Night to Remember Turns Petty," *Yahoo Sports,* 12 September 2009. [Retrieved from http://sports.yahoo.com/nba/news?slug=aw-jordanhall091209&prov=yhoo&type=lgns.]

3. "I Stand Before You ... ," *Newsweek,* 15 September 1997, 24.

4. Rabbi Yaakov Asher Sinclair, "The Last Laugh," *Ohrnet*, 2002. [Retrieved from http://ohr.edu/ohrnet/5762/shmos/teruma.pdf.]

5. Heather L. LaMarre, Kristen D. Landreville, and Michael A. Beam, "The Irony of Satire: Political Ideology and the Motivation to See What You Want to See in The Colbert Report," *International Journal of Press/Politics,* 14, no. 9 (2002): 212–31. [Retrieved from http://hij.sagepub.com/cgi/content/abstract/14/2/212.]

6. Adapted from Jack Perella and Steven R. Brydon, "Speaking to Entertain," in *Intercollegiate Forensics: A Participant's Handbook,* ed. T. C. Winebrenner, 42–46. © 1992 Northern California Forensics Association.

7. Sam Stanton, "Clinton Remains Topic A at Cal Expo Speechathon," *Sacramento Bee,* 10 October 1998, A23.

8. Some of these guidelines are based on a pamphlet by Robert Haakensan, *How to Handle the Q&A* (Philadelphia: Smith Kline & French Laboratories, Department of Public Relations, n.d.).

9. *The Fog of War,* director Errol Morris with Robert S. McNamara, Sony Pictures Classics, 2003.

10. Irving R. Janis, *Groupthink,* 2nd. ed. (Boston: Houghton-Mifflin, 1983).

附录　对演讲进行分析

以下两则演讲第 15 章有摘录，这里提供演讲的完整版。格雷格·沙佛主张那些不清楚他们为什么要读大学的学生应当辍学，至少在一段时间内，要弄明白他们真正的目标到底是什么。他的观点认为，常见的诸多支持读大学的理由其实是经不起推敲的。阿俊·布希则反对此观点，他认为大学毕业生最终能够比那些退学的学生获得更高的收入，读大学的花费不会过于沉重，获得大学文凭的理由更充分，读大学并非仅仅是为了获得名利。

当你回顾这些演讲时，回答以下问题：

- 每一位演讲者举的例证有多大的说服力？是否清晰地引用了这些证据？这些证据是权威的、无偏见的吗？
- 关于读大学的理由，这两个演讲者提出了怎样的理由和假设？你是否同意这些假设？如果不同意，那么这些理由是如何影响你对他们观点的看法的？
- 每一个演讲者是否提出了一些谬论做论证？如果是，这些谬论是如何影响你对他们作为演讲者的信誉度的认知的？
- 每一个演讲者是否成功改变了你对于读大学的重要性的观点？如果是，为什么你会被说服？

即刻辍学吧

格雷格·沙佛

为什么你在这里？认真地考虑这个问题——你在这里做什么？这不是我开启演讲采用的一种聪明的修辞手段。我希望你们认真、慎重地考虑你们在大学里做什么。

如果今天你像大多数美国学生一样：我在这个课室里是为了能够毕业；毕业我就可以获得大学文凭；获得大学文凭能够让我谋得一份好工作或者攻读硕士；然后让我能够赚钱；那么我就能开心。悲剧是多少少有着相同的过程，谎言就是你必须完成前面四个阶段才能进入第五个阶段。

我认为，不如将攻读本科学位的四年中所花费的金钱、时间和精力，更好地投入到其他用途或计划中。因为对于许多人来说，读大学不仅是一项不划算的经济投资，而且对他们今后的事业也未必有利。

因此，在一开始选择这个话题时，我把它看成一个笑话，我不认为最后我会真的认同这个观点。然而在我做了一些研究之后，我开始信服了。所以请允许我向你们展示我的研究结果。

首先，我们来探讨一下上大学是否是一项物有所值的投资。我们可能都认为大学毕业生比高中毕业生挣的钱要多得多。这是毫无争议的，我也不会在这对这一事实进行辩驳。然而，仔细查看数字，却并非总是如此。例如，仅一个公立四年制的大学平均花费为76000美元，对于任何一个理智的人来说，这都是一笔数目不小的金钱，尤其是我们这个年龄段的人。我们大多数人的学费和住宿费，都是由父母或政府承担，抑或是二者共同承担的。这些费用还只是入读公立大学所需的,入读私立大学或比较优质的大学,花费会更多。

此外，40年后，大学毕业生平均比高中毕业生，一个人约多挣40万美元，这是个不小的数目。然而，如果你仔细计算一下，时间达40年之久，事实上回报并没有那么高，回报率大约为4.42%。假设你每年将76000美元进行有效的股票投资组合，你可能会获得6%或7%的回报率，这还是保守的数字。相比于4.42%的回报，金额并不高。此外，你还得考虑这只是平均水准。能够挣这么多钱或更多钱的每个学生，一定会对应一个挣这么多钱或挣得更少的学生。每个成功的工程类学生或物理专业的学生，都会对应一个挣钱较少的哲学或艺术历史系的学生。再者，这个假设的前提是这些学生拥有100%的债务。如今，许多学生读大学没有能力负担学费，但是他们认为通过上学，他们就有能力还清这些债务。他们会申请一大笔学生贷款，去入读给予他们承诺获得文凭之后会赚回学费的私立学校。不幸的是，情况并非如此。太多的学生带着沉重的学生贷款和债务去上学,最后花费数年、甚至是他们毕生的时间才能还清债务。

这里是一些著名大学学生的辍学情况（参考图表15.1）。从入读小学第一天开始，我们便被灌输一种固有的理念：要成功，就必须上大学。你必须努力学习，至少需要获得学士或硕士学位才能算是成功。我这儿有一份从未进入大学、中途辍学或辍学若干年后再返回学校的绝对的成功人士的名单。在这个名单上,你会发现有政治家、企业家、商人、演员、艺术家等一批极为成功的人士。这恰好说明，一个人无论是否获得了大学学位，只要有动力、有决心、有自制力，就能够获得成功。

大学本质上就是一项生意。大学的目标是说服学生，在他们的学校投资时间和金钱就能够获得最佳利益。他们以这种方式说服学生，获得学位学生们就能够在未来创造财富。现实可能如此，也可能并非如此。我们，作为大学产业里的消费者，必须小心我们的金钱，我们必须确保我们投入大学的投资金额将会获得回报。不幸的是，事实往往并非如此。让我们来看一下这个数字，美国教育部国家教育统计中心 1997 年开展的一项调查显示，获得大学本科学位 4 年后，有 55% 的毕业生从事与他们专业研究领域相关的工作。这是来自美国劳工统计局的数据。现在，这个 55% 的数字，直观感觉似乎还是合理的。但是请从反面来看，这意味着有 45% 的人毕业后正在从事着与他们专业领域不相关的工作。让我们再从个人层面来看，在这个房间里的每一个人，8 年之内，将会从事一些和他们正在学习的知识完全不相关的工作。我不知道你们的感觉如何，对我而言这似乎是非常低效的，我不想花费 4 年、8 年，甚至更久，生命中的这些时光——这些最好的、年轻、独立的时光，去获得一个将来不会对我有多大好处的大学学位。我们必须认真严肃地思考一下，我们应当如何花费我们的金钱和我们的时间去修读大学学位。

雇主越来越看重具有实际工作技能的人，他们寻觅的是具有人脉关系以及具有职场经验的人，而很多毕业生刚离校时并不具备这些技能，在现实世界里，我们又必须运用到这些技能，在实际的工作环境中，我们必须确保自己能够做出贡献。许多学生在离开学校时缺乏这些技巧。

令人震惊的是，每年 200 万名新生中有 40% 的人无法在 4 年内完成大学课程，而需要 5 年、6 年甚至 7 年才能获得学士学位。也就是说，每年他们又会产生 1 万 ~2 万美元的债务。更令人惊奇的是，入学的新生中有 45% 的学生永远都毕不了业，无论他们花多长时间，这是很恐怖的。认真想想，如果你上学 5 年或 6 年，钱花完了，却永远都拿不到学位，花去的时间和精力却未能给你带来任何值得夸耀的东西，令人恐惧！所以，我们必须清楚我们正在做的是什么。

因此，这是我的解决方案。如果你确切地清楚你现在的生活和你想做的事情，如果你明白你将拥有一个大学学位以便获得心仪的就业岗位，那么请尽你所能地留下，竭尽全力地努力学习，尽量不要招致那么多的债务，我也祝愿你选择了一个在将来会有所回报的领域。但是，如果你并不完全清楚你的余生将会从事什么工作，你甚至完全不确定为什么你要上大学或者你应当学习什么知识，那么我建议：休学吧。短暂地休学，离开一年或者一个学期，你总是能够在需要的时候再返校的。你休学的话，我建议你充分利用休学这段时间，做一些你一直想做的事情。这里有一个关于渔船的想象画面，我认为在一艘渔船上工作是非常酷的，学习一些实用性的技巧，学习如何在现实世界的真实情况中做出反应。你向雇主展示，你是有创造力的、你是标新立异的，而且你能决定你生命中重要的是什么。做志愿者、加入一个你感兴趣的机构……到国外，和孩子一起工作，学习如何在你感兴趣的领域中做研究。如果你不清楚什么东西能够引起你的兴趣，你不清楚自己对什么有热情，那么，花这段时间去解决这些问题。花费所有的时间在大学里发现，你原来讨厌一直以来所学的知识，这是很不值的。我建议你到一些别的地方，我相信这里的每一个人都有一个自己一直想去的地方。你可以找一份工作，努力工作、存钱，然后去任何你想去的地方。这里有一个关于乌克兰城堡的画面，相对而言去这里旅游并不昂贵。如果你是有创造力的，工作非常努力，你可以去任何你想去的地方。我建议你花费这些时间去你所想去的地方，做你所想做的事情，学习你想学的技能。

正如我所说的，大学就是一笔生意。它的目标就是说服我们：花费时间和金钱进入这种机构是值得的。我们有责任确定自己的投资是否值得，我们必须认真考虑我们将来会做什么，我们将如何度过最年轻的岁月。现在，我们比以往任何时候都独立，将来也不会如现在这样。我们需要确定我们正在明智地花费我们的时间，以及这种花费将来会有所回报。因此，我们真的需要考虑我们现在在大学里做什么。我会给你们提出一些忠告：如果我们自己不能鼓起勇气确定什么重要；如果我们不能为了更具冒险精神的礼物而摆脱对未知前途的恐惧；如果我们不能为了自我满足和个人追求的更高理想而放弃当前生活的安稳和习惯，那么我们的生活永远不会超越平庸，我们无法知道力量的伟大。谢谢大家。

参考文献

Dohm, Arlene, and Watt, Ian. "College At Work: Outlook and Earnings for College Graduates, 2000–10." *Occupational Outlook Quarterly*, Bureau of Labor Statistics, Fall 2002. Web. 7 April 2009.

Karlgaard, Richard. "Is College Worth it?" *Forbes.com*. Forbes, 27 March 2006. Web. 7 April 2009.

Kim, Brian. "Top Ten Reasons Why College Graduates Can't Get a Job." *BrianKim.net*. N.p., 2006. Web. 7 April 2009.

Kremer, John. "The College Dropouts Hall of Fame." *The College Dropouts Hall of Fame*. N.p., 2009. Web. 7 April 2009.

Robertson, Michael, and Donaldson, Tina. "Is College Worth it?" *Robertson Education Empowerment Foundation*. Robertson Education Empowerment Foundation, 6 Dec. 2006. Web. 7 April 2009.

Robertson, Michael, and Donaldson, Tina. "Is College Worth it?" *Robertson Education Empowerment Foundation*. Robertson Education Empowerment Foundation, 6 Dec. 2006. Web. 7 April 2009.

Twohey, Megan. "Is College Worth it?" *Chicago Tribune*. Chicago Tribune, 14 Oct. 2008. Web. 7 April 2009.

Williams, Walter E. "Is College Worth it?" *Townhall.com*. Salem Web Network, 27 August 2008. Web. 7 April 2009.

Source: Transcribed from a speech given at California State University, Chico, on May 15, 2009.

全心全意攻读大学

阿俊·布希

"让我带你们去一个地方，在那儿，心无惧，头儿高昂，知识是免费的……"

不过这并不是真的，情况不是这样的。这也是我今天之所以在这里的部分原因。女士们、先生们，让我们来谈谈这个问题。

你们好，我的名字叫做阿俊，我有一些关于你对大学和大学学位看法的疑问，以及学生中存在的一些担心和忧虑。让我们一起来讨论一下，也许是我存在的一些疑惑，也许你们能够给出一些答案。例如，想想我的学费怎么办，我应该如何还清全部的学生贷款？好的，接下来是第二个问题，我的学位是否有用？它意味着什么？最后，大学的真正意义是什么？为什么我们会在这里？

那么，由于这是对真相的追求，让我们来讨论最基本的问题——金钱。我知道，这是最有压力的事情。所以，让我们来讨论一下。福布斯网站的凯西·克里斯托夫告诉我们一个美好而悲伤的真实故事。乔尔·凯勒姆，这是无忧无虑的年轻人，就读某私立大学的历史专业，我们这里先不说是哪一所。他需要一笔钱来交学费，因此申请了一笔学生贷款，在他毕业并且贷款支付日期到来之前，所有事情貌似都很正常。这个没有什么新鲜的，我们大体也是这么做的。但是问题来了。贷款收取他 12% 的复利，而且凯勒姆并不知情，他认为这是国家助学贷款。事实上，这是萨利美公司（学生贷款市场协会）提供的非补贴型贷款，存在他一无所知的隐藏费用和服务收费。因此他的遭遇并不让我们很同情。他不知道利息是多少，他不知道何时到期支付，他不知道复利是如何计算的——半年、一年还是一个月，他全然不知。还有他妻子的贷款以及其间的一切，而可怜的乔尔要面对的是 20 万美元的债务。且慢，让我们先别着急怜悯他。退一步，看一下这个事实，他申领的是 6 万美元的贷款，而且根据《纽约时报》大卫·莱昂哈特所言，这是我们任何一个人会领取或者应当领取的贷款金额的三倍，这是第一个错误。第二个错误，乔尔既不清楚利率也不清楚复利是如何计算的，没有人打算告诉他这是一种高利贷业务，他并不清楚这是一种企业贷款，倘若他知道，就不是这个局面了。所以，他上当受骗了。

不过问题是，为什么这种情况会出现在每一个人身上呢？为什么这样的事情会发生？让我们来看看一些可能的答案，让我们来看看不同的做法。首先——上大学的代价是什么？到底需要多少钱？来，让我们查询一下 College Board.com，上面的内容是这样的：平均来说，一所四年制的私立大学每年需要 25000 ~ 26000 美元。像加州州立大学奇科校区这样的四年制公立学校呢，每年大约 6000 ~ 7000 美元。像初级学院（JC）这样两年制的大学呢，可能只需要 2000 ~ 3000 美元。看到这里的等级层次吗？其实我们有许多余地——可以花费许多钱也可以节省许多钱，主要看我们自己。

刚刚我提到了初级学院，Gladieaux 和 Perna 在 2005 年做了一个研究。你知道他们发现了什么吗？就是如果你在上四年大学之前去一个初级学院，你可能只需要从学生贷款处贷 1/3 的金额。这是一种思路。

那么问题在于，如果我能负担大学学费，会得到回报吗？是否值得呢？下面就来讨论这些问题。《纽约时报》的大卫·莱纳德在 2007 年做了一项研究，结果是这样的：高中毕业生每年平均大概有 27000 美元的收入；我们继续来看，大学辍学生每年的平均收入为 33000 美元；如果完成了大学学业，每年平均可挣 47000 美元。如果取得了学士学位，在此基础上再增加 2 万美元。另外，我根据 2008 年 10 月劳动局统计数据，自己做了若干项统计，结果表明：获得高中学位的学生中，一开始便能找到工作的仅占 27%。但是，大学毕业生中，55% 的学生能够找到工作。别忘了，如果获得大学学士学位便能平均增加 2 万美元的收入，同时也是平均债务，因此已经开始收支平衡了。

好的，现在让我们喘口气。从金额上看并不那么糟糕。但是你知道，让我们来讨论一下实际情况。我们来看看学位对于我们意味着什么，是真的有用吗？你可能听到过这些评论，例如，我听到的一些说法，我的学历确实与我的工作并不挂钩。我的专业与职业没有任何关系。但是稍等一下，西雅图华盛顿大学告诉我们什么呢？它告诉我们，学历如何并不是特别确定，除非你是工程专业或医学专业，抑或其他具有更高技术含量的专业。但是一般的专业，如社会科学和人文科学本身是比较笼统的，这样能够让我们做更多种类的工作，创造更多的就业机会，让我们的思维更开放。

我常听见的第二种评论是，我没有从事一些实用性的操作，是的，它们全是理论不是吗？首先，你知道，你确实需要一些理论来指导实际，这只是一个开始。让我们从另一个角度来看。就实习情况而言，有越来越多的专业，包括我的专业传播学，需要学生专职攻读的专业，还要以这个专业毕业。很有可能你也必须这么做。有越来越多的雇主把这看做是你申请工作的一个优越条件，哇，你有实习经历，太棒了，那么我们雇用你吧。其次，这里还有一些对你们来说更实用的东西，你只需要做一次简单的谷歌搜索，输入一些诸如“入门级管理培训”一般信息，你就会得到一份公司大清单：塔吉特百货、沃尔玛、华盛顿互惠银行、CSX公司、信达斯公司、法国欧莱雅、安海斯布希公司，而且所有这些公司都有为大学毕业生提供定制的、设计的、明确的入门级工作项目。这些公司并不苛求你在毕业时就了解一切。它们会教导你如何在它们的工厂、它们的工作场所里工作。这就是运作的一种方式。在这些职业要求中，如果你仔细观察，它们确实需要你具有某些特质，它们需要人际交往能力、个人魅力、理性思考能力和认知能力。那么这些都是关于什么的呢？人的发展。确实如此，人的发展正是大学的真谛。

基于上述情况，让我们讨论最后一个观点——大学到底是什么？请和我一同看看 word.Dictionary.com 上的定义是怎么解释的：大学是一个让有相似思想和共同追求的人们聚集到一起的地方。共同追求指什么？是对真理的追求、对知识的追求，简言之，就是“追问”。那么追问的最好的地方在哪里？是你了解的、喜欢的人们和你不了解、不喜欢的人们都能聚集在一起，分享思想、共同参与的地方。那么接下来的步骤是什么呢？伴随着参与而来的是赋权，是民主价值观，这些是我们需要追求大学学历的第二个核心价值。我们需要了解国家每一位公民从这里开始参与的积极的社会和政治改变。思想的开放和促进人们采取行动，是的，我们需要为我们的国家做一些事情，我们需要解决一些事情，那就是火花开始碰撞的地方。所有这一切带来了自我实现的顶点——达到更高层次的思维，而更高层次的思维就是批判性思维。根据 centerforcriticalthinking.org 这个网站的解释，批判性思维是一种思维能力，能够辨析事物优点和不足，然后将思维推向更高的层次，就像我此前说的，高水平的思维能力。这是高校的真正意义。

在结束前，我还想谈谈最后一种说法，或许你们已经听到过多次了：“你不用上大学也可以变得富有”，对吗？“你不用上大学也可以出名”，是吧？你知道吗？我用谷歌搜索了一下，确实有个网站 collegedropoutshalloffame.com，你是对的，我不会加以粉饰。是的，你不用上大学也可以变得富有，你也不用上大学便能出名。不过，财富和名誉这些标准，真的是我们期望的评判成功的标准吗？你不希望因为拥有知识而学会如何接人待物，如何自我实现？为知识而学习，难道不应该是这样的吗？

女士们和先生们，我们今天了解了一些观点。我想我们已经了解到，当涉及学业问题时我们如何能够真正更好地处理我们的金钱，不要背负太多债务。我想我们已经明白大学学位如何体现其实际意义、实用价值，还指引我们到达那些需要抵达的地方。我希望，我真的希望，我们能够在大学中学习到大学的真正意义。

那么让我给你们留一个思考题吧。让我们回到开始，我引用的那首诗："在那里，心无惧，头儿高昂，指引心灵走向那无边无垠的思想与行为的境界，进入那让我们清醒的自由之天堂。"

参考文献

College. (n.d.). *Dictionary.com unabridged.* Retrieved from Dictionary.com website: http://dictionary.reference.com/browse/college.

College enrollment and work activity of 2008 high school graduates. (2009, April 28). *Bureau of Labor Statistics.* Retrieved from http://www.bls.gov/news.release/hsgec.nr0.htm.

College costs–Average tuition cost. (2009). *The College Board.* Retrieved from http://www.collegeboard.com/student/pay/add-it-up/4494.html.

Center for Critical Thinking. (1996). *Three definitions of critical thinking.* Retrieved from http://www.criticalthinking.org/University/univlibrary/library.nclk.

Education and democracy. (2008, May 6). *America.gov: Engaging the world.* Retrieved from http://www.america.gov/st/democracyenglish/2008/May/20080609223034eaifas0.935177.html.

Gladieaux, L., & Perna, L. (2005, May). Borrowers who drop out: A neglected aspect of the college student loan trend. *The National Center for Public Policy and Higher Education.* Retrieved from http://www.highereducation.org/reports/borrowing/borrowers.pdf.

Kristof, K. (2009, February 2). The great college hoax. *Forbes.* Retrieved from http://www.forbes.com/forbes/2009/0202/060.html.

Leonhardt, D. (2009, September 27). The college calculation. *The New York Times.* Retrieved from http://www.nytimes.com.

Tagore, R. (2009). Mind without fear. *Gitanjali.* Retrieved from http://www.schoolofwisdom.com/gitanjali.html UW advising-Majors and careers.

The college dropouts hall of fame. (n.d.). *College dropouts hall of fame.com.* Retrieved from http://www.collegedropoutshalloffame.com/.

UW advising–Majors and careers (n.d.). *University of Washington at Seattle.* Retrieved from http://www.washington.edu/uaa/gateway/advising/majors/intro4.php.

Source: Transcribed from a speech given at California State University, Chico, on October 28, 2009.

译 后 记

呈现在读者诸君面前《演讲学》(第7版)的译本，是暨南大学新闻与传播学院多人集体协作的结果。在翻译过程中，我们秉持共同的理念：既忠实地遵循原著的思想，又尽量使译文符合中文的表述习惯，为此，遇到的困难常常让我们踟蹰不前，这是一次艰辛的探险，庆幸的是我们都坚持下来了。

翻译分工如下：

嵇美云：序言、第1~8章；

陈一鸣：第12~16章；

周冬敏：第9~11章、附录。

最后，嵇美云对书稿进行了校译，并对表述风格做了适当的统一。

此外，十分感谢暨南大学新闻与传播学院的高健耕、杨霞、区舟、甘韵矶四位同学，为了让本书尽快面市，他们投入了很大的热情校对书稿，做出了自己的贡献。

限于能力和时间，译文中难免还有种种不如人意之处，我们愿意坦诚地接受来自读者的批评。

嵇美云

2017年1月